研究生精品课程

语言学通论

Yuyanxue Tonglun

楚 军 主编

电子科技大学出版社
University of Electronic Science and Technology of China Press
·成都·

图书在版编目（CIP）数据

语言学通论 / 楚军主编. —成都：电子科技大学出版社，2021.12

ISBN 978-7-5647-1458-1

Ⅰ. ①语… Ⅱ. ①楚… Ⅲ. ①语言学－高等学校－教材 Ⅳ. ①H0

中国版本图书馆 CIP 数据核字（2021）第 242182 号

语言学通论

楚　军　主　编

策划编辑　谢应成　曾　艺
责任编辑　谢应成

出版发行　电子科技大学出版社
　　　　　成都市一环路东一段 159 号电子信息产业大厦九楼　　邮编　610051
主　　页　www.uestcp.com.cn
服务电话　028-83203399
邮购电话　028-83201495

印　　刷　成都市火炬印务有限公司
成品尺寸　185mm×260mm
印　　张　17.25
字　　数　450 千字
版　　次　2021 年 12 月第 1 版
印　　次　2021 年 12 月第 1 次印刷
书　　号　ISBN 978-7-5647-1458-1
定　　价　70.00 元

前　言

语言作为人类进化的产物，是人类赖以生存的家园。语言学是对语言的科学研究，不仅涉及语言系统本身的语音音系、形态词汇、句法、语义，还与语言应用、人的认知神经、政治、社会、文化及种族等密切相关。随着现代科学技术的发展，语言学不断与脑科学、认知科学、计算机科学、人工智能等交叉融合，形成神经语言学、认知语言学、计算语言学、智能翻译学等交叉学科领域。

习近平指出："参与全球治理需要一大批熟悉党和国家方针政策、了解我国国情、具有全球视野、熟练运用外语、通晓国际规则、精通国际谈判的专业人才。"随着"一带一路"倡议的持续推进，在贯彻落实新时代《中国教育现代化2035》中长期战略规划和全面推进"新工科、新医科、新农科、新文科"建设的背景下，外语教育的目的不能仅局限于掌握一门语言，需要培养全球话语能力。只有了解了语言及语言学基础理论知识的具有全球话语能力的人才，才能够在国际事务中充分实现跨文化沟通，构建和传播中国价值，传递"中国声音"、讲好"中国故事"。

目前，外国语言文学一级学科有外国语言学及应用语言学、外国文学、翻译学、比较文学与跨文化研究、国别与区域研究五个主干学科方向。语言学理论是外国语言文学学科最基础的学科共享理论知识体系之一。本书既覆盖语言系统内部的语音学、音系学、形态学、句法学、语义学、语用学等分支学科，也涉及应用语言学、文体学、比较语言学、社会语言学等交叉学科领域。本书且具有以下特色。

（1）融入语言学及其各分支领域研究的国际国内最新研究成果，反映语言学研究发展新趋势。

（2）立足汉语，在进行语言应用的例证分析时，加大对汉语的分析和汉外语言比较。

（3）增加日语语言学和法语语言学两种具体语言的基础知识、研究理论和研究方法，以适应外国语言文学大类培养需求。

（4）增加认知神经语言学、人工智能翻译学等新兴跨学科语言学研究领域，体现文理、文工交叉融合的校本特色。

本教材编写组成员由电子科技大学外国语学院教师组成，各成员具体负责内容如下。

楚军负责全书统揽和审校，具体负责编写：第一章概论；第三章形态学；第四章句法学（其中的传统语法、结构语法、转换生成语法、功能语法部分）；第五章语义学；第七章社会语言学。何家勇：第二章语音学与音系学。袁毅敏：第四章句法学（其中的构式语法、句法语义界面研究）；第六章比较语言学。高山：第八章认知神经语言学。王爱华：第九章语用学。何敏：第十章文体学。张轶骏：第十一章计算语言学与人工智能翻译学。徐世红：第十二章应用语言学。王丹丹：第十三章日语语言学。吴瑶：第十四章法语语言学。

本书在编写过程中，参阅了国内外部分相关教材、专著和文章，这些文献均列在本书的参考资料中，在此向这些资料的作者表示感谢！

本书得以出版，非常感谢电子科技大学研究生院“语言学通论”研究生精品课程及配套教材建设项目的资助，感谢电子科技大学出版社编辑们的辛勤付出！

由于编者水平有限，本书难免存在不足之处，恳请各位语言学界前辈、各位专家学者、各位老师同学不吝批评指正。

编　者

2021年8月20日

目　录

第一章　概论——语言与语言学

语言是人类进化的产物，是人类赖以生存的家园。那么，什么是语言？语言是如何起源的？语言具有哪些特性与功能？什么又是语言学？语言学研究包括哪些具体的分支学科领域？所有这些问题，本章将做出简要回答。

1.1　语　　言

一般来说，作为行为方式的语言至少牵涉三种活动：一是大脑的神经活动（通过大脑活动进行编码和解码）；二是人体肌肉活动（言语交流时的口腔各部位活动，非言语交流时的头部、面部、眼神、手势、肢体等活动）；三是社会活动（言语交流一般都要涉及至少双方互动）。我国著名语言学家赵元任将语言定义为“人跟人互通信息，用发音器官发出来的，或系统的行为的方式”（赵元任，1980 / 1999：3），这是行为主义看待语言的视角，只不过当今的语言观已经从语言作为行为方式转向为语言作为互动方式。

语言是一种交际工具。人们在进行言语交流时（包括口头和书面交流），都要遵循一定的语法规律和交际规约，所以，语言是基于规则的。事实上，语言是一种社会符号（social semiotic）。只有当某一语言的使用者都遵循互动交流（包括言语的和非言语的）常规，才可能进行有效地沟通。同时，语言的学习和应用也受到生物、认知、心理和环境等因素的影响。

1.2　语言的起源

一些科学家认为，人之所以为人是因为有了语言。到底语言是如何产生的呢？经过数千年后，又是怎样进化而成当今的多样化的交流形式呢？不同的语言起源说便应运而生①。

神授说：神授说认为，语言是神赐予人类的礼物。《圣经》“福音”中有云，“In the beginning was the Word”（The Gospel according to John 1: 1）；“创世纪”中亦有云，“And the Lord said, Behold, the people is one, and they have all one language…”（Genesis, Chapter 11: 6）。印度婆罗门教《吠陀》中认为，语言是神赐予人类的一种特殊能力。中国苗族传说中也有“山神创造了人，并传授了语言”的说法。

摹声说（the bow-wow theory）：语言起源于远古时代人们对外界动物等各种声音的摹仿，这种观点可以解释拟声词的产生。

感叹说（the pooh-pooh theory）：人类的有声语言是由上古祖先抒发喜怒哀乐等感情的各种叫喊声演变而来的，这种观点无法解释叹词是如何发展成具有理性意义的其他词语的。

---

① 有关语言起源说，部分信息源于 https://baike.baidu.com/item/语言/72744#2；胡壮麟：《语言学教程》（修订版）[M]. 北京：北京大学出版社，2001 年。

哼唷声说（the “yo-he-yo” theory）：人类的有声语言从原始人的劳动叫喊声发展而来，这种观点注意到语言起源和劳动的关系，但无法解释劳动号子是如何发展为语言的。

社会契约说（the social contract theory）：语言起源于人们的彼此约定，这种观点注意到了语言的社会属性和语言符号的任意性，但无法解释没有语言的情况下人们是如何彼此约定的。

手势说（the gestural theory）：在人类使用有声语言之前曾经历过一个手势语言的阶段，这种观点无法解释手势语言是如何发展为有声语言的。

在历史进化过程中，语言的特性包括结构、生理解剖、大脑机制、行为方式以及环境等方面的因素（McNeill, 2000）。

1.3　语言的特性

复杂微妙的人类语言具有一定的定义特征（design features），主要体现在以下几个方面。

1.3.1　任意性（arbitrariness）

Saussure（1959：100）首先谈到了语言的任意性问题：“The link unifying signifier and signified is arbitrary…we can say more simply: the linguistic sign is arbitrary.”（能指与所指之间的联系是任意性的……可以更简单地讲，语言符号是任意的。）换句话说，语言符号与其所指（意义）之间不存在天然联系。

1.3.2　二层性（duality）

二层性是指拥有两层结构的特性，上层结构的单位由底层结构的元素构成，每层都有自身的组合规则（Lyons，1981：20）。简单地讲，话语的组成元素语音（sounds）本身不传递任何意义。只有当不同的语音合并组合成新的单位（units）（比如单词）才拥有意义。我们将无意义的语音称之为底层单位（the secondary units），将有意义的词汇称之为上层单位（the primary units）。由此，人类语言便拥有了巨大的产能。我们可以用少量的语音（比如，英语中的 48 个音素），组合而成成千上万的单词，再由这大量的单词合并而成天文数字的词组和语句，再将这些词组和语句合并而成无数的语篇。

1.3.3　创造性（creativity）

语言的创造性主要体现在两个方面。第一个方面的创造性是由于上述语言的二层性，说话人可以将语言的基本单位合并而成无限数量的句子，而其中的许多句子是以前从未说过，也没有听到过的。

第二个方面的创造性是由转换生成语言学家们提出的语言的递归性（the recursive nature of language）。也就是说，语言本身拥有生成无限长语句的潜力，例如：

The cat killed the rat that ate the malt that lay in the house that was built at the foot of a mountain that…

这个例句可以无限延长，句中的 that 关系分句数量是无限的。

1.3.4 移位性（displacement）

语言的移位性是指人们可以使用语言来谈及在时间上或空间上并不可及的客体、事件，或者观念。比如，我们可以谈论生活在2500多年前的孔子，也可以描绘离我们十万八千里的北极。

语言的二层性特征不仅有助于人们使用抽象概念进行交流和思考，更有利于人们进行归纳和抽象思维（Fowler，1974：8）。

1.4 语言的功能

1.4.1 Jakobson 和 Halliday 的语言功能分类

1.4.1.1 Jakobson 的语言功能分类

Jakobson 认为，语言的主要目的是用来交际，而在言语交际事件中，主要涉及六个因素：发话人（speaker）、受话人（addressee）、语境（context）、信息（message）、语码（code）、接触（contact）。与此相对应的便是六个语言功能：与语境相关、传递信息的所指功能（referential）；与信息本身相关、体现语言韵律与美感的诗学功能（poetic）；与发话人相关、表达发话人的态度情感的感情功能（emotive）；与受话人相关、影响劝说受话人的意动功能（conative）；与交际接触相关、与他人建立人际交往关系的寒暄功能（phatic）；与语言本身相关、明确说话意图和词义的元语言功能（metalingual）。

1.4.1.2 Halliday 的三大元功能（又称“纯理功能”）

Halliday在其功能语法框架中阐述了语言的三大元功能理论。

与语场（field）相关，构建（construe）人们的外界经验、内心情感和逻辑关联的概念功能（ideational function），主要涉及词汇语法系统中的及物系统（transitivity system）。与语旨（tenor，又译基调）相关，反映言语交往人员身份和交际关系的人际功能（interpersonal function），主要涉及词汇语法系统中的语气情态系统（mood and modality）。与语式（mode）相关，建立语篇衔接和语境关联的语篇功能（textual function，又译谋篇功能），主要涉及词汇语法系统中的主位结构（thematization）、信息结构（information structure）和语言的各种衔接方式。

1.4.2 常规语言功能分类

1.4.2.1 所指功能（referential function）

信息传递是语言使用的首要任务。指称功能又称信息功能（informative function），或称功能语法中的概念功能，主要指语言的内容，与所描写的客体、事件，或者与阐述的观念相关。

1.4.2.2 人际功能（interpersonal function）

功能语法中的人际功能主要涉及言语交际中发话人与受话人之间的互动，表达发话人对所述内容的情感态度。语言的人际功能主要是指反映交际双方的个人身份和人际关系。

1.4.2.3 施为功能（performative function）

语言的施为功能主要指“以言行事”——完成某种言语行为，改变人的社会地位，比如：婚礼仪式上宣告男女双方结为夫妻，法庭上宣判犯罪嫌疑人徒刑，新生儿受洗礼等。施为言语行为的用语通常较为正式且仪式化。例如：I hereby name this ship *the Queen Elizabeth*.

1.4.2.4 感情功能（emotive function）

可能最有效的语言使用就是感情功能，通过使用表达感叹的言语不仅可以传递发话人丰富的内心情感感受，也可以改变受话人的情感态度。例如：“God”“My”“Damn it”“What a sight”“Wow”等。

1.4.2.5 寒暄功能（phatic function）

语言的寒暄功能是指使用看似毫无意义的言语表达来维持交际双方的人际关系。比如，谈论天气或者身体状况的礼仪性言语交流：“Good morning!”“God bless you!”“好久不见”“过年好！”等。

1.4.2.6 娱乐功能（recreational function）

语言的娱乐功能指的是使用语言就是为了好玩。比如：婴幼儿的咿呀学语、歌者的练嗓发音、反复重复的游戏节奏语言、劳动号子等。

1.4.2.7 元语言功能（metalingual function）

元语言功能是指人们可以用语言来谈论语言。比如，我们可以用“书”这个汉字来指代一本书，或者讨论“书”这个概念。这也体现出语言的“自反概念”（self-reflexive）。

1.5 语 言 学

语言学通常被定义为对语言的科学研究（scientific study of language）。通过长足的发展，语言学已经拥有自己的一套完善成熟的理论体系、研究方法和分支学科。

一般来说，语言学可以分为对语言系统自身研究的语言学分支和跨学科交叉的宏观语言学分支。

1.5.1 语音学（phonetics）

语音学是研究语音（speech sounds）的语言学分支学科，包括三个方面：一是研究语音是如何产生的，主要涉及语音的发音器官和对语音的识别和分类，称之为发音语音学（articulatory phonetics）。二是调查声波的性质，研究语音是如何传输的，称之为声学语音学（acoustic phonetics）。三是研究语音是如何被接收和感知的，称之为听觉语音学（auditory phonetics）。

1.5.2 音系学（phonology）

音系学是研究音位及音位特征的语言学分支学科，主要研究支配语音排列、分布和组成音节的相关规律。语音学是研究人所发出的语音，注重无序的语音；而音系学只是对能够组成语言和产生意义的语音进行研究，注重语音的排列顺序。

1.5.3 形态学（morphology）

形态学是语言学的一个分支学科，又是词汇学（lexicology）的分支学科，主要研究词汇的内在结构[包括词根（root）、词干（stem）、词基（base）和词缀（affix）等]、构词规则和不同的构词方法[包括合成法（composition）、派生法（derivation）、转类法（conversion）等]。

1.5.4 句法学（syntax）

句法学是研究词序和句子结构的语言学分支学科。从广义上讲，句法学也可称之为语法，主要包括传统语法（traditional grammar）、结构主义语法（structural grammar）、转换生成语法（transformational-generative Grammar）、系统功能语法（systemic-functional grammar）、认知语法（cognitive grammar）、构式语法（construction grammar）、格语法（case grammar）、蒙太古语法（Montague grammar）等。

1.5.5 语义学（semantics）

语义学是研究意义的语言学分支学科。语义学的研究可以从词素、词汇、句子和话语几个层面进行。词汇意义（lexical meaning）研究主要涉及词汇意义类型、词汇语义成分分析（componential analysis）、词汇意义关系（sense relation between words）等。句子意义（sentence meaning）研究主要包括述谓分析（predication analysis）和句子意义关系（sense relation between sentences）等。话语意义（utterance meaning）主要涉及基于语境的句子意义，通常纳入语用学的研究范围。从研究对象和范畴来看，语义学又可分为四种情况：一是研究词义及其变化的语言学语义学（linguistic semantics）；二是研究形式语言的逻辑语义学（logical semantics）；三是属于哲学流派的哲学语义学（philosophical semantics），也就是语义哲学；四是主张“语言变革”或“语义革命”的普通语义学（general semantics）（伍谦光，1988：1-2）。

1.5.6 语用学（pragmatics）

语用学是研究语言使用的语言学分支学科，研究语境中的意义。语用学与语义学等其他语言学分支学科紧密相连，也把语言与客观外界联系了起来。语用学研究主要涉及言语行为理论和会话含义理论等内容。

1.5.7 人类语言学（anthropological linguistics）

人类语言学是研究由于文化模式或不同种族的信仰差异而产生的语言变化或不同的语言应用。人类语言学家通常研究不同族群的话语方式与特定的族群文化之间的关联性。人类学家也常把语言学作为人类学的重要研究领域。

1.5.8 心理语言学（psycholinguistics）

心理语言学是综合运用语言学和心理学的理论和实验方法研究语言的习得、学习和使用的心理过程（桂诗春，1985：1）。心理语言学主要考察语言与意识或语言与认知的相互关系；具体地讲，就是探讨在语言生成和语言感知时人们的语言行为与心理过程之间的关系。心理语言学还涉及语言习得和语言的生物学基础等内容。

1.5.9 社会语言学（sociolinguistics）

社会语言学是研究语言与社会之间的关系，主要探讨发话人与受话人的社会背景情况（比如：年龄、性别、职业、社会阶层、族群状况等），也就是探讨语言的社会功能、语言使用者的社会特性以及言语群体中言语交际行为的规律性等问题。

1.5.10 神经语言学（neurolinguistics）

神经语言学是研究产生、接收、分析和储存语言的神经机制以及这一机制与语言的关系。神经语言学是一门新兴的交叉学科，集语言学、神经科学、心理学和认知科学于一体，专门研究语言习得、生成和理解的生理机制和心理机制，研究大脑如何产生、接收、存储和提取信息，从而探讨脑与语言的关系，充分体现了当代科学各学科门类交叉融合的发展态势，是当代学术研究的前沿，具有广阔的发展前景。

1.5.11 应用语言学（applied linguistics）

应用语言学是研究语言在各个领域中实际应用的语言学分支学科。广义的应用语言学泛指把语言学知识应用于其他科学领域；狭义的应用语言学专指语言教学，特别是第二语言教学和外语教学。同时，应用语言学又可以区分为一般应用语言学和机器应用语言学。一般应用语言学主要指语言教学、标准语的建立与规范化、文字的创制和改革、辞书编撰、翻译、标音和转写等。机器应用语言学主要研究领域包括实验语音学、机器翻译、情报检索、语言信息处理、自然语言理解、言语统计等（刘涌泉和乔毅，1991：III）。

1.5.12 计算语言学（computational linguistics）

计算语言学属于语言学与计算机科学的交叉学科领域，利用计算机分析、处理自然语言。语言学提供理论对语言的结构和使用进行描写，有助于理解语言数据的特性；计算机科学为设计和实现计算机系统提供理论和方法。计算语言学的应用领域主要包括机器翻译、语料库语言学、信息检索等（胡壮麟，2013：17）。

1.5.13 语料库语言学（corpus linguistics）

语料库语言学涉及应用语料库研究语言的问题，主要研究机器可读的自然语言文本的采集、存储、检索、统计、词性和句法标注、句法语义分析以及具有上述功能的语料库在语言定量分析、词典编纂、作品风格分析、自然语言理解和机器翻译等领域中的应用（陈昌来，2012：288-289）。

1.5.14 认知语言学（cognitive linguistics）

认知语言学是语言学的一门交叉学科，它以认知科学和体验哲学为理论背景，主要涉及人工智能、语言学、心理学、系统论等多种学科。认知语言学认为，语言的生成、学习及运用，基本上都能够透过人类的认知加以解释。认知语言学的主要理论方法有：Fillmore、Goldberg等人的“构式语法”（construction grammar）；Langacker 的“认知语法”（cognitive grammar）；Lakoff、Talmy 等人的“认知语义学”（cognitive semantics）以及 Lamb 的“神经认知语言学”（neurocognitive linguistics）等。

1.6 语言学研究中的重要术语辨析

1.6.1 “描写式”与“规定式”（descriptivism & prescriptivism）

Lyons（1981：47）认为，“把语言学说成描述性（即非标准化）的科学是语言学家试图发现和记录同一语言共同体的成员所遵循的规则，并不是强加给他们其他（即外来的）规则或正确的标准”。语言学作为科学的本质决定了语言学更关注的是描写而非规定，尽管“在现代社会，规范一个特定国家或地区的主要方言带来管理上和教育上明显的便利”（Lyons, 1981: 53)。“规范式”说明事情应该如何，认为某一语言变体要优于其他变体，所有语言共同体人员都应遵循使用而“描写式”描写事情本是怎样，记录语言使用的现实情况。

1.6.2 “共时”与“历时”（synchronic & diachronic）

“共时”描写是指截取某一特定的时刻作为观察点，对语言进行描述。例如：《莎士比亚英语语法研究》《现代希腊语语法》等。“历时”描写是指在语言的历史演化中研究语言。比如，对多义词的共时研究，就是研究这个多义词的不同意义之间的相互关系，通过比较各个词义的使用频率了解这个多义词的中心意义；而对这个多义词的历时研究就是研究这个多义词的历史演变进程，以了解这个多义词的原始意义。

1.6.3 “语言”与“言语”（langue & parole）

Saussure（1960）所讲的“语言”“言语”（langue & parole）相当于英语的“language & speech”。“语言”指说话者的语言能力，是抽象的、共性的语码系统。比如，某种语言的基本词汇和基本句型等，为某个语言共同体所有成员所理解。“言语”指说话者语言上（表达）的实际表现或语料，是语码系统的实际应用。“语言”是社会的、相对稳定的，而“言语”是可变的、具有个体差异。

1.6.4 “语言能力”与“语言运用”（competence & performance）

Chomsky（1965：3）认为，一名语言使用者对于语言规则系统的潜在意识称为他的语言能力，而语言运用指在具体场景中语言的实际应用。语言能力包括语用能力和语法能力。语用能力指应用非语言信息阐释句子意义的能力。语法能力包括句法能力、语义能力和语音能力。句法能力指组词成句和对句子合格性的直觉判断能力；语义能力指对句子的语义合格性的直觉判断能力；语音能力指对句子的语音合格性的直觉判断能力。

1.6.5 “形式主义”与“功能主义”（formalism & functionalism）

语言学中的形式主义与功能主义的差异主要体现在以下几个方面。

功能主义主要基于社会学和人类学，将语言学视为社会学的主要研究领域；形式主义主要基于心理学和数学，将语言学视为心理学的主要研究范畴。功能主义从生物体间的角度（inter-organic）看待语言，认为语言是交际行为；形式主义从生物体内的角度（intro-organic）看待语言，认为语言是知识体系。功能主义强调语言的纵聚合关系（paradigmatic），重点关注语言的意义和功能，描写语言的语义系统；形式主义强调语言的横组合关系（syntagmatic），重点关注语言的形式结构，描写人类语言共性的普遍原则。功能主义认为，儿童习得语言的过程就是其社交需求不断满足、社交能力不断发展的过程，持儿童语言习得的环境论观点（environmentalism）；形式主义认为，正常儿童具有先天语言能力（competence）、大脑中拥有语言习得机制（LAD—language acquisition device），持儿童语言习得先验论观点（innatism）。

思考题

1. 怎样认识人类语言？人类语言交流与动物交流有何区别？
2. 如何看待有关语言起源的不同说法？你认为哪种语言起源说更具合理性？为什么？
3. 怎样理解语言学是一门科学？如何整体把握语言学研究的不同领域及其相互关系？

第二章 语音学与音系学

语音由发音器官发出，经空气粒子传播，再由听觉系统接收和感知。因此，语音学既要研究发音过程（发音语音学）和传播过程（声学语音学），还要研究听觉和感知过程及其神经机制（听觉/感知语音学）。音系学侧重研究语言的语音系统。系统（system or pattern）也就是模式、格局（石峰，2008）。音系学要回答三个方面的问题：第一，各语言系统中有对立意义的音段或音位有哪些？第二，各语言中音段之间组合关系是什么？哪些可以组合？哪些不能组合？第三，各语言中相邻音段间会出现什么形式上的变化？围绕这些问题，音系学发展出了不同的学派和理论（马秋武，2015）。结构主义音系学、生成音系学、优选论代表了音系学发展的三个重要阶段。20 世纪 90 年代起，国内著名学者冯胜利利用 Liberman & Prince（1977）创立的韵律音系学理论，结合句法学，发展出韵律句法学理论，提出汉语句法受韵律管辖，发现了人类语言不同的形态模式—韵律形态。

2.1 语 音 学

2.1.1 语音学分支

2.1.1.1 发音语音学

发音语音学从言语发声的生理特性出发研究语音。传统的发音语音学主要用口耳辨音、析音、记音。现代可以借助仪器进行研究。例如，通过电磁发音仪、动态电子腭位仪、X 光摄影和摄像等仪器，可以精确了解辅音的舌位，发音方法、动作以及发音器官的协同发音机制。利用气流计、鼻流计采集发音气流率、声压级、声门阻抗等数据，研究声带振动的气流气压特性，气流相关的嗓音发生类型、呼吸和韵律特征等。利用生物电采集器、肌电图、皮肤点测试仪等，研究发音器官的肌肉组织，建立肌肉运动模型、情感模型等。利用声带肌电检测、电子声门仪、喉扫描摄像系统等仪器，测量声门的关闭点和开启点，观察声带的不对称以及黏膜波等，探究言语发声的生理学机制，各种嗓音类型及与语音的关系等。借助 X 光摄影、高速核磁共振声道成像技术，提取动态声道参数，计算声道与共振峰形成的关系，建立动态声道模型，舌、腭、喉的动态模型等（李永宏等，2008）。利用功能性核磁共振和脑电仪研究言语发音的神经机制等。其研究成果对语音合成、一语和二语语音教学、构音和听力障碍人群的言语康复等具有重要的作用。

2.1.1.2 声学语音学

声学语音学的发展得益于第二次世界大战时美军用于破译敌军密语的语图仪。“二战”后，该仪器用于商业，为聋人提供服务。同时，也为语音学研究提供了新的科学方法。现在，语图仪能完成的功能可用声学软件（如，Praat, MiniSpeech, matlab）轻松实现。例如，利用声学软件提供的元音的共振峰数据可以研究元音系统的格局，利用嗓音起始时间、闭塞段时长可以研究塞音的格局，利用频谱重心和能量分散程度参数研究擦音的声学空间；利用基频、时长、音强或幅度积数据研究声调、语调的规律；利用基频抖动、振幅抖动、谐波噪声率、振动幅度、一二谐波差值、标准化振幅商等参数研究情感语音的表达方式。许多科研成果使传统语音学中的许多语音现象获得验证，为语言教学、语音识别、语音合成技术、司法和保密技术等提供有力支持。

2.1.1.3 听觉 / 感知语音学

听觉语音学是研究言语声波的听觉系统和心理基础。语音信号通过空气粒子传递到人耳后，需要听觉系统对声波中的信息进行解码。因此，首先要对听觉系统的生理基础和功能进行深入研究。例如，我们需要知道人耳如何选择性地放大或缩小声学信息，如何解码基频、时长、共振峰和频谱巅值等声学线索。

听觉系统解码声学信息后，人脑实际感知到的信息与获得的声学信息有一定的差异。这是因为感知是声学刺激的主观心理感受。研究发现，语音信号是个连续统，没有边界。人们在感知语音时，会将某些不同的音划分为一种语音范畴，把另一些不同的音划分为另一个语音范畴，这种现象称为“范畴感知”。不同语言社会的听话人，若共享的语音范畴有差异，即便听到的声音完全一样，其心理感知也会有差异。例如，/l/和/n/的发音方式不同，北京人会区分为边音和鼻音，但普通话不好的四川人很难听出区别。因为北京人脑海中，这两个音是两个范畴，但对于四川人来说，只是 1 个语音范畴。这是对音段的感知。对超音段的感知也是这个道理。例如，粤语中有 9 个声调（即 9 种基频曲线），广东人能够准确地区分出 9 种调。而成都人可能会将一些走势不同的基频判断为同样的声调。这是因为成都话里只有 4 个声调，也就是说成都人把各种连续变化的基频曲线粗略地划分为 4 个声调范畴。

听觉语音学研究开始深入探究听觉感知的神经机制。最近的研究发现，人们在理解语音时，不仅需要听觉皮层的参与，还需要指挥发音动作的运动皮层参与。例如，某人听到一串语音声波，经耳朵加工后转换为神经信号送到主要听觉皮层进行处理。其解码的共振峰信息 1150Hz（F1）和 1400Hz（F2）。主要听觉皮层将解码获得的共振峰信息传到维尼卡区（Wernike's area）进行理解。但此时维尼卡区仅凭这个共振峰信息并不能判断其包含的意义。这个信息会通过弓状纤维束再传递给左脑的主要运动皮层。该皮层判断这两个共振峰和自己发/a/时的共振峰相近。主要听觉皮层的共振峰信息和主要运动皮层的动作信息相联系，方能解码这段声波是/a/。当然，运动皮层在反馈发音信息时，是不需要指挥自己的发音器官也做一个/a/的动作的（陈忠敏，2015）。

和发音语音学、声学语音学相比，语音感知的心理和神经机制问题比较复杂，还有很多问题没有搞清楚，需要更多的研究去回答。

2.1.2 语音的性质

2.1.2.1 物质属性

波动是能量在介质中传播的过程。声带开合运动引发空气粒子的扰动和空气粒子的压强或密度呈现规律性变化，使得空气粒子受到挤压产生疏密变化，这种变化向周围传递即声波的传播。声波有四个基本的物理特性：音强（声强）、音高、音长、音色 / 音质。

2.1.2.1.1 音高

发浊音时，肺部气流冲击微闭的声门，推动声带呈准周期性地振动。声带每秒振动的频数称为基频。声带振动越快，基频越高。听音时，鼓膜的振动也就越快，听感上的音高越高。

图 2-1 是用声学软件 Praat 显示的 A、B、C 三段基频不同的元音。图中上半部分是声波，每两根蓝色的竖线标注一次声带脉冲，即一次完整的声带振动。声音 A 脉冲线的间距明显比声音 B 更宽，表明声音 A 声带振动一次的时间（平均时长：9.93ms）比声音 B 振动的时间（平均时长：4.39ms）更长。可以算出声音 A 在 1 秒内声带振动的平均次数为 1000ms/9.93ms=100Hz，即平均基频为 100Hz。声音 B 的平均基频为 1000ms/4.39ms=228Hz。声音 C 最低基频为 120Hz，最高基频为 188Hz。因此，听起来声音 A 的音高比声音 B 更低。声音 C 为升调。

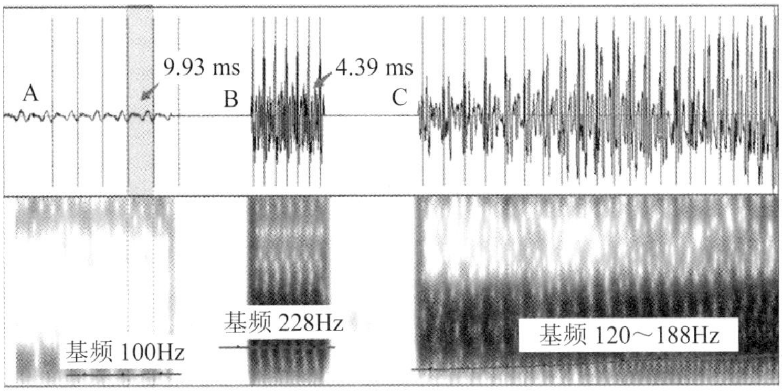

图 2-1　声音的基频

2.1.2.1.2　声强

当讨论声音的强弱时，以声音的能量做量度指标，称为声强（intensity）。声强和振幅相关。声强级是参考人耳的主观感受而设立的单位，单位是分贝。图 2-2 是声学软件 Praat 显示的 A~F 六个声音的声波（上面）和声强曲线（下面），其平均声强级依次为 40dB、50dB、60dB、70dB、80dB、90dB。可以看到当平均声强级达到 90dB 时，振幅较大的声波已经出现削波。40dB 的声音非常小，波形都不易看清。30dB 以下的声音听感上基本上与背景噪音的大小差不多。

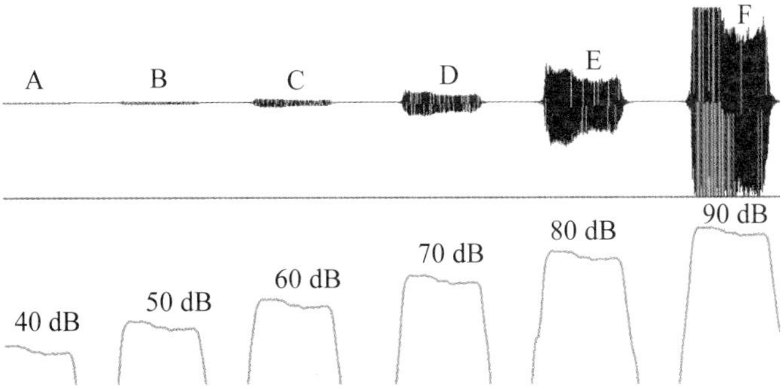

图 2-2　声音的声强

2.1.2.1.3　音长

声波持续振动的时间称为音长。一些语言用音长区分元音。如英语/iː/与/ɪ/之间的主要差别之一便是音长。语流中调群边界，也常常通过拉长元音来突显边界。英语中，作为语义焦点的调核，常常使用更长的音长与音高配合形成突显。音高、音强、音长是韵律主要成分，三者的配合变化可以表达情感、情绪、情态，也可以突显某些重要语音信号，形成语义焦点，传达意义。

2.1.2.1.4　音色 / 音质

声波有两种：纯音和复合音。单一频率的正弦波称为纯音。自然界中纯音比较少见，绝大部分声音都由多个纯音构成的复合音。言语声波也是复合音。如图 2-3 中的复合波 d，通过傅里叶变换，可以分解成由 a、b、c 条简谐振动的正弦波。简单波 a、b、c 的振幅都一样，频率之比是 1∶3∶4。因此，复合波 d 的频谱图（振幅谱）就是 a、b、c 三个简单波频谱的集合（如图 2-4 所示）。a、b、c 称为复合音 d 的分音，其中频率最低的分音称为基音，其他分音称为谐音。谐音频率是基音频率的整数倍。各复合音的谐音频率和振幅不一样，频谱就会有差异，音色也就各异。这些分音在组合时，不同的相位组合可以形成波形各异的复合音，但其频谱图是不变的。人耳在感知这些声波音不能细分这些波形，只要这些声波的频谱一样就会被感知为同样的音。可见，音色是人的听觉系统对声波品质的主观感受，其决定因素是频谱。

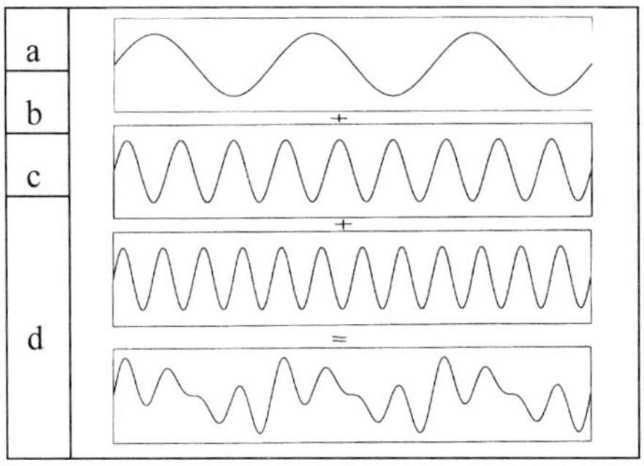

图 2-3　复合音的声波分解

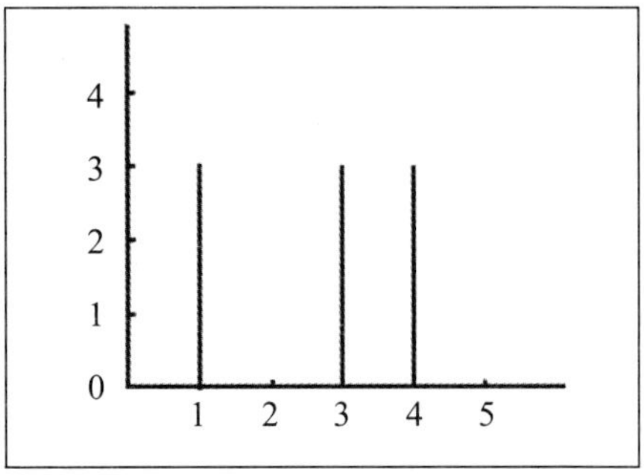

图 2-4　复合音的频谱图（振幅谱）

语音主要有两种声源，一种是声带呈准周期振动形成的脉冲声源，另一种是气流在口腔某位置因摩擦、爆破、塞擦等方式形成的白噪声声源。图 2-5 中 A 是声门波，A'是频谱，其中的每根竖线表示一个分音，纵轴为振幅，横轴为频率。这些谐音的振幅有个特点，随着谐音的频率依次升高，振幅会逐级下降。谐音频率每提高一倍，即提高一个倍频程，振幅会下降 12dB，因此声门波各分音频谱的振幅呈下降趋势。

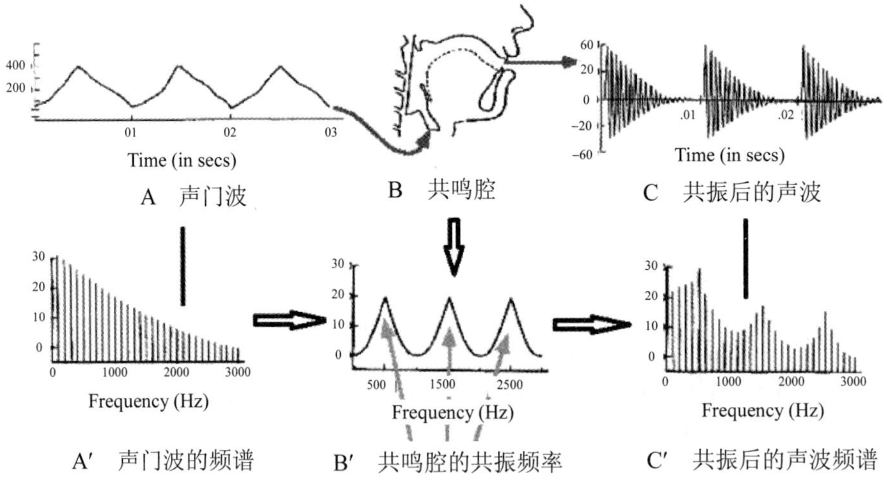

图 2-5　声源-滤波器示意图（陈忠敏，2019：3）

声门波的频谱并非最后我们听到的声音频谱。声门波还要在声道中传递。根据 Fant（1960）

的“声源-滤波器”理论，声道就像一根管子，有自己的共振频率。如果把声道比成一根长 0.17 米的均匀开管，设空腔温度为 35℃，此时声音速度 c 为 350 米/秒。根据共振峰频率计算公式，Fn = (2n-1) c/4L，可以算得声道的前 3 个共振峰频率分别为 500Hz，1500Hz，2500Hz。这个数据是理想化的中元音/ə/发音时声道的共振频率。声门波从声道通过时，500Hz，1500Hz 和 2500Hz 分音的振幅被放大，其他频率的分音振幅被抑制，这就是共振。共振的原理可以用荡秋千来简单比喻。小孩荡秋千时，如果大人推小孩的频率正好和秋千摆动的频率一致，即与秋千摆动同向同步，秋千的振幅就会加大。不同步的频率则会阻碍秋千的摆动。经过“过滤”的频谱即 C’。

发音时，不同的发音动作会引起共鸣腔形状的改变，声道的共振频率随之改变。相同的声门波在声道共振作用下获得不同的共振峰，形成不同的音质。

2.1.2.2　生理属性

人类语音取决人体的发音器官（如图 2-6 所示）。发音器官可分为声门以下部分（动力源）、声带（声源）、声门以上部分（调音）。

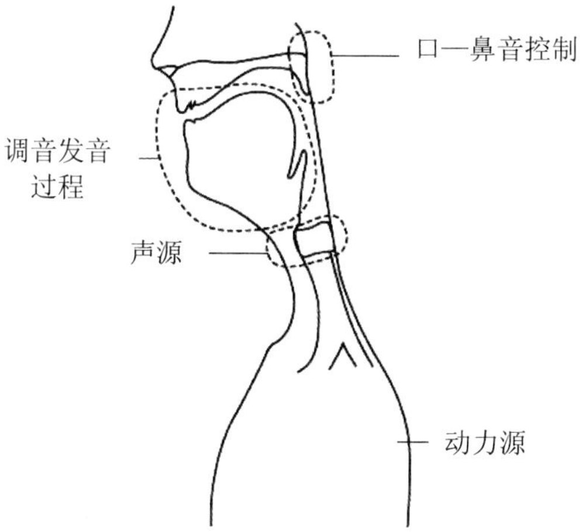

图 2-6　人体的发音器官

2.1.2.2.1　动力源

发音的动力源来自声门以下的器官，包括肺、气管、胸廓、膈肌、呼吸肌群等。发音时，肺部吸气后压力增大，气流通过气管排出。此时，为了不让气流排出过快，肋间外肌会收紧。当气流排出过多，肺部气压与外界气压平衡时，肋间外肌放松，肋间内肌收紧，强迫肺部继续往外排出气流。因此，说一句话时，前面因气流比较足，音量一般比较大，音高也较高。例如，英语句子前部的第一个重读的音节，即调头，往往音量较大，音高较高。如果把语流比作流水，调头的作用就好像把水抽到较高的位置，有了较高的势能才能驱动其流得更远。到了句子末尾，气流消耗殆尽，靠气流驱动的声带振幅变小，声带振动频率也变慢，因此音量衰减，音高下降。英语、汉语等世界大多数语言的韵律具有句末音量减小、音高下倾的特点。

2.1.2.2.2　声源

言语发声的声源来自喉室内的声带（如图 2-7 所示）。喉室由环状软骨和甲状软骨组成。甲状软骨就是俗称的喉结，其作用是像盔甲一样保护声带。喉室中便是两片由上皮层、黏膜、声带肌等组成的皱褶，即声带，呈白色条状。环杓后肌和侧肌可使声带外展、延长、变薄、拉紧、开闭。人在举重时，声门会闭合得很紧，将气流封闭在声门下面，形成强大的压力以积蓄力量。所以我们说“气力”，而声门闭合是守住“气”的关键。

发音时，气流从肺部涌向声门，被闭合的声门挡住。气流增加，声门下的压力增大，冲破声门。气流得到释放后，声门下压力减小，声带在声带肌拉力和伯努利效应的共同作用下关闭。气流再次集聚产生压力，冲开声门。这样使声带周而复始地快速开合振动。

声门活动可以有多种类型。图 2-8 中的图 A 是正常嗓音发浊音（元音、浊辅音）时的声带振动类型，如/a/, /i/, /u/, /m/等。图 2-8 中的图 B 是发清音（如/t/, /s/, /p/）时的类型，此时声带不振动。耳语（如图 2-8 中的图 C 所示）时，声带微微向中间靠拢，声门打开度仅 25%，声带不振动。气流高速从杓子软骨打开的狭小通道挤过，产生湍流，形成摩擦声。图 2-8 中的图 D 是气声（“气嗓音”“气浊音”）的类型。图 2-8 中的图 E 是紧喉音（“喉化音”）。发音时，杓状软骨紧紧闭合，使得气流只能推动声带前端振动。这种音发音时声门下的气压较低，导致声带振动很慢，一般只有 30~50 次/秒。一些英语本族语发音人在句末降调时会出现这种紧喉嗓音。

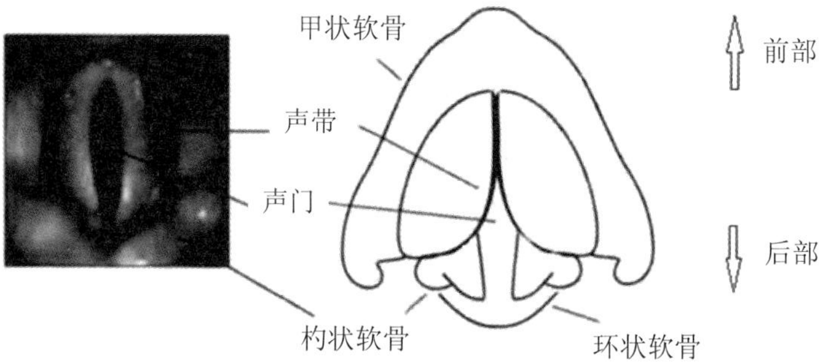

图 2-7　声带结构（Gut，2009：17）

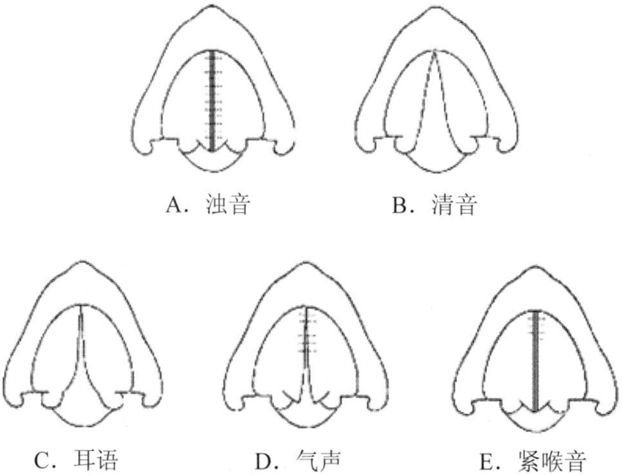

图 2-8　声门发声类型简图（Gut，2009：21-22）

2.1.2.2.3　调音发音器官

调音主要在声道内完成（如图 2-9 所示）。声道包括鼻腔、口腔、咽腔等共鸣腔。调音由主动发音器官和被动发音器官配合完成。主动发音器官包括唇、舌、软腭、小舌，被动发音器官包括齿、齿龈、硬腭。主动发音器官的运动引起声道形状的改变，使声道共振频率和声门波的频谱随之改变。经调制后的声波通过唇端和鼻端辐射，形成各种元音声波。辅音的形成是共鸣腔中的主动发音器官和被动发音器官相互配合，阻塞气流，通过爆破、摩擦、塞擦等方式产生白噪声。白噪声可以单独成为清辅音，也可以和声带音叠加、共鸣形成浊辅音。

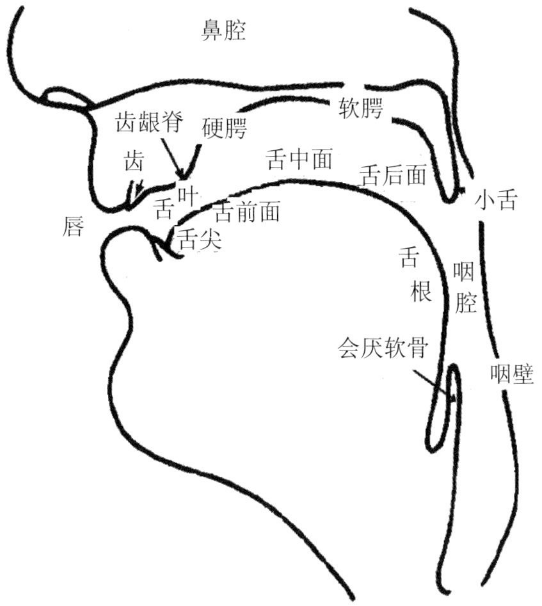

图 2-9　调音发音器官（Ladefoged & Johnson, 2011: 9）

2.1.2.3　心理属性

声音的基频越高，人们感受到的音高就越高。通常“美”（mei）或音乐中的八度作为量度单位。当一个音 A 的频率比另一个音 B 高 1 倍时，我们说 A 与 B 相差一个倍频程（octave）。一个倍频程在人们听感音高上的跨度范围就是 1 个八度音阶。每个八度音又分为 12 个音程，每个音程称为半音。频率和音高并非线性关系。人耳对 1000Hz 以下的声音比较敏感。听感的最高极限为 20 000Hz，高于这个频率称为超声，一般听不见。频率低于 20Hz，叫次声，人耳也听不见。

声波通过空气粒子的扰动作用到鼓膜，其扰动引起的气压变化就是声压。扰动越大，声压也越大。一般采用声压级描述人耳对声音压力的主观感受，单位是分贝。声压级是某个声音压力与闻阈声压的比值。其结果经对数转换，以符合主观感受。人们在谈话时，一般的声压级是 70dB。当声波的振幅太大，声压级达到 130dB 时，人耳就会产生痛感。在频率一定的情况下，声压级越大，声音的响度也越大。响度的单位是宋。1 宋就是人耳听到声压级为 40dB，频率为 1000Hz 纯音的音响感觉。某响度与 1000Hz 纯音的比值经对数转换后的值称为响度级，单位是方。

人耳对频率和声压的感知虽然有生理上的局限，但对人类语音的感知确绰绰有余。人耳和听觉神经有意地选择有用的语音线索，抑制无用的非语音线索。从某种意义上说，人耳是专门为解码人类自己的言语声波而设计的。

2.1.3　音素的分类

言语声波是连续的音流。语音学家在分析语音时，需要把声波切分为很小的片段进行分析。这些语音本是连续的，没有边界。但人类在认知事物时，习惯把事物分类进行识别。语音学家也是如此。发音时，气流不受阻的音称为元音；气流受阻的为辅音。实际上，气流是否受阻是个相对概念。元音的气流也有一定程度的阻碍。如前元音[i]发音时舌前部隆起，与上齿龈形成一个收紧点。发后元音[a]时，口腔开口最大，舌后部最低，口腔没有收紧点，气流畅通无阻。那么，发[i]时，气流在通过收紧点时，受到的阻碍肯定比发[a]时大。只是与辅音相比，[i]受阻的程度远没有那么大。如果发[i]时的舌前部隆起过高，几乎贴近上齿龈，气流通过时产生湍流，形成白噪声，那就变成浊腭擦音[ʝ]。声学上，元音都是乐音，其波形是有周期性的，如图 2-10 所示。

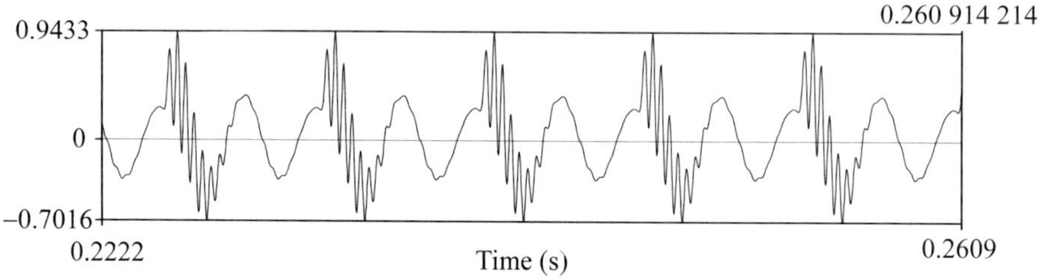

图 2-10　合成的英语元音/i/的周期波

辅音中，清辅音是纯噪声，浊辅音发音时，由于声带也振动，所以它是既有噪声的成分，也有乐音的成分。尽管能够用噪声为标准进行判断，但元音和辅音仍然是一个连续统（如图 2-11 所示）。处于这个连续统中间的辅音称为半元音（或称通音）。如英语的半元音[w]、[j]。这两个音的气流受阻程度很小，可以说听不到明显的噪声，但由于它们承担辅音的功能，还是把它们划分为辅音一类。

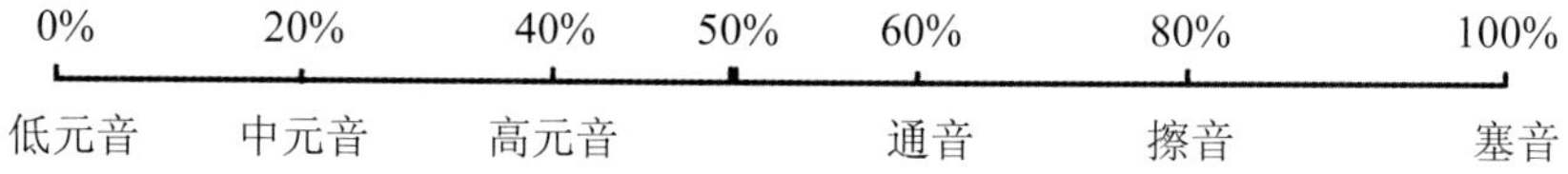

图 2-11　元音和辅音的连续统

2.1.3.1　元音的分类

为了准确地描述元音，著名语音学家丹尼·琼斯（Daniel Jones）于 1917 年建立了一套元音定位系统，称为“正则元音”（cardinal vowels），或“标准元音”（周同春，2003：35）、“基本元音”（张凤桐，2002：460）。

琼斯首先定义了两个人类生理发音极限的元音。一个是当唇在自然舒展状态，舌往前移，其前部隆起到最高位置发出的元音，编为 1 号元音，符号定为[i]。之所以说是“最高”，是因为舌位再高就会让气流产生湍流，变成擦音。英语和汉语的[i:]与这个音比较接近，但英语和汉语的舌位都没有那么极端。另一个发音时，舌体最大限度地后缩，开口最大，唇自然舒展，定义为 5 号元音。英语的[ɑ:]与此音接近，但也没有那么靠后。1 号元音和 5 号元音之间听感距离 4 等分，其中的 3 个节点被定义为 2、3、4 号元音，符号定为[e]、[ɛ]、[a]。琼斯通过 X 光照片，发现他发这 3 个元音时的舌位也是从 1 号元音开始等距离依次下降的。然后，从 5 号元音开始，舌后部的舌位依次等距离升高 3 次，开口度依次由大到小变化，唇型从展唇逐渐变圆，使这 3 个高度的舌位发出的 3 个元音在听感距离也相等。这 3 个元音定义为 6、7、8

号元音，符号定为[ɔ]、[o]、[u]。X 摄影发现，琼斯发[ɔ]、[o]、[u]的舌位也是等距离的。

[i]、[e]、[ɛ]、[a]发音时舌的最高点都在舌前面，定义为前元音。[ɔ]、[o]、[u]、[a]发音时舌位最高点都在舌后面，定义为后元音。然后，根据舌的最高点的高低水平等分为高、半高、半低、低。1～5 号元音唇型为非圆，6～8 号为圆唇。由于这 8 个元音的舌位和唇型组合在语言中最普遍，因此称为主要“正则元音”。保持这 8 个元音的舌位，变化其唇型，圆唇的变成非圆唇，非圆唇的变成圆唇，可以形成另外 8 个元音，符号如图 2-12 所示。例如，次要正则元音中的 9 号[y]是与汉语拼音 ü 的发音比较相似的元音。这个音就是保持[i]的高舌位不变，把唇型从非圆唇变成圆唇而形成的。这 8 个元音的舌位唇型组合在语言中的普遍性不高，称为“次要正则元音”。后来的语音学家又在琼斯的基础上增加了听感上处于 1 和 8 号元音之间的 17 和 18 号元音，发音时舌中部隆起最高。

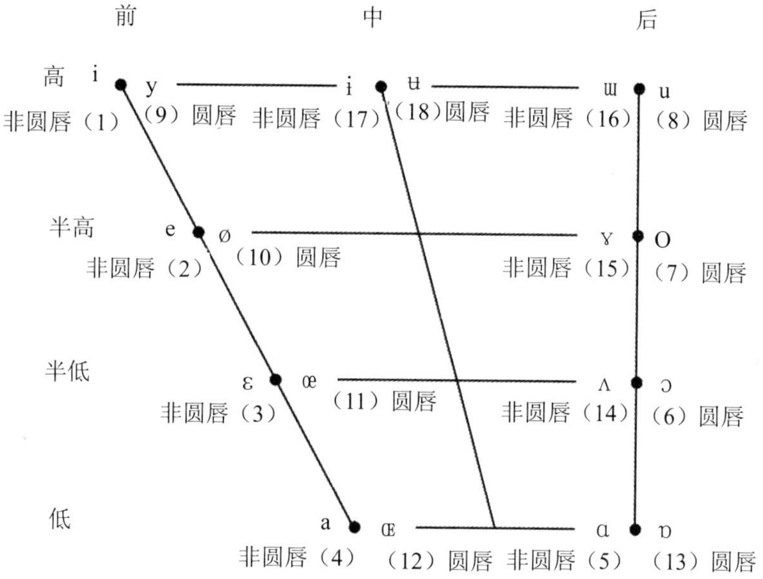

图 2-12 正则元音图

需要说明的是，正则元音系统最标准的发音是琼斯本人的录音。图上的点代表的既是琼斯发音时的舌位，也是元音在听感上的相对位置，二者是吻合的。由于每个人的口腔、咽腔、声道大小和尺寸有差异，发音习惯也有一定的差异，很多人的元音舌位与其在听感上的相对位置并不完全一致。因此，Ladefoged & Johnson（2011）建议不要把正则元音图中的点看作发音的具体舌位，而是把它们看成是元音在听感上的相对位置更为合理。当然，元音的听感和其发音时的舌位有密切的相关性。因为听感上，元音位置是受元音的第一和第二共振峰的频率值决定的。一、二共振峰的频率又是受发音时共鸣腔的形状决定的。共鸣腔的形状取决于发音时的唇型、开口度、舌位等。这里的舌位，更为准确地说应该是舌头高、低、先、后运动形成的口腔中的“收紧点”，因为是这些收紧点决定了一、二共振峰的频率。舌位抬高时，第一共振峰频率会下降，即舌位的高低与第一共振峰成反比。舌位的前后变化与一、二共振峰间的距离成正比。圆唇会使声道延长一点，让第二共振峰降低一些。

尽管琼斯的元音定位系统有一些不足，但它为语言的元音提供了一个非常好的定位标准。各种语言的元音都可以放到这个图中进行比较，表达力很强，使用方便，影响力很大，已经称为多数语音学家描述元音的传统。因此，在描述元音时，仍然沿用前元音、后元音、高元音、低元音的术语对元音进行分类。但在元音教学中，不能把元音图上的点直接等同于精确的舌位。元音图是声学-听感图，而非舌位图。图 2-13 是美国英语元音的声学-听感图。梯形的各个顶点代表 1、4、5、8 号正则元音，与正则元音接近的音就用正则元音符号表示。例如，左上角的英语前高元音离 1 号正则元音[i]很近，就用[i]表示。英语半低元音离 3 号正则元音[ɛ]很近，用[ɛ]表示。英语后低元音离 5 号正则元音[ɑ]较近，用[ɑ]表示；英语后高元音离 8 号正则元音[u]相对较近，用[u]表示。英语前低元音虽然离 4 号正则元音[a]较近，但英语标音的传统用[æ]表示。

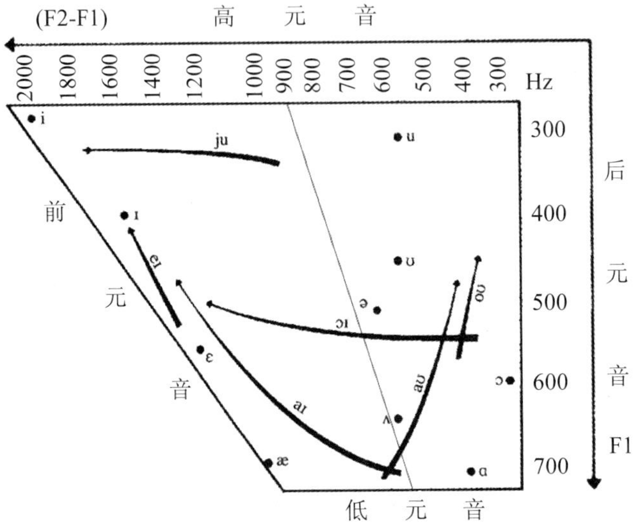

图 2-13 美国英语的声学-听感元音图（Ladefoged & Johnson 2011：218）

梯形图实质上是以第一共振峰频率（F1）为纵轴，第二共振峰与第一共振峰的频率差（F2-F1）为横轴的声学坐标体系。为了便于将声学元音图放到传统的正则元音系统中进行比较，坐标系的原点定在右上角。根据英语每个元音的一、二共振峰频率均值就可以在坐标系中确定每个元音的位置，用黑点表示。单元音只用一个点表示就行，双元音涉及从一个元音滑动到另一个元音的过程，因此用箭头表示其动程。各个元音的相对位置即是各元音在听觉空间中的位置。例如，我们觉得[i]和[ɑ]听起来差异很大，在图中的表现是相距最远。[i]和[ɪ]比较接近，在图中的表现是比较接近。

不仅如此，这些点的位置还与舌位有很大的相关性。例如，[i]、[ɪ]、[ɛ]、[æ]靠近梯形左侧斜边，左边是正则元音系统的前元音，舌位靠前。英音的这几个元音发音时也是舌位靠前，因此称为前元音。[i]、[ɪ]、[ɛ]、[æ]几乎等距离地从上到下排列，其实际发音的舌位也是从上到下近乎等距离下降的。因此，这四个元音依次称为高元音、半高元音、半低元音、低元音。[u]、[ʊ]、[ɔ]、[ɑ]四个点离梯形右侧的边，即靠近正则元音系统的后元音。这几个元音在发音时是舌体后缩发音的，因此称为后元音。[u]、[ʊ]、[ɔ]、[ɑ]从上到下排列，正则元音图上代表其舌位从高到低下降。实际发音时，这四个元音的舌后部也是依次下降的。此外，还有[ə]和[ʌ]两个点处于梯形中线附近，在正则元音系统里属于中元音。实际发音时，这两个音的舌位也是居中的，即舌体处于休息状态或中性状态。

用元音图对比不同语言之间元音舌位和听感的差异非常方便。图 2-14 中，正方形是汉语普通话的 7 个一级元音：/i/、/u/、/y/、/a/、/ɤ/、/ɿ/、/ʅ/（石峰，2008），前 5 个是舌面元音，分别是汉语拼音 i、u、ü、a、e 的实际发音。/ɿ/、/ʅ/是舌尖元音，分别是 z、c、s 后的 i 和 zhi、chi、shi 后的 i 的发音。从图中可以看出，汉语/a/听感上比英语/ɑ/更靠前。汉语/a/更接近正则元音的前元音[a]，英语/ɑ/更接近正则元音的后元音[ɑ]，因此所用符号也不同。在严式标音时，汉语的/a/使用符号[A]表示。由此可以推测英语/ɑ/的舌位比汉语/a/靠后一些。汉语拼音 ü 的发音标为[y]，其舌位与[i]是一样的，但因为是圆唇，所以第二共振峰会降低，听感上的位置比英语/i/和汉语/i/略靠后一点。汉语的/u/听感上比英语/u/略高，且略靠后，舌位也是略高、略后。汉语拼音 e 的发音是/ɤ/，与英语的中元音/ə/接近，但听感和舌位比英语略靠后。英语的/ʌ/听感上比汉语的/a/高，因此舌位也比汉语/a/略高。

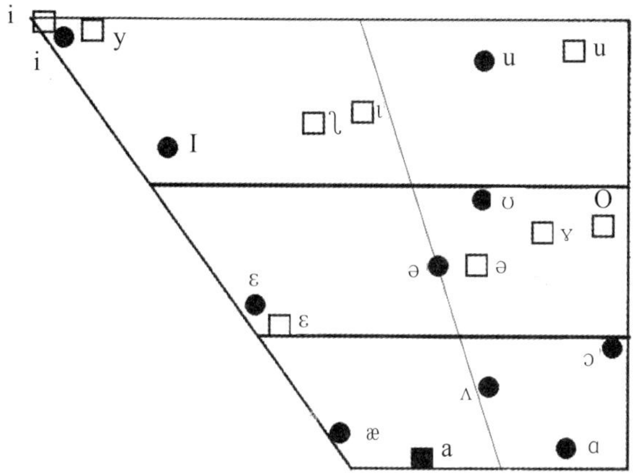

图 2-14　英汉元音听感对比（林焘、王理嘉，1992）

由此可见，按照正则元音系统对元音进行分类是非常便利的。经过严格听音和辨音训练的语音学家，在做田野调查时，通过听感判断，可以利用国际音标准确地把一个自己不懂的语言的元音标注在正则元音系统里。事后对录音中元音的共振峰做声学分析，绘出声学元音图，会与靠听感标注的非常吻合。

2.1.3.2　辅音的分类

辅音的分类比元音简单，可利用发音部位和发音方法进行分类。发音部位是指辅音发音时气流受阻的位置。按照从外到内的发音部位对人类语言的辅音分类，可以有双唇音、唇齿音、齿音、齿龈音、卷舌音、腭龈音（或称后齿龈音）、腭音、软腭音、小舌音、咽音、会咽音。发音方法是指气流受阻的方式。按人类语言辅音的方式分类，有塞音（或称爆发音或破裂音）、鼻音、颤音、闪音（或称轻拍音）、擦音、边擦音、无擦通音、边通音。这些音的气流来自肺部，总称肺气流机制音，如图 2-15 所示。还有一些语言中存在一些特殊的辅音，如㗊音（或称搭嘴音）、浊内爆音（或称缩气塞音）、喷音（或称挤喉塞音）。此外，还可以按发声态把辅音分为浊辅音和清辅音。浊辅音发音时声带振动，清辅音发音时声带不振动。在表 2-1 的国际音标表中，清浊成对的辅音中，左边是清辅音，右边是浊辅音，其中，s /s/、j /tɕ/、q /thɕ/、x /ɕ/、h /X/分别与英语的 s /s/、j /dʒ/、ch /tʃ/、sh /ʃ/、h /h/比较相似，中国英语学习者容易用汉语去替代英语。实际上他们的发音部位是不一样的。北京话 s /s/虽然与英语 s /s/写法一样，但北京话/s/是齿背音，而英语 s /s/是齿龈音。其他的几个音，英汉的标音完全不一样。汉语 j /tɕ/、q /thɕ/、x /ɕ/是硬腭音，而 j /dʒ/、ch /tʃ/、sh /ʃ/是后齿龈音。前者舌尖在下齿龈做支点，舌前面隆起至硬腭，而后者发音时舌尖和舌叶上抬至上齿龈脊。汉语拼音 h 与英语字母 h 一样，但其实际发音完全不一样。汉语拼音 h 的发音为/X/，是舌后面与软腭形成的擦音，而英语 h 的发音是/h/，即喉部形成的擦音。

	双唇	唇齿	齿	齿龈	后齿龈/腭龈	卷舌	硬腭	软腭	小辞	咽	喉
塞音/爆发音	p b			t d		ʈ ɖ	c ɟ	k ɡ	q ɢ		ʔ
鼻音	m	ɱ		n		ɳ	ɲ	ŋ	ɴ		
颤音	ʙ			r					ʀ		
闪音/轻拍音				ɾ		ɽ					
擦音	ɸ β	f v	θ ð	s z	ʃ ʒ	ʂ ʐ	ç ʝ	x ɣ	χ ʁ	ħ ʕ	h ɦ
边擦音				ɬ ɮ							
边擦通音		ʋ		ɹ		ɻ	j	ɰ			
边通音				l		ɭ	ʎ	ʟ			

图 2-15　国际音标肺气流机制辅音

2.1.4　超音段成分

2.1.4.1　重音

重音是相对于音节而言的，单个音段谈不上重音。重音的本质是突显。传统认为，读得较重的音节为重音音节，读得轻的音节为轻音音节或非重音音节，因此用“重音”这个术语。但实际上，重音的表现方式不只是在音强上的增加，音高、音长上的突显也常常是重音的表现方式。就英语而言，音高突显的方式效果最好，音高发生变化也容易被感知为突显。音节中的元音延长也是较好的突显方式。总的来说，英语本族语者用音高和时长突显的情况多于用音强突显的情况。尽管英语用音高突显较多，“重音”这个术语还是有道理的。因为音高突显要靠提升声带振动的频率来实现，这就需要肺部肌肉更加用力，推动更多的气流来冲击声带。

重音可以分为词重音和句重音。词重音指单词内部某个音节或某几个音节的突显。有重音的语言中，有的重音位置是固定的。如捷克语、拉脱维亚语单词的重音固定出现在首音节，波兰语和斯瓦西里语的重音一般在倒数第二个音节，法语重读尾音节。有的语言的词重音是变动的，如俄语、英语和德语。没有重音的音节称为非重读音节。非重读音节的时长一般比重读音节短，语速快，使得元音缩短，发音动作难以做到位，出现元音弱化现象。英语的非重读音节元音弱化现象较多。例如，名词 object /'ɒbdʒekt/中字母 o 重读，发音为/ɒ/，但动词 object /əb'dʒekt/中字母 o 是非重读音节，其读音也弱化为央元音/ə/。弱化的元音与重读的元音形成鲜明的对比，使重读音节更加容易突显。

人们在说话时，一般会出现某个词或某几个词更加凸显，这个词或者几个词称为句重音。句重音一般是信息焦点。句重音也叫核心重音，分为标记重音和非标记重音。非标记重音是自然形成的重音，也称自然重音，它的位置有一定的规律。例如，英语的自然重音一般是调群末的最后一个实义项。这是因为实义项承载的信息比语法项更多，新信息又一般位于调群末尾，所以调群末的最后一个实义项自然地成为信息焦点。自然重音的突显程度一般不是很高，人们不容易察觉。例如，汉语说：“走去食堂吃饭。”最后一个字“饭”是自然重音，但中国人都没有注意到。非标记重音是指说话人为突显某个信息而有意重读的自然重音以外的字或词。最常见的非标记重音是对比重音。例如，英语句子 Individualism concerns the placing of personal goals ahead of group goals 中，personal 和 group 是句中两相对比的焦点，大部分人都会重读这两个词。

2.1.4.2　语调与声调

语调是指说话时音高的高低起伏变化。所有的语言都有语调，因为音高的变化是声带振动频率的变化在听感上的表现。语调可以反映人的生理特征。人们能够根据整体语调的高低判断说话人的性别、大致年龄。女性的语调一般比男性高，小孩的语调一般比老年人高。

一个完整的语调单位由调冠、调头、调核、调尾 4 个部分组成，其中最重要的是调核，它是整个单位中最突显的成分，一般是新信息或语义焦点，也就是上文所述的句重音。例如，在句子 I will talk to you later this evening 中，第一个实词是 talk，因此是第一个重读音节。evening 是最后一个实词，因此是自然重音，即非标记调核。从第一个重读音节到调核前的部分称为调头，因此这里 talk to you later this 整个部分为调头。调头前面的非重读音节为调冠，这里是 I will。调核音节是 evening 中的重读音节。调核音节之后的音节都是调尾。英语句子的语调结构中，调核是必不可少的。调冠、调头、调尾有时会不存在。根据 Crystal（1976）的数据，4 个部分都存在的句子在英语中只有一半左右。大部分情况下，调核之前都有调头。只有调核，没有调头的句子不到 10%。

语调可以表达情感、情绪和态度。例如，英语 Come on in 用比较高的语调说让人感觉比较热情，用很低的语调说会让人觉得比较冷漠。语调表达的这种态度也称态度意义。在此例中，这种很低的语调结合语境，传达的意义实际是 You are not welcome。语调还有重音的句法功能，可以标记句法单位。绝大多数人类语言都用句末降调表示完结，用句末升调表示疑问。书面语由于没有语调，只能发明标点符号（如句号、问号）来替代语调的功能。说话时，有时候难以用一口气把意思表达完。这时需要停顿，但又要暗示自己没有说完，这时可以用升调来实现。英语中这种停顿边界的语调一般是低升调，称为延续性升调（continuation rise）。有时候，用逗号来替代语调的这种功能。

此外，语调还可以传达语篇信息。例如，In Summer, Chengdu is often cloudy. Meanwhile, other places are having sun in northern China. 本族语者在说这两句话时，第二句话的调核会落在 sun 上面。听话人在解第二句话时必须联系第一句话才能理解，因为 sun 是和前面的 cloudy 相对照的。

在大部分人类语言中，语调可以和音节绑定在一起，赋予其特定的意义，这就是声调。声调语言中，最简单的声调语言只有高、低 2 个调，非洲、美洲的声调语言多数是这种语言，如卢干达语、祖鲁语、豪萨语。中国方言的声调非常复杂，声调最多的侗语和瑶族勉语（金门）有 15 个调，是世界上声调最多的语言。在《中国音系数据库》（端木三、何家勇、衣莉等，2020）收录的 912 个方言中，4 个调、6 个调、5 个调、7 个调的方言最多，分别占 24%、21.4%、16%、12.5%，共占中国方言的 74%。这些声调较多的方言除了用音高的高低来区别声调外，还通过音高变化（曲折调）和音高变化的长短来区别声调。短促的声调叫促声，也叫入声。因为音节尾有辅音（如－t，－p，－k），所以声音短促。古汉语有四个声调，平上去入，其中的入声调保留在许多方言中，如吴语、闽南语、粤语、客家话、海南话、部分赣语等。通过研究声调的演变可以追溯历史。

现代汉语普通话中虽然仍是 4 个声调，但入声调已并入其他调类，与古汉语的平上去入已经不同。普通话中除阴平是高平调（55）外，其他 3 个调都是通过语调的变化来区别的。阳平是高升（35），上声是低降升（214），去声是高降（51）。括号里面是按赵元任发明的五度值标记的调值。这里的音高都是相对音高，而不是绝对音高。例如，女性的音高总体上比男性高，因此女性 4 个声调的基频一般比男性的基频高。但是，无论男性、女性，这 4 个声调都标记为 55 调、35 调、214 调、51 调。这是因为人耳感知的是音高的相对关系，而不是音高的绝对值。

2.1.4.3 节奏

人类说话时，肺部的缩张、舌的伸缩和升降、口腔的开合等运动不断地重复，导致产出的语音声波的振幅呈现一定的周期变化。这些振幅比较大的地方往往是较为突显的语音信息。这种突显信息周期性变化的语言表现称为语言的节奏。从听觉感知来讲，呈规律性有节奏地出现的语音突显信息有利于大脑进行预测，提高信息处理的效率。人类发音的生理机制和听觉神经机制相互促进的关系共同塑造了人类语言特有的节奏。但是，不同语言的节奏表现形式有所不同。有的语言（如英语、德语）的周期变化倾向于以重读音节为单位，因此被称为重音节奏型语言。有的语言（如汉语、西班牙语、法语）的周期变化倾向于以音节为单位，因此被称为音节节奏型语言。另外一些语言（如日语、东部班图语）的周期变化倾向于以莫拉为单位，因此被称为莫拉节奏型语言。

语言的节奏可以用一些指标进行量化研究。使用较为普遍的有 PVI（成对变异指数）、%V（元音总时长与全句总时长之比）、△V（元音时长的标准差）、△C（辅音时长的标准差）、VarcoC（语速标准化后的辅音时长标准差）、VarcoV（语速标准化后的元音时长标准差）。这些指标主要测量话语音流中元音和辅音的变异程度。如果一种语言（如英语、荷兰语、波兰语）是重读音节和弱读音节交替出现的节奏模式，那么它的元音变异程度就比较大。这是因为重读音节突显方式之一是时长突显，即时长延长，而弱读音节的时长会缩短，这样在时长层面形成长短对立和长短音节有规律地交替出现。这样的语言 PVI、△V、△C、VarcoC、VarcoV 会比较高，%V 比较低。根据以往的研究，我们知道泰语、荷兰语、德语、英语是元音、辅音变异程度较高的语言，其成对变异指数分别为 66、66、60、56。法语、日语、西班牙语、汉语等是元音、辅音变异度较低的语言，其成对变异指数分别为 42、41、30、27。波兰语的元音、辅音变异程度为 46，处于相对居中的位置。由这些变异指数可以看出，跟人类语言的其他特征一样，节奏强弱也是一个连续统。泰语、德语节奏较强，代表连续统的一极，汉语的节奏较弱，代表另外一极。世界上绝大多数语言都在这个连续统的中间某个位置。

2.2 音 系 学

2.2.1 音位理论

音位是能够区别意义的最小语音单位。音位是音系学中最重要的概念，其诞生经历了很长的阶段。19 世纪 70 年代，喀山学派的 Courtenay 提出音素是物理单位，音位是物理的声音在人们心理中形成的概念，是心理单位。研究生理发音和物理现象的音素的科学为生理语音学，研究心理映像的科学为心理语音学。前者就是现在的语音学，后者发展为现在的音系学。真正创建音位学理论的是布拉格学派的 Trubetzkoy，他的《音位学原理》成了音系学的奠基之作。

音位学的主要任务是通过音位分析，找出各个语言的所有元音音位和辅音音位，并建立各语言的音位系统。确立音位有四条基本原则：（1）对立互补；（2）语音相似；（3）模式和谐；（4）经济原则。音位分析的基本方法以下四种。

第一，寻找最小对立体。例如，英语的 wet 和 vet。在这对词中，只有中间的音段/w/和/v/不同，其他的音段都相同。因为[w]和[v]的不同而导致 wet 和 vet 意义不同，说明/w/和/v/有区别意义的功能，所以/w/和/v/在英语中是两个不同的音位。但是，在汉语普通话中，“问题”的“问”可以说成/wən/，也可以说成/vən/，即这两种发音的意义相同，说明/w/和/v/不区别意义，因此，/w/和/v/在汉语普通话中是同一个音位。/w/和/v/之间可以自由互换，称为自由音位变体。

第二，确定互补分布。以英语/t/为例，它在音节首时，是送气音段 /th/，如 top /thɒp˺/；在 s 后面时，属不送气，发[t]，如 stop /ɒp˺/。它位于音节尾时，无除阻（unreleased），发/t˺/，如 pot/phɒt˺/。/th/、/t/、/t˺/三个音段有细微不同，它们从不出现在相同的语音环境中，这就是互补分布。由于它们互相之间不会形成对比而区别意义，所以把它们确定为同一个音位 /t/ 在不同语音环境中的变体。

第三，并不是具有互补分布的音都可以合并为一个音位，音位变体之间必须具有语音相似性，否则不能合并为一个音位。例如，/th/、/t/、/t˺/三个音段的核心都是舌尖齿龈音，语音相似，所以可以合并为一个音位/t/。英语的/h/和/ŋ/是互补分布的关系，但它们发音部位和发音方法迥异，不能划为同一音位。

第四，模式均匀或系统对称。音位系统倾向于有对称性。一般情况下，一个语言如果有高元音就会有低元音；有前元音就会有后元音；不过，有些语言也会有不对称的情况，需要结合具体语言处理。

音位分析不仅是要确定各个语言的音位总数，还要确立各自的关系。这些关系主要有双边对立和多边对立两大类。如果两个音只在一个维度上产生对立称为双边对立关系。如英语的/t/和/d/，它们的发音部位和发音方法都相同，只有发声态的不同。但/t/、/ʒ/则不同，它们除了发音部位有对立，发音方法和发声态均有对立，这种称为多边对立关系。一个音位系统往往是双边对立和多边对立同时存在。如图 2-16（a）所示的辅音系统中，上下的对立是双边对立，构成最小对立体，横向的对立为多边对立。这两种基本的对立关系构成了音位系统的基本结构。对结构关系进一步分析，还会有对应性对立、孤立对立、有无对立、渐变对立、均等对立、可中和对立、永久性对立 7 种关系。

人类语言的元音音位系统中，/a/、/i/、/u/是出现频率最高的元音。这是因为/i/和/u/的舌位前后对立相距最远，/i/、/u/和/a/的舌位高低对立相距最远，他们构成了基本的元音三角结构（如图 2-16（b））。大部分语言的元音音位都在这个三角结构内外扩展。拓展的方式可以是改变舌位，形成舌位的前、中、后，高、中高、中、中低、低的对立。也可以是改变唇型，形成圆唇和展唇的对立。如秘鲁的 Campa 语增加了中元音/ə/，形成 4 个音位系统；西班牙语在/a/、/i/、/u/的基础上增加/o/、/e/，构成 5 个音位系统；波斯语在/a/、/i/、/u/的基础上增加/e/、/o/、/ɑ/构成 6 个音位系统；汉语在/a/、/i/、/u/的基础上增加/y/、/ɤ/、/ʅ/、/ɿ/，构成 7 个音位系统。此外，还有八、九、十、十一、十二、十三、十四、十五个元音音位系统。挪威语就是十五个元音音位系统。此外，单元音的音位还可以形成二合元音，形成更加复杂的元音音位系统。

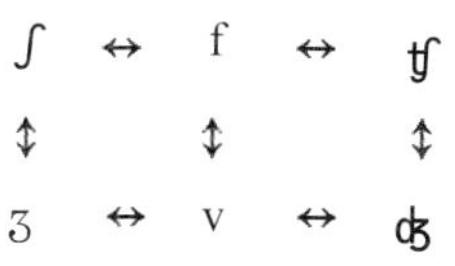

图 2-16（a）　辅音音位系统的对立关系举例

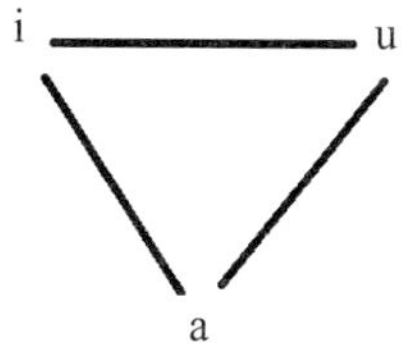

图 2-16（b）　元音音位系统的对立关系举例

人类语言的辅音音位比元音复杂。辅音音位的对立方式有发音部位、发音方法、发声态、口鼻音、送气与不送气、气流方向等。各种发音方法中，爆发音、擦音、塞擦音、鼻音、半元音是人类语言辅音系统中最多的。在爆发音中，约 99%的语言爆发位置在齿/齿龈、唇、软腭。在塞擦音中，世界语言最多的是腭音、齿音/齿龈音。在擦音中，世界语言最多的是齿音/齿龈音。最多的鼻音是/n/，其次是/m/，再次是/ŋ/。半元音最常见的部位是硬腭，最多的是/j/，其次是/w/。从气流方向上看，绝大多数都用肺部气流发音。挤喉音、缩气音、吸气音很少。

2.2.2 区别性特征与生成音系学

2.2.2.1 区别性特征

区别性特征是比音位更小的语音单位。音位之间的区别，本质上是其区别性特征的不同。最早提出区别性特征的是布拉格学派的 Trubetzkoy。之后，Jakobson，Font & Halle（1952）发展了 Trubetzkoy 的区别性特征，主要从声学的角度，提出了 12 对二元对立的区别性特征。这些特征包括音响特征和声调特征两大类。音响特征有 9 对，分别是元音性/非元音性、辅音性/非辅音性、集聚性/分散性、紧音性/松音性、浊音性/清音性、鼻音性/口音性、非延续性/延续性、刺耳性/柔润性、急刹性/非急刹性。声调特征有 3 对，分别是钝音性/锐音性、降音性/平音性、升音性/降音性。17 年后，Chomsky & Halle (1968) 出版了 *The Sound Pattern of English*（SPE），创立了生成音系学。书中，Chomsky 和 Halle 在 Jakobson 等人的基础上，从生理的角度提出了 27 对区别性特征。这些特征分为大类特征、声腔特征、发音方法特征、声源特征、韵律特征 5 大类型。每个大类里包含众多特征，每对特征用+或–表示。+表示具有该特征，–表示不具有该特征。

2.2.2.1.1 大类特征

1）响音性

具有响音性[+响音性]的语音发音时，声道形状的阻塞程度较小，允许伯努利效应产生，声带可以自然振动。非响音性[–响音性]的语音发音时，声道阻塞程度较高，声带不能自然振动。元音、鼻音、流音声道阻塞程度较小，具有响音性。通音/j/、/w/、/r/、/l/阻塞程度较大，但仍然允许伯努利效应产生，仍然是[+响音性]。阻塞程度大于通音的语音都是[–响音性]，即塞音、擦音、塞擦音。

2）元音性

具有元音性[+元音性]的语音在发音时，口腔的阻塞程度较小，声带可以自然振动，其中，高元音/i/、/u/的阻塞程度是最高限度。阻塞程度高于/i/、/u/的音，都是[–元音性]。元音和流音都是[+元音性]，滑音、鼻辅音、阻塞音都是[–元音性]。需要说明的是，这个特征现在已被音节性所取代。

3）辅音性

具有辅音性的语音发音时，声道中央部位受到强烈阻碍。流音、阻塞音、鼻音都是[+辅音性]；元音和滑音（如 /w/、/j/）是[–辅音性]。

2.2.2.1.2 声腔特征

1）舌前性

具有舌前性的语音发音时，舌叶从中性位置上抬。非舌前性的语音发音时，舌叶处于中性位置，不上抬。齿音、齿龈音、龈腭音、卷舌音都是[+舌前性]，其他音都是[–舌前性]。

2）前部性

具有前部性的音段发音时，成阻的位置位于腭龈区的前面。非前部性的音段发音时没有这样的阻碍。双唇、齿、齿龈位置的辅音都为[+前部性]，龈腭、硬腭、软腭、小舌、声门处形成的辅音都是[-前部性]。

3）高

具有此特征的音段发音时，舌体从中性位置隆起。高元音，龈腭、软腭位置成阻的辅音都是[+高]，其他的音都是[-高]。

4）低

具有此特征的音段发音时，舌体下沉，低于其中性位置。低元音、咽音都是[+低]，其余都是[-低]。

5）后

具有此特征的音段发音时，舌体从中性位置后缩。后元音、滑音 /w/、软腭和咽部的辅音都是[+后]，其余都是[-后]。

6）圆

具有此特征的音段发音时，双唇收拢，唇口径变小。圆唇元音和唇化辅音（如唇化软腭音、唇化齿音、唇化腭龈音）都是[+圆]，其余为[-圆]。

7）散布性

具有散布性的音段发音时，成阻的通道较长，向气流方向延伸。双唇、舌面、齿龈部分形成的擦音是[+散布性]。非散布性的音段发音时成阻的通道延伸较短。唇齿、舌尖、卷舌、齿部位产生的擦音都是[-散布性]。

8）遮蔽性

具有遮蔽性的音段发音时，咽腔壁收窄，咽腔壁肌肉收紧，喉部上升。[+遮蔽性]的音段主要是西非语言中出现元音和谐的元音。该特征现在已被[+舌根前伸]取代。

9）声门收紧性

具有该特征的音段发音时，声门从中性口径收紧。发音方式为缩气、挤喉的辅音都是[+声门收紧性]。

10）鼻音性

具有该特征的音段发音时，软腭下垂，口鼻通道打开，气流可以从鼻孔出去。鼻音和鼻化音是[+鼻音性]。

11）边音性

具有该特征的音段发音时，舌中部的两边或一边下沉，气流从臼齿附近出去。舌边音[l]为[+边音性]。

2.2.2.1.3 发音方法的特征

1）延续性

具有该特征的音段发音时，气流通道虽然收缩，但不会完全阻塞。除爆发音、鼻音、塞擦音为[-延续性]外，其余都是[+延续性]。

2）瞬时除阻

具有该特征的音段发音时，声道内先成阻，然后气流爆破除阻。只有爆发音是[+瞬时除阻]。

3）软腭吸气性

具有软腭吸气性的音段发音时，软腭向下运动形成吸气，如/ʘ, !/为[+软腭吸气性]。

4）缩气性（implosion）

具有该特征的音段发音时，声门闭合形成吸气，如 / ɓ，ɗ，ʄ /为[+缩气性]。

5）软腭压力

这个特征尚未经实际语言证实。

6）挤喉性（ejection）

这个特征是发音时声门闭合向上运动形成的。印度、高加索、印第安人的语言中有许多[+挤喉性]的音段。

7）紧音性

具有该特征的音段发音由声门上部肌肉组织完成。发音时，小心、精确、动作幅度最大，需要保持构音动作的时间较长，因此所涉肌肉需付出较大努力。[-紧音性]的音段发音时，动作快，动作幅度不大。如英语的/i:/、/u:/为[+紧音性]，/ɪ/、/ʊ/为[-紧音性]。

2.2.2.1.4 声源特征

1）增强声门下压性

具有该特征的音段发音时，声门下的压力增加。这个特征的表现是送气，所以现在用送气或展喉性来替代。

2）浊音性

该特征指发音时声带振动。

3）刺耳性（strident）

该特征是从声学角度定义的，[+刺耳性]的音段比[-刺耳性]的音段具有更大的噪音。擦音、塞擦音是[+刺耳性]，爆发音和响音都是[-刺耳性]。

2.2.2.1.5 韵律特征

韵律特征指重音、音高、音长特征。Chomsky 和 Halle 当时并没有进行深入的研究。

区别性特征可以描述某个具体的音段。例如，音段送气的爆发音 /th/ 可以表述下列特征矩阵：

[+辅音性-响音性-持续性-缓除阻+前部性+舌冠性-浊音性+展喉性]

区别性特征也可以描述一个自然类。例如，[-延续性]可以指所有爆发音和塞擦音。

区别性特征是生成音系学的重要基础。生成音系学假定有两个表达平面：一个是抽象的底层，一个是表层。表层的音系表达由底层推导而来。例如，英语规则的复数形式有/z/、/s/、/ɪz/三种。结构主义音位学把它们一一列出，并归纳为一个形态音位，用{pl}表示。/z/、/s/、/ɪz/是这个形态音位的不同变体。这种分析方法忽略了这些变体之间的有机联系。生成音系学假设英语名词复数有一个底层形式/z/，/z/、/s/、/ɪz/是从这个底层形式通过音系规则推导出来的表层形式。音系规则的基本格式为：A→B/C_D#。A 表示输入音段，B 为变化后的音段。/表示“在……语境中”。C 和 D 为语境。C 和 D 中间的___表示输入音段在语境中的位置。#表示单词边界。

英语规则复数的音系规则为以下两条。

1）插音规则：ø→i/[+舌冠性，+尖音性] ___ + z #

2）同化规则：z→[-嗓音性]/[-嗓音性] ___ #

插音规则中，零符号 ø 表示无。Ø→i 表示插入[i]。/后面为具体语境，即在[+舌冠性，+尖音性]描述的音段为/s, z, ʃ, ʒ, tʃ, dʒ/。该规则表示在/s, z, ʃ, ʒ, tʃ, dʒ/之后，底层形式 z 的前面需要插入/i/。

同化规则的意思是，z 在[−噪音性]（清音）后面会被同化为清音。表 2-1 以单词 dog, fish, desk 为例。

表　2-1

底层形式	dɒg +z	fɪʃ + z	desk+ z
插音规则：插入 ə	不适用	fɪʃə + z	不适用
同化规则：发声态的同化	不适用	不适用	desk + s
表层形式	/dɒgz/	/fɪʃəz/	/desks/

生成音系学通过设立底层形式，揭示了不同的音位变体间的内在联系和音变规律。生成音系学在音系学的发展中具有极其重要的地位，可以说 20 世纪的后半个世纪都是生成音系学为主导。

2.2.2.2　优选论

生成音系学通过设立音系规则解决人脑具有的音系知识和语音表现之间的联系。规则的应用是线性的，前一条规则的输出项是后一项规则的输入项。最终的表层形式是许多条规则按顺序依次作用后的结果。首先，规则排列的先后顺序对推导结果有决定作用。其次，底层形式的设立也很重要。同样的规则，不同的底层形式，其推导结果也不同。各种规则只是对音系过程的描写，其解释力不足。因此，经典生成音系学之后，又发展出很多理论，如自主音段音系学、x 空位理论、粒子音系学、优选论等，其中，影响力最大、最成功的是 Prince 和 Smolensky 于 1993 年创立的优选论。

优选论的基本思想是认为人类语言背后有两种相互冲突的基本的力量在起作用。一种是源于说话人生理基础的力量—省力原则。它要求语言的表层形式在表达时能尽可能地省力。另一种是源于听话人的力量—清晰原则。它要求语言的表层形式能尽可能的清晰，能很好地区别意义。为了省力，大脑中的底层语言形式在通过发音器官表达出来时，就容易发生音变。例如，因为协同发音而产生发音部位的同化、发音方法的同化、发声态的同化等。这种经济性表现在语言的很多方面。例如，在音节结构上，语言类型学研究发现大多数语言的音节结构有如下倾向。

1）音节以辅音为音节首。ONSET

2）音节含有 1 个元音。PEAK

3）音节以元音结尾。NOCODA

4）音节边界最多有 1 个辅音。*COMPLEX

5）音节由辅音和元音构成。ONSET & PEAK（Archangeli & Langendoen，1997：7）

类似这样的普遍性特征被称为非标记性特征。优选论把语言的非标记性特征定义为标记性制约条件。例如，上述音节结构的 5 种倾向可以设置为 5 种制约条件：ONSET、PEAK、NOCODA、*COMPLEX（*号表示不允许）、ONSET & PEAK，但这些制约条件只是大多数语言表现出来的一些倾向，不是每个语言都一定符合。因此，对于某个具体语言而言，许多制约条件是可以违反的。例如，Yawelmani 语的音节有如下特点。

1）音节只有 1 个元音。

2）音节总是以辅音开头。

3）音节边界的辅音不超过 1 个。

4）音节有时候以元音结尾，有时候不以元音结尾。

Yawelmani 语的音节结构可以用表 2-2 中的制约条件来表示。如果这个语言中只有 NOCODA 是可以违反的，那么该语言的音节结构只可能出现 CV 和 CVC，而不会有例如 CVCC，CC 等其他结构。

表 2-2　音节结构（Archangeli & Langendoen, 1997: 8）

	PEAK	ONSET	*COMPLEX	NOCODA	
CV	OK	OK	OK	OK	
CVC	OK	OK	OK	FALSE	
* CVCC	OK	OK	FALSE	OK	
* CC	FALSE	OK	OK	OK	

管辖 Yawelmani 语音节结构的语法可以简单地用 PEAK, ONSET, *COMPLEX >> NOCODA 表示，其中的逗号表示它们之间的等级关系未确定，>>表示左边的等级比右边高。

与省力原则相反，由清晰性原则产生的力会阻止语言表层形式发生变化，以保证表层形式与大脑中的底层形式一致，这样听话人才能最大限度地听懂语言信息。优选论把与这个力量相关的法则定义为忠实性制约条件。例如，制约条件 FAITHV 表示输入和输出的元音要一致。FAITHC 表示输入和输出的辅音要一致。还是以 Yawelmani 语的音节结构为例，看看以上两种力所体现的制约条件是如何对语言的表层形式起作用的。

表 2-3　Yawelmani 语音节结构的候选项违反竞选表

/logw-hin/	PEAK	ONSET	*COMPLEX	FAITHC	FAITHV	NOCODA
logw.hin			*!			*
log.whin			*!			*
log.w.hin	*!					*
log . hin				*!		*
☞ lo.giw.hin					*	*

表 2-3 称为候选项违反竞选表。左上角/xat-en/是输入项。输入项下面的是生成器产生的部分候选项。理论上说，生成器可以生成无限多的语言形式。但是，优选论在实际操作时，只需要在表中列出最关键的候选项。这里列了四种：xa.ten，xa.te.n，xa.te，xa.te.ni。这些候选项需要经过评估器的评估。评估器的核心是制约条件的集合。理论上，所有的语言都共享一套制约条件集合。实际分析时，一般只把最关键的制约条件列在表中。这里 PEAK、ONSET、*COMPLEX、NOCODA 为标记性制约条件，FAITHC 和 FAITHV 为忠实性制约条件。纵向的虚线表示制约条件之间的等级未确定，纵向的实线表示前面的制约条件等级高于后面的制约条件。评估器对违反制约条件的候选项标记为*，对淘汰的候选项标记为！。在这个表中，logw.hin 和 log.whin 的音节边界有复杂的辅音，违反了高等级的*COMPLEX 而被淘汰。log.w.hin 的第二个音节没有元音，违反了高等级的 PEAK 而被淘汰。log. hin 因辅音 w 被删除，违反了高等级的 FAITHC，被淘汰。lo.giw.hin 的第二个音节虽然插入了元音 i 而违反了 FAITHV，第二和

第三音节音节尾有辅音，违反了 NOCODA，但因 FAITHV 和 NOCODA 的等级较低，评估器最后把 lo.giw.hin 判断为最小限度违反制约条件的优选项，即最终输出的表层形式标注为手指符号。被淘汰选项后面的表格用阴影标注。

综上所述，生成器、评估器、制约条件层级体系是优选论的核心成分。所有语言共享同一套普遍制约条件。不同语言在表层形式上的区别是制约条件的等级排列不同所致。Yawelmani 语音节结构制约条件排序为 PEAK，ONSET，*COMPLEX，FAITHC >> FAITHV，NOCODA，其中的逗号表示等级未确定，>>表示左边的制约条件等级比右边高。

下面对比一下英语音节结构的制约条件（如表 2-4 所示）。以输入项/lɪmp-nɛs/为例，lɪm. nɛs 删除了辅音/p/，违反了高等级的 FAITHC，被淘汰。lɪm.pɪ. nɛs 插入元音ɪ，违反了高等级的 FAITHV，被淘汰。lɪm.p. nɛs 的第二个音节没有元音，违反了高等级的 PEAK，被淘汰。lɪmp. nɛs 虽然违反了*COMPLEX 和 NOCODA，但这两个制约条件的等级较低，是英语可以接受的。由此可见，英语音节结构的语法为：FAITHV, PEAK, FAITHC, ONSET >> *COMPLEX, NOCODA。

表 2-4　英语语音节结构的候选项违反竞选表

/lɪmp-nɛs/	FAITHV	PEAK	FAITHC	ONSET	*COMPLEX	NOCODA
☞ lɪmp. nɛs					*	*
lɪm. nɛs			*!			
lɪm.pɪ. nɛs	*!					
lɪm.p. nɛs		*!				

英语的语法与 Yawelmani 语的主要区别是英语中*COMPLEX 的等级较低，可以被违反，即允许音节边界出现复杂的辅音；Yawelmani 语中 FAITHV 的等级较低，可以被违反，即音节中允许插入元音，以去掉音节边界复杂的辅音。西班牙语的语法是 FAITHV，PEAK，*COMPLEX >> FAITHC，ONSET，NOCODA。其核心是 FAITHC 等级较低，可以被违反，即为了满足音节边界不出现复杂的辅音，允许删除多余的辅音。Berber 语的语法是 FAITHC，FAITHV，*COMPLEX >> PEAK，ONSET，NOCODA。其核心是 PEAK 的等级较低，可以被违反，即通过允许音节中无元音来解决音节边界不能出现复杂辅音的问题。

优选论基于语言是多种力量交互作用的结果的理念，利用普遍制约条件的等级排序的方法，很好地解决了语言的普遍性、标记性、变异性问题。尽管如此，优选论也不是完美无缺，它仍然有许多解释不了的问题。因此，优选论也在不断地优化中，近年来，概率性优选论、候选项链理论都是对前期经典理论的发展。

2.3　小　　节

语音学与音系学都是研究语音的学科，但侧重点不同。语音学通过自然科学的方法研究个人发音的生理基础和发音过程（发音语音学）、语音的传递过程（声学语音学）、语音的感知过程（听觉/感知语音学）。音系学研究语音在大脑中形成的概念系统。这些系统是语言社会群体形成的，不是个人的，因此音系学是社会科学。语音学研究语音的物质属性，音系学研究语音的功能属性。人类发音器官能够发出的语音很多，但每个语言社会群里只用其中的一部分，并把他们组织成为严密的系统。这些系统的组织方式是有规律的、有语法的。人类有五六千种语言，这些语言之间各不相同，但也有许多共性。音系学研究既要揭示这些语音系统产生差异性的原因，又要找到人类语音系统组织方式的普遍法则。

语音学与音系学的研究方法和研究目的虽然不同，但二者却是密不可分的。音系学研究需要以语音学研究为基础，语音学研究以音系学研究为目的。例如，音位的物质基础是音素和音子。区别性特征一般以发音的生理特征和语音的声学特征为划分依据。语音的底层结构是语音在大脑中的概念，但表层语音形式是以语音的物质属性为基础的。底层与表层之间的音系过程与语音发音的生理基础密不可分。生成音系学中的许多音变规则，如同化规则产生的原因与发音器官的协同发音有直接的联系。

思考题

1．语音学和音系学的主要区别是什么？

2．语音是如何产生、调制、传播、接收和理解的？

3．优选论的基本思想是什么？

第三章 形 态 学

形态学是语言学的一个分支，同时也是词汇学的一个分支，是研究词汇内在结构和不同构词方式的学科。本章在介绍词汇内在结构时，首先，要厘清和辨析有关词汇内在结构的不同术语，包括语素（morpheme，又称词素或形位）、语素变体（allomorph）、语子（morph），词根（root）、词干（stem）、词基（base）、词缀（affix）等。其次，弄清楚语素分类和词缀分类情况。形态学是阐述词汇的不同构词方式，主要包括三种主要构词方式：合成法（compounding / composition）、派生法/词缀法（derivation / affixation）、转类法（conversion）以及七种次要的构词方式：首字母构词法（initialism and acronym）、拼缀法（blending）、截短法（clipping）、专有名词常用化（word from proper names）、逆成法（back formation）、重叠法（reduplication）、新古典构词法（neoclassical formation）等。

3.1 语素、语子、语素变体

从语素的英文 morpheme 的构词结构看，词根 morph-的意思是“形式”，名词后缀-eme 表述“最小的分类单位”。语素是指最小的有意义的语言单位，不能再进一步分解为更小的单位而不破坏或彻底改变其词汇意义或语法意义。例如，girls 由 girl 和-s 两个语素构成，undesirables 由 un-，desir(e)，-able 和-s 四个语素构成。

语子（morph）指的是某一语素在不同环境中的具体的实现形式；这些不同的实现形式便被统称为某一语素的语素变体（allomorph）。例如，以 in-代表否定意义的前缀，由于单词的首字母不同等会出现 im-、ir-、il-、un-、a- / an-、dis-、non-等具体的语子形式，统称为 in-否定前缀的语素变体。

3.2 语 素 分 类

3.2.1 自由语素与黏着语素

自由语素（free morpheme）指可以单独作为一个词使用的语素，比如：care（小心）、nation（国家）等，这些词可以称为单语素词；还有些合成词可以称为多语素词，例如：sleepwalk（梦游）、sunrise（日出）、tax-free（免税的）、honeymoon（度蜜月）等。

黏着语素（bound morpheme）不能单独作为一个词使用，必须至少与另一个其他语素（这个语素可以是自由语素，也可以是黏着语素）组合才能当作词使用。比如，在 careful（小心的）中的后缀-ful 不能单独作为单词出现，credible（可信的）中的 cred-和-ible 都不能单独作为单词出现。但也有极为个别的情况，例如：

You may call it patriotism or any other ***isms***.

上句中的“ism”就只是一个表抽象意义“……主义”的名词后缀，在这里却用成一个名词，并以复数形式出现。

3.2.2 词根、词干、词基与词缀

词根（root）就是把一个词的所有词缀去掉后剩余的部分，它是构成词的最基础的成分，承载这个词最基本的词汇意义，不能再做进一步分析而不破坏其意义。词根又可以分为自由词根（free root）和黏着词根（bound root）。自由词根就是能够单独用作词的词根，比如，national 中的 nation 就是自由词根。黏着词根就是不能单独以一个词的形式出现的词根，比如，incredible 中的 cred-就是黏着词根。掌握黏着词根的意义对分析词义、扩大词汇量很有必要。例如，如果了解黏着词根“-duce / -duct”的意义是“to lead / take”，那么，produce，induce，deduce，introduce，abduct，aqueduct，viaduct 等词汇的意义就迎刃而解了。

词干（stem）就是把一个词的屈折词缀（见后面的解释）去掉后剩余的部分。例如，undesirables 中的 undesirable，去掉的是一个名词复数后缀-s。

词基（base）就是去掉一个词的任何一个词缀后剩下的部分。比如，carefully 中的 careful；上述 undesirables 中的 undesirable 既是词干，也是词基。worked 中的 work 是词根、词基，也是词干。

词缀（affix）是指附着于另一个语素（词根、词干或词基）上的一类语素的总称。根据不同的标准，词缀的分类也不一样。

3.2.3 词缀分类

3.2.3.1 屈折词缀与派生词缀

根据词缀的功能和意义，词缀可以分为屈折词缀（inflectional affix）和派生词缀（derivational affix）。屈折词缀不改变词性，不构成新词，不具备新的词汇意义，只具有语法意义。屈折词缀主要包括：可数名词的复数词缀（如，girls 中的-s）、名词的属格形式（如，girl’s 中的’s）、限定动词的后缀（如，works，worked，working 中的-s、-ed、-ing）、等级形容词或副词的比较等级后缀（如，quicker 和 quickest 中的-er、-est）等。屈折词缀绝大部分是后缀，出现在词尾。

与屈折词缀相反，派生词缀通常可以改变词性，构成新词，具有一定的词汇意义，能产性较强。比如，actress，waitress，princess，baroness 等词中的名词后缀-ess 表示“雌性”的意思。派生词缀也可以是前缀，例如，bilateral 中的前缀 bi-表示“双、二”的意思。只有少部分派生前缀既有词汇意义，也有语法意义，可以改变词性。例如：debone 中的前缀 de-具有“去掉、消除”的词汇意义，也把原名词 bone（骨头）变成了动词“去骨”。单词 prewar 中的前缀 pre-不仅具有词汇意义“在……之前”，也将原名词 war（战争）变成了形容词（战前的）。

3.2.3.2 前缀、后缀、中缀与前后缀

根据出现的位置特征，词缀可以分为前缀、后缀、中缀与前后缀。

前缀（prefix）出现在一个词形的前部。如前所述，前缀具有词汇意义，只有少量前缀具有改变词性的语法意义。前缀基本上按照词汇意义进行分类，比如：表示否定（illogical）、大小（maximize）、顺序（postwar）、数字（pentagon）、态度（antiwar）等。

后缀（suffix）出现在一个词形的尾部。如前所述，后缀可分为屈折后缀和派生后缀。同一个后缀可能构成不同词性的词汇。例如，-ly 后缀加在名词后面构成一个形容词（friendly，友好的），加在形容词后面变成一个副词（carefully，小心地）。一般情况下，后缀可以按照词性分类，比如：名词后缀（-or，-ness，-tion，-ment，-on 等）、形容词后缀（-less，-ous，-able，-tive 等）、动词后缀（-ize，-ify，-ate）、副词后缀（-ly，-wise，-ward）等。

中缀（infix）出现在一个词形的中部，这种词缀比较少见。比如：可数名词复数词缀，mouthsful 中的-s 就在中间，也可以写成 mouthfuls。一些合成名词的复数后缀有时加在主要名词的后面，比如，lookers-on。

前后缀（circumfix）出现在一个词形的前后部，这种词缀很少见。比如，在印度尼西亚的语言中，前后缀“ke-…-an”作为一个整体出现，加在词形 bisa（意思是“be able 有能力”）前后变成 kebisaan（意思是“capability 能力”）（Anderson，1992：53）。

3.2.3.3 本族语词缀与外来语词缀

根据来源出处，词缀可以分为本族语词缀（native affix）和外来语词缀（foreign affix）。就英语来说，本族语词缀就是存在于古英语时期或者来源于古英语词汇的词缀。比如，前缀 un-，mis-，be-，out-，over-等，后缀-ness，-dom，-hood，-ly，-er 等。就英语来说，外来语词缀指的是来源于拉丁语、希腊语、法语等其他语言的词缀。比如，来源于拉丁语的前缀 ab-，bi-，dis-，re-等，来源于希腊语的前缀 kilo-，poly-等，来源于法语的前缀 mal-等。来源于希腊语的后缀-ic，-ism，-ist 等，来源于法语的后缀-able，-ize 等。这种由不同语言来源的词形组成的词称之为混种词（hybrid）。比如，comically 一词中，词根 com-和形容词后缀-ic 来源于希腊语，形容词后缀-al 来源于拉丁语，副词后缀-ly 来源于英语（张韵斐，2004：26-27）。

3.2.3.4 现在通用的词缀与废弃了的词缀

根据能产性，词缀可以分为现在通用的词缀（living affix）与废弃了的词缀（dead affix）。能够构成新词的词缀具有能产性，被称之为现在通用的词缀，比如，re-，un-，-able，-ize 等。已经被废弃、不具备能产性、不能用来构成新词的词缀被称之为废弃了的词缀，比如，在 forget，forgive，forbid 中的 for-；在 withdraw，withhold，withstand 中的 with-，等等。

3.2.4 词汇语素与语法语素

从语义和句法来看，语素可以分为词汇语素（lexical morpheme）与语法语素（grammatical morpheme）。词汇语素可以用来构成新的词项，所以又被称为派生语素。词汇语素可以是自由语素，也可以是黏着语素；既可以是词根，也可以是词缀。语法语素具有语法特性，主要用作语法标记以表明句法关系。语法语素包括上面讲的屈折语素和一些传统上称为功能性词汇的自由语素，比如，介词、连词、助词、代词、副词（in，and，but，while，do，have，they，that，where）等（胡壮麟、姜望琪，2015：72）。

3.3 构 词 规 则

构词规则（word-formation rules）是用来确定语言使用者构成新词的范围和规范。比如，形容词后缀–able 的构词规则说明：“-able 可以添加在动词后面构成形容词，意思是‘适合于’，也可以添加在名词后面构成形容词，意思是‘具有……特性’。”比如，readable，fashionable。然而，任何构词规则的“能产性都是有限的，并非所有通过某种构词规则构成的新词都可以接受。只有当构成的新词在某一语言中被语言共同体的人们流行使用时才可以被接受。”（Quirk *et al*，1972：976）比如，*writable 和*deskable 这两个带星号的词就不可接受（张韵斐，2004：32-33）。

3.4 构词法分类

以英语为例，构词法主要包括三种主要构词方式：派生法 / 词缀法（derivation / affixation）、转类法（conversion）、合成法（compounding / composition）以及七种次要的构词方式：首字母构词法（initialism and acronym）、拼缀法（blending）、截短法（clipping）、专有名词常用化（word from proper names）、逆成法（back formation）、重叠法（reduplication）、新古典构词法（neoclassical formation）等。

3.4.1 派生法

派生法（derivation，又称词缀法 affixation）是在一个词形上加词缀构成一个派生词。在前部加前缀可称为前缀法（prefixation）。除个别外，前缀一般不改变词性。改变词性的前缀具有词汇意义和语法意义，例如：befriend（vt.：使某人成为朋友、善待某人）中的前缀 be-具有词汇意义（使某人成为）和语法意义（将名词 friend 变为动词）。在词尾加后缀可称为后缀法（suffixation）。如前所述，后缀又可分为屈折后缀和派生后缀，前者具有语法意义，不具备词汇意义；后者具有词汇意义，也通常会改变词性。只有极个别的后缀不改变词性，例如：mouthful、bottleful、spoonful 等词都是在表示容器的名词后面加上后缀-ful，但这些词仍然是名词，意思是“满口、满瓶、满勺子”。根据所构成词的词性，后缀又可以分名词后缀、形容词后缀、动词后缀和副词后缀。

3.4.2 转类法

转类法（conversion）是指在不添加任何词缀的情况下，将一个词性转化为另一个词性，又称之为零位派生（zero derivation）。同后缀法一样，转类词的分类也按照所构成词的词性分为以下类别。

3.4.2.1 N.→V.转类（名词转类为动词）

可表示以下不同意义。

1）“放入……之中（to put in / on / into N.）”：to can apple（制苹果罐头），类似用法的词还有 bottle、cage、pocket、garage 等。

2）“给予 / 提供（to give N.，to provide with N.）”：to shelter the orphan（为孤儿提供住处），类似用法的词还有 coat、wax、sugar 等。

3）“去掉 / 除去（to deprive of N.）”：to weed the garden（在花园里锄草），类似用法的词还有 core、skin、peel、gut 等。

4）“使用……工具（to... with N.）”：to brake the car（使用手刹刹车），类似用法的词还有 finger、screw、elbow、glue、x-ray 等。

5）“像……一样担当 / 作为……（to be / act as N. with respect to...）”：

可以再分为以下三种情况。

第一，由指人的名词转类为动词：to father sb.（像父亲一样抚养、声称是……的父亲、声称具有著作权），类似用法的词还有 mother, nurse, referee 等。

第二，由具有生命的动物名词转类为动词：to parrot what the boss had said（像鹦鹉学舌似地重复老板的话），类似用法的词还有 ape、wolf、monkey、dog 等。

第三，由无生命的名词转类为动词：to shadow the suspected spy（像影子似地跟踪可疑的间谍），类似用法的词还有 balloon, mushroom, snowball 等。

6）"将……变成……（to change / make… into N.）"：to cripple sb.（使某人成为跛子），类似用法的词还有 cash、group、orphan、fool 等。

7）"使用……交通工具（to send / go by N.）"：to bicycle to school（骑自行车上学），类似用法的词还有 ship、boat、canoe 等。

8）"度过……时间（to spend the period of time denoted by N.）"：to summer in Qingdao）（在青岛度过夏天），类似用法的词还有 holiday、weekend、spring festival 等。

3.4.2.2 V.→N.转类（动词转类为名词）

可表示以下不同意义。

1）转类成的名词可表示心理情感状态或者官能感觉状况，例如：

①He had a desire to be a scientist. （他希望当科学家。）

②类似用法的词还有 doubt、love、smell、taste 等。

2）转类的名词表示事件或者行为，常用在以下搭配中：

①to give a cry / shudder / start / laugh

②to have a look / swim / ride / try

③to make a dash / dive / guess / search

④to take a rest / break / peep / turn

3）转类的名词表示动作的结果或客体，例如：answer、bet、catch、find、handout 等。

4）转类的名词表示动作的主体或施动者，例如：

①He is a great bore.（他是一个讨人厌的人。）

②类似用法的词还有 cheat、spy、coach、showoff、stand-in 等。

5）转类的名词表示工具，例如：cover、wrap、polish 等。

6）转类的名词表示地名，例如：divide、turn、rise、dump 等。

7）由词组动词转类为名词合成词，例如：breakdown（崩溃、瓦解）、breakthrough（突破）、frame-up（阴谋）、get-together（聚会）、sell-out（叛徒）等。

3.4.2.3 Adj.→V.转类（形容词转类为动词）

可表示以下不同意义。

1）形容词转类为不及物动词，表达"变成……状态"，例如：pale、slim、sour、dim（out）、idle（away）等。

2）形容词转类为及物动词，表达"使……变成……状态"，例如：bare、busy（oneself）、free、smooth（out）等。

3.4.2.4 Adj.→N.转类（形容词转类为名词）

可分为以下两类。

第一，形容词部分转类为名词：所谓部分转类的意思是，形容词（包括-ing 分词和-ed 分词）前面加上定冠词 the 所转类的名词只具备名词的部分特征。这种部分转类的名词前面一般不用其他限定词，不用名词复数和属格形式等。形容词部分转类为的名词可以分为以下情况。

1）“the + adj.”表示一类人：the poor、the young、the oppressed、the exploiting（穷人、年轻人、受压迫者、剥削阶级）等。

2）“the+–sh / -se / -ch”表示某国或某民族的人：the English、the Scotch、the Japanese（英格兰人、苏格兰人、日本人）等。

3）“the / one's +形容词 / 副词的最高级形式”，例如：

①He is to come back on Friday *at the latest*.（他最迟得在周五回来。）

②She is *at her best* in the description of college life.（她谈起大学时光时眉飞色舞。）

4）“the + adj.”表示抽象概念，例如：

①In those days, my father had to take *the rough* with *the smooth*.（在那段时间，父亲不得不以平和的心态对待艰难时世。）

②“the + -ed / -ing”表示某一个人或某一类人：the accused、the wounded、 the living（被告、伤病员、活着的人）等。

第二，形容词全部转类为名词：所转类的名词具有所有名词的特性。例如：

1）He is *a natural* for the job.（他是做这项工作的自然人选。）

2）*The young marrieds* were invited to the garden party.（年轻夫妇受邀参加了游园活动。）

3）Tom is one of *our regulars*.（汤姆是我们这儿的常客。）

4）He is *a progressive*.（他是一个进步分子。）

3.4.2.5 近似转类（approximate conversion）

可分以下两种情况。

1）浊化最后一个清辅音，将名词转类为动词。例如：advice→advise；thief→thieve；cloth→clothe；bath→bathe 等。

2）将第一个音节的重音移到第二个音节，便将名词或形容词转类为动词。例如：'conduct→con'duct；'record→re'cord；'perfect→per'fect 等。

3.4.3 合成法

3.4.3.1 合成词的判断标准

合成法（compounding / composition）是指将两个或两个以上的词基合并而成新词的方法，所构成的新词被称之为合成词（compound word）。可以从三个标准判断合成词：书写标准（orthographic）、音位标准（phonological）和语义标准（semantic）。

根据书写标准，合成词可以三种方式书写：写在一起（solid）：airline；加连字号（hyphenated）：air-conditioner；中间隔开（open）：air force。有时，同一个合成词可以上述三种方式书写，例如：acidhead，acid-head，acid head。

根据音位标准，合成词的重音是在前一个音节，而一般词组的重音是在后一个音节。例如：'bluebottle（绿头蝇）→a blue 'bottle（蓝色的瓶子）。但也有例外，如后面两个结构相同的合成词的重音就不一样：'grass ˌhopper →ˌ grass 'roots。

根据语义标准，合成词被看成一个语义整体，有些合成词的词义与构成这个合成词的词形意义关联不大。例如：flatfoot 指“警察”，dog days 指“炎热的日子”，blue blood 指“高贵出生”等。

3.4.3.2 合成词的分类

根据构成合成词的词性主要分为名词合成词（noun compound）、形容词合成词（adjective compound）、动词合成词（verb compound）。

3.4.3.2.1 名词合成词

根据构成成分的内在逻辑语义关系，名词合成词可以分为以下类别。

1）“主+谓”关系：sunrise（前“主”后“谓”：日出）、flashlight（前“谓”后“主”：手电）。

2）“动+宾”关系：bloodtest（前“宾”后“动”：验血）、knitwear（前“动”后“宾”：针织品）。

3）“动+状”关系：living room（前“动”后“状”：起居室）、sunbathing（前“状”后“动”：日光浴）。

4）“主+宾”关系（又称“无动词合成词”）：steamboat（前“主”后“宾”：蒸汽船）、honeybee（前“宾”后“主”：蜜蜂）。

5）限制修饰关系：blueprint（前者修饰后者：蓝图）、doorknob（前者拥有后者：门把手）、raindrop（后者包括前者：雨滴）、ashtray（后者用于前者：烟灰缸）。

6）同位语关系：pine tree，frogman，dragonfly（松树、蛙人、蜻蜓）。

7）词组动词转类为名词合成词：fall-out，take-off，breakdown（放射性尘埃、起步 / 起飞、崩溃 / 瓦解）。

3.4.3.2.2 形容词合成词

根据构成成分的内在逻辑语义关系，形容词合成词可以分为以下类别。

1）“主+谓”关系：suntanned、thunder-struck（前“主”后“谓”：太阳晒黑的、雷击的）。

2）“动+宾”关系：fact-finding、peaceloving（前“宾”后“动”：求实的、爱好和平的）。

3）“动+状”关系：heartfelt、hardworking（前“状”后“动”：衷心的、勤劳的）。

4）n.+adj.：taxfree（free from tax：免税的）、seasick（sick due to sailing at sea：晕船的）、shoulder-high（high up to the shoulder：齐肩高的）、ocean green（as green as the ocean：海绿的）。

5）adj.+adj.：bitter-sweet、Sino-Japanese、opto-electronic（有苦有甜的、中日关系的、光电的）。

6）adj.+n.ed：bald-headed、white-haired、broad-minded（秃顶的、白发的、心胸宽广的）。

7）词组动词转类为形容词合成词：talked-about、made-up（老生常谈的、编造的）。

8）介词短语转化为形容词合成词：on-the-spot、round-the-clock（现场的、全天候的）。

9）谚语或习语转化为形容词合成词：a never-to-be-too-old-to-learn spirit（活到老学到老的精神）。

10）关系分句转化为形容词合成词：a jet-propelled plane（a plane that is propelled by jet：喷气式飞机）。

3.4.3.2.3 动词合成词

1）v.+adv.：doff（do off：take off one’s hat, give up a bad habit）、don（do on：put on one’s hat）。

2）adv.+v.：over-hear（偷听）。

3）逆成法构成的动词合成词：ghost-write（from ghost-writing：代写）、henpeck（from henpecked：惧内）。

4）名词合成词转类为动词合成词：honeymoon（度蜜月）、nickname（取绰号）。

3.4.4 首字母构词法

首字母构词法（acronymy）构成的词包括首字母连写词（initialisms）和首字母拼音词（acronyms）。

3.4.4.1 首字母连写词

首字母连写词是由不同单词的首字母构成，所构成的词按照字母顺序读音。其主要有以下三种类型。

1）每个字母代表一个词，例如：

CIA—the Central Intelligence Agency of the U. S.，中央情报局（美国）。

IOC—International Olympic Committee，国际奥林匹克委员会。

2）每个字母代表词中的一部分，例如：

ID—Identification（card），身份证；ETV—Educational television，教育电视。

3）首字母代表一个词，剩余部分以全词出现，例如：

H-bomb—hydrogen bomb，氢弹。

3.4.4.2 首字母拼音词

首字母拼音词是由不同单词的首字母构成，所构成的词按照单词读音。例如：

OPEC（欧佩克 / 石油输出国组织）、SALT（限制战略武器会谈）、TEFL（英语外语教学）。还有类似的汉语缩略词，如："人大、政协、北约"等。

3.4.5 拼缀法

拼缀法（blending）就是将两个词的意义和发音融合起来构成一个新词，称之为拼缀词（blend / portmanteau word）。其主要有以下几种情况。

1）前词前部+后词后部，例如：beautility（beauty+utility 美观实用）、botel（boat+hotel 船上旅店）等。

2）前词前部+后词前部，例如：comsat（communication satellite 通信卫星）、FORTRAN（Formula+Translation 公式翻译）等。

3）前词全词+后词后部，例如：airtel（air+hotel 机场旅店）、faction（fact+fiction 纪实文学）等。

4）前词前部+后词全部，例如：docudrama（documentary+drama 纪实幻灯）、medicare（medical+care 医疗保险）等。

3.4.6 截短法

截短法（clipping）指的是将一个词内的某些音节省掉，并不改变这个词的意义和功能。其主要有以下一些类型。

1）后截：把一个词的后部分去掉，例如：ad（advertisement）、dorm（dormitory）、lab（laboratory）等。

2）前截：把一个词的前部分去掉，例如：plane（airplane）、bus（omnibus）、 phone（telephone）等。

3）前后截：把一个词的前后部分去掉，例如：flu（influenza）、fridge（refrigerator）等。

4）中间截掉：把一个词的中间部分去掉，例如：bike（bicycle）、trike（tricycle）、cric（critic）等。

5）词组或句子截短：把一个词组或句子中的某些部分去掉，例如：

Goodbye（God be with you!）、farewell（Fare thee well!）、fall（fall of leaves）、after all（after all has been said and done）等。

3.4.7 专有名词常用化

专有名词常用化（word from proper names）就是将专有名词用作普通名词，这种构词法也被认为是一种修辞手段，称为 antonomasia。其主要有以下几种情况。

1）科学家的姓用作普通名词：watt（瓦特，from James Watt）、volt（伏特，from Alessandro Volta）、hertz（赫兹，from H. R. Hertz）、to pasteurize（高温消毒，from Louis Pasteur）等。

2）政治家或政客的姓用作普通名词：nicotine（尼古丁，from Jean Nicot）、McCarthyism（麦卡锡主义，from J. R. McCarthy）等。

3）地名用作普通名称：china（瓷器，from China）、Champagne （香槟酒，from Champagne, France）等。

4）商标用作普通名词：kodak、xerox、vaseline（柯达相机、静电复印机、凡士林香皂）等。

5）文学作品中的人物或作家用作普通名词：Shylock（夏洛克式的人物，莎士比亚戏剧《威尼斯商人》中的人物）、Uncle Tom（逆来顺受的人，H. B. Stowe 的小说《汤姆叔叔的小屋》*Uncle Tom's Cabin*）中的人物等。

3.4.8 逆成法

逆成法（back formation）是指将一个较长的词中的词缀去掉后逆生成一个新词，主要是去掉-ing、-er / -or / -ar、-ion 等名词后缀逆构成一个动词。例如，sight-see（观光，from sight-seeing）；brain-wash（洗脑，from brain-washing）；chain-smoke（一支接一支地抽烟，from chain-smoking）；sleep-walk（梦游，from sleep-walking）；swindle（诈骗，from swindler）等。

3.4.9 重叠法

重叠法（reduplication）通过音节重叠的方式构成重叠词，又称重叠合成词。其主要有以下三种情况。

1）两个音节完全重叠：例如，quack-quack [嘎嘎（鸭叫声）]、honk-honk（汽车喇叭声）等。

2）双音节重叠，其中元音发生变化，例如：zig-zag（之字形）、criss-cross（十字交叉）、dilly-dally（磨蹭、犹豫）、sing-song（说话音调起伏）等。

3）双音节重叠，其中前面的辅音发生变化，例如，hocus-pocus（哄骗）、walkie-talkie（步话机）、hodge-podge（大杂烩）等。

3.4.10 新古典构词法

新古典构词法（neoclassical formation）是将一些拉丁语或希腊语等语素合并而成新词，

通常指一些科技术语。例如，aeronautics（航空学）、astrochemistry（天体化学）、neurolinguistics（神经语言学）、metalingual（元语言的）等。

思考题

1．从形态学的角度看，英语和汉语在词形变化方面有哪些差异？举例说明。

2．英语中有哪些构词方式？这些构词方式是否也适合其他语言，如，汉语、日语、法语？

第四章 句 法 学①

句法学是语言学的一个分支学科，句法是语言系统的重要组成部分。除了传统句法外，对语言句法的研讨可以从结构主义、形式主义、功能主义和语言认知等不同视角展开研究。本章将对句法研究的不同视角的理论框架、研究方法和发展脉络等方面的内容进行介绍。

4.1 符号学与句法学

C. W. Morris（1946）将符号学区分为三个分支：句法学、语义学和语用学，三者的定义可以做以下简洁的描述与区分。

句法学（syntactics / syntax，又译“符号关系学”）研究语言符号之间的相互关系（the relation between linguistic symbols）。

语义学（semantics，又译“符号意义学”）研究语言符号与其所指对象之间的关系（the relation between linguistic symbols and their referents）。

语用学（pragmatics，又译“符号实用学”）研究语言符号与其使用者之间的关系（the relation between linguistic symbols and their users）。

句法可以包含在语法中，为了与现行学界描述一致，下面将用外延更宽泛的“语法”这一术语替换“句法”一词。

4.2 传 统 语 法

传统语法开端于古希腊和古罗马，基于古拉丁语和古希腊语，在中世纪得到进一步发展，在 18 世纪较为盛行。传统语法注重书面用语，强调语言的规范，常被称之为规定性（prescriptivism）语法。但从广义上讲，传统语法还包括 19 世纪末兴起的学术性传统语法（scholarly traditional grammar）。传统语法经历了从规定主义到描写主义（descriptivism）的发展历程。

4.2.1 Jespersen 及其影响

Jen Otto Henry Jespersen（1860—1943）是杰出的语言学家，其学术研究领域广泛，主要涉及语言学、语言进化、语言史、语法哲学、英语语音学、英语语法学、语言习得、外语教学以及人工语言。他留下的论著颇丰，主要包括《语言》《语言进化》《语法哲学》《按历史原则编写的现代英语语法》《英语的发展和结构》《分析句法》等，其中的《按历史原则编写的现代英语语法》篇幅长达 7 卷，主要包括英语的音位、词语拼写、形态学和句法学几个部分。

Jespersen 的学术研究对后来语言学发展产生了深远的影响。Jespersen 强调语音学在语法

① 本章部分内容源于楚军编著的《句法学》[M]. 2 版. 成都：电子科技大学出版社，2014 年。

研究中的重要性，这与结构主义强调口头语言及其音系结构相契合。

Jespersen 的从外部形式内部意义考察语言现象，同转换生成语法的表层结构和深层结构，存在一定程度上的类似关联。Jespersen 强调语言的创造性，也对转换生成语法具有一定的启发意义。

Jespersen 承袭了洪堡特的观点，认为语言是人与人之间的交际活动，这与韩礼德强调语言的交际功能完全一致。

Jespersen 将词类划分为 5 类：名词（noun）、动词（verbs）、小品词（particles）、代词（pronouns）和感叹词（interjections），其中，名词可再分为实词（substantives）和形容词（adjectives），小品词还包括副词（adverbials）、介词（prepositions）和连词（conjunctions）。

Jespersen 将词类转化（conversion）视为“功能转换（functional shift）”。例如：

（1）I can't accept the “ifs” and “buts” in your talk.

（我不能接受你那支支吾吾的态度。将连词 if 和 but 转化为名词。）

（2）But me no buts.（别老找借口。第一个 but 转化为双宾语及物动词，第二个 but 转化为名词。）

对词组内部成分的分析，Jespersen 提出了“rank”（“品”，即“等级”）的概念，这与王力的“三品”论（首品、次品、末品）不谋而合。例如：

furiously	barking	dog
extremely	hot	weather
tertiary	secondary	primary (head)
末品	次品	首品

4.2.2 学术性传统语法

Quirk、Greenbaum、Leech 和 Svartvik 四位语言学家合作编撰出版的《当代英语语法》（*A Grammar of Contemporary English*）（1972）和《英语语法大全》（*A Comprehensive Grammar of the English Language*）（1985）可称得上是学术性传统语法。

第一，这两本语法专著总体框架上属于传统语法范畴，仍然从传统的语义范畴建立起语法体系，主要包括并列、从属、补足、修饰、同位等分类。词法上沿袭了传统的八大词类划分：动词（时、体、态、式）、名词（数、性、格）、冠词（不定冠词、定冠词和零冠词）、代词（人称、格、性、数）、数词（基数、序数和分数）、形容词、副词、介词。句法上沿用了传统的简单句和复合句的分类。

第二，这两本语法专著广泛吸取了现代各语法流派的最新研究成果。（1）借鉴了结构主义语法的直接成分分析法（immediate constituent analysis）和框架测定法（test frame）。（2）句法体系中吸取了转换生成语法中的核心句和转换规则的思想，比如：七种简单句型分类（SV; SVC; SVO; SVOO; SVOC; SVA; SVOA）和通过“变句程序”（sentences process）转变为否定陈述句、疑问句、祈使句、感叹句、被动句、强势句等不同句式。（3）强调情景意义和交际功能的重要性，并将传统语法的域界从句的界限进入语篇层面，在一定程度上受到系统功能语言学思想的启发。

4.3 结构语法

4.3.1 结构语法的主要特征

结构语法的主要特征（或主要观点）体现在以下方面。

1）口头语优先于书面语的观点：在人类发展史上，口头语远远先于书面语而存在，绝大多数语言的书写系统是基于口头语演变而来的。

2）描写现实语言运用的观点：结构主义认为，所谓绝对纯正规范的语言是不存在的。语言发展主要体现在语言变化中，因此语法应当描写和反映现实语言的变化，而非制订规范去妨碍这些变化。语法应是描写性的，而非规定性的。

3）所有语言都是平等的观点：语言不存在落后、先进、原始、文明之分。语言都是非常复杂、高度发展的交际系统，语言无高低、贵贱之分。

4）语言研究注重共时描写的观点：结构主义语言学强调对所收集语言素材的现实分析和静态描写，并建立系统的语法理论，属于共时描写的方法。

5）将语言视为结构系统的观点：结构主义语言学力图探索万千语言现象中所固有的、稳定的、内在的结构系统，并进一步形成一套严格的语言描写的程序。比如：描写探索语言的音系结构系统（phonology），描写探索语言的形态结构系统（morphology）等。

6）语言研究需客观描写的观点：对语言现象进行客观观察和客观验证，进行科学客观的分析和描写，不需掺杂任何主观意愿和主观干预。

4.3.2 Saussure 结构主义理论的重要贡献

《普通语言学教程》（*A Course of General Linguistics*）（F. de Saussure, 1915）中的主要论点成为了结构主义语法的基本原则。现代语言学之父 Saussure 对语言学理论发展的重要贡献体现在下列辩证对立的二分术语上。

4.3.2.1 语言与言语（langue & parole）

语言是供人们交际和交流思想的工具，而言语则是这种工具的具体的现实应用。相对而言，语言是社会的、抽象的、稳定性的和本质的，而言语则是个体的、具体的、可变的和从属的（参见 1.6.3）。

4.3.2.2 共时与历时（synchronic & diachronic approach）

共时研究是描写语言共时的静止状态下组成语言各要素之间的关系，被称之为共时语言学（synchronic linguistics）；与此相反，历时研究是研究语言运动发展过程中各种要素的变化，被称之为历时语言学（diachronic linguistics）（参见 1.6.2）。

4.3.2.3 内部要素与外部因素（internal & external factors）

语言的内部要素存在于语言系统内部，语言的外部因素包括与语言使用相关的社会、民族、文化、政治等对语言系统的变化产生一定影响的外部条件。事实上，Saussure 更加强调语言的内部要素的研究，也就是强调语言学研究应集中于语言的内因的研究。

4.3.2.4 能指与所指（signifier & signified）

Saussure（1980）认为："语言是一种表达观念的符号系统。"语言符号的音响形象（sound image）被称为"能指"；它所指代的概念被称为"所指"。"能指"与"所指"之间的关系是任意性的（arbitrary）、规约性的（conventional）和约定俗成的（well-established）（参见 1.3）。

4.3.2.5 横组合与纵聚合（syntagmatic & paradigmatic relation）

Saussure 将横组合关系和纵聚合关系引入了语言学研究之中。横组合关系指在横向上的因素随时间轴向依次出现，呈线性关系。大多数语言是从左至右由较小的语言单位合并而成较大的语言单位，体现出语言的结构性。纵聚合关系指在纵向上的各个因素无限开放，是潜藏于人的大脑里面，并由人的记忆聚合起来，是选择性的纵向关系，体现出语言的系统特性。这两种关系适用于音位层、词汇层和分句层等语言的各个层面。例如，就分句层面而言，横组合与纵聚合关系能够部分地解释语言的创造性。从横组合关系看，可以组合成 SVO 句型，如：John loves Mary。从纵聚合关系看，可以组合成无数的 SVA 句型的句子。

（3）John　has gone　to school.　→ structure
　　Mary　has run　into trouble.
　　We　have got　out of the room.
　　They　came　from the South.
　　He　jumped　onto the shore.
　　⋮
　　↓
　　system

4.3.3 结构主义理论的分析方法

本节将从发现程序、测试框和直接成分分析三个方面进行讨论。

4.3.3.1 发现程序

根据发现程序（discovery procedure）可以分别在音位层、形态层和句法层三个层次上从低到高逐级进行分析。

在音位层面，通过观察和分析"最小对立体"（指一对只有一个音不同的词）确定出两个不同的音素（或称音位 phoneme），因为这两个不同的音能够区别两个不同的词而产生不同的意义（例如：pat—bat 就是"最小对立体"）。再运用"互补分布"（complementary distribution）来确定音位的变体（allophone）。例如：音位 /p/ 在词首和元音前（如 pan）是吐气的；在 s 之后、元音之前（如 span）是不吐气的；在词尾（如 tap）是不完全爆破的。当然，"互补分布"也被应用于形态学和句法学的分析中。

在词汇层面上进行形态分析。形位（或称词素、语素 morpheme）是形态分析的基本单位。形位由音位组成，是最小的有意义的语言单位，具有语法意义和词汇意义。通过分析、观察"最小对立体"确立不同的形位。例如：careful—careless；inhale—exhale 等。再通过"互补分布"确定一个形位的不同形位变体（allomorph）。例如：可数名词的复数形位-s 便有以下变体形式：在清辅音之后是 /s/，如 maps；在浊辅音或鼻音或元音之后是 /z/，如 pigs, trains, photos

等；而在 /s/, /z/ 等音之后是 /iz/，如 roses, glasses 等。形位根据其分布特征可以分为词根和词缀，词缀又可分为前缀和后缀。

在句法分析层面上，结构主义语法讨论的是词在句子中的分布情况。通过观察分析，归纳出一般性的句法结构。

4.3.3.2 测试框

结构主义语言学家分析词语在句子中的分布情况时采用测试框（Test Frame）的方法。在测试框中，留有填充空白的短语或其他语言结构，留着的空白可以测试一定的语言结构的分布情况。这种分析方法把内部结构形式和句法分析两者有机地结合了起来。例如，可以用“The ______________ {-s} cry.”这样一个测试框来表示出名词的分布特征，其中，“___________{-s}”表明名词的词素结构形式特征，而“The____________cry”则表示名词在句中的位置或分布特征。同样，可以用“The milk is much __________{-er/-est}.”这样一个测试框来检测形容词的句法特征。

4.3.3.3 直接成分分析法

“直接成分分析法”（immediate constituent analysis），简称 IC analysis。英语句子是按二分法原则由简单扩展为复杂的词语序列。在这个扩展过程中的每个层次上，句子都可以切分为成对的单位，即“直接成分”。句子可以连续地二切分为直接成分，直到将整个句子切分为最终成分（ultimate constituent，可以是词或短语）为止。采用直接成分分析法可以解释语言中的歧义现象（ambiguity）。例如：

（4）The girl found a book on Main Street.

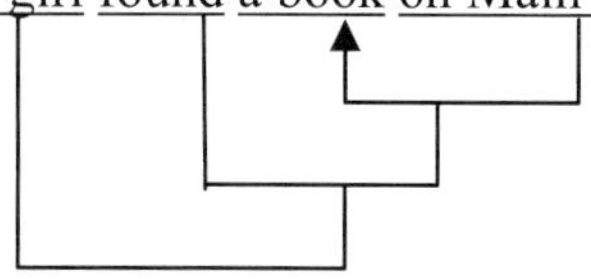

（这女孩发现一本有关 Main Street 的书。On Main Street 做 a book 的后置定语。）

（5）The girl found a book on Main Street.

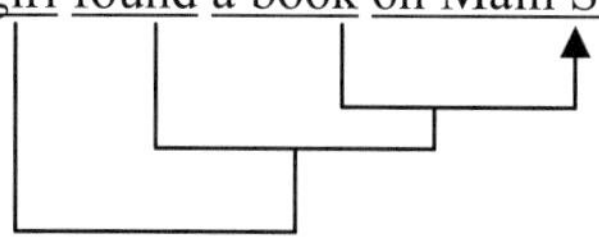

（这女孩发现一本书掉在大街上。On Main Street 做 a book 的宾语补足语。）

（6）The girl found a book on Main Street.

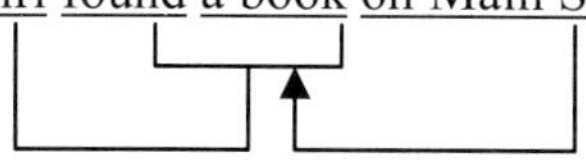

（这女孩在大街上发现一本书。On Main Street 做动词谓语的状语。）

4.3.4 Bloomfield 的行为主义语言观

行为主义心理学（behaviorist psychology）认为：心理、意识等精神因素归结为行为；一切行为都是物理原因造成的，都可以看成是有机体对环境造成的刺激（stimulus）所做的反应

(response);环境决定一切，而遗传起不了什么作用。结构主义语言学就是建立在行为主义心理学基础之上的。其杰出代表便是美国结构主义语言学家 Bloomfield 的行为主义语言观。他举例说："假设杰克和吉尔沿着一条小道行走。吉尔饿了。她看见一棵树上长着一个苹果。她用喉、舌、唇发出声音。杰克登上篱笆，攀上树梢，摘下苹果，带到吉尔面前，放到她手里。吉尔吃苹果。(Jill is hungry. She sees an apple in a tree. She makes a noise with her larynx, tongue, and lips. Jack vaults the fence, climbs the tree, takes the apple, brings it to Jill, and places it in her hand. Jill eats the apple.)"(Bloomfield, 1933 / 1955: 22) Bloomfield 还用下列公式来表示言语行为的全过程：

S→r…s→R

S 代表说话者吉尔在饥饿时因见到苹果而受到的物理刺激，r 代表说话者的反应，s 代表听话者杰克耳膜受到的物理刺激，R 代表听话者做出的反应—摘苹果。中间的虚线就是言语。据此观点，儿童习得语言的过程就是反复的刺激-反应过程。

同时，有关"意义"的行为论(the behaviorist theory)也认为，词语的意义就是指在话语的特定场合中引发某一词语的刺激或者某一词语引发的反应，或者兼而有之(The meaning of an expression is either the stimulus that evokes it or the response that it evokes, or a combination of both, on particular occasions of utterances)。

4.4 转换生成语法

Chomsky 于 1957 年发表《语言理论的逻辑结构》(*The Logical Structure of Linguistic Theory*)，对结构主义进行了猛烈抨击，同年又出版了专著《句法结构》(*Syntactic Structures*)，在语言学界引起了强烈反响。此后，其理论广为传播，逐渐形成了以 Chomsky 为首的转换生成语法学派。《句法结构》的发表成为"乔姆斯基革命(Chomskyan revolution)"的开端。

4.4.1 理论目标

从理论目标来看，传统语法(尤其是规定性学校语法)的目的是为了语言教学，因此强调语言应用的纯正性和标准规范性。结构主义语法重视口头语的研究，其研究目标是对具体语言的结构体系进行描写。然而，对 Chomsky 的转换生成语法而言，其语言学理论的目的是阐释本族语者语言习得的过程，是为了建立人类语言共享的普遍原则：普遍语法(universal grammar)。

Chomsky 认为，语言结构是由人脑结构决定的，语言是心智的镜子(mirror of mind)，因此，存在语言共性(language universals)。人们大脑的语言知识包括两部分：一部分是人类语言所共有的原则系统，即所有语言的共核被称为"普遍语法"(universal grammar，简称 UG)，是人类通过生物进化和遗传先天获得的；另一部分是各民族语言所特有的，被称为"个别语法"(particular grammar，简称 PG)，是对某一语言的本族语者具体语言能力的系统描述。在 Chomsky 看来，普遍语法理论就是语言习得理论，"是关于人类所具有的可以学会任何一种具体语言的能力模式"，是小孩语言习得过程的初始态(initial state)，而个别语法是人出生以后在一定的环境下所习得的语言形式和语言结构，被称之为语言习得的终止态(final state)。

Chomsky 将语言共性分为绝对共性(absolute universals)和相对共性(relative universals)。

绝对共性是指所有语言所具有的所有特性，无一例外，比如：语言的抽象性、语言的创造性等。相对共性是指所有语言所具有的一般倾向性，有一些例外，比如：语言的标记性（markedness，有标记项和无标记性的区分）等。

4.4.2 研究对象与研究路径

从研究对象来看，传统语法的研究对象是书面语言或文学语言，结构主义语法研究的对象是口头语言，而转换生成语法所研究的对象是人们的语言能力（competence）。语言能力包括语用能力和语法能力。语用能力指应用非语言信息阐释句子意义的能力。语法能力包括句法能力、语义能力和语音能力（参见 1.6.4）。

结构主义语法的哲学基础是逻辑经验主义（logical empiricism），或称逻辑实证主义（logical positivism）。转换生成语法的哲学基础是理性主义（rationalism），是基于数学和心理学的语法理论。转换生成语法的研究路径和研究方法是假设-演绎法（hypothesis-deduction method）。

4.4.3 转换生成语法发展阶段

转换生成语法发展经历了以下五个阶段。

1）早期理论：20 世纪 50 年代的“SS（Syntactic Structures）模型”。

2）标准理论：20 世纪 60 年代的“ST（Standard Theory）模型”。

3）扩充式标准理论：20 世纪 70 年代的“EST（Extended Standard Theory）模型”。

4）管约理论：20 世纪 80 年代的“GB（Government and Binding）模型”。

5）最简方案理论：20 世纪 90 年代后的“MP（Minimalist Program）模型”。

4.4.4 早期模式

转换生成语法诞生的标志是 1957 年 Chomsky 的专著《句法结构》的问世，其中所阐述的理论是转换生成语法发展的初期阶段，也被称之为转换生成语法的古典理论或者经典理论。早期模式主要包括有限状态语法、短语结构语法和转换语法。

4.4.4.1 有限状态语法

有限状态语法（finite state grammar）最初是由美国结构主义语言学家 Hockett 创建的一种生成语法模式。该模式以数学上的“有限状态马尔科夫过程”为理论基础，是一种简单的、右向线性的语法模式，实际上是一种简单的通信工程中的一个理论模式。

有限状态语法采用从左至右原则，从左端的起始状态开始，经过一连串的状态转换，最后到达终止状态。每一个节点（node）代表一种状态，节点里的成分受紧挨它前面的成分的制约。每经过一个状态转换都产生一个词，由于闭合循环（loop）的作用，有限状态语法能够生成无限多的句子，同时赋予结构描写，如图 4-1 所示[①]。

上图中，S 表示状态，下标 i 为“起始”，f 为“终端”。应用这些规则可以生成以下两个句子。

（7）The red robin eats long worms.

（8）The red robins eat long worms.

① 此例源于李凤琴主编《中国现代语法学研究论文精选》所收录方立（1984）“乔姆斯基的早期句法理论与当前语言学界的争鸣”[M]. 上海：上海外语教育出版社，2005 年，第 125 页。

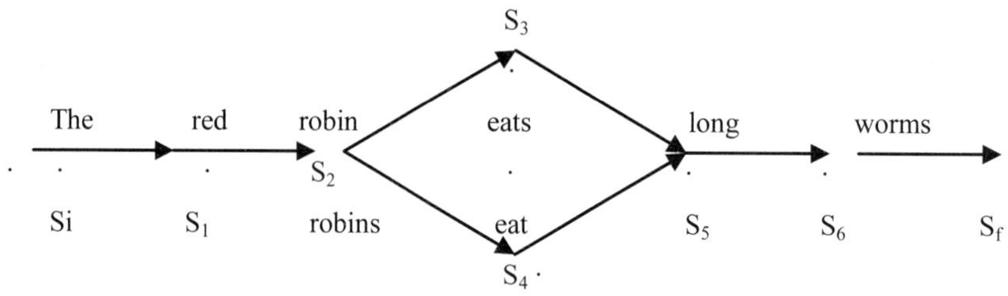

图 4-1　句子的有限状态语法描述

4.4.4.2　短语结构语法

短语结构语法（phrase structure grammar）以直接成分分析（immediate constituent analysis）为基础，又称之为直接成分语法（IC grammar）。运用数学上的集合论（set theory）的方法解释一个语符链（string）中某些间断成分的句法关系和歧义分析。

例如：名词词组“old men and women”用集合论的方法可以将其分析为

（old men）and women（老头和妇女），即，(xy) + z；

old (men and women)（老头和老太婆），即，x (y + z) = (xy) + (xz)。

4.4.4.3　转换语法

转换语法（transformational grammar）部分由短语结构规则（phrase structure rules）、转换规则（transformational rules）和语素音位规则　（morphophonemic rules）三部分构成。

4.4.4.3.1　短语结构规则

短语结构规则（简称 PS rules）也就是重写规则（rewriting rules）。句子的生成过程就是由一个符号改写为另外的符号的过程。如，用短语规则生成“The boy kicked the dog”这个句子需要用以下六条规则。

1）S → NP + VP　(S 指句子；NP 指名词短语；VP 指动词短语)

2）NP → D + N（D 指指示词；N 指名词）

3）VP → Verb + NP

4）D → the

5）N → boy, dog, etc.

6）Verb → kicked, took, etc.

通过短语结构改写推导后，可以用树形图（tree diagram）来表示句子的生成过程，如图 4-2 所示。

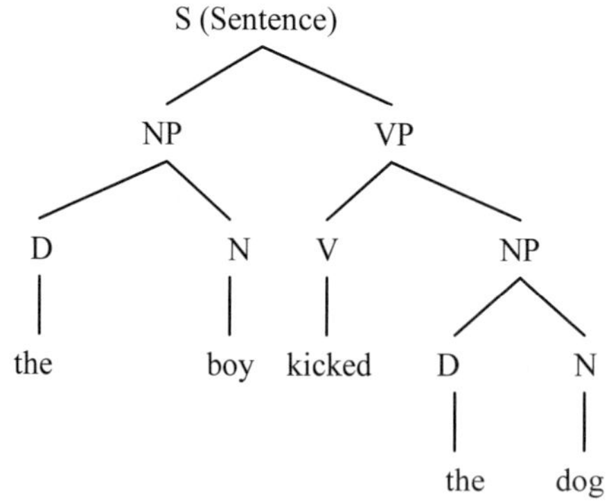

图 4-2　短语结构改写后的树形图

4.4.4.3.2 转换规则

早期模式中的转换语法包括三个重要概念：核心句（kernel sentence）、必选转换规则（obligatory transformations）和可选转换规则（optional transformations）。

核心句指语言中有限的基本句型，由短语结构规则加必选转换规则生成的句子。核心句的必备特征是陈述句、肯定句、主动句、无并列成分、正常词序、正常语调、无异常停顿、无重读或音调变化以及名词前后除限定词外无任何修饰成分。如，英语中核心句的基本句型有以下 11 种。

1）NPs + Vi

The dog has died.

2）NPs + Vt + NPdo (NPdo = NP 用作直接宾语)

The boy kicked the dog.

3）NPs + Vt + NPio + NPdo (io = 间接宾语)

Peter bought Mary a novel.

4）NPs + Vt + NPdo + NPoc (oc = 宾语补语)

The students elected Peter monitor.

5）NPs + Vt + NPdo + Adj oc (Adj oc = 形容词作宾语补语)

People thought the girl very clever.

6）NPs + Vtm + NPdo (Vtm = 中态及物动词（mid-transitive），即可带宾语，但不能用于被动态的动词)

The mobile phone costs 1000 dollars.

7）NPs + Vl + NP sc (Vl = 连系动词，NPsc = 作主语补语的名词短语)

The boy has become the leader.

8）NPs + Vl + Adj sc (Adj sc = 作主语补语的形容词)

The dish smells delicious.

9）NPs + be + NP sc

Mr Smith is our teacher.

10）NPs + be + Adj sc

The boy is clever.

11）NPs + be + Adv sc

The cat is there.

必选转换规则属于语境制约规则，受特定语符列的上下文制约，是生成句子必须应用的规则。必选转换规则主要包括三条：数的转换规则（number transformation）（或称主语-动词一致转换规则：agreement transformation）；助动词转换规则（auxiliary transformation）（或称词缀附着规则或反向转换规则：flip-flop transformation / affix-hopping transformation）和动词-小品词分离转换规则（verb-particle separation transformation）。

可选转换规则是用来改变核心句的词序、语态，增加或删除某些成分等。应用可选转换规则所产生出的句子被称为转换句或派生句。可选转换规则主要包括强调转换规则（do-support transformation）、词序转换规则（word-order transformation）、祈使句转换规则（imperative transformation）、否定转换规则（negative transformation）、是非问句转换规则（yes-no question transformation）、there-填充转换规则（there-expletive transformation）、被动句转换规则（passive transformation）和 wh-问句转换规则（wh-question transformation）等。

4.4.4.3.3 语素音位规则

在运用短语结构规则和转换规则之后得到的终端语符列的基础上需要应用语素音位规则来描写它们的音位结构。例如：

终端语符列“the man + s -ed + like book + s”不具有正常英语句子的语音形式，需要对其运用语素音位规则，使之变成

/ ðə mən laikt ðə buks/

然后再根据拼写和标点等有关规则将句子的语音形式改写为正确的书面语形式，于是产生出标准的英语句子：The men liked the books. 我们可以将语素音位规则和拼写标点规则合称为形态字位规则（morpho-graphemic rules）。

4.4.5 标准理论

由于早期模式完全排斥语义内容，随着句法分析的深入，矛盾日益凸显，也受到结构主义语言学家的批评。由此，有必要对早期模式进行修正和完善。Chomsky 于 1965 年出版 *Aspects of the Theory of Syntax*，标志着转换生成语法进入了第二个发展阶段，标准理论（standard theory）由此诞生。

4.4.5.1 标准理论产生的背景

1）标准理论的提出是为了消除误解，回应结构主义语言学家提出的质疑。结构主义学者认为 Chomsky 提出的转换生成语言学理论主观性太强，不具科学性，有循环论之嫌。Chomsky 认为，转换生成语法是为了探索本族语者语言习得本能，每一个本族语者可以生产出无数的符合语法规范的句子。这与结构主义学者所认为的语言习得是基于反复的刺激-反应的模仿类推观点完全相反。

2）通过提出标准理论，指出早期模式存在的不足和缺陷。意义在早期模式中没有任何地位。Chomsky 接受了 Katz-Postal 假设。这个假设的主要意思是维持意义的转换（meaning-preserving transformation），也就是，在转换过程中改变形式，保持意义不变。但在标准理论框架中，意义仍然是句法的外围解释。

3）对早期模式进行必要的修正。在标准理论中，深层结构（deep structure）替换了核心句（kernel sentence）。所有意义相同的句子都是从一个相同的深层结构通过转换而来的。此外，在标准理论框架中，加上了语义部分（semantic component）和音位部分（phonological component）作为解释内容；短语结构规则（PS rules）改变成了基础部分（base），并增加了词库部分（lexicon）。

4.4.5.2 标准理论的主要框架

标准理论的主要框架由三个部分构成：句法部分、语义部分和语音部分。句法部分是中心，由基础部分和转换部分两部分组成。基础部分又包含由确定范畴特征的一套有限的短语结构规则（包括分枝规则：branching rules 和次范畴化规则：subcategorization rules）和词库两个分支部分。词库包括语言中的全部词条，每一词条都由一定的句法特征、语义特征和语音特征组成。转换部分由词汇插入规则、一般转换规则和局部转换规则构成。语义规则和语音规则都是解释性规则。语义规则对深层结构做出语义解释；语音规则对表层结构做出语音解释。

4.4.5.3　基础部分

4.4.5.3.1　分枝规则

分枝规则由早期模式中的重写规则发展而来。分支规则中还包含像 Q、NEG、PAS 等在深层结构中出现的抽象短语标记。例如，用分枝规则可以对句子进行如下改写：

a. S → (SM) NP + VP

b. SM → (NEG), (Q), (PAS)

其中，在 a 中的"（SM = sentence modifier）"表示在整个语符列之前可以出现一个或多个句子修饰语（即抽象短语标记）；b 说明一个句子的修饰语可以是一个或多个抽象的"假位"符号，比如，NEG（否定式）、Q（疑问式）、PAS（被动式）等。

将早期模式中的重写规则修改为分枝规则，更能体现语言的无限递归性：

S → NP +VP + (S)

这个公式表明分枝规则可以包含一个可选子句（S），且（S）的数目是无限的，也充分体现出"有限手段的无限运用"的观点。例如：

（9）That's the boy that ate the cookies that I made for the class that meets in the room that has a big plate-glass window that overlooks the pond that is full of gold fish that shine in the sun that …

4.4.5.3.2　次范畴化规则

次范畴化规则由严格次范畴化规则和选择限制规则构成。严格次范畴化规则（strict subcategorization rules）是句法上的限制规则，用来规定词与词之间的句法关系或搭配。例如，及物动词必须带宾语，不及物动词不能带宾语等。选择限制规则（selection rule）属于语义上的限制规则，用来规定词与词之间的语义关系或搭配。例如，表示男性的名词不能同表示女性的形容词连用；表示无生命的名词不能同表示有生命的动词搭配等。所有这些词汇的句法和语义关系在词库中通过特征矩阵中的句法特征和语义特征体现出来。严格次范畴化规则和选择限制规则的目的是要避免产生不合语法、不规范的句子结构。比如："He elapsed a week ago"一句的语义搭配就不合格，因为动词 elapse 的主语要具有[+Temporal]（表时间）的语义特征，例如："Three months elapsed very quickly."

4.4.5.3.3　词库

词库中的词项包括一定的句法特征、语义特征和语音特征。词库的功能是对句子终端语符列提供词项、做出语义解释和对语音 / 音位结构做出说明。

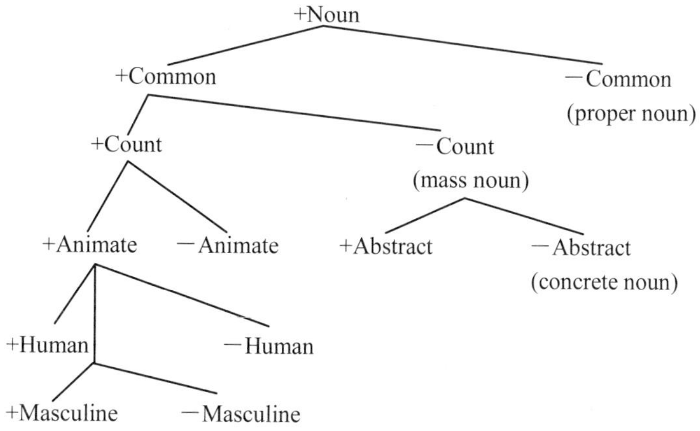

图 4-3　名词分类特征

通常采用对分法（binary opposition）来描述词条的各项特征，用“+”表示具有某个特征，“-”表示不具有某个特征，“±”表示两可。

如，英语中名词的分类特征如图 4-3 所示。

英语中限定词的分类特征如图 4-4 所示。

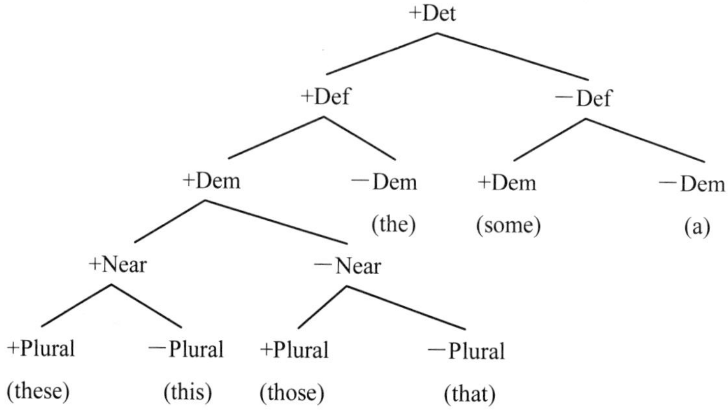

图 4-4　限定词分类特征

其中，[+Det]表限定词（determiner），[±Def]表限定性或非限定性（definite or nondefinite），[±Dem]表指示性或非指示性（demonstrative or nondemonstrative），[±Near]表近指或远指。

再如，词组 the boy 和 those boys 可以通过图 4-5 和图 4-6 的特征矩阵（feature matrix）来描写。

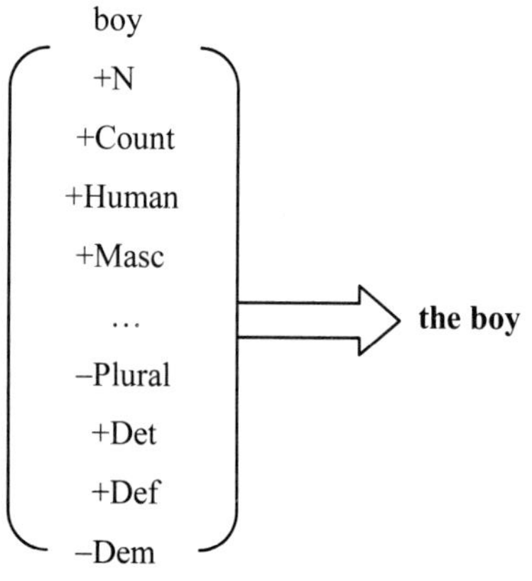

图 4-5　“the boy”的特征矩阵

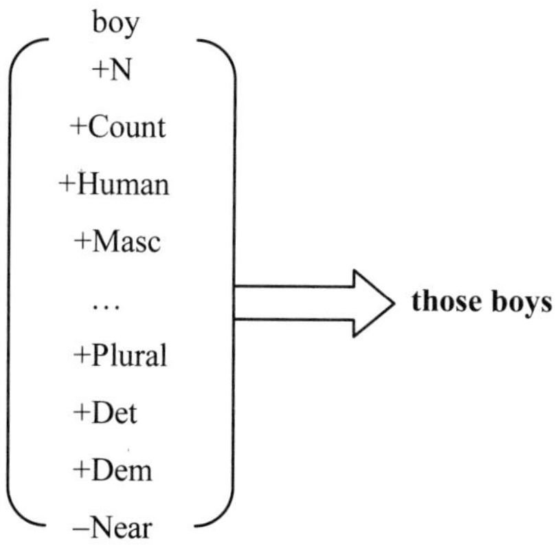

图 4-6　“those boys”的特征矩阵

4.4.5.4　转换部分

转换部分是转换生成语法的关键部分。转换规则的作用是重新排列语符列中的成分，增加或删除其中某些成分，或将两个或两个以上的语符列进行组合。标准理论中的转换规则有词项插入转换规则、一般转换规则和局部转换规则。这些规则都是语境制约规则，必须依次进行运用。

4.4.5.4.1　词项插入转换规则

词项插入转换规则（lexical insertion transformational rules）要求：第一，确定词汇插入的顺序，一般情况下名词作为第一选择，动词次之。第二，从词库中选择一个名词，然后把词库中有关该名词的所有特征进行词汇插入。第三，从词库中选择动词，同名词一样，将所选动词的所具有的动词特征进行词项插入。第四，从词库中选择一个情态动词并做情态动词插入（modal insertion）。

4.4.5.4.2 一般转换规则

在深层结构树形图中完成词项插入后，紧接着的步骤便是将一般转换规则（general transformational rules）用于整个语符列。标准理论中的一般转换规则同早期模式的转换规则基本相同，此处不再赘述。标准理论采用循环原则（cyclic principle）来说明复杂句的转换次序。所谓循环原则是指转换规则应首先运用于句子的较低层次，然后用于较高层次，每一转换规则可以使用两次或多次。

4.4.5.4.3 局部转换规则

局部转换规则（local transformational rules）只用于语符列中的某一成分。局部转换的基础是表层结构，也就是说，局部转换是在表层结构上进行，因而局部转换规则在一般转换规则后运用。局部转换规则包括词缀合成（affix incorporation）和切分成分转换规则（segment transformational rules）。

如，英语中的切分成分结构的转换规则就有限定词转换规则（determiner transformational rule）和名词后缀转换规则（noun suffix transformational rule）。英语中的动词-后缀转换规则（verb-suffix transformational rules）是关于主语-动词一致的规则，主要包括助动词一致规则（auxiliary agreement transformational rule）、动词一致规则（verb agreement transformational rule）和动词后缀规则（verb-suffix transformational rule）。

简要总结起来，标准理论框架中涉及 31 条的转换规则。

1）一致转换规则（Agreement T. Rule）
2）否定置入规则（Neg. Placement T. Rule）
3）否定附着规则（Neg. Adjunction T. Rule）
4）否定缩略规则（Neg. Contraction T. Rule）
5）倒装转换规则（Inversion T. Rule）
6）助动词转换规则（Affix-hopping T. Rule）
7）助动词 do-插入转换规则（Do-support T. Rule）
8）动词—小品词分离转换规则（Particle Separation T. Rule）
9）施事者后置转换规则（Agent Postposing T. Rule）
10）名词前置转换规则（NP Preposing T. Rule）
11）Be-插入规则（Be-support T. Rule）
12）By-插入规则（By-insertion T. Rule）
13）施事者删除转换规则（Agent Deletion T. Rule）
14）Wh-词前置转换规则（Wh-word Fronting T. Rule）
15）代词化转换规则（Pronominalization T. Rule）
16）限定词删除规则（Determiner Deletion T. Rule）
17）与格转换规则（Dative T. Rule）
18）反身代词转换规则（Reflexivization T. Rule）
19）关系分句转换规则（Relative Clause Formation T. Rule）

20）关系代词删除规则（Relative Pronoun Deletion T. Rule）
21）关系分句缩减转换规则（Relative Clause Reduction T. Rule）
22）形容词位移转换规则（Adjective Shift T. Rule）
23）补语化成分插入规则（Comp. Insertion T. Rule）
24）名词短语提升转换规则 / It-替换规则（NP Raising / It-replacement T. Rule）
25）等同名词短语删除规则（Equi-NP Deletion T. Rule）
26）补语化成分删除规则（Comp. Deletion T. Rule）
27）It-删除规则（It-deletion T. Rule）
28）That-删除规则（That-deletion T. Rule）
29）外位结构转换规则（Extraposition T. Rule）
30）You-删除规则（You-deletion T. Rule）
31）主题化 / 状语前置转换规则（Topicalization / Adverbial Preposing T. Rule）

4.4.5.5 语义部分和语音部分

在标准理论中，由基础部分生成的深层结构要通过语义部分的语义规则对其做出语义解释。所谓语义解释就是用义素进行形式描写。如，woman 一词就有[+Human + Adult － Male]三个义素。

语音部分同语义部分一样属于解释性的。生成句子的最后步骤就是应用语音转换规则，也就是从词库里找出语符列中每一个词的语音特征矩阵。语音转换规则提供语音解释，从而完成生成句子表层结构的过程。

4.4.6 扩充式标准理论

4.4.6.1 扩充式标准理论产生的背景

Chomsky 接受了 Katz-Postal 假设，将语义引入其语法理论，转换生成语法从早期模式进入标准理论阶段。然而，在标准理论框架中，语义部分仅仅局限于解释深层结构。这种重句法、轻语义的观点受到不少语言学家的批评，有些批评甚至来自转换生成语法内部。相互争论的焦点是句法与语义之间的关系问题。由此出现转换生成语法学派内部的分野。一是以 Chomsky、Katz 和 Jackendoff 等为代表的解释语义学派（interpretive semantics）。解释语义学认为，句法和语义是相互分离的，语义部分只起解释作用。二是以 Lakoff、Ross 和 McCawley 为代表的生成语义学派。生成语义学认为，句法不能同语义分离，转换的作用是把语义表达同表层结构相联系，否认存在独立的句法深层结构和独立的语义部分，应当用语义结构（即语义表达）取代句法深层结构。

在 20 世纪 70 年代，转换生成语法理论先后发生了两次较为重大的变化。第一次以 Chomsky 发表的《深层结构、表层结构和语义解释》为代表，称之为“扩充式标准理论”（extended standard theory, 简称 EST）。第二次以《关于形式和解释的论文集》为代表，被称为“修正的扩充式标准理论”（revised extended standard theory, 简称 REST）。后来，人们通常把 EST 和 REST 统称为 EST。

4.4.6.2 扩充式标准理论框架

扩充式标准理论主要由基础（base）、转换部分（transformational component）、格部分（case component)、删除部分(deletion component)和逻辑式(logical form)(即语义部分)组成。其具体框架如图 4-7 所示。

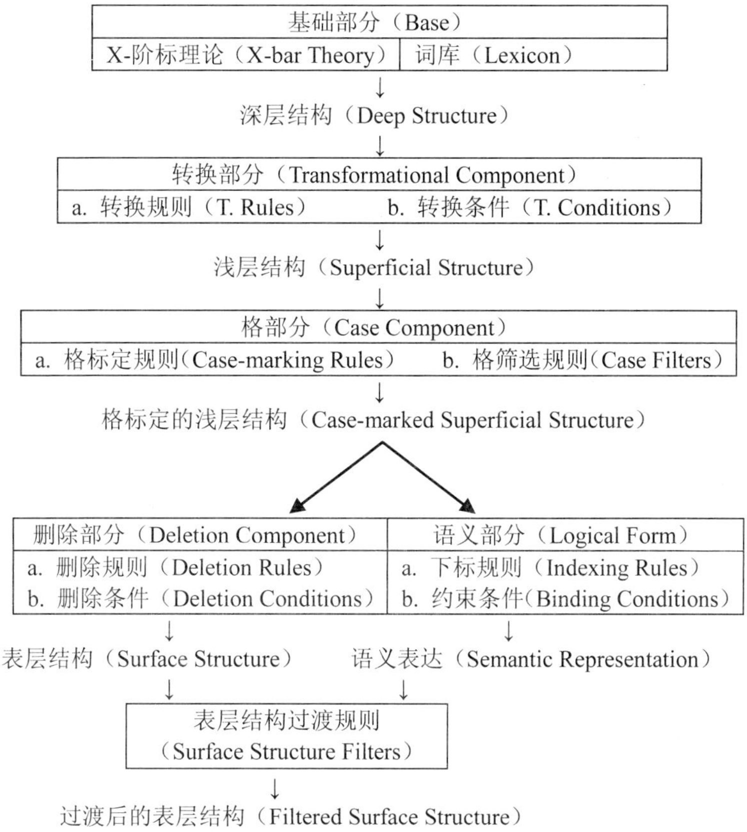

图 4-7 扩充式标准理论框架

4.4.6.3 基础部分

扩充式标准理论的基础部分由 X-阶标理论和词库组成。

4.4.6.3.1 X-阶标理论

扩充式标准理论中的 X-阶标理论与早期模式和标准理论中的短语结构规则有所不同,包括更多的范畴数目。除了词汇范畴(lexical categories,如 N, V, ADJ, ADV, AUX 等)和短语范畴(phrasal categories,如 NP, VP, PP 等),还有一种中间范畴(intermediate categories),它介于词汇范畴和短语范畴之间。例如,very tall girl 便属于中间范畴,它比 girl 大,却比 this very tall girl 小。

X-阶标理论的范畴可做作如下描述。

(i) X^0:无阶标范畴(X with no bars)

(ii) X^1:单阶范畴(X-single bar category)

(iii) X^2:双阶范畴(X-double bar category)

(iv) X^3:三阶范畴(X-treble bar category)

(v) …

由此,所有结构都可以用下面的公式描述。

$X^n \rightarrow \ldots X^m \ldots$（m = n 或 n－1）

这个公式的意思是：一个 n 阶范畴必须含有一个 m 阶范畴作为其中心词（head）。n 是可变的，可以是零阶、单阶或双阶；m 可以是 n，也可以是 n－1，即中心词的阶标数或者与包含它的那个阶标数相同，或者少一个阶标。

4.4.6.3.2　词库

在扩充式标准理论的词库中，每一个词项都含有音位特性（phonological property）、形态特性（morphological property）、句法特性（syntactic property）和语义特性（semantic property）。词库中还包括相应的多余信息规则（redundancy rules）、选择限制规则（selection restrictions）和固有格标定规则（inherent case-marking rules）。

词库中的多余信息规则包括次范畴化多余信息规则（subcategorization redundancy rules）和构词规则（word-formation rules）。

可以简略地将次范畴化多余信息规则描述为：X 范畴中的任何词项都根据它所能出现的 X-短语（X-phrase）的类型次范畴化，即动词根据它们所处的动词短语次范畴化，名词根据它们所处的名词短语次范畴化等。

例如，动词 catch 可以带宾语，pause 不能带宾语；名词 fact 后面只能跟由 that 引起的分句。这三个词的次范畴化特征可以描述为

catch: V, + [－NP]

pause: V, - [－NP]

fact: N, + [－that-S]

构词规则是指通过添加后缀改变词形和词性的规则。比如：

$[_A X] \rightarrow [_{ADV} [_A X] - ly]$ (in an X manner)

上式表示：语音形式为 X 的形容词能够通过添加后缀-ly 的方式变为副词，这个副词含有“以 X 方式”的意思。如，natural → naturally, sad → sadly 等。

$[_A Xal] \rightarrow [_V [_A Xal] - ise / -ize]$

上式表示：以-al 结尾的形容词可以通过添加-ise / -ize 后缀构成动词。如，modern → modernize, individual → individualize 等。

词库中的选择限制规则涉及语义信息（semantic information）。选择限制规则规定词项在语义搭配上的合格性。如，动词 kill 的特征是。

kill: Vt + [－[NP + animate]]

上式表示动词 kill 只能带具有[+animate]特征的 NP 作宾语，不能带[－animate]特征的宾语。所以，下列（10）a 语义搭配合格，而（10）b 语义搭配不合格：

（10）a. Peter killed the little mouse.

b. *Peter killed his hat.

词库中的固有格标定规则（inherent case-marking rules）属于格部分的格标定规则，其作用是在基础部分赋予名词短语以格的形式。

4.4.6.4　转换部分

转换部分由转换规则和转换条件构成。扩充式标准理论的转换规则只有一条 α 移动规则（α -movement）。α 是一个变项，可以表示句子中的任何范畴。该规则的作用是通过移动句子

中的范畴将深层结构转化为浅层结构。转换条件是一系列的约束规则，用来规定限制α移动规则的应用范围。

4.4.6.4.1 α移动规则

α移动规则主要包括 wh-移动（wh-movement）和 NP-移动（NP-movement）。

Wh-移动就是指把深层结构中的 wh-词短语（wh-phrase）从一个位置移到另一个位置。扩充式标准理论认为，每个从句（S^1）有一个补语化成分（COMP = complementizer，即引导从句的小词）引导；每个补语化成分（COMP）既可以是疑问句形式（+wh = wh-phrase），也可以是非疑问句形式（－wh = that）。可描写为

a. $S^1 \rightarrow$ COMP-S

b. COMP $\rightarrow \pm$wh

Wh-phrase 是附着在 COMP 的左边位置上。Wh-移动就是把深层结构中的 wh-phrase 移到紧挨 COMP 的左边位置上。例如：

（11）I don't know what she will speak.

例（11）的生成结构树形图如图 4-8 所示。

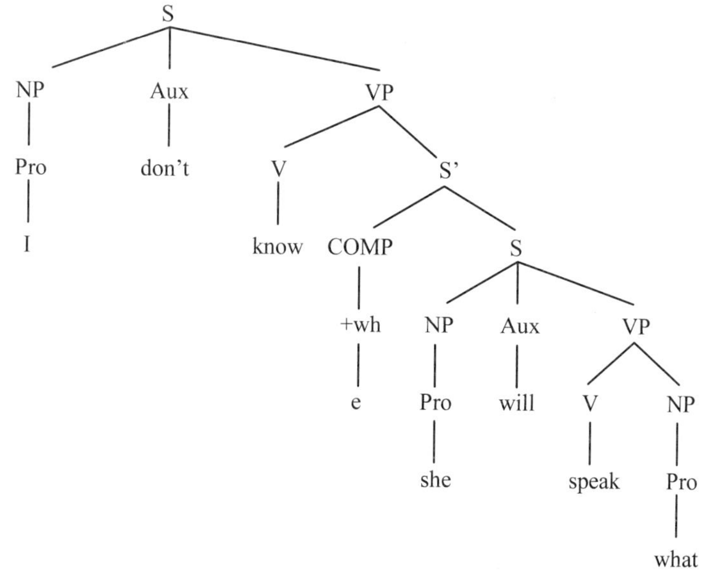

图 4-8 Wh-移动前的树形图

树形图 4-8 中 e = empty。从图 4-8 可知，这个句子包含有一个由抽象的疑问句补语化成分引起的内嵌疑问从句。应用 wh-移动规则将 wh-词组 what 移到 COMP 的左边，便得到树形如图 4-9 所示。

树形图 4-9 中"_____"表示 wh-词组 what 移动前所占的位置。

NP-移动就是将深层结构中的 NP 从一个位置移动到另一个位置。这里需要注意的是：wh-移动是附着转换规则（adjunction rule），也就是把一个成分（即 wh-phrase）附着到另一个成分（即 COMP）上，而 NP-移动则是替换规则（substitution rule），也就是用一个成分（NP，该 NP 是含有真正单词的 NP）去替换另一个（空缺）成分（NP）。在管辖约束理论"GB（Government and Binding）模型"中再详细论述 NP-移动。此处举一例简述。

（12）The article was written _____ by the boy.

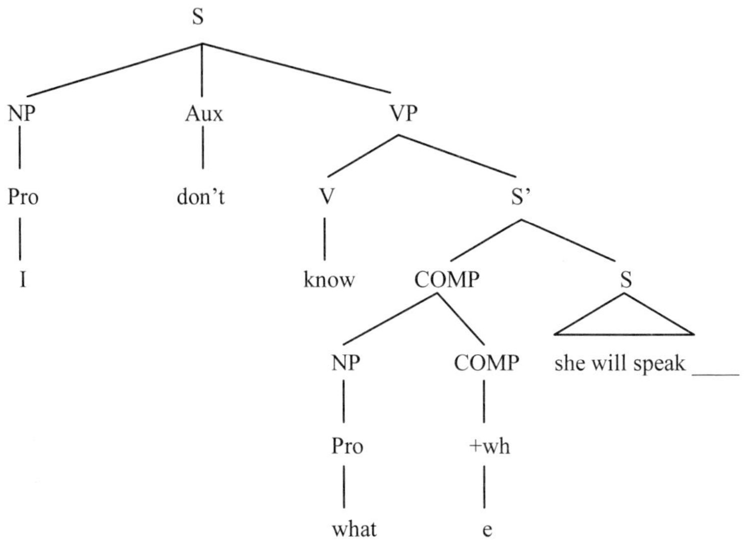

图 4-9 Wh-移动后的树形图

例（12）中，“______”表示：在深层结构中，the article 原来的位置是在动词 written 之后。图 4-10 是 the article 从原来的位置移动到主语位置过程的树形图。

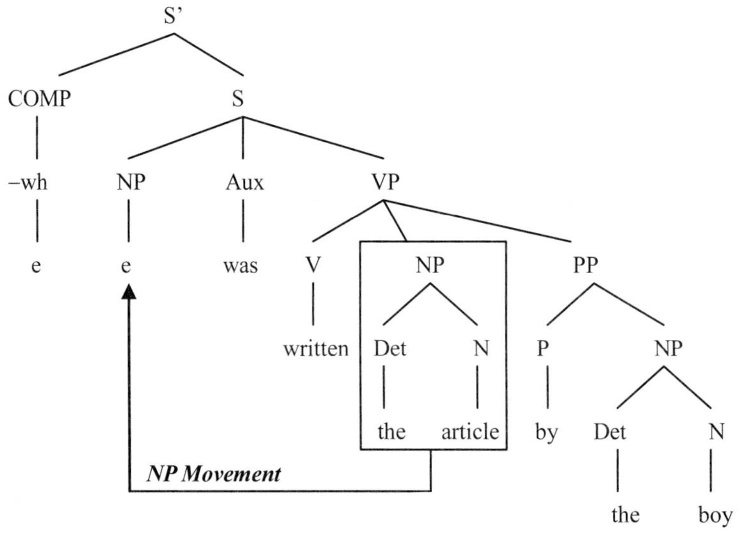

图 4-10 NP-移动过程树形图

树形图 4-10 中，—wh 表示该句是一个陈述句。NP 移动规则就是将动词后面的成分 the article 移至空缺的 NP 位置上，也就是 the article 去替换空缺的 NP。

4.4.6.4.2 转换条件

所谓转换条件是指在应用 α 移动规则时所必须遵守的原则或规则，目的是为了限制转换规则的过分生成能力，以便保障生成符合语法的句子。下述转换条件主要包括 14 条原则或约束规则。

1）结构维持原则（structure-preserving principle）：指在作 α-移动时，只能把一个成分移动到另一个相同的范畴中。如，一个 NP 只能被另一个 NP 所替换。

2）空缺节点原则（empty node principle）：要求一个移动成分只能替换一个空范畴，也就是被移动的 NP 只能移动到空缺的位置。

3）语迹原则（trace principle）：该原则规定一个成分被移动之后要在原来的位置上留下一个抽象的空缺节点（empty node）或空范畴（empty category），这个空缺节点被称为语迹（trace），用 e 或 t 表示。这种语迹或空范畴主要包括 wh-语迹、NP-语迹和 PRO-语迹（PRO 指准代词或空位代词）。

4）循环规则（cyclic principle）：要求 α 移动规则必须首先用于较小成分，再用于较大的成分。

5）复合名词短语约束规则（complex noun phrase constraint）：先介绍一个术语，语言中的“岛-结构”（island-structure）好比远离大陆的岛屿，周围是一片茫茫的大海，是不可逾越的障碍。这种语言岛-结构包括复合名词短语中的关系从句、同位语从句、句子主语或主语从句、wh-从句、并列结构、for-to 结构等。复合名词短语约束规则要求，不能将关系从句或同位语从句中的成分移动出从句。例如，不能将例（13）中关系从句中的宾语 that sort of word 移到句首加以强调。

（13）I know a girl that speaks out that sort of word.

*That sort of word, I know a girl that speaks out_______.

但是，可以将例（14）中的宾语从句中的宾语 that sort of word 移到句首加以强调，因为宾语从句不属于“岛-结构”，所以不受复合名词短语约束规则的约束。

（14）I don’t think I’d ever speak out that sort of word.

That sort of word, I don’t think I’d ever speak out________.

6）句子主语约束规则（sentential subject constraint）：用作主语的分句（包括限定性和非限定性分句）也是一种语言“岛-结构”。任何成分不能移出它的范围。如，不能将例（15）中作主语的不定式分句中的成分 linguistics 移到句首加以强调，也不能对 linguistics 进行提问。

（15）For you to give up linguistics would be a pity.

*Linguistics, for you to give up_______ would be a pity.

*What would for me to give up_______ be a pity?

7）Wh-岛约束规则（wh-island constraint）：Wh-岛结构指的是 wh-词（如 who, whom, whether 等）所引起的从句。该规则规定：一切成分不得移出含有 wh-词引起的从句之外。如，不能将例（16）中由 wh-词 whether 引起的宾语从句中的宾语 her keys 移出；也不能对 her keys 提问。

（16）Mother might ask whether I hid her keys.

*What might Mother ask whether I hid______? （母亲会问我是否藏起了什么东西？）

8）并列结构约束规则（coordinate structure constraint）：并列结构也属于“岛-结构”，不能将其中的一个并列成分移出该并列结构。例如，不能将例（17）中的并列结构 Tom and Peter 中的任何一个并列成分移出。

（17）I really like Tom and Peter.

*Peter, I really like Tom and ______.

9）A 盖 A 约束规则（A-over-A constraint）：要求范畴 A 中的成分不得移出大于范畴 A 的同类范畴。例（18）中，可以将“what age”从“up to what age”移出，也可以将“up to what age”移到句首，变为两个疑问句；而不能将“to what age”从“up to what age” 中移出，变成疑问句。因为“up to what age”由两个范畴组成，一个是“up to what age”，属于 PP_1，一个

是“to what age”，属于 PP_2，根据这个约束规则，在作移动转换时，不能将 PP_2（to what age）移出同类范畴 PP_1（up to what age）。只能移动整个“up to what age（PP_1）”，或者移动“what age”，因为“what age（NP）”与“up to what age（PP）”属于不同范畴。

（18）You can learn English up to what age?

What age can you learn English up to ________?

Up to what age can you learn English _________?

*To what age can you learn English up _________?

10）单位移动约束规则（unit movement constraint）：不能移动构成连续成分（continuous constituent）的成分链（a string of elements）。在例（19）中，动词短语“fall out over what”是由词组动词“fall out”和介词短语“over what”构成，因此，“fall out”是连续成分，“out”不能移出；“out over what”也不构成连续成分。

（19）The two brothers might fall out over what?（这两兄弟或许因为什么而吵翻了？）

What might the two brothers fall out over_______?

*Out over what might the two brothers fall________?

Over what might the two brothers fall out________?

11）次毗邻条件（subjacency condition）：被移动成分不能一次越过一个以上的边界节点（bound node）。边界节点是指 NP 或 S 范畴。比如，不能对例（20）中关系分句中的宾语 Father 进行提问，因为对 Father 疑问代词化后的 whom 不能一次移动就越过关系分句 S^2、名词短语 NP (a song)和整个句子 S^1 三个边界节点。

（20）($_{s1}$ Mother is singing ($_{NP}$ a song ($_{s2}$ that moves Father))).

*Whom ($_{s1}$ is Mother singing ($_{NP}$ a song ($_{s2}$ that moves _________)))?

（母亲正唱着一首感动谁的歌？）

同理，也不能对例（21）中的 what 移到句首变成疑问句。

（21）The boy is reading a book that describes what?

*What is the boy reading a book that describes _______?

（这男孩在看一本描写什么的书？）

当然，也可以运用前面所述的“岛-结构”约束规则来解释这一语言现象，因为关系分句也属于语言的“岛-结构”。换句话说，次毗邻条件已经包括上述 5）、6）、7）三条规则的内容。

12）Wh-补语化成分约束规则（wh-complementizer constraint）：任何成分都不能与已经含有一个 wh-成分（如 whether, who, whom, what, which, how 等）的 COMP 相接。如，例（22）中的 d、e 两句都不合语法。

（22）a. Mother might give what to whom?

b. Whom might Mother give what to ________?

c. What might Mother give __________ to whom?

d. *Whom what might Mother give _________ to ________?

e. *What whom might Mother give _________ to ________?

13）带有时态的 S 条件（tensed-S condition）：Tensed-S 指的是带有时态标志的从句。该条件规定，无补语化成分 COMP 引导的时态从句（S^1）所含的成分不能移出时态从句之外。如：

（23）a. comp np seems [S^1 comp [John likes Alice]]

NP Movement→

b. comp $John_2$ seems [S^1 comp [np_2 likes Alice]]

c. *John seems likes Alice

在例（23）中，小写的 comp 和 np 表示 COMP 节点和 NP 节点是空缺的。np2 代表 John 移动后留下的语迹。a 中的"John likes Alice"是带有时态的从句，主语 John 不能从中移走，否则便产生出 c 那样的句子。

14）主语明确条件（specified subject condition）：带有明确主语的从句或者名词短语，如果没有 COMP 引导，其非主语成分不能移到该从句或者名词短语之外。比如。

（24）a. comp np seems [S^1 comp John to like Alice]

NP Movement→

b. comp $Alice_2$ seems [S^1 comp John to like np_2]

c. *Alice seems John to like.

例（24）a 句中的"John to like Alice"是带有明确主语（John）的分句，Alice 是宾语，而非主语成分，不能移到"John to like Alice"之外去作 seems 的主语。然而，John 则可以，因为 John 是主语成分，如例（25）所示。

（25）a. comp np seems [S^1 comp John to like Alice]

NP Movement→

b. comp $John_2$ seems [S^1 comp np_2 to like Alice]

c. John seems to like Alice.

4.4.6.5　格部分

使用移动规则生成的浅层结构还没有格的标记。格部分的作用在于赋予浅层结构中的句子成分以相应的格的形式，以保证浅层结构变成符合语法的句子。格部分由格标定规则和格筛选规则组成。

4.4.6.5.1　格标定规则

格标定规则包括固有格标定规则（inherent case-marking rule）和结构格标定规则（structural case-marking rule）。

固有格标定规则是在基础部分赋予名词短语（NP）以格的形式。该规则规定，如果有两个名词短语（NP_1 和 NP_2）作动词的宾语，NP_2 的固有格特征是[+Objective]。如，（26）中的 NP_2（the book）具有[+Objective] 的固有格特征，也就是 NP_2 的宾格特征是固定不便的。

（26）Alice gave [NP_1 Mary] [NP_2 the book].

结构格标定规则的作用是确定浅层结构中名词短语的格的形式。英语中大多数 NP 的格的形式都是由句子结构确定的，随句子结构的变化而变化，由 NP 在句中的位置来确定。比如，在例（27）a 中的 Alice 被赋予主格[+Nominative]特征，用作主语；而在例（27）b 中的 Alice 却被赋予宾格[+Objective]特征，用作宾语。

（27）a. Alice was given the flower.

b. Tom saw Alice in the street yesterday evening.

具体地讲，NP 的结构格的形式分为下面几种情况。

1）如果 NP 是在带有时态的句中作主语，也就是这个 NP 受时态的支配，那么，这个 NP 的格的特征便是主格[+Nominative]；

2）如果 NP 是受到及物动词或介词的支配，那么，这个 NP 的格的特征便是宾格 [+Objective]；

3）如果 NP 是受物主代词的支配，也就是带有物主代词的特征，那么，这个 NP 的格的特征便是所有格（或称属格）[+Genitive]。

如例（28）所示。

（28）The boy doesn't know anything about his mother's death.

例（28）是一个带有时态的句子，the boy 在句中作主语，受时态管辖，其格特征为主格 [+Nominative]；nothing 受及物动词 know 的管辖，故为宾格；mother's 受 POSS（所有格）管辖，故为所有格。此处的“管辖”（govern）指的是一个成分决定另一个成分的形态变化形式。例如，如果说介词管辖名词，指的是介词决定名词的格，也就决定名词的形态变化。

4.4.6.5.2 格筛选

格筛选是扩充式标准理论中的一条普遍原则，包括以下四条具体规则。

1）格筛选规则：一个句子所含的任何显性 NP（overt NP，指有具体语音内容的 NP）必须有格的标记，否则，这个句子便不合格。在例（29）中，Mary 由于受 S^1 的阻碍而不受 tried 的管辖，因而没有格的标记，故该句不合格。

（29）*Peter tried Mary to stay.

例（29）中动词短语 tried Mary to stay 的结构是

tried [S^1 Mary to stay]

Mary 是 S^1 中的 NP，主句动词 tried 不能跨越 S^1 去管辖 Mary。由于 tried 是及物动词，要求受其管辖的 NP 为宾格，而 Mary 不受其管辖，不具有宾格特征，故不合格。

2）格冲突筛选规则（case conflict filter）：任何显性 NP 不能同时有两个格。

3）PRO 筛选规则（PRO filter）：PRO 指的是一个空缺代词性名词短语（empty pronominal NP），具有人称、性、数特征，但不是词项，无语音内容，不受别的范畴管辖，因而没有格。在句子中，PRO 与显性词汇名词（overt lexical NP）是互补分配关系，即，在有 PRO 的地方不能有 NP，反之亦然。该规则要求，PRO 不能出现在受管辖或有格标记的 NP 位置上，因为显性词汇 NP 只能出现在既受管辖又有格标记的 NP 位置上。比如：

（30）Peter tried to frighten his sister.

在例（30）中，不定式短语 to frighten his sister 有一个空缺的代词性 NP 主语（an empty pronominal NP subject），可以用 PRO 表示。

（31）comp Peter tried [S^1 comp PRO to frighten his sister]

在（31）中，由于受 S^1 阻碍，tried 不能管辖 PRO，因此，PRO 没有格特征。

4）NP 语迹筛选规则（NP trace filter）：NP 移动留下的语迹不能有格的标记。例如：

（32）a. $Peter_2$ seems [S [NP_2 e] to like Mary]

b. $Peter_2$ was praised [NP_2 e]

在（32）两句中的 NP 语迹 [NP_2 e]没有格标记。即使它们分别受 seems 和 praised 的管辖，但由于 seems 是不及物动词，praised 是被动句中的过去分词，受它们管辖的 NP 语迹都不能有格的标记。根据 NP 语迹筛选规则，只有受及物动词管辖的 NP 才能有宾格的标记。

然而，wh-语迹可以有格，如，

（33）Who did he admire?

[comp [he did admire who]

[comp who_2 [did he admire [NP_2 e]]]

Wh-短语的格标定规则要求，移动后的 wh-短语的格与它的语迹的格的特征相同。移动后的 wh-短语 who_2 和它的语迹[NP_2 e]同受及物动词 admire 的支配，因此，两者都是宾格。

4.4.6.6 删除部分

删除部分的作用是对带有格标记的浅层结构进行加工处理，使之转化为表层结构。删除部分包括删除规则和删除条件两部分。

4.4.6.6.1 删除规则

此处的删除规则主要涉及 Wh-删除。Wh-删除规则的作用是删除掉 comp 位置上的 wh-短语。比如，the teacher I met

（34）a. the teacher [S^1 [comp] [I met who]]

| |

Wh-movement

↓↓

b. the teacher [S^1 [comp who] [I met ________]]

| |

Wh-deletion

↓↓

c. the teacher [S^1 [comp] [I met ________]] （comp 为空缺位置）

↓↓

the teacher I met

在上述生成过程中，深层结构中含有一个 wh-代词 who，wh-移动将 who 移至空缺的 comp 位置上，然后，再用 wh-删除规则将 who 删掉。

4.4.6.6.2 删除条件

删除条件规定，只有没有语义内容的成分才能删除。因此，在 wh-删除条件中，wh-关系短语可以删除，而 wh-疑问短语和 wh-介词短语不能删除，因为 wh-关系短语无语义内容，wh-疑问短语和 wh-介词短语有语义内容。如例（35）（36）中的 wh-短语就不能删掉。

（35）a. [comp what] have you heard __________?

b. *Have you heard____________?

（36）a. the boy [comp to whom] I spoke__________

b. *the boy to I spoke__________

4.4.6.7 表层结构过滤规则

表层结构过滤规则又称为表层结构约束规则，其作用是对删除部分输出的表层结构进行检查，以便限制句法规则的过分生成能力。表层结构过滤规则有以下七条。

1）内部从句过滤规则（internal clause filter）：内部从句指嵌入另一个从句中的 S^1，简称内嵌 S^1。该规则要求：任何表层结构不能包含左右两边均有属于另一个从句的显性词汇材料（overt lexical material）的内嵌 S^1，否则，这个表层结构就不合格。如例（37），应用 NP-AUX

倒装转换便会产生不合格的表层结构，因为 b 句中的内嵌 S^1（that the earth moves round the sun）左右边都有属于另一个从句的显性词汇材料“is”和“obvious”。

（37）a. That the earth moves round the sun is obvious.

b. *Is that the earth moves round the sun obvious?

2）空缺主语过滤规则（empty subject filter）：任何含有由非空缺补语化成分（COMP）引导的时态从句（关系从句除外）的表层结构，如果补语化成分之后紧跟有一个空缺 NP，那么，这个表层结构就不合格。如，

（38）a. *Who_2 did she say that NP_2 was coming?

b. *Who_2 do you wonder when NP_2 saw Bill?

例（38）两句中 NP_2 表示 Who_2 移动后留下的语迹。两句中分别含有一个由非空缺补语化成分（that 和 when）引导的带有时态特征的宾语从句，that 和 when 之后都紧跟有一个空缺主语 NP（即句中的 NP_2），因此，两句都不合语法。

3）For-to 过滤规则（for-to filter）：从句中的补语化成分 for 和紧跟其后的 to 之间必须要有显性成分将它们分开，否则就不合语法。如例（39）a 合乎语法，例（39）b 不合语法。

（39）a. Mother is looking for a book for me to read.

b. *Mother is looking for a man for to fix the sink. （for 应该被删除）

4）多重填充 COMP 过滤规则（multiple filled COMP filter）：补语化成分 COMP 不能含有一个以上的显性成分。比如，可以应用 wh-移动规则将例（40）转换成 a 和 b，而不能转换成 c 和 d，因为 c 和 d 两个句子都含有两个显性成分 what 和 where。

（40）COMP Mother has left what where?

a. What has Mother left____________ where?

b. Where has Mother left what ___________?

c. *What where has Mother left ____________ __________?

d. *Where what has Mother left ____________ __________?

5）根从句过滤规则（root clause filter）：根从句（root clause）是指非嵌入句（non-embedded clause）。该规则要求：根从句含有的非空缺 COMP 之后不能紧跟 NP。下面（41）（42）（43）句子都违反了这个规则。

（41）*That it is snowing.

（42）*Whether he will come.

（43）*What Mary has spoken out.

（41）句中的补语化成分 COMP（that）之后紧跟有 NP（it）；（42）句中的 COMP（whether）之后紧跟有 NP（he）；（43）句中的 COMP（what）之后紧跟有 NP（Mary）；所以，三个句子都不合语法。

6）For-for 过滤规则（for-for filter）：任何表层结构不能含有 for-for 序列，即，在句子的表层结构中不能同时出现两个紧紧相连的 for，如下例：

（44）*The children are longing for for the class to begin.

7）搁浅介词过滤规则（stranded preposition filter）：所谓搁浅介词是指在第二次 wh-移动时留在 COMP 位置上的没有显性补足语（overt complement）的介词。该规则要求，任何 COMP 都不能含有只有介词而无显性补足语的介词短语。如例（45）中的 to 就是搁浅介词。

（45）*Whom don't you think to the girl will talk?

4.4.6.8 语义部分

格部分输出的浅层结构出现两个输入端口，一端同删除规则和过滤规则相连接；另一端同语义部分（逻辑式）（semantic component: logical form）相连。逻辑式实际上就是扩充式标准理论中的语义部分。逻辑式主要包括语义规则（下标规则）和约束条件。逻辑式输出句子的语义表达（semantic representation）。

4.4.6.8.1 下标规则

下标规则的作用是确定句子中名词短语（NP）的照应关系（anaphora），以决定句子的语义解释。

转换生成语法中的名词短语可分为以下三类。

1）照应名词短语（anaphors）：指句子中有先行词与之照应的名词短语，可分为相互照应名词短语（reciprocal anaphors）（如 each other）和反身照应名词短语（reflexive anaphors）（如 myself, yourself, himself, themselves 等）。相互照应名词短语和反身照应名词短语在句子中都必须有与之相照应的先行词，否则，这个句子在语义上就不合格。如：

（46）a. The two brothers should help each other.

b. *Each other should be helped.

（47）a. The girl cut herself.

b. *Herself was cut.

例（46）a 中的“each other”与先行词“the two brothers”相照应，因而是语义上合格的句子；（46）b 中的“each other”没有与之照应的先行词，所以，（46）b 语义上不合格。（47）a 中的 herself 有先行词 the girl 与之照应，语义上合格；（47）b 中的 herself 无先行词与之照应，因此（47）b 语义上不合格。这就是传统语法所说的相互代词和反身代词一般不能用作主语。

2）代词性名词短语（pronominals）：指传统语法中所称的人称代词，如 I, he, you, she 等。代词性名词短语又有照应功能（anaphoric or proximate use）和他指功能（deictic or obviative use）。例如：

（48）Peter thinks he is clever.

例（48）中的 he 可以与 Peter 相照应，也可以指 Peter 以外的其他人。

3）词汇名词短语（lexical NPs）：包括照应名词短语和代词性名词短语以外的所有名词短语。比如 the man next door, Norm Chomsky 等。

下标规则规定，句子中每一个 NP 都应有一个下标（用一个任意整数表示）。两个名词短语的下标如果相同就是同指关系；否则，就不是同指关系。如：

（49）a. $Peter_2$ thinks he_2 is clever.

b. $Peter_2$ thinks he_3 is clever.

例（49）a 中 Peter 和 he 的下标相同，属于同指关系，即：Peter 认为他本人很聪明。（49）b 中 Peter 和 he 的下标不相同，不属于同指关系，即：he 不是指 Peter，而是指另外一个人。

4.4.6.8.2 约束条件

通过下标规则进行语义解释必须受到一定的条件约束。这些约束条件（binding conditions）又称为语义过滤规则（semantic filters），目的是检查下标规则的输出是否合格。其主要包括以下四条约束条件。

1）匹配条件（matching condition）：下标相同的两个名词短语在性、数、人称等特征方面也必须相一致、相匹配。

2）照应语约束条件（anaphor binding condition）：照应语要有一个同标先行词 NP（a coindexed antecedent NP），即：一个照应语（或空缺 NP 语迹）如果有管辖范畴，它必须黏着在其管辖范畴上。

3）代词性名词约束条件（pronominal binding condition）：一个代词性 NP 如果有管辖范畴，它在管辖范畴内是自由的（free），即：代词性名词在其管辖范畴内不能和任何成分统制 NP（cocommanding NP）同标。

4）词汇约束条件（lexical binding condition）：一个词汇名词短语或 wh-语迹在任何地方都必须是自由的。

使用下标规则和上述约束条件，便能在语法结构范围内对句子的语义做出正确解释。

4.4.7 管辖约束理论

4.4.7.1 管辖约束理论框架

转换生成语法的第四阶段管辖约束理论是在扩充式标准理论的基础上发展起来的。管辖约束理论中提出了普遍语法（universal grammar，简称 UG）。普遍语法由规则系统（rule system）和原则系统（system of principles）两大部分构成。规则系统由词库、句法和解释部分组成；原则系统包括 X-阶标理论（X-bar theory）、语义角色理论（θ-theory）、格理论（case theory）、管辖理论（government theory）、约束理论（binding theory）、界限理论（bounding theory）和控制理论（control theory）七个部分。

4.4.7.2 规则系统

如前所述，GB-模型中的普遍语法是由规则系统和原则系统两大部分组成。一个句子要通过词库、句法和解释几个部分生成，并要经过几套规则加工，由此出现四个结构层次，分别是 D-结构（D-structure）、S-结构（S-structure）、PF-结构（PF-structure）和 LF-结构（LF-structure），如图 4-11 所示。

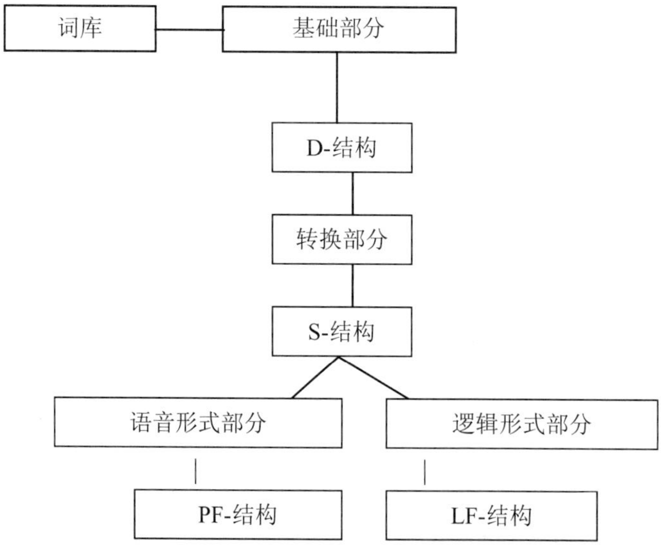

图 4-11　规则系统框架

也可以通过图 4-12 的一个倒立的 T-形图示（the upside-down T-model）（Vivian & Newson, 2000: 47）来表明 GB 模型中的上述几个结构之间的相互关系。

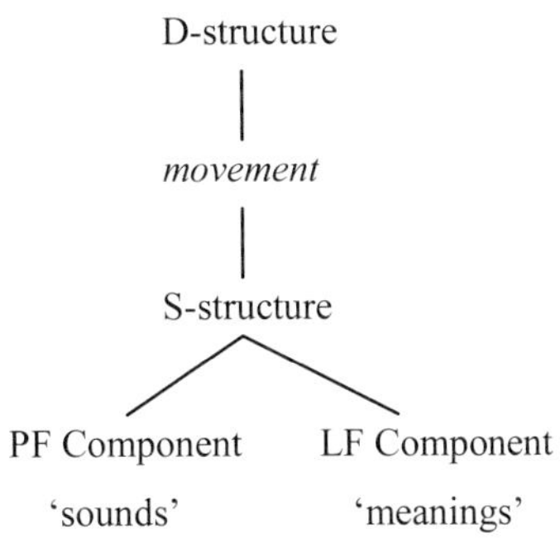

图 4-12 倒立 T-形图

4.4.7.2.1 词库

词库（lexicon）是词项的总和。词库中的词项包括语音、句法、形态、语义等方面的特征。语音特征是词项的语音内容；句法特征包括词项的范畴属性和语境特征；形态特征指词项在性、数、格、人称、时、体、态等方面的形态变化。语义特征指词项的意义。词库还包括冗余规则（或称多余信息规则）、构词规则等（参见 4.4.6.3.2）。

4.4.7.2.2 基础

基础部分（base）又被称为语类部分（categorial component，或称范畴部分）。以前采用短语结构规则（PS-rule），现在改用 X-阶标理论。基础部分生成的是句子的 D-结构。X-阶标理论将在后面的原则系统中讨论。

4.4.7.2.3 转换

从 D-结构到 S-结构的过程称为转换（transformation）。在管辖约束理论框架中只有一条转换规则“移动 α”（Move α），希腊字母 α 代表任何成分。这并不意味任何成分都可以移至任何位置。为了防止生成不合乎语法的句子就需要后面即将谈到的一系列原则来加以限制。移动规则还可以分为名词短语移动（NP-movement）和 wh-移动（wh-movement）（参见 4.4.6.4）。移动条件是普遍语法研究的一个极为重要的内容。与移动条件密切相关的是“格理论”，在“格理论”中将继续讨论“移动 α”规则。

4.4.7.2.4 语音形式

解释部分中的语音形式（phonetic form）就是把 S-结构用语音表达映现到表层结构。它是由一系列再调整规则组成，其中包括删除规则（deletion rules）、过滤规则（filter rules）、形态规则、音位规则等。在管辖约束理论体系中，D-结构输入转换部分，经过移动输出 S-结构；S-结构输入语音部分，经过删除过滤规则的应用输出 PF-结构，即表层结构。

4.4.7.2.5 逻辑形式

解释部分中的逻辑形式（logical form）就是把 S-结构映现到某个句子的逻辑形式上，其主要目的是要在语法范围内说明句法结构中的语义问题。有关逻辑式部分确定名词短语（NP）的所指关系的下标规则（indexing rule）及其制约条件（请参见 4.4.6.8）。

4.4.7.3 X-阶标理论[①]

X-阶标理论源于短语结构重写规则，例如，

---

① X 的不同阶标可以在 X 上方加上不同的短横，如 X 单标就在 X 上方加一短横，依此类推；本书为了打印方便，采用 X 的右上角加上（'）的形式，如 X 单标就表示为 X'，依此类推。

a. VP → V Comp

b. NP → N Comp

c. AP → A Comp

d. PP → P Comp

上述表明，动词短语（VP）、名词短语（NP）、形容词短语（AP）和介词短语（PP）都可以看成是中心语动词（V）、名词（N）、形容词（A）和介词（P）加上补语（Comp）。可以普遍化表示为

XP → X Comp

其中，X 相当于数学中的变项，可以用 V、N、A、P 中任何一项代入。一般情况下，把最低层次写作 X，最高层次写作 XP，中间需要几层就用几个阶标。由此，XP 之下的整个树形图就是 XP 所属的最大投射（maximal projection）。

利用 X-阶标理论这种句法结构技术，任何一个短语结构都可以用图 4-13 的树形图表示[①]。

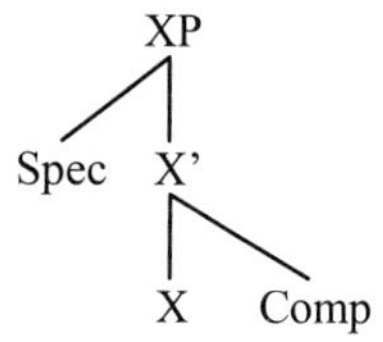

图 4-13　结构“最大投射”

图 4-13 中 XP 叫作结构“最大投射”，X 为这个投射的中心项，中心项的同一线性层次的右侧为“补语”（Comp），中心项 X 与补语 Comp 组成记作 X'的结构成分，X'同其左侧的成分 Spec 组成最大投射 XP。X 的值可以根据句法推导的需要，可以是 N、V 或 P, 也可以是 I（inflection）、C（complement）等。由此，NP 就是中心词项 N 的最大投射，VP 就是中心词项 V 的最大投射，IP（等于传统句法中的 S）就是中心词项 I 的最大投射。由此可见，有两类范畴：中心词项 V、N、A、P 等称为“词汇范畴”（lexical categories）；中心词项 I、C 等称作“功能范畴”（functional categories）。Spec 或 Comp 出现在结构的哪一侧由具体语言的参数值确定。

词汇范畴的结构可以描写为

X" → …X'…

X 可以指任何范畴，并能做短语中的中心语。一般情况下，单阶短语可以包含一个零阶词汇范畴，比如，V'包含 V，N'包含 N 等。这样就会有

X' → …X…

如果中心语 X 带有补语成分就有

X' → X complement(s)，或者，X' → complement(s) X

补语成分位于中心语前或后取决于具体的语言。比如，英语中的 V'、P'、A' 和 N'中的中心语往往出现在补语成分的左侧，根据“中心成分参数”（the head parameter），可以把英语称为“中心语前置”语言（head-first language）[②]。如（50）中的例子所示[③]。

---

① 此图及其阐释源于宁春岩为《乔姆斯基的普遍语法教程》（Vivian Cook and Mark Newson, 2000）所写的《导读》，第 16-18 页。

② 本书将 head-first 和 head-last 译为“中心语前置”和“中心语后置”。

③ 本页中的例子源于 Vivian Cook and Mark Newson. *Chomsky's Universal Grammar: An Introduction*（《乔姆斯基的普遍语法教程》）[M]. 北京：外语教学与研究出版社，2000 年，第 142-143 页。

（50）a. buy [a book]

V　complement

b. on [the boat]

P　complement

c. afraid [of dogs]

A　complement

d. claim [that he's right]

N　tcomplement

然而，日语中的 V'、P'、A' 和 N'中的中心语往往出现在补语成分的右侧，根据“中心成分参数”（the head parameter），可以把日语称为“中心语后置”语言（head-last language）。如（51）中的例子所示：

（51）a. [Hon-o]　katta

complement　V

book　bought

(He bought a book.)

b. [Fune]　ni

complement　P

boat　on

(On the boat)

c. [inu o]　kowagatte

complement　A

dog　afraid

(afraid of the dog)

d. [Zibun ga tadashi-to-iu] shichoo

complement　N

self　right　claim

(the claim that he was right)

短语结构中除了中心语（head）和补语成分（complement）外，还有第三个主要成分：限定指示语（specifier，简写为 Spec）。如前所述，补语 Comp 与中心项 X 属于同一线性层次，而限定指示语 Spec 与 X'属于同一线性层次。由此，一个双阶短语就由作为中心项的 X'和可能出现的限定指示语 Spec 组成。如下所示。

X'' → X' specifier，或者，X'' → specifier X'

将上述 X-阶标原则归纳起来便可以得到图 4-14 的树形图①。

例如，英语中的名词短语“her fear of the dog”用 X-阶标理论便可以对其短语结构作图 4-15 的树形图描述。

① 此树形图源于 Vivian Cook and Mark Newson. *Chomsky's Universal Grammar: An Introduction*（《乔姆斯基的普遍语法教程》）[M]. 北京：外语教学与研究出版社，2000 年，第 144 页。

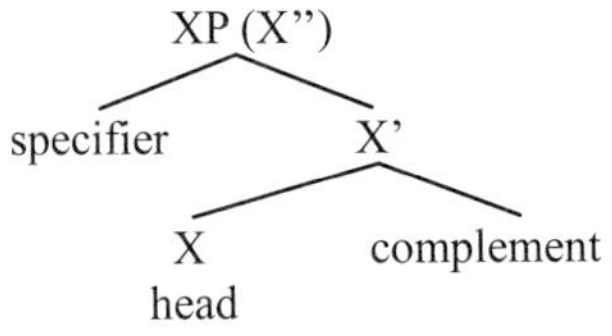

图 4-14　X-阶标理论下词汇范畴的“最大投射”

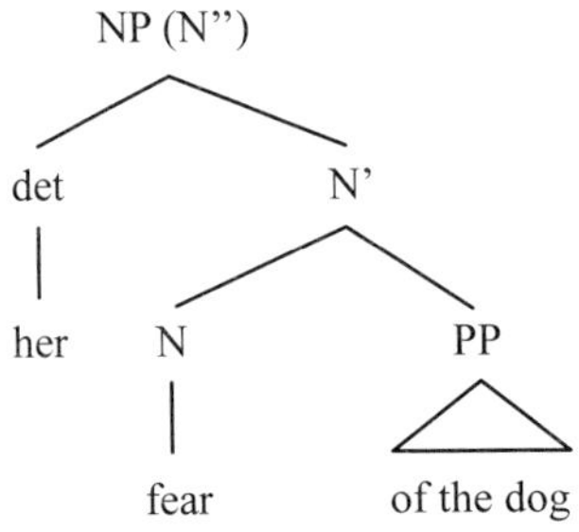

图 4-15　X-阶标理论下名词短语的“最大投射”

图 4-15 中，名词短语（NP 或 N"）由限定指示语 Spec（her）和 N'（fear of the dog）组成；N'又由中心词项 N（fear）和补语成分 Comp（介词短语 of the dog）构成。由此可见，这个名词短语中的两个功能性标示（functional labels）限定指示语 Spec 和补语成分 Comp 都由词汇范畴填充。也可以用 X-阶标理论来描述“功能范畴”（functional categories）的结构。

功能范畴 IP（inflection phrase）相当于传统语法中的 S。IP 可以写为 I"，I"包括 I'和一个限定指示语 Spec；I'包括 I 和一个补语成分 Comp。中心项 I 可以是一个助动词 will, can 等，也可以是一个抽象成分，包含时态特征（简写为 TNS）和主谓一致特征（AGR），这些特征在表层结构中的语音形式部分以-s, -ed 等形式体现；非限定不定式分句以 to 体现。

（52）The girl finds the dog.

例（52）的句子结构可以用图 4-16 的树形图来表示。

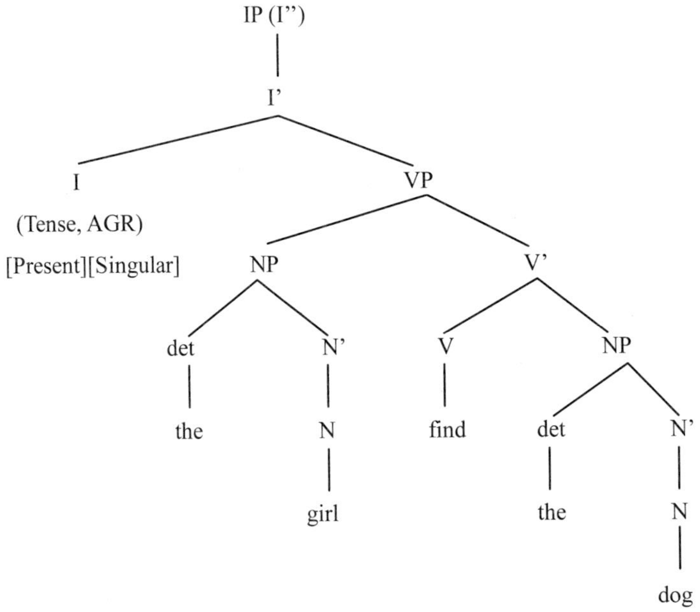

图 4-16　功能范畴（IP）例句树形图

从图 4-16 可以看出，一个句子由一个 IP（I''）组成，IP 中包含一个成分 I', I'由一个抽象成分 I 和一个动词短语构成，动词短语包含句子的所有剩余部分；动词短语是 I 的补语化成分。IP 同其他短语结构一样，最高层次是 IP（I''），中间层次是 I'和限定指示语 Spec，底层次是 I 和它的补语化成分。

功能范畴 CP（complementzer phrase）的中心项 C 有时是内嵌宾语从句的引导词 whether, that 等；有时是一个抽象成分。C 的补语化成分是 IP。

（53）I wondered whether he would succeed.

例（53）中 whether 引导的宾语从句的句法结构可以简单地用图 4-17 的树形图表示。

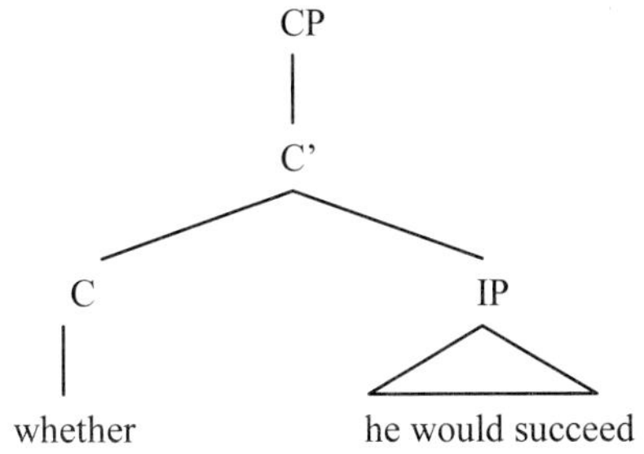

图 4-17　功能范畴（CP）例句树形图

4.4.7.4　语义角色理论

4.4.7.4.1　语义角色

如前所述，在管辖约束理论中，一个词项的属性包括语音属性、句法范畴属性和语义属性。语义属性的一个重要内容是标明一个词项（主要是动词性词项）的"论元结构"（argument structure, 也称"语义角色框架" theta-grid 或"概念结构" conceptual structure），说明一个动词在语义上是否能够分派（assign）语义角色，能分派几个语义角色，分派的语义角色选择什么成分充当。能分派语义角色的叫谓词（predicate），充当语义角色的成分叫论元（argument）。用希腊字母θ来代表"语义角色"(thematic roles 或θ-roles)。对语义角色进行研究的理论就是"语义角色理论"，简称"θ-理论"。

（54）Father cooked noodles.

例（54）中动词 cook 要求一个论元是能够发出"煮 cook"动作的主体（此句中的主语 Father），另一个论元涉及被"煮 cook"的东西（客体，此句中的 noodles）。这两个论元中，主语是施事（Agent θ-role），宾语是受事（Patient θ-role），由此，动词 cook 的"语义角色框架"（θ-grid）是

cook < Agent, Patient>

该语义角色框架表示动词 cook 可以有两个论元：施事和受事。

（55）Alice gave Tom a gift.

例（55）中动词词项 give 有三个论元：一是 give 动作的发出者，即施事（Agent: Alice），二是主题（Theme: a gift）。"主题"指承受动词动作的名词短语；三是目标（Goal: Tom），"目标"指的是动词动作所及的终端目的。所以，动词 give 的"语义角色框架"是

give < Agent, Theme, Goal>

一个动词词项能够限制选择一定数量的论元以及这些论元所承担的特定的语义角色，这种动词词项对其论元在语义上的要求称为"语义选择"（s-selection = semantic selection）。语义

选择的语义角色（θ-roles）主要有施事（Agent）、受事（Patient）、目标（Goal）、主题（Theme）、处所（Location）、来源（Source）等。

与语义选择相关的就是句法范畴选择（c-selection = category selection）。句法范畴选择指的是动词词项能够确定它所拥有的补语成分的类型。比如，动词 ask 和 wonder 都可以跟有一个内嵌宾语从句，而只有 ask 才能带一个名词短语作其补语成分。

（56）a. John asked [what the time was].

b. John wondered [what the time was].

（57）a. John asked the time.

b. *John wondered the time.

句法范畴选择（c-selection）在词库中以次范畴化框架（subcategorization frame）来体现。所谓次范畴化是从句法范畴上对词项的补语成分做出限制。例（56）和（57）中动词 ask 和 wonder 的次范畴化框架可表示为

ask [___ CP / NP]　（斜线表示“或者”的析取关系）

wonder [___ CP]

也就是说，动词词项 ask 要求其补语成分可以是一个 CP（what the time was），或者是一个 NP（the time）；而 wonder 要求其补语成分只能是一个 CP。

任何一个动词词项都应包括有关语义选择限制的语义角色框架和句法范畴选择的次范畴化框架两个部分。由此，上述动词 cook 在词库中对其语义选择和句法范畴选择的要求可以表示为

Cook < Agent, Patient> [___ NP]

由此看出，语义选择限制涉及对主语和补语成分的限制，而句法范畴选择仅涉及对补语成分的限制。

4.4.7.4.2　语义角色标准与位置

语义角色理论是在 D-结构上发生作用的，在 D-结构中确定名词短语（NP）的语义角色。“语义角色标准”（θ-criterion）指的是：每个论元必须，而且只许充当一个语义角色；每个语义角色必须，而且只许由一个论元充当。

语义角色是谓词分派在结构位置上的，被分派了语义角色的位置叫“θ-位置”或“论元位置”（A-position）。论元位置一般就是补语位置和主语位置；不能得到论元的位置叫作“非论元位置”（Ā-position），非论元位置一般是中心语位置和附加语位置；中心语位置主要指动词（也就是 complement of I，即 VP）和 I（INFL）所处的位置，附加语位置是指标句词 COMP 的位置（也就是 Spec of CP，即 Complementizer）（徐烈炯，1988：272）。

4.4.7.5　格理论

与θ理论有密切关系的是格理论。格是一个传统的历史悠久的语法范畴。许多语言（如拉丁语、德语、俄语等）的名词都有格的变化，而不同语言采用的格形式有所不同，有的用词缀、有的用前置词、有的用词序，等等。这些表层形式属于个别语法的特征，但是，不同语言深层的格关系却都是一致的，这些关系属普遍语法的特征。转换生成语法的管辖约束理论中所说的“格”是一个比较抽象的概念，假定名词处于一定的句法关系中就都有格。

格理论是关于名物性结构短语分布的理论。按照格理论的规定，所有的名物性短语都必须有格，因此，必须出现在一个有格的位置上。因此，必须有一个能够分派格的词项，能够

分派格的词项在英语里有动词、介词、AGR 等。这些格的分派者向一个特定的结构位置分派格。一个被分派格的位置叫"格标记位置",在这个位置上名物性短语可以得到按格理论规定应该得到的格。如果一个名物性短语出现在一个没有格标记的位置,那么,这个名物性短语就无法在这个句子里生存,而含有无格的名物性短语的句子便成了不合语法的句子。

格理论中有关固有格(inherent Case)和结构格(structural Case)的分类,不同的格的指派(比如,主格(nominative)、宾格(accusative)、属格(genitive,又称所有格)等)以及格筛选规则等,请参见 4.4.6.5。

4.4.7.6 管辖理论

管辖理论(government theory)又译作"支配理论"。管辖关系是在成分统制基础上定义的。所谓成分统制(c-command=constituent command)是关于由 X-阶标理论生成几何树形结构中的两个结构成分的结构关系。成分统制的定义是:α 成分统制 β,当且仅当 α 不统领 β,统领 α 的每一个 γ 同时也统领 β(α c-commands β iff α does not dominate β and every γ that dominates α dominates β)。

成分统制关系可以用图 4-18 树形图①表示。

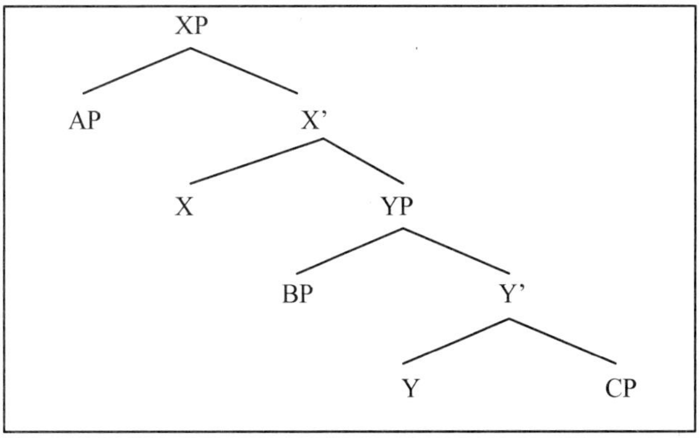

图 4-18 成分统制关系树形图

图 4-18 中,X 成分统制 AP、YP 以及 YP 中的每一个成分,因为所有这些成分都包含在统领 X 的最大投射 XP 中(方框内为 X 成分所统制的成分)。

管辖关系就是关于树形图上两个节点的结构关系,其具体描述是:如果 X 和 Y 为一棵结构树上的两个节点;X 和 Y 呈现为相互成分统制的关系,即 X 成分统制 Y,且 Y 成分又统制 X;X 为"管辖者"(governor)(如 V、P、A、N 这些实词成分);那么 X 则管辖 Y。如果 Y 是一个管辖者,那么 Y 则管辖 X。英文中对 Government 的定义是②

α governs β if and only if

a. α is a governor (e.g. N, V, P, A, etc.)

b. α and β mutually c-command each other.

(58) The magician threw the knives at his assistant.

---

① 树形图 4-18 源自 Vivian Cook and Mark Newson. *Chomsky's Universal Grammar: An Introduction*(《乔姆斯基的普遍语法教程》)[M]. 北京:外语教学与研究出版社,2000 年,第 237 页。

② 此定义摘自 Vivian Cook and Mark Newson. *Chomsky's Universal Grammar: An Introduction*(《乔姆斯基的普遍语法教程》)[M]. 北京:外语教学与研究出版社,2000 年,第 241 页。

例（58）中，动词 threw，介词 at 和名词 magician, knives 和 assistant 都是实词中心词，都可能成为“管辖者”，但是，这几个名词后面没有补足成分，也就没有成分可管辖。此句中只有动词 threw 管辖其宾语 the knives，介词 at 管辖其宾语 his assistant。

4.4.7.7 约束理论

约束理论（binding theory）是研究语义解释中照应关系的理论。约束是指一个名词词组与先于它出现的另一个名词词组，如果具有相同的下标指数，二者的所指相同；如果一个名词词组与先于它出现的另一个名词词组具有不同的下标指数，它就是自由的，二者的所指也不同。

如前 4.4.6.8.1 所述，名词短语可分为三类：1）照应名词短语（anaphor，又称照应词），如反身代词 myself，相互代词 each other 等；2）代词性名词短语（pronominals，又称代名词），如人称代词 I, he, you, she 等；3）词汇名词短语（lexical NPs，又称指称词 R-expression=referring expression），如 John, the man 等。

管辖约束理论中有以下三条约束原则。

a. 约束第一原则（binding principle A）：照应词在管辖语域内受约束（an anaphor is bound in a local domain）；

b. 约束第二原则（binding principle B）：代名词在管辖语域内是自由的（a pronominal is free in a local domain）；

c. 约束第三原则（binding principle C）：指称词总是自由的（an r-expression is free）。

由此，约束可以定义为

α 约束 β，当且仅当

a. α 成分统制 β；

b. α 与 β 同标（co-indexed，即 α、β 指同一客体）。

4.4.7.8 界限理论

界限理论（bounding theory）是规定移位的位置条件，也就是研究对转换范围的限制，重点是讨论 wh-移位应该在什么样的区域范围内进行。移位要遵循“次毗邻原则”（the subjacency principle），即，任何移位不能一步越过两个边界节点（bounding node，又称“界点”），英语中的边界节点有早期模式中的 S 和 NP，也就是后期模式中的 AGRP，DP。

例如，英语的特殊疑问句构成要把疑问词移位，如，“这本小说是描写什么的”在英语中应为（59），也就是要把 what 从 t_i 的位置移到句首。

（59）[$what_i$ [$_s$ does this book describe t_i]]

然而，当疑问句处于关系从句时，就不能移至全句之首。如，“你在看那本描写什么的小说”这句话的英语就不可以说成（60）。

（60）*[$what_i$ [$_s$ are you reading [$_{NP}$ the book [$_{s1}$ that describes t_i]]]]

4.4.7.9 控制理论

控制理论（control theory）是为了确定 PRO 这类空语类[①]（可用 e 代表）的指称问题，为了解决 PRO 的语义解释而提出来的。PRO 没有语音内容，因而最终也没有语音表达。PRO 与人称代词一样，可以指本句中的词语，也可以指句外的词语。我们不能用约束理论来解释，

① 有关“空语类”的问题，将在“最简方案模式”中进一步讨论。

因为 PRO 不是 NP-语迹，也不是 wh-语迹，PRO 根本不是移位所形成的。例如：

（61）a. PRO to learn French is difficult. （学法语难。）

b. John tried [PRO to learn French]. （约翰力图学会法语。）

c. John persuaded Mary [PRO to learn French]. （约翰说服玛丽去学法语。）

（61a）中的 PRO 是泛指的，与句中任何 NP 都不同标，不受句中任何 NP 的控制。根据控制理论，泛指的 PRO 的分布是有限的，只能作主语的不定式的主语（PRO 是不定式的主语，而不定式又是整个句子的主语）。（61b）中的 PRO 与 John 同标，John 是 PRO 的控制语（controller）；（61c）中的 PRO 与 Mary 同标，Mary 是 PRO 的控制语。

4.4.8 最简方案理论

4.4.8.1 概述

1992 年，Chomsky 的“语言理论的最简方案”一文标志着转换生成语法进入新的发展阶段。该论文与“原则与参数理论”“论推导与表征的经济性”“最简方案”以及“语类与转换”等文章合成专著《最简方案》于 1995 年正式出版。

转换生成语法一直以来将找到一条最佳途径揭示语言的本质作为自身理论更新的理念，提出以“最简”这个概念作为进一步攻克何谓语言的本质的课题。最简方案将具有高度生成能力的句法体系看成是一个完美的体系，它可以通过最简洁明了的手段，也就是最经济的手段将语音及语义衔接起来。Chomsky 认为，语言可以看成是语音形式（PF）和逻辑形式（LF）的匹配系统，句法可以看成是向语音形式（PF）和逻辑形式（LF）发出指令的一套信息储藏系统。

最简方案认为，语言由一个数据型的词库（lexicon）和一个计算系统（又称运算系统）两个部分组成。词库标明词项特征，计算系统则从词项出发进行推导，生成表达式。表达式的派生涉及对词项的选择及计算两个方面。计算系统内没有任何表达式层次，直接在一个叫作“声音系统”的认知子系统和一个叫作“思维系统”的认知子系统相关联，在与这两个认知子系统的接口处分别生成 PF 表达式和 LF 表达式，如图 4-19 所示。

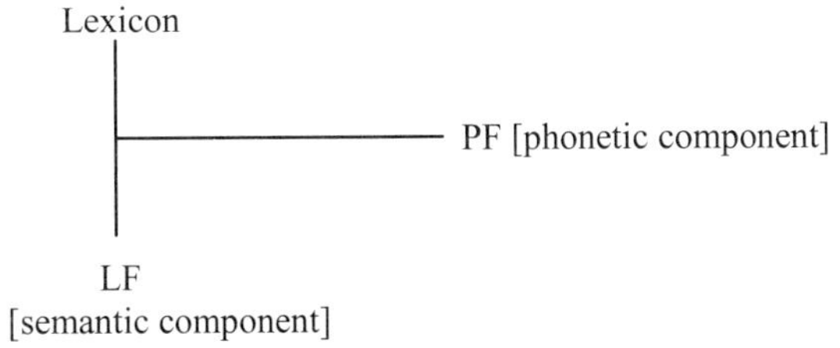

图 4-19 最简方案设计

图 4-19 表明，句法生成机制从词库提取原料，通过计算系统（用直线表示）的句法操作之后形成逻辑形式（LF）和语音形式（PF）。

4.4.8.2 关于语类

语类（category）是构成句法中词组结构（phrase structure）的基本单位，如名词、动词、形容词、副词、介词和连词等。语类可分为词汇语类（lexical categories）和功能语类（functional categories）。名词、实义动词、形容词和副词这些开放类（open class）都属于词汇性语类，而助动词、介词、连词等封闭类（closed class）都属于功能性语类。

X-阶标理论将词汇性语类和功能性语类共同看成任意语类 X，它本身是中心语，可以组成自己的词组结构。在由词组连接而成的句法结构中，既有词汇词组，也有功能词组。功能性语类可以呈显性形态，也可以呈隐性形态。

英语中的功能性语类如表 4-1 所示①。

表 4-1　英语中的功能性语类

语类（categories）	中心语（head）	英语中可能实现的形式
CP	C	that, whether
AGR_sP	AGR_s	-s
TP	T	-ed
NegP	Neg	not, n't
AGR_oP	AGR_o	—
DP	D	he, the

最简方案中的“空语类”是句子结构中来自词库的空语类。空语类的特点是无语音内容，其存在的证据主要来自语义，这说明逻辑形式中的语义解读机制会将它们所含的意义解读出来，所以在句法层面的表达式中必须将它们表示出来。比如，英语中充当不定式分句主语的所谓 PRO 就是一个空语类。在不定式分句中，主要动词不带表示时态的屈折语素，标志屈折语素的是 to。如：

（62）The chairman has decided [PRO to postpone the meeting].

此外，最简方案中提出了名词词组中的“空 D”概念。空 D 在理论上有两个意义：第一，它使所有名词词组在结构上达到了统一；第二，它揭示了名词和句子在结构上的一致性。空 D 的理论基础是 DP 假设（DP hypothesis）。该假设指出，名词词组受到功能语类 D 的管辖，所以名词词组的最大结构应该为限定词词组 DP (determiner phrase)。比如，不含限定词的光杆名词（bare nominals）的结构为 DP，其中心语是空语类，如图 4-20 所示。

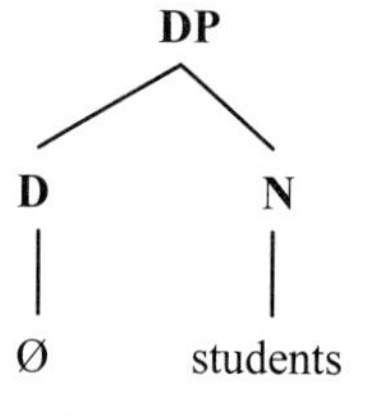

图 4-20　含光杆名词的 DP 结构

4.4.8.3　关于结构（X-阶标理论）

关于 X-阶标理论，请参阅管辖约束理论中的 4.4.7.3。在最简方案中，所有结构格的分派都可以用指示语-中心语关系来表达。词缀 I（=INFL）可以分解为 AGR（=agreement，一致）和 T（=tense，时态）两个部分。AGR 是性、数、人称等特征的集合。由此，小句的基本结构如图 4-21 所示。

① 表 4-1 源于 Vivian Cook and Mark Newson，*Chomsky's Universal Grammar: An Introduction*（《乔姆斯基的普遍语法教程》）[M]. 北京：外语教学与研究出版社，2000 年，第 185 页。

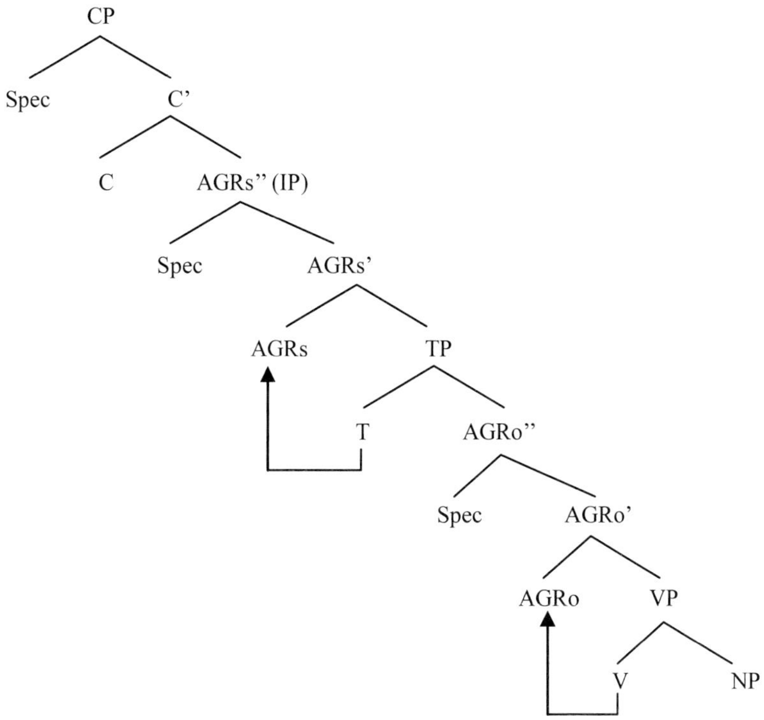

图 4-21 小句的 X-阶标理论结构

如图 4-21 所示，每个小句有两个 AGR 词缀，一是 AGRs, 用于动词和主语的一致；二是 AGRo，用于动词与宾语的一致。乔姆斯基设想指示语和中心语的关系有一致和结构格两个方面，两者都体现在[NP, AGR]关系上。就一致而言，主语、宾语和动词的关系都通过 AGR 的中介。就结构而言，由于主格、宾格的性质分别依赖于 T 和 V，因此，T 提升到 AGRs，形成 a. [AGR T AGR]，V 提升到 AGRo，形成 b. [AGR V AGR]，而主语从 VP 内部提升到 AGRs 的 Spec（指示语）位置，宾语提升到 AGRo 的 Spec 位置，分别接受上述 a 和 b 的赋格。根据最简方案中 VP 内部主语假说，主语是从 VP 内部到小句 Spec 位置，因此，“John loves Mary”的 VP 结构如图 4-22 所示。

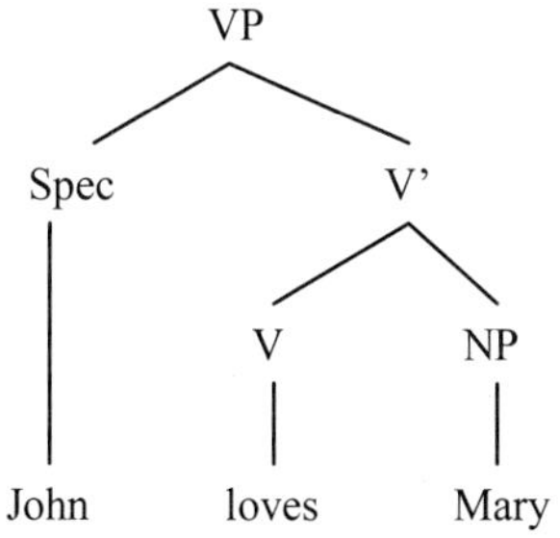

图 4-22 VP 内部主语结构

4.4.8.4 关于中心语移位

最简方案将一些不可解读的特征在形态上定义为语缀式的语素（affixal morpheme），区分为强语素（strong morphemes）和弱语素（weak morphemes）。强语素所含的语法特征是显性的，必须得到核查；弱语素所含的语法特征是隐性的，不通过移位来核查。现代英语中带有疑问语素的 C 为强语素，它只有加缀于助动词或情态动词这类结构位置高于动词的中心语才能核查自己的特征，一般的实义动词不能完成这个任务，因为它们无法通过显性移位进入 I。因此，在英语有定的直接疑问句中，助动词或情态动词总是通过显性的 I～C 的中心语移位，出现在非疑问性的主语之前。

例如①，下面一段恋人的英文对话：

（63）A. Honey-buns, there's something I wanted to ask you.

B. What, sweetie-pie?

A. If you will marry me.

B. (pretending not to hear) What'd you say, darlin'?

A. Will you marry me?

最后一个疑问句中，will 从 IP 中的中心语位置 I 移动到 CP 中的中心语位置 C。如图 4-23 所示。

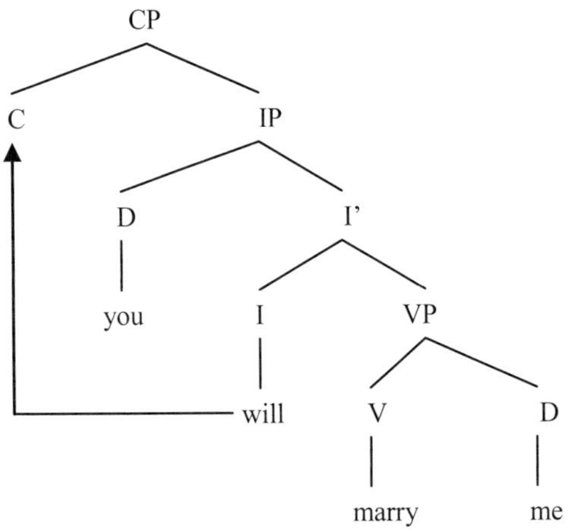

图 4-23　中心语移位

4.4.8.5　关于算子移位

算子作为逻辑学中的术语，具有约束变量的特质。转换生成语法用算子表示自然语言中以下几种句法结构中算子与变量之间的逻辑关系，其中算子会移位，移位留下的语迹就是变量：一是移位后的疑问算子（wh-operator）与移位留下的语迹；二是移位后的否定词组与移位留下的语迹；三是量词提升（quantifier raising）与留下的语迹。

例（64）② 可以说明第一二种句法结构中的算子移位：

（64）a. **What languages *can*** you speak?

b. **No other colleague *would*** I trust?

例（64）a 句中“what languages”算子表达式（operator expressions）中“what”为“疑

① 例（63）源于 Andrew Radford. *Syntax: A Minimalist Introduction*（《句法学：最简方案导论》）[M]. 北京：外语教学与研究出版社，2000 年，第 106 页。

② 例（64）源于 Andrew Radford. *Syntax: A Minimalist Introduction*（《句法学：最简方案导论》）[M]. 北京：外语教学与研究出版社，2000 年，第 130 页。

问算子（wh-operator）”，b 句中“no other colleague”算子表达式中“no”为“否定算子（negative operator）”。两个算子表达式中的“what”和“no”都可以看成是 DP 中的 D。从这两句的移位树形图 4-24 可以看出：算子表达式“what languages”和“no other colleague”移动到 CP 中的指示语 Spec 位置，此种移位操作被称为“算子移位（operator movement，或简称为 O movement）”；而两个情态助动词“can”和“would”在变成倒装语序中则从 IP 中的中心语位置 I 移到 CP 中的中心语位置 C 处，属于上一小节中所讲的“中心语移位（head movement）”。

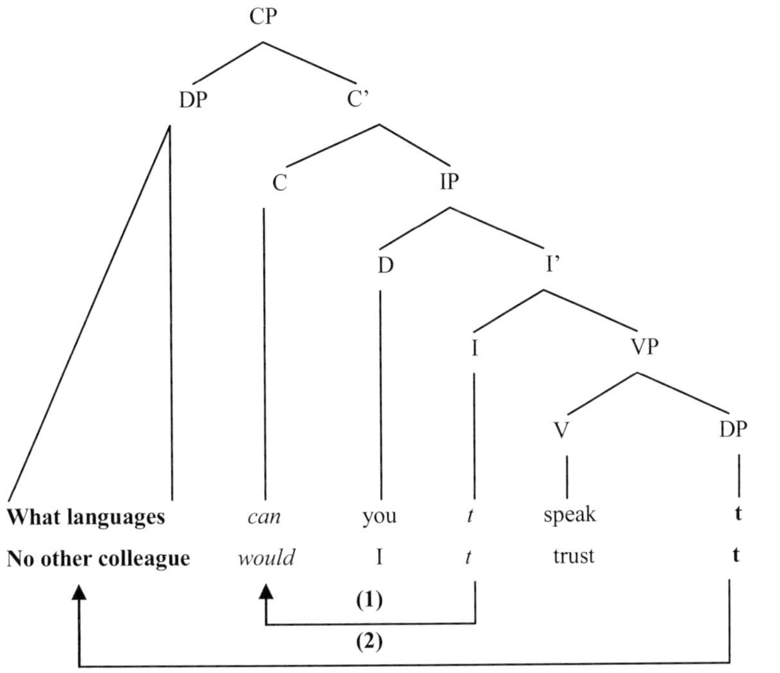

图 4-24　算子移位

多重疑问词语句中的算子移位只能运用一次，因为 CP 指示语特性一经核查便被删去，不会再触发下一轮的算子移位。由此，例（65）[①] 中，除 a 句外，b, c 两句便不合乎语法。

（65）a. **Who** do you think will say *what*?

b. * *What* who do you think will say?

c. * **Who** *what* do you think will say?

（65）a 的树形图如图 4-25 所示。

算子移位仍然遵循经济原则，即最短距离移位（shortest move），也就是最简方案中的“最小链接条件（the minimal link condition / the minimality condition）”。如例（65）中，可以说 a：“**Who** do you think will say *what*?”而不能说 b：***What** do you think *who* will say?

（65）b 的生成树形图如图 4-26 所示。

① 例（65）源自 Andrew Radford. *Syntax: A Minimalist Introduction*（《句法学：最简方案导论》）[M]. 北京：外语教学与研究出版社，2000 年，第 136-137 页。

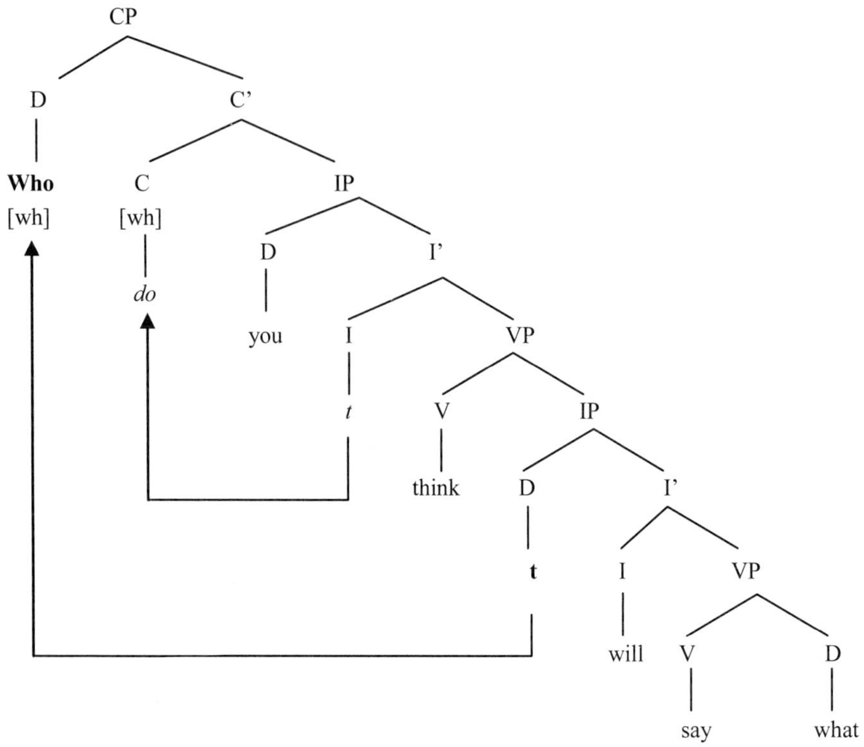

图 4-25　多重疑问词语句中的算子移位（1）

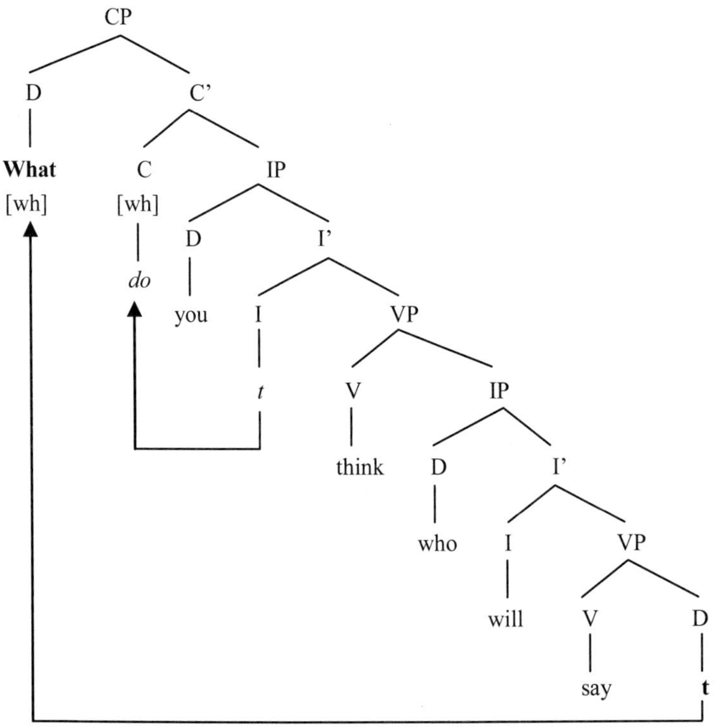

图 4-26　多重疑问词语句中的算子移位（2）

4.4.8.6 关于主语

转换生成语法将主语区分为语义主语与结构主语。语义主语是动词的域外论元（external argument），它与动词的关系源自动词的词汇特征，具体地说，源自动词的论元结构（argument structure）。结构主语是衍生来的，它与动词构成一种句法结构上的关系。"动词词组内主语假设（VP internal subject hypothesis）"确认主语源自动词词组的指示语位置，由于核查语法特征的需要，经过"主语提升（subject raising）"，移至 IP 指示语位置，例（66）如图 4-27 所示。

（66）He will kick the dog.

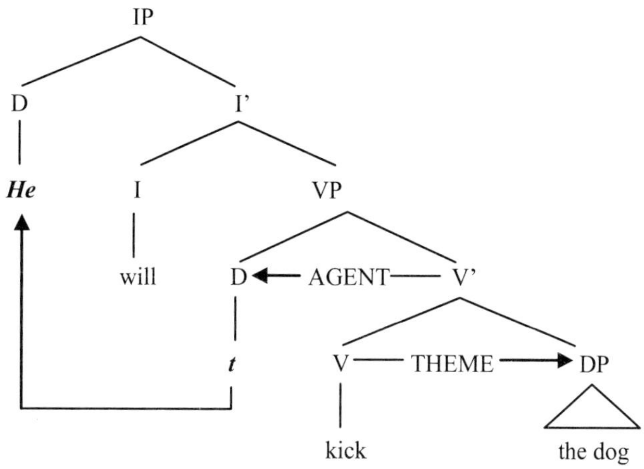

图 4-27 主语提升

论元与名词词组是不同的概念。论元是带有语义角色或论旨角色（thematic role; θ-role）的名词词组，但名词词组并非都是论元。动词词组内主语都是论元，上例中的主语提升便称为论元移位（或称 A 移位：argument movement）。英语中的非人称代词 it 和 there 属于非论元性名词词组，是通过合并填补到主语位置上去的，是一种纯句法结构成分。

4.4.8.7 关于 VP 嵌套

最简方案提出了 VP 嵌套（VP shells）思想。根据论元结构可将动词谓语分为三类：三元谓语（three-place predicate），即双宾语及物动词作谓语；二元谓语（two-place predicate），即单宾语及物动词作谓语；一元谓语（one-place predicate），包括非作格动词（unergative verb）和非宾格动词（unaccusative verb）。非作格动词也就是纯粹的不及物动词，其主语为动词的域外论元，比如，walk, jump, run 等；非宾格动词的主语为动词的域内论元，如，occur, appear, arrive 等。当一个动词既有及物形式又有非宾格形式时，它被称为作格动词（ergative verb），如，break, roll, melt 等，如："He broke the vase into pieces"和"The vase broke into pieces"。

当动词带有两个域内论元时，在句法结构上投射出双层动词词组。双宾语及物动词的两个域内论元与动词建立起阶层关系，如图 4-28 所示。

最简方案将 VP 嵌套中上层动词词组的中心语分析为一个轻动词（light verb），标志为小写的 v。v 本身是一个语缀，呈强语素特征，需要触发 VP 嵌套内下层动词移位，并入 v 来核查其特征；v 的指示语为动词的域外论元；它的补语是下层动词词组 VP，其中心语为动词 V，指示语为动词的域内论元。如果动词有两个域内论元，域内论元 $_2$ 就在 V 的补语位置，如图 4-29 所示。

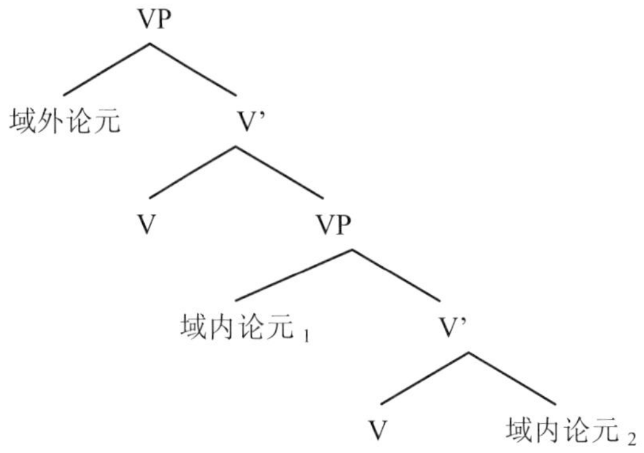

图 4-28　论元的阶层关系

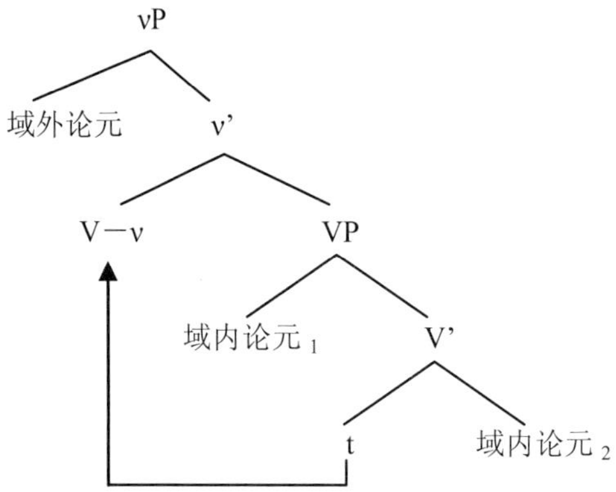

图 4-29　VP 嵌套结构

VP 嵌套结构可以用来解释及物动词的作格现象（ergativity），也就是有些动词有及物和非宾格的交替现象。两者的区别在于：及物形式有 VP 嵌套结构。这时 ν 是一个含有使役意义（causative）的语缀，也就是说整个 VP 嵌套表达了使役动词的论元结构。在这种结构中，域外论元为使役者，域内论元$_1$为受役者，域内论元$_2$（如有的话）为使役所导致的结果。

4.4.8.8　关于呼应语结构投射

本节的主要内容是讨论表示呼应（agreement，又称“一致性”）和时态（tense）的功能语类如何作为中心语在句子中进行投射的问题。“分裂屈折语素假设（split INFL hypothesis）”（Pollock, 1989; Chomsky, 1989）将屈折语素 INFL 进一步分析为一系列功能性中心语，每个中心语都有自己独立的词组结构。在 CP 和 νP 之间就有一个以上的另类词组结构，如，CP—AgrS[1]—TP—νP 等。由此可见，以屈折语素为中心语的词组可进一步分析为时态中心语及其相应的词组（tense phrase; TP），以及表示呼应的中心语和相应的词组（agreement phrase; AgrP）。根据 Radford（2000：225），呼应语词组的位置高于时态词组。与“分裂屈折语素假设”相对应的就是“分裂动词词组假设（split VP hypothesis）”。所以，在整个句法结构中便分别有了主语呼应语词组（subject agreement phrase: AgrSP）、直接宾语呼应语词组（direct object agreement phrase: AgrOP）和间接宾语呼应语词组（indirect object agreement phrase: AgrIOP）。

由于格位的核查要在中心语和指示语的呼应条件下进行，具体包括以下三个方面：将 DP

① AgrS 也可写成 AGRs。

提升至 AgrSP 词组中的指示语 spec-AgrSP 位置上，同时将动词提升至 AgrSP 词组中的中心语 AgrS 位置上，从而形成呼应关系核查主格格位；将 DP 提升至 AgrOP 词组中的指示语 spec-AgrOP 位置上，同时将动词提升至 AgrOP 词组中的中心语 AgrO 位置上，从而形成呼应关系核查直接宾语宾格格位；将 DP 提升至 AgrIOP 词组中的指示语 spec-AgrIOP 位置上，同时将动词提升至 AgrIOP 词组中的中心语 AgrIO 位置上，从而形成呼应关系核查间接宾语宾格格位（具体例证参见 Radford，2000：241-244）。

4.5 功 能 语 法

4.5.1 引言

继 Saussure 之后，逐步形成了一些各具特色、影响较大的语言学流派，如，丹麦语符学派（Glossematics: Hjelmslev）、布拉格学派（Prague School: Mathesius，Trubetzky）；伦敦学派（London School: Firth）以及莫斯科学派（Moscow School: Щаумян）等。布拉格学派力图从功能的观点去解释语言现象，说明语言的实质，又被称为功能学派（functionalists），其理论也被称为功能结构主义（functional structuralism）或称功能主义语言学（functional linguistics）。与布拉格功能主义语言学学者同时或后来的一批著名的人类学家、社会学家和语言学家，如，Malinowski、Whorf、Bühler、Hymes、Labov、Bernstein 以及伦敦学派的 Firth 等都不同程度地接受和应用了功能的观点，或从不同角度探讨过语言的功能，对功能主义语言学的发展做出了应有的贡献。

Halliday 在吸收了 Malinowski 的“情景语境（context of situation）”思想，从 Hjelmslev 的语符学派那里吸收了一些有关话语过程等抽象原则，继承了布拉格功能主义的传统，并以其导师 Firth 的系统-结构（system-structure）理论为基础，经过长期的探索和研究，逐渐形成自己完整的系统-功能语法体系。

1985 年，*An Introduction to Functional Grammar* 的出版标志着功能语法进入成熟阶段，而 Matthiessen 于 1995 年出版的 *Lexicogrammatical Cartography: English Systems* 则可看成是系统-功能语法体系的系统部分。

语言系统、语篇、语境及社会文化系统相互关联。任何言语活动（或语篇）都处于某种社会文化语境之中。每个言语社团都有自己的历史、文化、风俗习惯、思维模式、道德观念、价值观念等。这些反映特定言语社团特点的方式和因素构成了语篇的“文化语境（context of culture）”。“文化语境”由语篇体裁（Genre）来反映，主要包括交际目的、交际步骤、交际形式、交际内容等等。情景语境（Context of Situation）又由场（Field，或称语场）、旨（Tenor，或称语旨，或称基调）、式（Mode，或称语式）三个变量构成；这三个变量构成了“语域（Register）”。文化语境是抽象的、概括性的概念，而情景语境是语篇的直接语境。文化语境与情景语境的层级关系体现出语篇体裁与语域之间的层级关系。

就情景语境而言，语场是指正在进行的社会活动以及在该场合中使用语言所要达到的特定目的，也就是言语交际的主题（subject matter），指“正在谈论什么（What's going on）”。语旨是指语言使用环境中参与者的角色关系：言语交际的参与者是谁？参与者之间的亲疏程度如何？语式是指话语交换的方式和途径：口语还是书面语，正式的还是非正式的等。情景语境的三个变量又对应三大语义系统，也就是 Halliday 功能语法中的三大“纯理功能

(metafunctions)”(或称三大“元功能”);这三大元功能与对应的词汇-语法体系可以描述为:概念功能(ideational function,包括经验功能和逻辑功能)主要涉及及物性、语态和作格性(ergativity);人际功能(interpersonal function)主要涉及交际者的“角色”,言语功能,语气(mood)、情态(modality)、语调(key);语篇功能(textual function)主要涉及主位结构(thematic structure)、信息结构和衔接(cohesion)。功能语法的整个语法体系如图 4-30 所示。

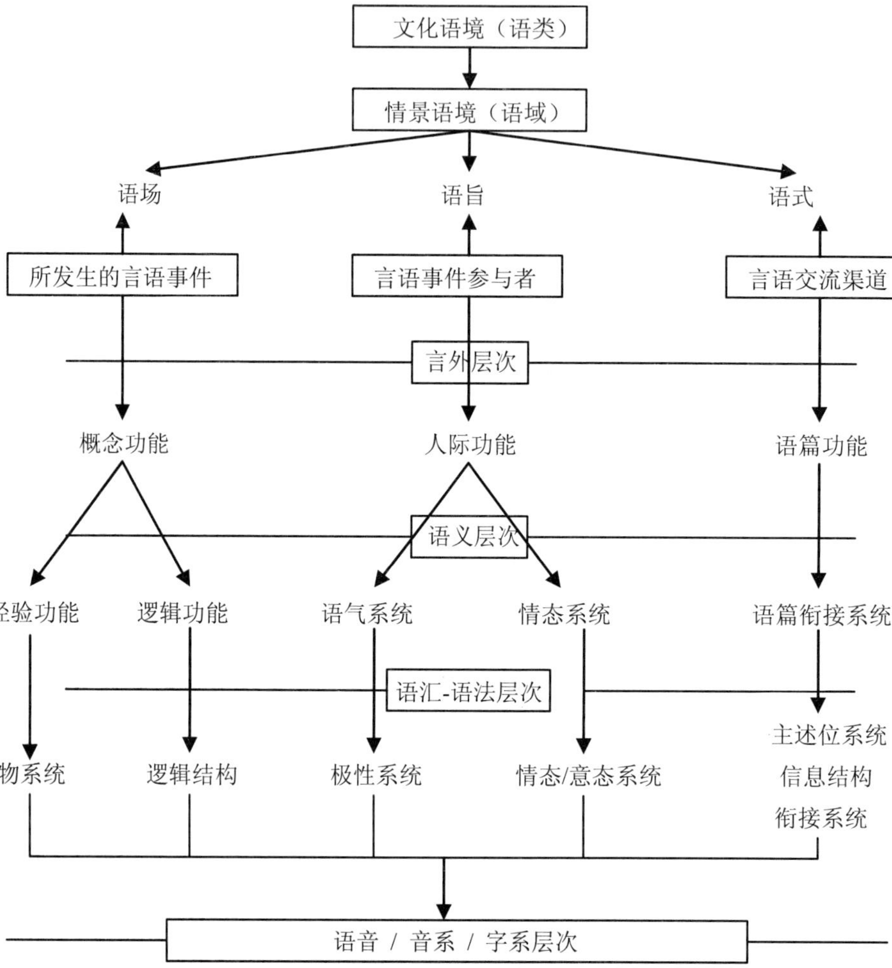

图 4-30 功能语法体系

4.5.2 体现语义功能的语法系统

在情景语境的三个语域变量中,语场是通过概念功能中的经验意义来表达,经验意义主要通过及物系统来体现;语旨是通过人际功能(意义)来表达,人际意义主要通过语气系统来体现;而语式则是通过语篇功能(意义)来表达,语篇意义主要通过主述位系统来体现。

4.5.2.1 及物系统

在功能语法体系中,及物性指“内容”,指构成说话者的内外经验之语言表现形式的所有特征。及物结构体现概念纯理功能。及物结构包括过程(process)、过程参与者(participants)和环境成分(circumstantial elements)构成。

过程由动词性词群体现,参与者由名词性词群体现,而环境成分则由副词性词群或介词短语体现。“过程、参与者、环境”这些语义范畴粗略地解释了语言结构如何表现真实世界中的现象。及物性的作用就是把人们在现实世界中的所见所闻、所作所为分成不同的“过程”。

及物系统包括六种不同的过程：物质（material）过程、心理（mental）过程、关系（relational）过程、行为（behavioral）过程、言语（verbal）过程和存在（existential）过程。

4.5.2.1.1 物质过程

物质过程就是“做”的过程（processes of doing），由动态动词体现，包括“动作者（Actor）（或称‘施事’）”和“目标（Goal）”，如表 4-2 和表 4-3 所示。

表 4-2 物质过程（英语）

The little girl	kicked	the dog
Actor	Process: material	Goal
The dog	was kicked	by the little girl
Goal	Process: material	Actor

表 4-3 物质过程（汉语）

这男孩	打破了	金鱼缸
动作者	物质过程	目标

4.5.2.1.2 心理过程（又称心智过程）

心理过程就是感觉、意识的过程（processes of sensing）。根据感受（feeling）、思维（thinking）和感知（perceiving）三方面，心理过程又分为感受过程（affection），如 like，hate，fear 等，认知过程（cognition），如 think，know，understand 等，感知过程（perception），如 see, hear 等。在心理过程中，必然有一个表示人或相当于人的心理活动参与者，也就是感觉者（senser），还有一个被感知、被思考、被感受的事物或事实称之为现象（phenomenon）。心理过程的过程动词的无标记时态是简单现在时，其语言表现是双向性的，例如：

（67）I believe it. It convinces me.

具体分析例子如表 4-4 和表 4-5 所示。

表 4-4 心理过程（英语）

He	knows	she doesn't care
Senser	Mental Process: cognition	Phenomenon

表 4-5 心理过程（汉语）

王芳	不喜欢	这条围巾
感觉者	心理过程：感受	现象

4.5.2.1.3 关系过程

关系过程就是“是”的过程（processes of being），也就是表示状态的过程，反映出事物之间处于何种关系。关系过程有三种类型和两种方式。这三种类型是强调（intensive），即 x 是 α（x is α）；环境（circumstantial），即 x 处于 α（x is at α）；领属（possessive），即 x 具有 α (x has α)。两种方式：一是属性（attributive），即 α 是 x 的属性（α is an attribute of x）；二是身份（identifying），即 α 是 x 的身份（α is the identity of x）。在属性方式中，一个为属性（Attribute），

一个为载体(Carrier);在身份方式中,一个为被鉴别者(Identified),另一个为鉴别者(Identifier)。然而,在身份方式的强调类型中,两个参与者之间的关系又可表示为标记(Token)和价值(Value)。在属性方式中,两个参与者属性和载体不能交换位置(irreversible),而在身份方式中两个参与者可以交换位置(reversible),如表 4-6 和表 4-7 所示。

表 4-6　关系过程(英语)

类型 / 方式	属性 (irreversible)	身份 (reversible)
强调	Chengdu is a beautiful city	Beijing is the capital of China The capital of China is Beijing
环境	The class is on Monday	Tomorrow is the 20th The 20th is tomorrow
领属	Peter has a guitar	The guitar is Peter's Peter's is the guitar

表 4-7　关系过程(汉语)

李白	是	一位诗人
载体	关系过程:属性	属性

4.5.2.1.4　行为过程

行为过程是关于生理和心理行为的过程(processes of physiological and psychological behavior),如,呼吸、做梦、微笑、咳嗽等。行为过程介于物质过程与心理过程之间,行为过程中的参与者行为者(Behaver)和心理过程中的感觉者(Senser)相似,都具有意识,但其过程特点又和物质过程中的"做(doing)"更为接近。通常情况下,行为过程中仅有一个参与者,如:"She laughed heartily."但有时,也可以有两个参与者,比如:"John kissed Mary"。过程中的时态可以用一般时,也可以用进行时,如表 4-8 和表 4-9 所示。

表 4-8　行为过程(英语)

He	sighed	for the loss of his wife
Behaver	Process: behavioural	Circumstantial

表 4-9　行为过程(汉语)

她	开怀	大笑
行为者	环境	行为过程

4.5.2.1.5　言语过程

言语过程就是有关"说话"的过程(processes of saying),包括所有象征性的意义交换。在英语中,除了指人的名词、代词外,the notice,my watch,the sign 等都可以充当说话者(Sayer)。直接引语部分称为引语(quoted);间接引语部分称为报告语(reported)。言语过程除了说话者之外,还有两个参与者,一个是目标(Target),一个是受话者(Receiver),如表 4-10～表 4-13 所示。

表 4-10 言语过程（英语）

Prof. Wang	is always praising	our monitor	to the class.
Sayer	Process: verbal	Target	Receiver

表 4-11 言语过程（英语）

John	said	"I'll leave tomorrow."
Sayer	Process: verbal	2. Quoted
1. Quoting		

表 4-12 言语过程（英语）

John	said	he would leave the next day
Sayer	Process: verbal	β Reported
α Reporting		

表 4-13 言语过程（汉语）

小王	告诉	老张	他今晚会去北京
说话者	言语过程	受话者	话语内容

4.5.2.1.6 存在过程

存在过程表示事物的存在或发生（process of existing）。在 there be 存在句中，引导词 there 不表达任何概念功能，只起引导小句的作用；动词过程常用 be, exist, arise 等体现。动词过程后面是一个起存在物（Existent）功能的名词性词群，如表 4-14 和表 4-15 所示。

表 4-14 存在过程（英语）

There	are	sixteen desks	in the classroom
	Process: existential	Existent	Circumstance

表 4-15 存在过程（汉语）

教室里	放着	16 张课桌
环境	存在过程	存在物

及物系统中的六大过程可以归纳为如图 4-31 和表 4-16 所示。

表 4-16 过程类型、意义及主要参与者

过程类型	过程意义	参与者
物质过程	做事、动作、发生	动作者，目标
行为过程	行为	行为者
心理过程 感知过程 感受过程 认知过程	感觉、意识 视、听等 爱、恨、恐惧等 思索、认识、理解等	感觉者，现象
言语过程	说话	说话者，受话者

（续表）

过程类型	过程意义	参与者
关系过程	是	
属性过程	说明属性	载体，属性
身份过程	辨别身份	被鉴别者，鉴别者；标记，价值
存在过程	存在	存在物

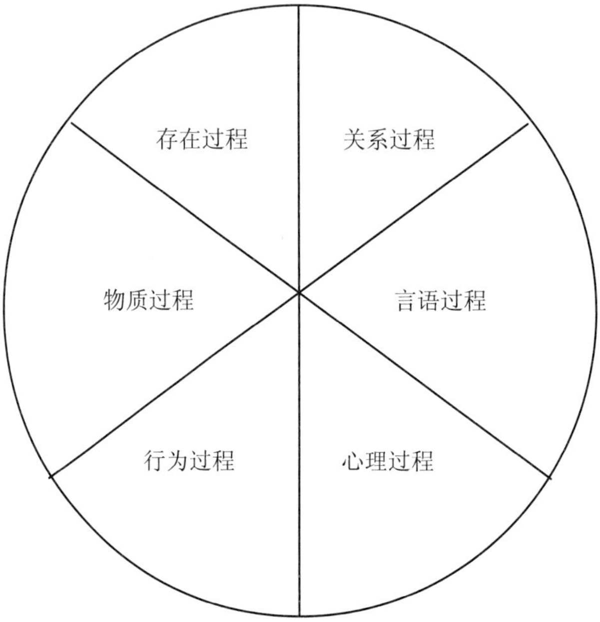

图 4-31 英语中体现经验世界的六大不同过程

4.5.2.2 语气系统

语言具有表达说话者的身份、地位、态度、动机和对事物的推断等人际功能。语言的人际功能是说话者作为言语交际参与者的“意义潜势”，表示与情景相关的交际角色关系。在言语行为中，说话者为自己确定了特定的言语角色，同时也赋予听话者相应的互补角色。言语角色最基本的类型是“给予（giving）”和“求取（demanding）”。这两种基本类型又是互为关联的：给予意味着让对方接受，求取意味着让对方给予。说话者不仅自己做事，他也要求听话者做事。所以，言语行为是相互作用的行为（interact），是互为交换（exchange）的行为。在语言结构中，说话者根据环境为自己并为对方确定角色的这种关系是通过语气系统（Mood）表达出来的。语气系统又由语气和剩余部分（Residue）构成。语气是由语气成分（modal element）组成，具体包括主语（Subject）和限定成分（Finite element）。

4.5.2.2.1 限定成分

限定成分是动词性词群的一部分，是指表达时态（如 is, was, has, had 等）或情态（如 can, may, must 等）的功能性助动词。在英语中的一般现在时、一般过去时、主动语态、肯定句和非强调句中，可能会出现某些限定成分与词汇动词相融合的情况，如表 4-17 所示。

表 4-17 限定成分与词汇动词融合

Peter	likes		linguistics
Subject	Finite (present –s)	Predicator (like)	Complement
Mood		Residue	

限定成分具有“极向性（polarity）”语义特征，指肯定（positive）与否定（negative）的选择，即“是”或“不是”的特征。所以，限定功能词具有肯定与否定两种形式，比如：do / don't; will / won't 等。

4.5.2.2.2 主语

主语的体现形式可以是名词性词群，也可以由具有名词性特性的词、词组，甚至小句来充当。英语中识别主语和限定成分的方法就是在陈述句句末添加附加疑问。在附加疑问句中，通过代词来重现主语，其中的助动词就是限定成分，如表 4-18 所示。

表 4-18 主语与限定词的识别

What the teacher received	was	a bundle of flowers	wasn't	it?
To ask her for advice	will	be useless,	won't	it?
The little girl	is	kicking the dog,	isn't	she?
Subject	Finite		Finite	Subject

4.5.2.2.3 剩余部分

每一个小句中除了主语和限定成分（即语气成分）之外，其余部分被称为“剩余部分（Residue）”。剩余部分包括三种功能成分：谓语（Predicator）、补足语（Complement）和状语性附加语（Adjunct）。一般情况下，每个小句都包含一个谓语、一个或两个补足语和多个附加语。英语中小句的剩余部分的顺序一般是“谓语→补足语→附加语”，但是，当状语或补足语的成分是疑问句中的疑问词和陈述句中的有标记主位时，可以置于句首。

谓语指限定成分之外的整个动词词组，谓语本身是非限定性的，如，在 have been reading 中的 been reading。谓语的功能主要包括：第一，确定言语活动时间（言语活动时间由限定成分确定）之外的时间参照点，也就是由过去、现在、将来这些基本时态派生出来的各种次等时态（secondary tenses）；第二，规定其他体或相；第三，确定语态，是主动还是被动；第四，确定主语经历的过程（行为、事件、心理活动、关系等）。如，谓语 been trying to be understood 规定了一个复合的次等时态 been + -ing，一个表示尝试性的相 try to，被动态 be + -en 和一个心理过程 understand。英语中有两个动词在一般现在时和一般过去时中，只以限定成分出现，不与谓语合并，即 be（is, was）和 have（has, had）。

剩余成分中的补足语不是主语，但具有成为主语的潜势，补足语主要由名词性词群来体现。例如，在“The little girl gave the teacher a bundle of flowers”一句中，两个补足语 the teacher 和 a bundle of flowers 都可以用作主语。

状语性附加语不具有作主语的潜势,主要由副词性词群和介词短语来充当。状语性附加语主要包括情景附加语（circumstantial adjunct）、情态附加语（modal adjunct）和连接附加语（conjunctive adjunct）三类。

情景附加语表达小句体现的过程所处的环境，如，“The children were playing football on the playground from 5: 00 to 6: 00 yesterday afternoon”一句中的 on the playground 和 from 5: 00 to 6: 00 yesterday afternoon。

连接性附加语是将语句与前面的语篇关联在一起，常出现在语篇结构的分界处，如句首（作为语篇主位的一部分）、句末、主述位之间、语气成分与剩余成分之间等。连接性附加语主要表示同位、简括、追加、时间、比较、原因、条件等。连接性附加语不体现人际功能，所以它不包括在“语气-剩余部分”的结构中。

情态附加语依据其在语气结构中的不同位置和功能又分为语气附加语（mood adjunct）和评述附加语（comment adjunct)。语气附加语与限定功能词的意义有特定的关系，可以表示概率（如 possibly, perhaps）、频率（如 usually, seldom）、确信（如 certainly）、意愿（如 gladly, readily）、时间（如 yet, still）和强调（如 just, simply）等，一般紧靠限定成分（之前或之后）出现，如“She ***probably*** hasn’t got up”“She doesn’t ***always*** get up early”。当然，有时（尤其是表时间的附加语）也出现在句末或句首等其他位置。无论出现在什么位置，语气附加语都是语气成分的一部分，如表 4-19 所示。

表 4-19　语气系统分析（1）

Possibly	he	just	hasn’t	finished	it	yet
Adjunct	Subject	Adjunct	Finite	Predicator	Complement	Adjunct
Mood				Residue		Mood

情态附加语中的评述附加语也具有人际功能，表达说话者对自己所讲话语的评注、解释，通常出现在句首、句末、主述位之间或者“语气-剩余部分”之间。但是，评述附加语同连接附加语一样，不属于“语气-剩余部分”结构之内，如表 4-20 所示。

表 4-20　语气系统分析（2）

Unluckily	however	the girl	hasn’t	sung	that English song	clearly	last night
Comment Adjunct	Conjunctive Adjunct	Subject	Finite	Predicator	Complement	Adjunct	Adjunct
		Mood		Residue			

4.5.2.3　主述位系统

三大元功能中的概念功能和人际功能都需要通过语篇才能表达出来。在语义层面上，把语言成分组织成为语篇的功能叫语篇功能。语篇功能由三个子系统构成：主位-述位系统（或主位结构)，已知信息-新信息系统（或信息结构）和衔接系统①。

4.5.2.3.1 主位结构

主位结构由主位和述位组成。主位标示语句中的信息出发点；述位是对主位进行展述，

① 本书在这部分主要介绍主位结构，有关信息结构和衔接系统的内容请参阅 Halliday, M. A. K.. *An Introduction to Functional Grammar*, London: Edward Arnold, 1994（Chapter 8: 292-339），胡壮麟、朱永生、张德禄:《系统功能语法概论》[M]. 长沙：湖南教育出版社，1989 年，第 143-167 页及 Halliday, M.A.K. and Hasan, R. *Cohesion in English*. London: Longman，1976。

是信息的发展部分。根据主位结构的复杂程度，主位可区分为“单项主位（simple theme）”“多重主位（multiple theme）”和“小句主位（clausal theme）”。

如果主位是一个独立的整体，不可以再分成更小的功能单位，这就称为单项主位。单项主位可以由一个名词性词群、副词性词群或介词短语充当；有时也可以用两个或两个以上的这样的词组来担任，如表 4-21 所示。

表 4-21 单项主位

The woman next door	shouted at the man.
On the ground or in the air	small creatures live and breathe
Theme	Rheme

多重主位是由多种语义成分构成的主位。多重主位中含有一个表示概念意义的成分，同时还可能含有表示语篇和人际意义的成分。如果三种成分同时出现在一个主位中，其排列顺序通常是语篇成分+人际成分+概念成分。多重主位中的语篇成分包括“连续成分（continuative）”，如 yes, no, well, oh, now 等；“结构成分（structural）”，如 and yet, so, even, if, however 等和“连接成分（conjunctive）”，如 therefore, in other words, as far as that is concerned 等。多重主位中的人际成分包括“情态成分（modal）”，如 certainly, to be frank, broadly speaking 等；一般疑问句中的“限定成分（finite）”和“称呼成分（vocative）”，如 John, Mrs Jones, ladies and gentlemen 等。多重主位中的概念成分指的是“主题成分（topical）”，也可称为“主题主位（topical theme）”。主题主位是多重主位结构中的最后一个组成部分，如表 4-22 所示[①]。

表 4-22 多重主位

<table>
<tr><td>Well</td><td>but</td><td>then</td><td>Ann</td><td>surely</td><td>wouldn’t</td><td>the best idea</td><td>be to join the group?</td></tr>
<tr><td>cont.</td><td>struct.</td><td>conj</td><td>voc</td><td>modal</td><td>finite</td><td>topical</td><td rowspan="3">Rheme</td></tr>
<tr><td colspan="3">textual</td><td colspan="3">interpersonal</td><td>experiential</td></tr>
<tr><td colspan="7">Theme</td></tr>
</table>

小句主位指的是整个小句充当主位。小句主位内部还可以再分主述位结构，如表 4-23 所示。

表 4-23 小句主位

<table>
<tr><td>When</td><td>I</td><td>come home</td><td>I</td><td>feel much happier</td></tr>
<tr><td colspan="3">Theme 1</td><td colspan="2">Rheme 1</td></tr>
<tr><td>structura l</td><td>topica l</td><td rowspan="2">Rheme 2</td><td>topica l</td><td rowspan="2">Rheme 3</td></tr>
<tr><td colspan="2">Theme 2</td><td>Theme 3</td></tr>
</table>

4.5.2.3.2 主位结构与语气结构

语气有“直陈语气”和“祈使语气”。直陈语气可再分为“陈述”和“疑问”。疑问语气

① 此例源于 Halliday（1994: 55），表 4-22 中 cont.=continuative; struct.=structural; conj.=conjunctive; voc.=vocative。

又可分为“是非疑问”和“特殊疑问”。功能语法把“感叹”语气也归为陈述语气。

陈述句中的主位通常由小句的主语充当。担任这种主位的有 I 等人称代词，it 和 there 等非人称代词以及名词性词群和名词性小句。有时，也可由小句的宾语或状语性附加语来充当主位，如表 4-24 所示。

表 4-24　陈述句中的主位

I	like studying linguistics
It	is what I expect
Linguistics	I like most
At the top of the hill	stands a huge tall tree
Theme	Rheme

一般疑问句的主位由动词词组中的限定成分和主语构成，称为“双部主位（two-part theme)”，如表 4-25 所示。

表 4-25　一般疑问句的主位

Are	you	all right?
Should	old acquaintance	be forgot?
Theme1	Theme2	Rheme

特殊疑问句中的主位常由疑问词本身担任,也可以由其他成分充当，如表 4-26 所示。

表 4-26　特殊疑问句中的主位

Who	killed the rabbit?
With what	shall I open the door?
After lunch	will you have a talk with me?
In your class	who is the monitor?
Theme	Rheme

祈使句的功能主要是表示说话者要求受话者做某事，或者表示说话者要求受话者和自己一起做某事。因此，主位通常是 you 或 let’s，如表 4-27 所示。

表 4-27　祈使句中的主位

You	keep going!
Let’s	go home!
Theme	Rheme

如果主语 you 在祈使句中被省略，可以把整个祈使句看成述位，也可以由第一个词项，即动词充当主位。如果祈使句是否定句，可把 don’t 划为主位。如果否定祈使句带有主语，则把 don’t you 看成一个双部主位，如表 4-28 所示。

表 4-28 祈使句中的主位

	Keep going!
Keep	going!
Don't	stop here!
Let's	not bother their talk!
Don't you	close the window!
Theme	Rheme

4.5.2.3.3 无标记主位与有标记主位

主位可分为无标记主位和有标记主位。无标记主位（Unmarked Theme）指小句的主语充当小句的主位。无标记主位通常出现在陈述句和疑问词组作主语的特殊疑问句中。有标记主位（Marked Theme）指主位不是小句的主语，目的是想强调某个成分，如表 4-29 所示。

表 4-29 有标记主位

The little girl	they blame for the trouble.
What	do you want?
With sobs and tears	the boy sorted out those of the largest apples
Marked Theme	Rheme

4.6 格 语 法

格语法（Case Grammar）是由美国语言学家 Fillmore 于 20 世纪 60 年代末提出的。格语法从句法-语义关系角度对转换生成语法中的标准理论进行了一次修正，是一套用以说明句子语义的理论模式。

格语法认为，在句子的深层结构中，每个名词短语（NP）都与动词有特定的“格”关系，这种“格”关系是存在于深层结构中的句法-语义关系，也就是所谓的深层格关系。格语法在 20 世纪 60 年代末、70 年代初曾产生过巨大的影响，对美国的转换生成语法理论的发展做出了一定的贡献。

4.6.1 格语法的 1968 模式

格语法的 1968 模式由基础部分、词汇部分和转换部分组成。基础部分通过基础规则生成前底层结构；前底层结构在词汇部分，经过词汇插入规则从词库中选取合适的词语，得到后底层结构[①]，后底层结构经过转换规则产生表层结构。此部分主要介绍基础部分的底层格和词库中的格特征。整个格语法的语法模式可以描述为如图 4-32 所示。

① Fillmore 本人没有明确区分前底层结构和后底层结构，他把词汇插入前后的结构都称为底层结构（underlying structure）。为了明确起见，我们遵循俞如珍、金顺德将词汇插入之前的称为前底层结构，而把词汇插入之后的称之为后底层结构。

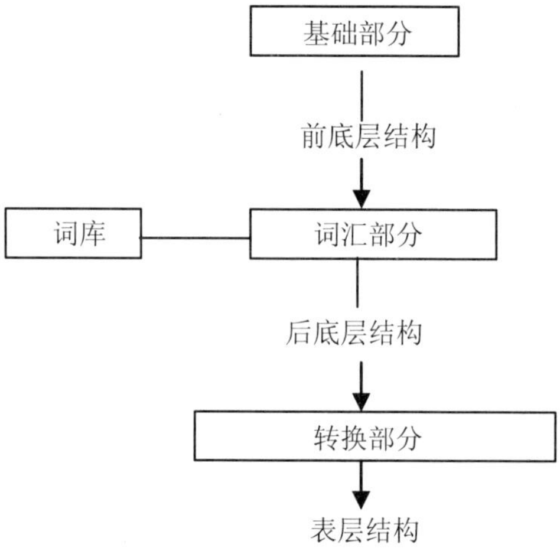

图 4-32 格语法的 1968 模式

4.6.1.1 基础部分

1968 年模式的基础规则如下。

a. S → M + Prop

b. Prop → Predicate + $C_1 \ldots C_n$

c. Pred → V / Adj

d. C → K + NP

e. NP → Det + N

上述规则可以解释为：M=Modality（情态或称方式），广义地理解为包括时、体、否定、疑问等和整个句子发生关系的因素；Prop=Proposition（命题）。一个句子 S 可改写为方式和命题两大部分。命题部分由一个动词和一个或数个格组成。每个名词和这个动词只处于一种深层格的语义关系。K + NP（名词短语）构成一个格，K①是格标志，可用介词标记。

格语法 1968 模式里有六个底层格，并简单定义如下②。

1）施事格（A = Agentive）：表示由动词所确定的动作能觉察到典型的有生命的动作发出者。如“He opened the window”中的 he。

2）工具格（I = Instrumental）：表示由动词确定的动作或状态而言，作为某种因素而牵涉的无生命的力量或客体。如，“He opened the window with a hammer”中的 a hammer。

3）与格（D = Dative，又称承受格）：表示由动词确定的动作或状态所影响的有生物。如，“The boy has grown tall”中的 the boy。

4）使成格（F = Factitive）：表示由动词确定的动作或状态所形成的客体或有生物，或者是理解为动词意义的一部分的客体或有生物。如，“He dreamed a dream about Mary”中的 a dream。

---

① K 为德语 Kasus（格）的缩写形式。

② 关于各种格及其定义，请参阅殷钟崃、周光亚：《英语语法理论及流派》[M]. 成都：四川大学出版社，1990 年，第 380-381 页；俞如珍、金顺德：《当代西方语法理论》[M]. 上海：上海外语教育出版社，1994 年，第 261-262 页。

5）处所格（L = Locative，又称方位格）：表示由动词确定的动作或状态的处所或空间方向。如，“He is reading in his bedroom”中的 his bedroom。

6）客体格（O = Objective）：表示由动词确定的动作或状态所影响的事物。客体格的语义特点最难寻求，它跟具体动词的语义特点有关。如，“He bought a new book”中的 a new book。

后来，又增加了几个底层格。

7）受益格（B = Benefactive）：表示由动词所确定的动作为之服务的有生命的对象。如，“The little girl sang a song for us”中的 us。

8）源处格（S = Source）：表示由动词所确定的动作所作用到的事物的来源或发生位置变化过程中的起始位置。如，“I borrowed a hammer from Peter”中的 Peter。

9）目标格（G = Goal，又称终点格）：表示由动词确定的动作所作用到的事物的终点或发生位置变化过程中的终端位置。如，“I sold a used hammer to Peter”中的 Peter。

10）伴随格（C = Comitative）：表示由动词确定的、与施事共同完成的动作的伴随者。如，“The little girl sang a song with her mother”中的 her mother。

4.6.1.2 词汇部分

词库要标明每一个词条在句法、语义和语音方面的特征，还需注明其底层格特征。在一个名词词条下需注明该名词在底层结构可填入哪些格范畴中。比如，名词 bedroom 词条下可标上[+ Locative]特征，即该名词可填入方位格的范畴中。在深层结构中，动词总是和某些“语义格”相联系，而格框架对某个动词可以和哪些语义格在一起使用起选择限制作用。许多动词可以出现在多种不同的格环境中。如，动词 open 的格环境可描述如下：

（68）a. The window opened. + [—O][①]

b. Mary opened the window. + [—A + O]

c. The wind opened the window. + [—I + O]

d. Mary opened the window with a hammer. +[—A + O + I]

从例（68）中看出，动词 open 可以出现在[—O]、[—A + O]、[—I + O]、[—A + O + I]四种不同的格环境中。仔细观察后发现，这四个格环境中都有 O，说明 O（the window）是必不可少的，否则，句子就不能成立。

（69）a. ? Mary opened.

b. * The wind opened.

c. *Mary opened with a hammer.

然而 A（Mary）、I（with a hammer）却可以省略，句子仍然成立。

（70）The window opened.

动词 open 中的格特征[—O]是必选的，而格特征[—A]和[—I]却是可选的，放入圆括号内来表示。因此，动词 open 的底层格特征可表示为

open + [—O (I) (A)]

---

① 方括号前面的“+”表示该动词具有方括号内的格特征；反之，如果方括号前标有“－”，则表示该动词不具有方括号内的格特征。方括号内的“—”表示格框架中有一个动词，“O”为“客体”语义格，说明动词 open 在这个句子中可以同“客体”语义格并用。

4.6.2 格语法的1970模式

格语法的1970模式修订了深层结构的成分，取消了情态部分（M）和格标记（K），句子直接由一个动词和几个深层结构格组成，每个格直接支配自己的名词短语。

a. $S \rightarrow V + C_1 + C_2 + \ldots Cn$

b. $C_1 \rightarrow NP$; $C_2 \rightarrow NP$, etc.

如“Mary broke the window with a hammer”的深层格树形图如图4-33所示。

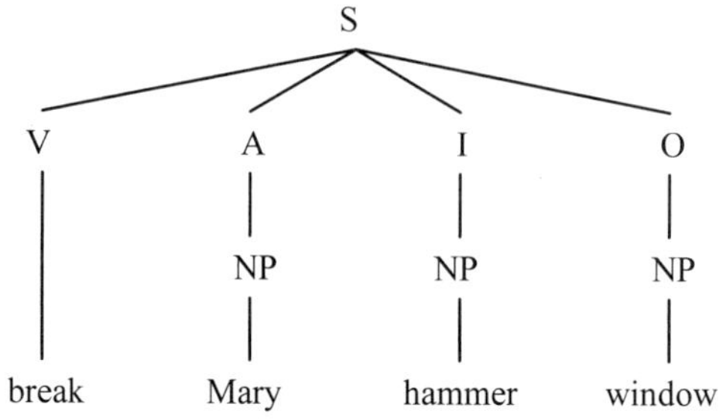

图4-33 1970模式深层格树形图

在修改后的格语法1970模式中，时、体、语气、否定等特征直接由动词部分来体现；格标记直接通过介词选择和名词短语相连接。修改后的深层结构中只有语义特征，没有句法特征，无论表层结构是及物式还是不及物式，是主动态还是被动态都与同一个深层结构相联系。同一个深层结构可以生成许多不同的表层句子表达形式。上述树形图4-33提供了一个语义环境：动作是break，Mary是施动者，hammer是工具，window是受事；这一深层语义结构可以生成以下表层句子。

（71）a. The window broke.

b. The hammer broke the window.

c. Mary broke the window.

d. Mary broke the window with a hammer.

e. The window was broken by Mary with a hammer.

由此可见，在深层结构中，各个成分不按线性顺序排列，动词是中心，各个格也没有固定的顺序。

1970模式中的格框架增加了三项新的内容：空缺作用（vacant role）、互指作用（coreferential role）和内存作用（built-in role）。

空缺作用是指有的格在表层结构中没有，而在深层结构中存在。例如：

（72）a. Peter robbed the bank (of the money).

b. Peter stole the money (from the bank).

上述两句中括号内部分可以空缺。在补上空缺部分之后，rob和steal共享同一个格框架：rob / steal: + [—A O S]。

内存作用是指隐含在动词本身的词汇内容，像动词kiss, slap, kick等就含有一个内存的工具格。例如：

（73）Peter kissed Mary (with his mouth).

此类动词的工具格如果在表层结构中出现，其名词词组前面大都带有修饰语，表示较为特殊的意义。例如：

（74）a. Peter kicked the door open (with his foot).

b. Peter kicked the door open with his ***left*** foot.

互指作用是指具有相同语义指向（semantic referent）的两个概念截然不同的格。例如，英语中的动词 move，walk，run，swim 等在作不及物动词时，虽然表层结构只表现施事格，但在深层结构中有一个客体格与这个施事格互指，例如：

（75）Peter moved. = Peter caused himself to move. = Peter moved himself.

（75）中 Peter（施事格）同 himself（客体格）互指。所以，动词 move, walk, run, swim 等的格框架为+ [—A O*[①]] / A = O。

4.7 构 式 语 法

4.7.1 构式

构式语法由 Goldberg（1995）提出。构式语法中的构式主要指语言中相对固定的形式和意义结合体。构式语法并不认为动词的语义是影响其句法表现的关键因素。在构式语法的理论框架下，句子的句法结构由动词的语义框架和构式的语义框架共同决定。

构式语法认为，动词语义对句法结构的决定性无法解释动词的非典型用法和多重论元实现。例（76）中动词“bark”和“sneeze”通常为单论元结构：<施事>，二者极少出现在 SVOC 的结构中。因此，（76a）与（76b）的句法结构并不是动词语义决定的。

（76）a. The dog **barked** the neighborhood awake.

b. He **sneezed** the napkin off the table.

多重论元实现指一个动词出现在多个句法结构不同的句子中。例（77）中动词“cut”分别出现在句式 SV, SVO, SVOC 以及 SVoO 中。Goldberg 认为，如果这些句子的句法结构由动词“cut”的语义决定，那么，动词“cut”必须有多个语义结构。类似于“cut”允许多重论元实现的动词非常多，如果每一个这样的动词都有多个语义结构，这对于语言学习是不科学的。

（77）a. He **cut**.

b. He **cut** his finger.

c. He **cut** the chocolate into two halves.

d. He **cut** Mary a big slice of meat.

基于上述两项观察，Goldberg（1995）提出，句子的句法结构并不由动词语义或者动词与句子其他部分的结合体语义决定。句子的句法结构是构式意义与动词意义互动的结果。构式是语言中相对固定的形式和意义结合体，任何不能从部分意义推知整体意义的结构都可视为构式。构式的意义与形态有紧密联系。

Goldberg 整理出 4 类构式。

1）不及物运动构式

形式：主语+动词+介宾短语

意义：X 位移至 Y

---

① 右上角带有*的格表示该格与别的格互指。

（78）The deer ran into the forest.

2）及物构式

形式：主语+动词+宾语

意义：X 作用于 Y

（79）The boy broke the window.

3）结果构式

形式：主语+动词+宾语+结果补语

意义：X 作用于 Y，前者使后者发生位置或者性状变化

（80）The hunter shot the wolf dead.

4）双宾构式

形式：主语+动词+直接（间接）宾语+间接（直接）宾语

意义：X 将 Z 转移给 Y

（81）I bought myself a new book.

构式概念的提出解释了动词的非典型用法与多重论元实现的问题—动词并非具有多个论元结构，特殊现象是动词论元结构与不同构式论元结构融合的结果。

4.7.2　构式与动词

句子的句法结构由动词语义框架与构式的语义框架融合形成。二者融合必须遵循两条原则。语义连贯原则（the semantic coherence principle）：只有在语义上相容的角色才能进行融合。对应原则（the correspondence principle）：每一个得到凸显（profiled）和表达的动词参与者角色都必须和相应构式中被凸显的论元角色融合。

语义连贯原则要求动词语义角色和构式语义角色只有在语义相容时才能融合。所谓相容，即动词的角色是构式角色的具体实例。如，动词 cut，其语义框架中有<切者（cutter）>角色，是构式框架中<施事>的具体实例，可以和所有含有<施事>的构式融合，因此，动词 cut 可以出现在多个不同的句法结构中。

cut 的多元句法表现如（82）：

（82）a. He **cut**.

b. He **cut** his finger. 及物构式（X 作用于 Y）

c. He **cut** the chocolate into two halves. 结果构式（X 作用于 Y，使其发生性状变化）

d. He **cut** Mary a big slice of meat. 双宾构式（X 将 Z 转移给 Y）

对应原则中提到的得到“凸显”的角色指在语义框架中“显著性”（prominence）更高的语义角色。如，动词 steal 与 rob 具有相似的框架：steal<stealer, source, goods>, rob<robber, victim, goods>，但两个框架中受到凸显的语义角色不同：在 steal 的语义框架中，受到凸显的角色是“stealer”和“goods”；在 rob 的语义框架中，受到凸显的角色是“robber”和“victim”。构式的语义框架中也存在受到凸显的语义角色，这些角色一般为在句法中不可或缺的论元角色—主语、直接宾语和间接宾语。

根据对应原则，得到凸显的动词语义角色必须和得到凸显的构式论元相融合。最典型的对应关系是动词的语义角色与构式的论元角色一一对应。例如：动词 give 有三个受凸显的语义角色—给予者（giver）、给予物（given）以及被给予者（givee）；双宾构式也有三个受凸显的论元—施事（agent）、受事（patient）以及接受者（recipient）。动词 give 与双宾构式融合时，

语义角色与构式论元一一对应融合，形成了句子的句法结构：X give Y Z，如图 4-34 所示。

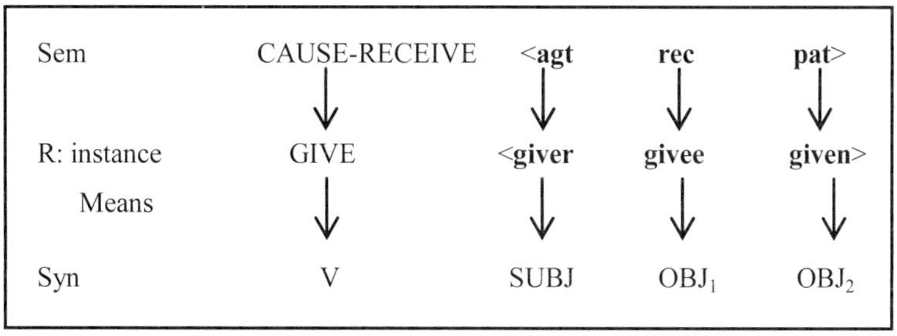

图 4-34 give 的语义角色与构式论元融合

动词 mail 与 give 的语义相近，但在动词 mail 的语义框架中受到凸显的角色只有两个：寄信者（mailer）与信件（mailed）。因此，动词 mail 与双宾构式的融合时，寄信对象（mailee）可以不得到实现，句子的句法结构可以为 X mail Z，如图 4-35 所示。

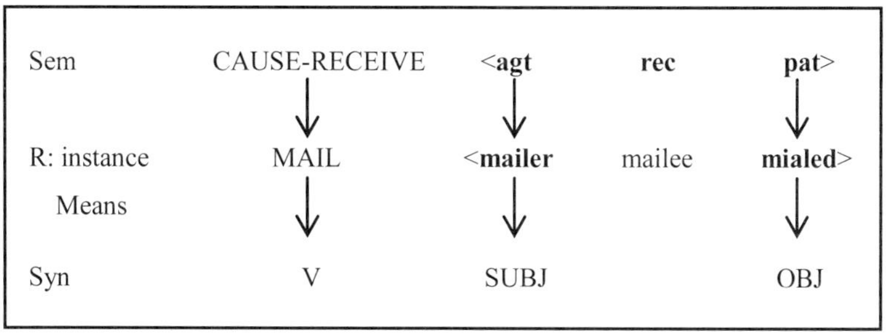

图 4-35 mail 的语义角色与构式论元融合

由于构式中的“接受者”论元与动词 mail 的语义角色“寄信对象”存在语义相容性，二者融合后，也能在句法结构中得到实现，如图 4-36 所示。

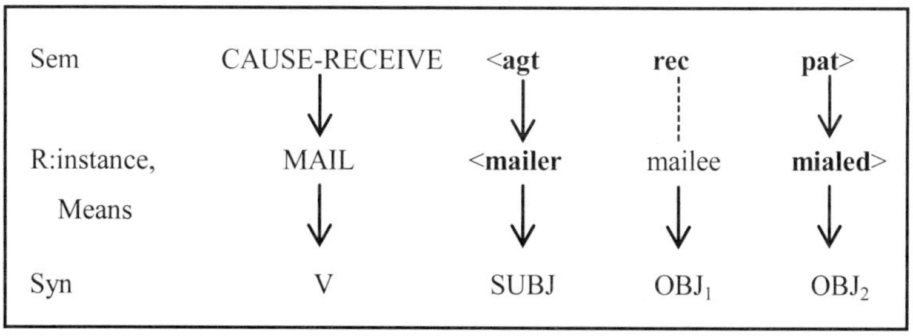

图 4-36 融合后 mail 的语义角色与构式论元

语义相容原则与对应原则解释了动词 give 与 mail 的不同语法表现。

（83）a. He gave me a book.

b. He mailed me a book.

（84）a. *He gave a book.

b. He mailed a book.

在一些特定的情况下，动词语义框架中得到凸显的语义角色仍然不能与构式论元角色融合，在句法结构中得不到表达。第一，被动句中的施事常常被“遮掩”（shading），例如：The window was broken（by the boy）；第二，中动句中的施事常被剔除（cutting），例如：The novel sells well. / *The novel sells well by the assistant；第三，“零补语”现象，补语无特指或者相关性不强时，可以省略。例如：He cut. / He cut the bread. 当“切（cut）”的对象不做特指时，句中 cut 的宾语可以省略。还有一类“零补语”现象指当补语可以在语境中追溯时，也可以不表达。如，Chris won.

4.7.3 构式之间的关系

构式语法认为语言中的构式并不是相互孤立存在的，而是存在内部联系，形成严密的语言体系。构式之间可能存在多义联结、隐喻延伸联结、子部分联结和事例联结等关系。

多义联结体现描述构式中心义与由其延伸出来的其他意义之间的语义联系。例如，双宾构式（X 使 Y 得到 Z）可以延伸出“X 有意使 Y 得到 Z”“X 使 Y 不能得到 Z”以及“X 使 Y 能够得到 Z”等延伸构式义。

子部分联结指一个构式的句法结构和语义框架都是另一个构式的一部分。以使役运动构式和不及物运动构式为例，Goldberg（1995）认为，不及物构式的句法和语义均是使役运动构式的子部分，使役运动构式催生了不及物运动构式。

隐喻延伸联结指一个构式通过隐喻关系延伸出另一个构式。Goldberg 认为结果构式是使役运动构式通过隐喻延伸而来。二者具有相同的句法结构，语义也有相同点：结果构式中的状态性状变化是使役运动构式中位移的隐喻。例如：The man hit the ball out of the yard.（使役运动构式）The man hit the thief to death.（结果构式）

事例联结指一个构式是另一个构式的特例情况。例如：drive 与结果构式融合后，一般只表示“疯狂结果”，因此含 drive 的结果构式就是结果构式中的一个特例。

这四类构式之间的联结关系可能并没有穷尽语言中构式之间的联系。Goldberg 提出了四条心理原则来指导构式联结。第一，最大动因原则：如果构式 A 与构式 B 在句法上相关联，那么构式 A 受到构式 B 的促动，在语义上和构式 B 相联系，动因得到最大化。第二，无同义原则：如果两个构式在句法形式上不同，它们在语义和语用上必然不同。第三，最大表达力原则：为达到交际的充分性，构式的数量应该最大化。第四，最大经济性原则：构式的数量应该尽量最小化。前两条原则相辅相成，句法和语义存在极大的相关性；后两条原则相互制约，构式的数量既要满足交际表达需求，又不能违反经济原则。

4.7.4 小结

构式语法打破了传统语法中的动词中心论，提出了句子的句法结构由构式和动词语义框架共同决定。这一新思路较好地解释了传统语法的沉疴—动词的非典型用法以及多重论元实现的问题。目前，各种语言中构式的整理、构式之间联结关系的分析已成为主流研究。

4.8 句法-语义界面研究

4.8.1 句法-语义界面简介

句法-语义界面研究最早由 Charles Fillmore（1970）提出。Fillmore 的研究始于他对两个动词 hit 和 break 的观察。他注意到，尽管这两个动词都是及物动词，但是二者在使动与中动句式转换、“占有者提升”以及 with / against 句式转换中句法表现不同。

1）使动 / 中动句式转换

（85）a. John broke the window. (causative) → The window broke. (middle)

b. John hit the window. (causative) → *The window hit. (middle)

2）占有者提升

（86）a. I hit his leg. → I hit *him* on the leg.

b. I broke his leg. → *I broke *him* on the leg.

3）with / against 句式转换

（87）a. He broke the window with the club. → He broke the club against the window.

b. He hit the window with the club. → He hit the club against the window.

动词 hit 不能进行使动句与中动句的转换，动词 break 则可以完成使动 / 中动转换；动词 hit 允许将宾语中表示占有者的代词置于宾语位置，而被占有物以介词宾语的形式出现，动词 break 则不允许句中的占有者提升；动词 hit 与 break 都可以进行 with / against 句式转换，但是动词 hit 完成句式转换后，两句意义保持不变：“他用球棒击打窗户”，动词 break 完成句式转换后，两句意义不同：“他用球棒打碎了窗户”和“他在窗户上弄坏了球棒”。

Fillmore 进而观察到，hit 与 break 的句法差异并不仅存在于这两个动词上，而是代表了两类动词。他认为，hit 类动词与 break 类动词句法表现不同的原因是两类动词的某些语义特征不同：hit 类动词表示接触，不含接触的结果；break 类动词既表示接触也蕴含物体的状态变化。因此，Fillmore 认为，动词的语义特征对句子句法结构的影响超过其他因素。

Fillmore 的理论得到了很多学者的认同，逐渐形成了句法-语义界面研究。界面研究的基本假设是“谓语动词的语义是句子句法结构的决定因素”（Levin & Rappaport，1996：1），研究的核心问题是：动词语义中哪些语义特征是真正能够影响其句法表现的？围绕这个问题，学界大致有三种观点：意义驱动论、体特征驱动论和意义-体特征结合论。

4.8.2 意义驱动论

持意义驱动论的学者认为动词词汇语义中存在能够影响其句法表现的语义特征。这一派学者一般使用语义角色表来表征与句法相关的语义内容，不同之处在于语义角色表中的语义角色不同。

语义角色表又可以称为“格框架”（case frame）（Fillmore，1968）和题元栅（theta-grid）（Stowell，1981）。表内语义角色指在动词所指事件中担任的角色。常见的语义角色包含施事（agent）、受事（patient）、客体（theme）、经验者（experiencer）、受益者（beneficiary）、工具（instrument）、处所（location）、目标（goal）和来源（source）。例如：

（88）John carried the books in a plastic bag for Mary from the dormitory to the library.

AGENT　THEME　INSTRUMENT BENEFICIARY　SOURCE　GOAL

学者们根据动词题元栅中出现的基本语义角色类型给动词分类，比如，break[施事，受事]，give[施事，受事，客体]。题元栅也是动词的论元结构。用语义角色表来解释动词的句法表现，这种思路遇到的最大困难就是动词的多重论元实现问题。多重论元实现，指同一个动词出现在多个不同的论元结构中，例（89）中动词 sweep 有至少 5 种论元结构。

（89）a. Terry swept.

b. Terry swept the floor.

c. Terry swept the floor clean.

d. Terry swept the leaves off the sidewalk.

e. Terry swept the leaves into a pile.

因此，部分学者认为，不能用论元结构来表征动词的语义，应该分析动词语义本身。Rappaport & Levin（1998）认为，动词的语义可拆分为“语义框架”和“语义内容”两部分，前者才是影响动词句法表现的语义因素。她们用 ACT, CAUSE, BECOME 等基本谓词和论元一起表征动词的语义结构。例如：

（90）dry: a. [[x ACT] CAUSE [BECOME [y<*STATE*>]]]

b. [[x ACT] CAUSE [BECOME [y<*DRY*>]]]

不同的动词可以有相同的语义结构，或者说不同的动词可以出现在不同的语义框架中。因此，动词之所以出现多重论元实现的现象，其原因在于动词可以与不同的语义框架相结合。例如：

（91）sweep

a. Terry swept.

b. Terry swept the floor.

[x ACT <SWEEP> (y)]

c. Terry swept the floor clean.

d. Terry swept the leaves into a pile.

[[x ACT]<SWEEP>y] CAUSE [BECOME [y<*STATE*>]]]

e. Terry swept the leaves off the sidewalk.

[[x ACT]<SWEEP>y] CAUSE [BECOME [y<*PLACE*>]]]

根据动词与语义框架结合的规律，Rappaport & Levin （2010）将英语动词分为方式动词和结果动词两类。两类动词可以通过矛盾表述、宾语删减以及动结式来区分。

1）矛盾表述

（92）a. Bob screamed loudly / ran quickly / blinked slowly, but nothing is different about him. (manner verbs)

b. *Bob broke / smashed / destroyed the vase, but nothing is different about it. (result verbs)

2）宾语删减

（93）a. All night, Cinderella scrubbed the floor. → All night, Cinderella scrubbed. (manner verbs)

b. All night, we dimmed the lights in the house. → *All night, we dimmed. (result verbs)

3）动结式

（94）a. We steamed our clothes dry. (manner verbs)

b. *We dimmed our room dark. (result verbs)

方式动词与结果动词的类属能够将大多数英语动词囊括在内，两类词的语义特征有助于很多特殊句式的分析。但是，这种分类方法对于其他语言中的动词（如汉语动词）则并不确切。在分析动词语义时，最常用的是语义角色表。语义框架后来在构式语法中也有广泛应用。

4.8.3 体特征驱动论

持“体特征驱动论”的学者认为决定动词句法表现的语义因素是体特征。“体”（aspect）指的是事件内部的时间关系。对体特征的研究可以追溯到亚里士多德时期。目前，Vendler（1957）根据体特征对动词进行的分类在学界应用最广。Vendler 根据体特征将动词分为四类：状态动词（states）、活动动词（activities）、完成动词（accomplishments）以及达成动词（achievements）。状态动词指具有持续性静止状态；活动动词指没有自然终结点的持续性的动作；完成动词指与自然终结点的持续性行为；达成动词指有自然终结点的瞬时动作。

States	**Activities**	**Accomplishments**	**Achievements**
know	*run*	*paint a picture*	*recognize*
believe	*walk*	*make a chair*	*notice*
have	*swim*	*deliver a sermon*	*lose*
love	*push*	*draw a circle*	*reach*

基于 Vendler 的研究，学者们提出了“有界性”（telicity）、“延续性”（durativity）等概念，致力于解释动词体特征与其句法实现之间的关系，其中，最具影响力的当属 Tenny（1994）。她提出了“体界面假设”：题元角色和句法论元结构之间的普遍映射原则受体特征制约。与外部论元、内部直接论元和内部间接论元联系的体特征所受到的限制能够制约出现在这些位置上的时间参与者角色。唯有题元结构的体特征才是普遍联结原则的可见部分。

Tenny 认为有三条联结规则可以将体特征和论元类型联系起来，及对内部直接论元的度量限制（measuring-out constraint）、对内部间接论元的终点限制（terminus constraint）和对外部论元的非度量限制（non-measuring-out constraint）。Tenny 认为，包括完成动词和行为动词在内的延续性动词，其内部论元能够度量其事件进程。完成动词的内部直接论元能够标记事件的终止；行为动词需要内部间接论元来标记事件终止。

1）内部直接论元的度量限制

eat an apple

“an apple”是延续动词“eat”的内部直接论元。“苹果”被消耗的量能够度量“吃”这一延续事件的进程，当“苹果”被消耗完时，“吃”事件也就结束了。

2）内部间接论元的终点限制

walk the trail to its end

“to its end”是延续动词“walk”的内部间接论元，能够度量“走”这一延续事件的进程，当“到达尽头”时，“走”事件也就结束了。

Tenny 的体特征驱动论推动了界面研究的发展，明确了体特征的界面应用。但是，体特征的跨语言研究显示，其他语言的动词体特征可能在界面中并不活跃。

4.8.4 词汇意义-体特征结合论

持词汇意义-体特征结合论的学者认为，动词的词汇语义和体特征同时影响动词的句法表现。Beaver（2009）指出，动词语义由两部分构成：词汇语义和体特征，前者可以表征为受动阶（affectedness scale），后者表征为事件阶（event scale）。受动阶描述动词指示某种变化特征，如：warm 指示温度特征的变化；run 指示处所特征的变化。Beavers 用 SOURCE 和 GOAL 两个基本谓词来表征动词所指的特征变化。例如（95）指存在一个“擦拭”事件以及一个“干净程度”的特征变化，在这个“擦拭”事件里，桌子的干净程度随着“受动阶”变化，“受动阶”的起点是“不干净”，终点是“干净”。

（95）John wiped the table clean.

$\exists\exists$ e s_c[wipe′(**j**, **t**, s_c, e) ^ SOURCE(x, s_c, **dirty**, e) ^ GOAL(x, s_c, **clean**, e)]

如果事件中的客体在受动阶上的位置很清楚，那么，它受到的影响能够量化（quantized）；如果客体在受动阶上的位置不清楚，那么，它受到的影响不能量化；如果客体可能不在受动阶上，那么，它只是可能受到影响；如果客体根本就不在受动阶上，那么，它没有受到影响。

动词的事件阶用以表达动词的体特征。如果动词是延续动词（durative verbs），那么，其事件在时间轴上覆盖了多个时间真值（起点、终点以及中间点），其事件阶为复杂阶（complex scale）；如果动词是瞬时动词（punctual verbs），那么，其事件在时间轴上只覆盖了两个事件真值（起点与终点），其事件阶为简单阶（simple scale）。

Beavers 认为，将受动阶与事件阶结合起来，可以全面地捕捉到对界面敏感的动词语义，如表 4-30 所示。

表 4-30　动词的受动阶与事件阶

	Simplex Event Scale	**Complex Event Scale**
Quantized	ACHIEVEMENTS *break / shatter a vase, kill Bill*	ACCOMPLISHMENTS *load the wagon, eat the apple*
Non-quantized	NON	DEGREE ACHIEVEMENTS *cool the soup, slash a tire (repeatedly)*
Potential	SEMELFACTIVE *hit (once) the fence, slap (once) the horse*	ACTIVITIES *beat the man, batter the rabbit, pummel the wall*
Unspecified	SEMELFACTIVE *blink (once), cough (once)*	ACTIVITIES *smell the odor, follow the route*

Beavers 的词汇语义-体特征结合论较于 Tenny 的体特假设，解释力更强，能够覆盖更多的英语动词，但仍在跨语言研究中存在障碍。

4.8.5　小结

句法-语义界面研究的核心问题在于破解能够影响句法结构的语义因素。目前，界面研究有两大研究方向：跨语言界面研究和界面研究的人工智能应用。

思考题

1．如何评价 Quirk et al.编辑出版的《英语语法大全》（*A Comprehensive Grammar of the English Language*）在英语传统语法中的重要地位？

2．从哪些方面区分结构语法、转换生成语法和功能语法？

3．如何运用转换生成语法的生成转换规则对下例进行句法操作，生成转换成表层结构？

People in the countryside expect that their living conditions can be greatly improved.

4．如何运用功能语法中的概念意义、人际意义和语篇意义三个维度对下例在词汇-语法层面进行分析？

We're working with silver.

5．运用格语法的理论和研究方法分析下列汉语表达法：

“吃饭、吃酒、吃筷子、吃食堂、吃小灶、吃父母、吃夜宵、吃零嘴、吃豆腐、吃醋、吃亏”。

6．What have you bought me?”一句可能由几个构式构成？

7．汉语的语义和句法之间是否存在界面？如果存在，在界面上活跃的语义因素有哪些？

第五章 语 义 学

语义学是语言学的一个分支。如果仅限于研究词汇意义的话，语义学同时也是词汇学的一个分支。顾名思义，语义学是研究意义的科学，是研究语言符号与其所指对象的关系。可以从三个层面来看语义学的研究范围，一是研究词汇的意义（lexical meaning），二是研究不基于语境的句子意义（context-independent sentence-meaning），三是研究基于语境的话语意义（context-dependent utterance-meaning）。第三层面的研究常归于语用学的研究范围。本章主要涉及词汇意义和句子意义的研究。词汇意义的研究主要包括词汇意义类型、词汇语义关系、语义成分分析等。句子意义研究主要讨论述谓结构分析。

5.1 指示意义、所指意义、关系意义

首先有必要区分语义学研究中的几个术语：指示意义（denotation）、所指意义（reference）和关系意义（sense）。

指示意义主要是指词汇与外界客体之间的关系，是"词与世界（word-to-world）"之间的关系。指示意义相对恒定，不以话语变化而变化，通常指世界中的一类客体，比如：动物中的"狗（dog）"。

所指意义主要是指词汇与这个词汇所指的事件、行为、事物、特性等之间的关系。所指意义相对具体，是基于话语的、可变的。例如："这条狗、我的狗、咬了邮递员的那条狗（the dog, my dog, the dog biting the postman）"等。

关系意义是指同一语言中词语之间的意义关系集或意义关系网（set or network of sense-relations）。关系意义是指语言系统内词与词（word-to-word, interlexical and intralingual）之间的意义关系。

5.2 关于"什么是'意义'"的理论

5.2.1 所指论 (the referential or denotational theory)

所指论认为，词语的意义就是词汇所指代的对象 (The meaning of an expression is what it refers to, or denotes, or stands for.)。

5.2.2 概念论 (the ideational or mentalistic theory)

概念论认为，词语的意义就是在知道或了解这个词语的人的大脑中与这个词语相联系的概念 (The meaning of an expression is the idea, or concept, associated with it in the mind of anyone who knows and understands the expression.)。

5.2.3 行为论 (the behaviorist theory)

行为论认为，词语的意义就是指在话语的特定场合中引发某一词语的刺激或者某一词语引发的反应，或者兼而有之 (The meaning of an expression is either the stimulus that evokes it or the response that it evokes, or a combination of both, on particular occasions of utterances.)。

5.2.4 意义即应用论 (the meaning-is-use theory)

意义即应用论认为，词语的意义是由该词语在语言中的应用所决定的（如果不是完全等同的话）(The meaning of an expression is determined by, if not identical with, its use in the language.)。

5.2.5 实证论 (the verificationist theory)

实证论认为，一个词语的意义（如果有的话）是由含有这个词语的句子或命题的可验证性决定的 (The meaning of an expression, if it has one, is determined by the verifiability of the sentences, or propositions, containing it.)。

5.2.6 真值条件论 (the truth-conditional theory)

真值条件论认为，一个词语的意义是指这个词对含有这个词的句子的真值条件的促进作用 (The meaning of an expression is its contribution to the truth-conditions of the sentences containing it.)。

5.3 词 义 分 类

首先，词义可以分为语法意义（grammatical meaning）和词汇意义（lexical meaning）。

语法意义包括词类意义（word-class）和词性屈折变化（inflectional paradigm），如前 3.2.3.1 节所述。

根据 Leech（1974 / 1981: 23）的分类，词汇意义可分为七类：外延意义（denotative meaning）、内涵意义（connotative meaning）、语体意义（stylistic meaning）、情感意义（affective meaning）、联想意义（reflected meaning）、搭配意义（collocative meaning）、主题意义（thematic meaning）。

1）外延意义又称为概念意义、认知意义、逻辑意义（conceptual / cognitive / logical meaning），主要指词语与所指非语言客体之间的关系。外延意义是保障言语交际顺利进行的重要因素。例如，词语 woman 的外延意义就是“成年的女人（a female adult human being）”。

2）内涵意义是指一个词语在人们大脑中引起的情感联想，是这个词的外延意义的补充。例如，词语 woman 的内涵意义可能包含“脆弱、爱哭、情绪化、温柔、富于同情心、勤劳等（frail, prone to tears, emotional, gentle, compassionate, hardworking）”。

3）语体意义：在不同言语交流中，人们会从交际关系、交际场合、话题和交际渠道等几个维度调整其语言使用。由此，词义会呈现出五种不同层面的语体特征：演讲体 / 拘谨体（oratorical or frozen）、审慎体（deliberate）、咨询体（consultative）、随便体（casual）、亲昵体（intimate）（Brown, 1980: 191）。可以简化为三类语体：正式—中性—非正式（formal—neutral—informal）。例如：以下 home, horse, small 三个词在不同层面的语体环境中便会以不同形式出现：

horse (neutral); steed, charger, palfrey (poetic); nag (slang); gee-gee (childish)
home (neutral), residence (formal), domicile (officially formal), abode (poetic)
small (neutral), diminutive (formal), tiny (colloquial), wee (dialectal, Scotch)

4）情感意义指的是说话人使用词语表达自己的情感态度。我们可以用倾向性词语（bias words）来描写具有情感意义的词汇。倾向性词汇包括褒义词和贬义词。褒义词（purr words / appreciatory words）表达说话人的赞赏和喜好；贬义词（snarl words / derogatory words）表示说话人的否定、憎恶和蔑视。例如：slender→skinny；statesman→politician。

5）联想意义：当人们看到或听到一个词时，便会联想到其他的相关意义，主要涉及一些多义词和委婉词语的用法。某些多义词会有一些“不太好的”联想意义，常被称为“禁忌词（taboo words）”，大多与排泄和性等相关，人们在言语交际时都会尽量避免使用这些词语，类似的词语包括“intercourse, cock, ejaculation, erection, urinate, urine”等。某些委婉表达词语也具有联想意义，比如：人们常用“abdomen”代替“belly”表示“腹部”，用“the limbs”代替“the arms and the legs”表示“四肢”，用“Cheers”代替“Bottoms up”表达“干杯”，等等。

6）搭配意义指的是一些多义词在与其他词语搭配时产生的意义。比如，英语中表示“一个”或“一群”的单位词与介词“of”后面的名词搭配时便具有与原词义不同的搭配意义：a blade of grass, an ear of corn, a herd of cattle, a flock of birds（一叶草、一穗玉米、一群牛、一群鸟）。

一般说来，语体意义不同的词语不在一起搭配。例如：“他骑上马。”英文可以说：“He mounted his steed.”“He got on his gee-gee.”而不能说：“He mounted his gee-gee.”“He got on his steed.”

7）主题意义是指通过不同的强调形式、词序变化、句式变化等产生的意义。主动句与被动句的使用便会改变语句的主题意义，下面两句表达的主题意义就有所不同。

（1）Mrs. Smith donated the first prize.

（主题意义是：What did Mrs. Smith donate?）

（2）The first prize was donated by Mrs. Smith.

（主题意义是：Who donated the first prize?）

此外，语句的信息结构、逻辑重音和语调都会涉及语句的主题意义的变化。

5.4 语义关系

词语之间的语义关系可以从两个维度来理解，一是词形与词义之间的关系，一是意义之间的关系。前者涉及三种语义类型：多义关系（polysemy，一个词形多种词义）、同义关系（synonymy，多个词形一种意义）、同音 / 同形异义关系（homonymy，词语之间的音同、或形同，或形音都同，但词义不同）。后者涉及两种语义类型：上下义关系（hyponymy, meaning-inclusion，属于语义内包关系，一个词义包含在另一个词义之中）和反义关系（antonymy, meaning-exclusion，属于语义排斥关系，两语义之间形成对立关系）。

5.4.1 多义关系

从形态结构看，在多义关系一词 polysemy 中，poly-和 sema 都是希腊语素，前者意思是 much，后者是 meaning。多义关系是指一个词项具有多种意义。例如：英语中“set”一词在

《牛津英语词典》中就收录了126个意义，26个词组，最后一个词组“set up”就有67个意义（张韵斐，2004：109-110）。

可以从历时和共时两个角度研究多义关系。从历时的角度研究多义词的语义结构的演变过程，其目的是研究这个多义词的原始意义。从共时的角度考察一个多义词语义结构中不同具体意义之间的相互关系，通过比较不同意义的使用频率，发现这个多义词的中心意义。对一个多义词来说，历时研究发现的原始意义和共时研究发现的中心意义可能一致，也可能不一致。例如：“hand”一词的原始意义和中心意义就完全一样，指“手”。然而，“table”一词的原始意义是“一块木板或石板”，而中心意义是“饭桌”或“表格”。

研究发现，有两种语义过程会引起多义关系：词义辐射（radiation）和词义连锁（concatenation）。词义辐射是指一个多义词的原始意义或者中心意义位于中心，其次要意义像射线一样从中心向四周散射。例如：“power”一词的中心意义“能力 / 权利”位于语义结构的中心，其他次要意义或派生意义（包括“精力、能量、动产、政权、权威、权势、神力、幂（数学）等”）向四周扩散。

词义连锁是指一个多义词的词义像链条似地从原初意义开始连续不断地逐渐飘逸，直至现今意义脱离了原初意义。例如：英语中“candidate”一词原初义指“穿白衣服的人”，后来演变为“罗马时期穿着白色长袍求职的人”，现今义为“求职者、应试者”。由此看出，“candidate”一词的现今意义与原初意义失去了关联。

5.4.2 同义关系

从形态结构看，在同义关系一词synonymy中，syn-义为“the same”，onym的意思是“name”。韦氏三版将同义关系定义为“一个词与另一个词意义相同；同一语言及同一范畴中的两个或更多的词语具有相同的基本意义或属性意义，只是在词义内涵、词语应用或习惯表达等方面有所不同；两个或更多的词语具有基本相同的（词典）释义…（a word having the same meaning as another word: as one of two or more words of the same language and grammatical category having the same essential or generic meaning and differing only in connotation, application, or idiomatic use: one of two or more words having essentially identical definitions…）”

同义词可以分为绝对同义词（complete / absolute synonyms）和相对同义词（relative synonyms）。绝对同义词是指意义完全相同，可以相互替换。绝对同义词相对较少，仅限于某些特定领域，例如：fatherland—motherland（祖国）、word-building—word-formation（构词）、caecitis—typhlitis（盲肠炎）等。

相对同义词，或称近义词（quasi-synonyms），只是外延意义相同，但在以下意义方面有所差异。

1）意义强度等方面的细微差别，例如：“small, tiny, diminutive, minute, microscopic, infinitesimal”表示“小”的程度越来越小。“anger, rage, fury, indignation, wrath”表示“生气”程度不一样，使用场合也有所区别。“refuse, reject, decline”表示“拒绝”的方式有些细微差别。

2）情感意义上的不同，具有褒贬区分，例如：thrifty（褒义：节约的、节俭的）— niggardly（贬义：吝啬的）；slim（褒义：苗条的）— skinny（贬义：皮包骨的）。

3）语体意义不同，在不同的语体层面使用，例如：horse（常用），geegee（儿语），steed—courser—palfrey—charger（文学、诗歌用语）。

4）词语搭配与分布不同，例如：英语中“a flock of, a herd of, a school of, a swarm of, a litter of, a gang of”等具有同义关系，都表示“一群（a group of）”的量词，但它们后面搭配的名词完全不同，例如：“a flock of birds, a herd of cattle, a school of fish, a swarm of bees, a litter of kittens, a gang of robbers”。

5.4.3 同音同形异义关系

从形态结构看，在同音同形异义关系一词 homonymy 中，homo-义为“the same”，onym 的意思是“name”。在英语中，很多词语虽然意义不同，但发音相同，或者拼写相同，或者两者都相同。我们将这种词语关系称之为同音同形异义关系。同音同形异义关系可分为以下几种类型。

1）完全同音同形异义词（perfect homonyms），指词语的音、形完全相同，只是意义不同。例如：long（长的、渴望）、lie（谎言、躺下）、page（页码、男侍）、base（基础、卑鄙的）等。完全同音同形异义词还包括音同、某种语法形式相同，而意义不同的词语，例如：found 既可以是 find（发现）的过去式或过去分词形式，也可以是动词原形，意思是“创建”。类似的词语还有 bound, lay, ground 等。

2）同音异形异义词（homophones），指词语的音同，但形、义不同。例如： son—sun, pair—pear, sight—site—cite, write—rite—right 等。

3）同形异音异义词（homographs），指词语的形同，但音、义不同。例如：bow（[baʊ]鞠躬、[bəʊ]弓），tear（[teə(r)]撕开、[tɪə(r)]眼泪），lead（[li:d]引导、[led]铅），sow（[səʊ]播种、[saʊ]母猪））等。

5.4.4 反义关系

5.4.4.1 反义关系分类

从形态结构看，在反义关系一词 antonymy 中，anti-义为“against”，onym 的意思是“name”。反义关系指词语的意义相反、相互排斥，可以从形态结构和语义对立两个维度来分类。

从形态结构看，反义词可以分为词根反义词（root antonyms）和派生反义词（derivational antonyms）。词根反义词指不添加任何词缀。例如：deep—shallow, love—hate, up—down 等。通过词缀变化构成的反义词就是派生反义词，例如：happy—unhappy, prewar—postwar, harmful—harmless, careful—careless 等。

从语义对立看，反义词可以分为相对反义词（contraries）、互补反义词（complementaries）和换位反义词（conversives）。

1）相对反义词

相对反义词主要涉及等级形容词或等级副词（gradable adjective or adverbs），两个反义项之间允许有中间项。这类反义词可以被程度副词修饰，可以用在比较结构中。例如：ugly—beautiful，poor—rich。

（3）被程度副词修饰：She is very beautiful. He is so rich.

用于比较结构：She is more beautiful than her sister.

拥有中间项：ugly—bad-looking—plain—good-looking—pretty—beautiful

Poor—hard-up—badly-off—comfortably-off—moderately-wealthy—well-off—well-to-do—rich

2）互补反义词

互补反义词属于双向语义对立，“承认一个反义项意味着对另一个反义项的否定（The

assertion of one of the items implies the denial of the other.)”（Crystal, 1980: 74），是一种“二选一”的“或者、要么”的关系。与相对反义词相反，互补反义词没有等级性，不受程度副词修饰，也不用于比较结构。例如：alive—dead, single—married, present—absent, male—female 等。

3）换位反义词

换位反义词也属于双向语义对立，“（换位反义项之间）具有一种意义上的相互依赖性，其中一个反义项预设另一个反义项的存在（There is an interdependence of meaning, such that one member of the pair presupposes the other member.)”（Crystal, 1980: 91）。例如：lend—borrow, husband—wife, employer—employee, trainer—trainee, parent—child 等。

5.4.4.2 关于反义关系的几个问题

1）有标记项与无标记项

标记性是人类语言的相对共性。一般情况下，有标记项外延较窄，所指更具体，具有区分性特征；无标记项外延较宽，所指较笼统，常表一般性特征。例如： 英语中 lion 属于无标记项，指“狮子”这类动物，而 lioness 属于有标记项，所指更具体，指“母狮子”。

在下列成对的反义项中，第一个反义项属于无标记反义项，我们常用它们表达一般性概念，用 old 表示年龄（age），用 high 表示高度（height），用 big 表示尺寸大小（size），用 wide 表示宽度（width），用 heavy 表示重量（weight）等；而其中的第二个反义项则表示更具体的所指对象。

old / young, high / short, big / small, wide / narrow, heavy / light

2）多义词的反义项问题

一个多义词用于不同的语境会有不同的反义项。例如：fast 如果表达“fixed firmly”，其反义项可以是“loose, insecure”；如果表达“rapid”，其反义项为“slow”；如果表达“loyal”，其反义项为“disloyal”。注意：fast 一词用于修饰指人的名词时，具有完全相反的词语意义，这种情况被称之为“反义同词”现象。例如：a fast friend（一位忠诚的朋友），a fast woman（一个放荡不忠的女人）。

3）英汉词组中反义项的词序问题

由于英汉两种语言的差异，英汉语词组中的反义项词序可以是一致的，比如，下列 A 栏中的英汉语词序一致，而 B 栏中的却刚好相反（张韵斐，2004：141）：

（A）	（B）
天地 heaven and earth	水火 fire and water
夫妻 man and wife	寒暑 heat and cold
因果 cause and effect	饮食 eat and drink
远近 far and near / wide	左右 right and left
黑白 black and white	迟早 sooner or later

5.4.5 上下义关系

从形态结构看，在上下义关系一词 hyponymy 中，hypo-义为“below”，onym 的意思是“name”。上下义关系是指词语的意义之间的具体与一般的关系，具体意义包含在一般意义之中。例如：pork（猪肉）的意义包含在 meat（肉）之中，其中，meat 具有一般意义，属于上义项（upper term, superordinate），而 pork 具有具体意义，属于下义项（lower term, subordinate / hyponym）。

在语言使用时，运用下义词可以使描述更具体生动。比如，使用 walk 的不同下义项就是如此：totter, hobble, limp, stagger, cripple, hitch, plod; trudge, saunter, stride, stroll, tiptoe, waddle, hop, amble, pussy-foot。

与上下义关系相联系的，涉及语义场的概念。语义场（semantic field）理论是 20 世纪 30 年代在欧洲发展起来的，主要代表人物是 Jost Trier。语义场认为，一门语言中的词汇不是像词典中独立的词条那样按照字母顺序或发音顺序排列的，而是有机地组合在不同的区域内；在这些区域中的词汇相互解释、语义相互关联（"The vocabulary of a language is not a listing of independent items (as the headwords in a dictionary), but is organized into areas or *fields*, within which words interrelate and define each other in various ways."）（Crystal, 1980: 316）。比如，颜色（color）概念下就由下列词构成一个语义场。

高频颜色词：white, black, green, blue, red, yellow;

中频颜色词：gray, pink, rose, orange, purple, scarlet, crimson, violet;

低频颜色词：lemon, emerald, sandy, coral, olive.

5.5 语义成分分析

5.5.1 语义成分分析方法

语义成分分析（componential analysis，简写为 CA）属于结构主义语言学对词语意义的分析研究方法。Leech（1981: 84）将语义成分分析定义为"对词义的分析通常被看成是将词义分解为最小的意义单位（The analysis of word meanings is often seen as a process of breaking down the sense of a word into its minimal components.）"，这些最小的意义单位可称之为语义特征、意义成分、语义标记或者义位（semantic features, sense components, semantic markers or sememes）。

语义成分分析的方法就是建立在语义双向对立基础上，将一个词语的意义分解为最终的语义对立要素（ultimate contrastive elements），将语义要素置于方括号内，首字母大写，也可以全用大写字母表示。比如：[Male] and [Female], [Animate] and [Inanimate], [Adult] and [Non-adult]。为了描写方便，可以使用数学中的"+""−"号，前者表示具有某一语义要素，后者是其对立面；按照惯例，"+"号可以去掉。例如，woman 一词的语义成分可以分析为[Human + Adult -Male]，这被称之为"语义公式（semantic formula）"。语义成分分析的主要目的是较为全面地把握一个词语的外延意义。

5.5.2 语义成分分析方法的批评与不足

如前所述，语义成分分析是对词语意义分析的结构主义的研究方法，不同程度上存在一些缺陷，也有人提出了不同意见。

首先，语义成分分析方法对词语的解释范围有限。有人认为，语义成分分析只能解释部分具有语义对立特性的词汇，如："man, woman; prince, princess; bull, cow" 等，而众多其他无生命的或者抽象意义的词汇都不在语义成分的解释范围。

其次，有人认为，语义成分分析有恶性循环之嫌，因为它用一套语言符号（如，英语词汇）去解释另一套语言符号（也是英语词汇）。比如，用[Human + Adult -Male]公式中的英语词汇去解释 woman 这个英语单词。

最后，将词义分析为不同的意义成分不足以解释整个词汇的意义。语义成分分析方法甚至连一个词语的外延意义也不能达到较为完全的阐释。如，用[Human + Adult + Male]解释“男人（man）”的意义，但是，一个小孩说“男人长胡子，男人穿裤子、不穿裙子，男人说话声音低沉”等，这些有关“男人”的外延意义就没有在其语义成分分析中体现出来。因为一个词的词义除了外延意义外，还有内涵意义、语体意义、情感意义等其他六种意义，语义成分分析方法是无法进行解释的。

5.5.3 语义成分分析方法的应用

尽管语义成分分析方法存在一些缺陷，但仍然具有一定的实用性。其主要体现在以下几个方面。

1）语义成分分析可以有助于把握一个词语的外延意义，可用于语言词汇教学中。我们可以通过罗列语义公式中的若干语义成分来理解一个词的外延意义，比如，[+Animate + Mammal + Plant-eating + Heavy + Thick-skinned + Short-legged]这一语义公式输出的便是 hippopotamus（河马）一词。

我们可以用语义特征来对词语进行区分辨析，用[+Animate]辨别有无生命的名词（“man, dog, sparrow”与“book, chair, dictionary”）；用[+Vegetable]区分不同的植物；用[+Male]和[+Adult]区分有生命的名词；用 [+Concrete]区别个体与抽象名词（“boy, table”与“hope, thought”），用[+Count]区分可数与不可数名词（“pen, lamp, chair”与“water, milk, gravel”），用[+Common]来辨别专用与普通名词（“Boston, America, Smith”与“city, capital, table”），等等。例如，从[+Common + Count + Concrete + Human + Adult - Male - Married]这个语义公式便可输出一个可数名词 spinster（老处女）。

2）语义成分分析可以有助于有效地正确使用动词和形容词。动词和形容词都有动态特性与静态特性的区分。只有具有动态特征的（[+Dynamic]-featured）动词和形容词才可以用于下列句型中。

（4）进行体：The boy is kicking the small stone. The girl is being talkative.
祈使句：Kick the small stone! Be careful!
使役句：I persuaded the boy to kick the small stone.
I encourage the girl to be talkative.
假分裂句：What the boy is doing is to kick the small stone.
What the girl is doing is to be talkative.

3）语义成分分析可以用来阐释同义、多义、反义和上下义等语义关系。

同义关系指不同词语具有相同的意义。如果两个词语或词组是同义项，它们会有完全相同的语义特征，即语义公式完全一致。比如：“mother”和“female parent”的语义公式都是[+ Human + Adult – Male + Married]。

多义关系指一个词语有多种意义，也就是说，一个词语有不只一个语义公式。例如，man 在下列各句中就具有不同的语义特征：

（5）Man differs from animals in that he can speak and think. [+ Human]
Generally, a man is taller than a woman. [+ Human + Male + Adult]
They are declared man and wife. [+ Human + Male + Adult + Married]

反义关系指两个词义形成对立关系，也就是说，在两个反义项的语义公式中有一对互为相反（正负）的语义特征。比如：father 和 mother 这对反义项的语义公式中就有[+Male]和[-Male]这对互为正负的语义特征：

[+ Human + Adult + Male + Married + Parent]

[+ Human + Adult - Male + Married + Parent]

上下义关系指词义的具体与一般的关系，具体意义包含在一般意义中。从语义成分分析来看，下义项的语义公式包含上义项的所有语义特征。换句话说，在一个语义公式中，从左至右，每增加一个具体的语义特征就把上义项变成下义项；反之，如果在语义公式中从右至左，每去掉一个具体的语义特征就把一个下义项变成上义项。例如：

[+Human + Adult – Male + Married + Parent]

human beings → adult human beings → woman → wife → mother

4）语义成分分析有助于正确措辞和正确进行语义搭配。例如，下列例句中前五句的语义搭配就存在问题。

（6）Water is in love with my friend.（“is in love with”要求主语应有[+Human]特征）

The flatworm got divorced.（“got divorced”要求主语具有[+Human]特征）

He elapsed a week ago.（“elasped”要求主语具有[+Temporal]特征）

The boy frightened the idea.（“frightened”的宾语要求具有[+Animate]特征）

The giraffes arrested five demonstrators.（“arrested”要求主语具有[+Human]特征，且有权威）

The pigs / dogs arrested five demonstrators.（同上句，但英语中“pigs / dogs”可以指警察，词语语义搭配正确）

5）语义成分分析可以用来阐释拟人、隐喻和转喻等修辞手段。

拟人就是将[+Human]语义特征嵌入到不具备[+Human]的词语的语义公式中，使之具有“人”的特性。例如：“the thirsty ground”“The waves danced”“the smiles of spring”三例中将[+Human]特征嵌入 ground, waves 和 spring 的语义特征公式中，使之拟人化。

隐喻就是将[+Human]特征嵌入到动物或抽象概念的语义特征的公式中。例如：“That woman is a fox”“Mary is quite a vision”中将[+Human]特征融入到 fox 和 vision 的语义特征的公式中。

转喻就是将[+Human]特征嵌入到地名的语义特征的公式中，使之表示某地方的人。例如：“The whole town turned out to welcome us”“The neighborhood objected to his plans”两句中将[+Human]特征融入 town 和 neighborhood 语义特征的公式中。

此外，还可以将指人的词语中的[+Human]特征转为[-Human]，达到转喻为指物的目的。例如：“I have never read Li Bai”“Peter threw his Webster at John’s head”两句中将 Li Bai 和 Webster 两人中的[+Human]转为[-Human]，指代“李白的诗歌”和“韦氏词典”。

5.6 述谓分析

5.6.1 什么是述谓分析

语义成分分析主要是对词语的意义成分进行分析。在此基础上，结合述谓结构分析，便可更加全面地解释句子意义。下列三句中，无论是陈述句、疑问句，还是祈使句，抛开时体、代词都共享一个相同的内容“Children eat dinner”；看上去有些像皮钦语（Pidgin English），Leech（1981：124）将其称为“述谓结构（Predication）”。

（7）The children ate their dinner.

Did the children eat their dinner?

Eat your dinner, children!

述谓由论元（arguments）和谓词（predicates）组成，论元和谓词都具有不同的特征（features），如下所示：

PREDICATIONS consist of ARGUMENTS & PREDICATES consisting of FEATURES.

比如，可以用三组语义对立项来描述空间关系。

“→DIRECTION / ←DIRECTION”表示方向（‘in front of’与‘behind’，‘over’与‘under’等）。

“+ HORIZONTAL”表示水平（‘horizontal’）；“- HORIZONTAL”表示垂直（‘vertical’）。

“+ LATERAL”表示侧面（‘side-to-side’）；“- LATERAL”表示背靠（‘back-to-back’）。

（8）“A man is / was in front of a woman.”（如图 5-1 所示）

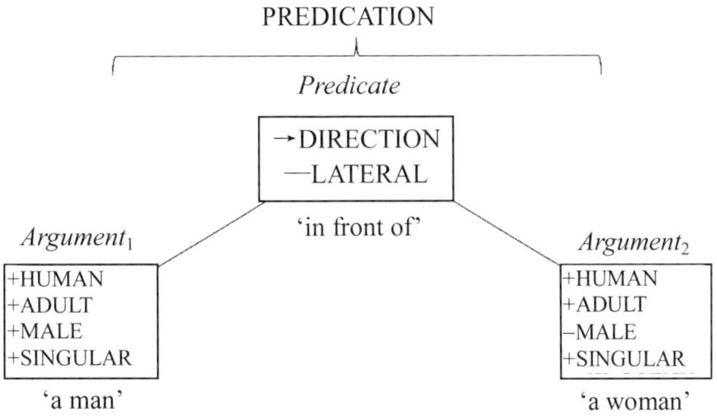

图 5-1 双论元述谓分析（Leech, 1981: 128）

由图 5-1 可知，在述谓结构中，谓词起主要作用，可以管控不同的论元。谓词确定论元数量与特性。

5.6.2 谓词与论元的关系

一般来说，谓词与论元的关系有以下几种情况。

单论元谓词（one-place predicate（monadic））：单论元谓词只管辖一个论元。谓词由不及物动词充当，这个论元主要是名词性或形容词性补语。比如：Alsatians are large. Cats are small animals.（如图 5-2 所示）

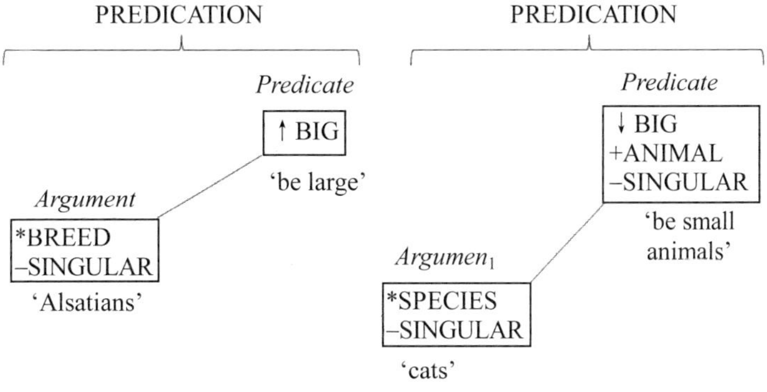

图 5-2 单论元述谓分析（Leech, 1981: 130）

双论元谓词 [two-place predicate（dyadic）]：双论元谓词管辖两个论元。如前例，“A man is / was in front of a woman”（如图 5-3 所示）。

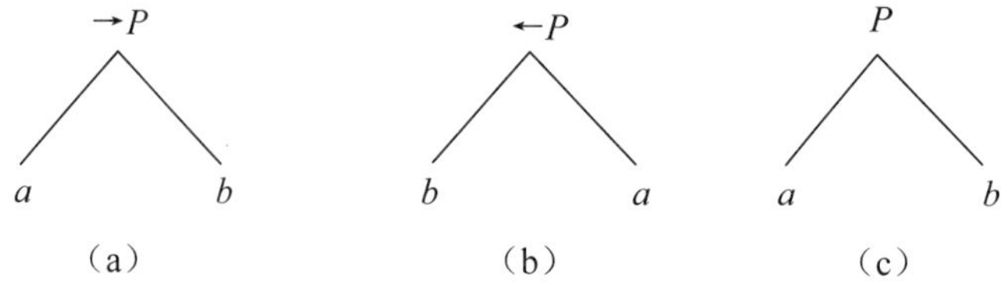

图 5-3　双论元述谓分析（Leech, 1981: 129）

三论元谓词（three-place predicate（triadic））：三论元谓词管辖三个论元，常由双宾语及物动词充当谓词，也可以看成是双论元述谓结构和单论元述谓结构的融合。例如：“John gave the dog a bone.”可以解释为

'John caused *X*'; '*X*' = 'The dog received a bone.'

无论元谓词（no-place predicate）：述谓结构中没有论元，主要涉及一些有关气象的话语。例如：It is raining. It will be cold tomorrow.

因为三论元谓词是两个述谓结构的融合，一般来说，谈及三种述谓结构形式，即，无论元谓词、单论元谓词和双论元谓词都可以简单地标记为 P^0、P^1、P^2，也可以采用以下方式标记（如图 5-4 所示）。

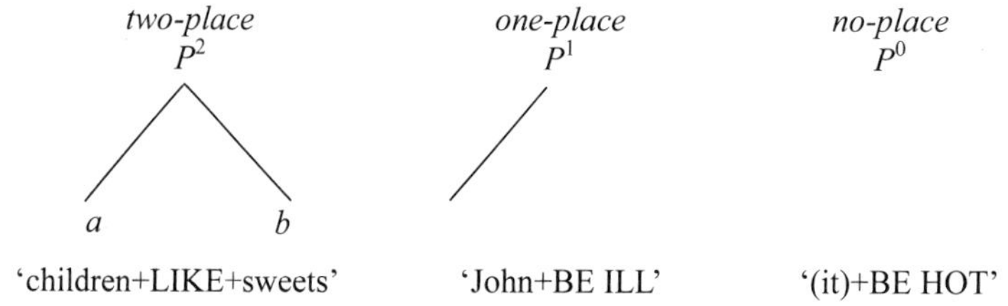

图 5-4　无论元谓词、单论元谓词和双论元谓词标示（Leech, 1981: 131）

5.6.3　描写述谓分析的形式

在述谓分析时，一般使用大写字母表示谓词，小写字母表示论元；“+、↑、→”属于无标记项，可以省略；“–、↓、←”属于有标记项，不能省略。双论元述谓结构中，用“.”将论元与谓词隔开；单论元述谓结构中，用“:”将论元与谓词隔开。述谓分析可以采用以下一些形式。

5.6.3.1　简单的线性描写

双论元述谓结构“A man in front of a woman”可描写为

（Human Adult Male Singular. Direction –Lateral. Human Adult –Male Singular）。

单论元述谓结构“Alsatians be large”可描写为（Breed –Singular: Big）。

5.6.3.2　混合式描写

双论元述谓结构“The red car hit the wall”可部分描写为

（Vehicle Singular a. P. Concrete Singular b）。

5.6.3.3 述谓结构-语义成分融合描写（如图 5-5 所示）

（*a*	→*P*	*b*)
HUMAN	DIRECTION	HUMAN
ADULT	-LATERAL	ADULT
MALE		- MALE
SINGULAR		SINGULAR
‘a man	in front of	a woman’

图 5-5 述谓结构-语义成分融合描写（Leech, 1981: 132）

5.6.3.4 半正式描写

双论元述谓结构：（a man. In Front Of. a woman）
单论元述谓结构：（alsatians: Be Large）

5.6.4 零位论元

上述像气象话语的无论元述谓结构指的是述谓结构中没有论元，而此处的零位论元指的是该论元是存在的，只是在述谓结构中没有句法体现形式，没有语义内容，也没有语义特征，只有最大化的所指对象（the maximum generality of reference）。如，下面两句从传统句法看并无差异，但实际上完全不一样：

（9）John is eating.
John is sleeping.

“John is eating”属于双论元述谓结构，eat 是及物动词，只不过第二个论元没有出现，具有最大化的所指对象；可以标记为（john. Eat. Ø），或更简单地描写为（a. P. Ø）。

“John is sleeping”属于单论元述谓结构，sleep 是不及物动词；可以标记为（john: Sleep）或更简单地描写为（a: P）。

5.6.5 从属述谓结构

从属述谓结构是主述谓结构的一部分，一个谓词不仅管辖若干论元，也管辖其他谓词，如下两例：

（10）John made Bill become / get angry.
John made Bill angry.
John angered Bill.

（11）It is possible that the prisoners were executed before the president arrived.
The execution of the prisoners may have preceded the arrival of the president.

上述两例可半正式化地描写为

1）（john. Cause.（Become:（Angry: bill）））

2）（Possible:（（ø. Execute. prisoners）. Before.（president: Arrive）））

也可线性化地简化描写为

1）（a. P.（Q :（R: b）））

2）（P:（（a. R. b）. Q.（c: S）））

5.6.6 降格述谓结构

降格述谓结构指的是一个述谓结构包含在另一个述谓结构中，也就是说，一个述谓结构降格融入一个论元或者一个谓词中。这种降格述谓结构主要以关系分句、名词词组、单个名词或形容词等形式体现。例如，体现为关系分句或名词词组："一个戴假发的人"可用以下英语结构体现："a man who was wearing a wig""a man with a wig""a man wearing a wig""a bewigged man"。体现为单个名词："cyclist（a person who rides a bicycle）"；体现为单个形容词："rich（who has much property）"。

降格述谓结构可分为以下两种情况。

5.6.6.1 限制性述谓结构（qualifying predication）

限制性述谓结构出现在论元之中，具有形容词性句法功能，包括形容词、关系分句、限制性介词短语等。例如："rich bachelors""bachelors in London""London bachelors""bachelors who own fast cars"。

5.6.6.2 修饰性述谓结构（modifying predication）

修饰性述谓结构出现在谓词中，具有副词性句法功能，包括副词词组、副词性 / 状语性介词短语、副词性 / 状语性从属分句等。如，"He got married in church.""He soon got married.""He got married to please his family."修饰性述谓结构还可以体现在单个动词中，比如："sprint：to run quickly""repeat：to say again"。

思考题

1. 本章所讨论的有关词义的七种类型和五种语义关系是否具有语言共性？可否用来分析除英语以外的其他语言的词义，比如：汉语、日语或法语？

2. 举例阐明语义成分分析如何运用到英语的语言教学中？

3. 举例阐释如何运用语义成分分析和述谓分析方法解读不同类型的句子意义？

第六章　比较语言学

在学习本章之前，需要思考三个问题。第一，为什么要进行语言对比？第二，语言之间的差异是如何产生的？第三，语言之间的差异可能包括哪些方面？

从宏观角度看，语言对比的意义依存于语言的本质。语言是思想的载体，也是认知的成果，是思维与世界的中间媒介。语言对比可以帮助我们侧面了解不同语言族群对世界的认知方式。从微观角度看，语言对比可以明晰语言的自身特点以及与其他语言的差异，从而帮助二语习得者更好地掌握目标语言，提高跨语言交际的能力。

语言之间的差异是如何产生的？圣经故事有一节叫“巴别塔”，讲述了语言差异的起源。故事称，远古时期，所有人类只有一种语言，他们团结一心，想造一座逼近天堂的高塔——“巴别塔”。随着巴别塔越来越高，上帝越来越恐慌，不想让人类的任务达成。他想了一个办法来阻挠人类的工程：扰乱他们的语言，破坏他们的沟通。于是，造塔的人互相听不懂对方的语言，工程自然无法再继续下去。人类从未完工的巴别塔各奔四方，于是现在世界各地的人都有属于自己族群的语言。巴别塔是一个西方的神话故事。不同语言之间产生差异的原因其实在于语言本身。首先，语言单位可以表达多重意义，例如：词语有其内涵意义、外延意义；除了词汇意义，还有语法意义。任何一方面意义出现不同都可以引起词语的意义差异。其次，同一个语言单位即使意义相同，也有可能附带不同的文化色彩。例如，“猫头鹰”在东西方文化中就有截然不同的象征意义。最后，有限的语言表达力也是差异出现的原因。对于表达对象而言，语言的表达力实际是有限的。语言的表达对象是我们的客观和主观世界，是三维的存在，语言是一维的。我们的语言表达过程是一个用一维事物表达三维存在的过程。因此，语言无法全面准确地表达世界的每个方面。这个过程跟盲人摸象非常相似。各个语言族群在表达世界时，实际是表达他们所理解的那一部分世界，他们的语言中反映的只是世界的一方面或者一些方面。所以，语言之间自然存在差异。

图 6-1　语法层级

语言之间的差异存在于语言的各个方面。可以从语法层级来看，不同语言之间的差异可能存在于词素、词、词组、小句、句子和语篇层面（如图 6-1 所示）。世界上的语言基本能分为分析型和综合型语言，或者形合与意合两大类。两类语言在词语组成方式、句法结构、篇章结构等方面均存在差异。

英语是典型的分析型语言，汉语是典型的综合型语言。同时，英语是世界上使用范围最广的语言，汉语是使用人数最多的语言。中国也是世界上英语学习人数最多的国家。因此，系统地比较汉语和英语具有非常重要的意义。在下面的小节中，将从动态与静态、显性与隐性、刚性与柔性、主观与客观以及抽象与具象五个方面对比英汉两种语言在词素、词语、词组、小句、句子层面的异同。

6.1 动态与静态

汉语与英语的动静态程度不同。语言学范畴内的静态是语言的一种特征，或者说一种倾向。如果一门语言更加强调状态或者概念的表达，那么，这门语言就被视为偏静态的语言；如果一门语言更加强调运动或者行动的表达，那么，它是偏动态的语言。当然，这种偏向是相对的，任何一门语言都不是绝对静态，或者绝对动态的。每一门语言都同时具有动态和静态的特征，只是程度不同。

语言表达离不开词语，语言的动静态特征由各个词类协同实现。在所有词类中，表达运动和行动的动词被认为是动态性最高的词类，而表达概念和状态的名词是静态性最高的词类。表达关系的介词、表达特征的形容词和表达方式的副词的静态性或动态性居于动词和名词之间，如图 6-2 所示。

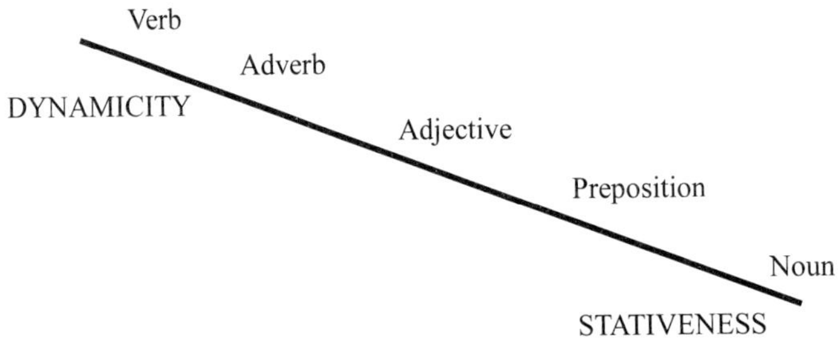

图 6-2　各词类的动静态特征

汉语是一门偏动态的语言，它重视运动和行动的表达。因此，在汉语的表达中，动词的使用频次远高于其他词类。与汉语不同，英语是一门偏静态的语言。在书面表达中，它倾向于将动态的事件塑造为静态的状态。因此，在英语表达中，名词、介词、副词等词类的使用远多于汉语，它们常用来代替动词。例如：

6.1.1　汉语动词被英语名词替代

（1）a. 美军最终加入战场，盟军在欧洲的压力骤减。

b. American's final participation in the war has greatly relieved the stress of the ally armies in Europe.

（2）a. 他经常慢跑。

b. He's a regular jogger.

6.1.2 汉语动词被英语形容词替代

（3）a. 同学们对新课程体系的接受能力非常强。

b. Students were most perceptive of the new curriculum.

（4）a. 他的话向我们传递了不少信息。

b. His words were highly informative.

6.1.3 汉语动词被英语介词替代

（5）a. 说完这些话，他转身就走了。

b. Upon these words, he turned and left.

（6）a. 许多人都反对此计划。

b. A majority of people are against the plan.

6.1.4 汉语动词被英语副词替代

（7）a. 他摔倒了。

b. He fell off.

（8）a. 我不在家。

b. I'm not in.

汉英语言除了在词类使用方面存在动静态差异，汉英动词本身也存在动静态差异。首先，汉语中存在一类数目庞大的动词，它们由两个语义相近的词素构成，具有双倍的动态性。英语中的动词要么是单词素动词，要么即使为多词素动词，词素的意义也不存在重复的现象。例如：

修改—revise；袭击—attack；灌溉—irrigate；敲打—batter

咒骂—curse；清洗—wash；跳跃—jump；攀爬—climb

翻阅—review；投掷—throw；烘焙—bake；烧烤—grill

首先，汉语中还存在一些连绵动词，例如：徘徊、撺掇、揶揄、徜徉、抖擞、匍匐等。根据连绵词的特点，这些动词均由一个词素构成，并不具备双重的动态性。

其次，大量的汉语动词由一个动词词素和一个名词简单词素或者副词简单词素构成，名词词素一般为动词词素的宾语，副词词素一般为动词词素的结果补语。这样的结构使得汉语动词的信息更为饱满。这类动词对应的英语结构常为动词短语。例如：

打水—get the water；洗衣—wash the clothes；开会—hold the meeting

吃饭—have the meal；治病—treat the illness；煮饭—cook the dinner

开学—open the semester；读书—read the book；上网—surf on the internet

英语中也有一类结果动词（result verbs），其词义中也包含行为及其结果，例如：smash（粉碎），destroy（毁灭），break（打碎），lighten（点亮），dim（调暗）等。与对应的汉语动词相比，虽然这类结果动词中也同时包含行为及其结果，但其内部词素构成不如汉语动词清晰。因此，其动态性也弱于汉语同类动词。

最后，汉语动词在不同的时体式态中没有形态差异，动词的动态性相同；英语动词则有非限定性动词与限定性动词之分。与限定性动词相比，非限定性动词只有体（aspect）、式（mood）和态（voice）三种特征，缺乏时（tense）这一重要特征，因此，非限定性动词的动态性弱于限定性动词。汉语是一门以读者为中心的语言，在描述涉及多个动作或行为的复杂场景时，汉语母语者不会对场景进行加工，常常按照动作或行为发生的先后顺序把它们通过多个动词依次表达。英语则是一门以作者为中心的语言，英语母语者一般会对复杂场景进行加工，区分出重要的行为或动作和其他行为或动作，前者由限定性动词表达，后者则由非限定性动词表达。因此，汉语文段的动态性一般强于英语文段。

例如，在下面的汉英对照文段中，译者只保留 10 个动词中的 5 个—“掏”(*produced*),“交”(*handed*)，“装”(*pocketed*)，“按”(*patted*) 和 “走”(*went*) 作为限定性动词，其余动词中 3 个转换为非限定性动词—“掏(*fumbling*)”“点(*lighting*)”“吹(*blowing*)”，1 个由介词替代—“去”(*into*)，1 个由副词替代—“接”(*over*)。

(9) a. 华大妈在枕头底下**掏**了半天，**掏**出一包洋钱，**交给**老栓，老栓**接**了，抖抖地**装**入衣袋，又在外面**按**了两下；便**点**上灯笼，**吹熄**灯盏，**走**向里屋子**去**了。

b. After some **fumbling** under the pillow his wife **produced** a packet of silver dollars, which she **handed** over. Lao Shuan **pocketed** it nervously, **patted** his pocket twice, then **lighting** a paper lantern and **blowing** out the lamp, **went** **into** the inner room.

汉语是一门偏动态的语言，英语是一门偏静态的语言。汉语倾向使用动态性高的动词来表达事件，英语倾向使用名词等静态性高的词类来表达事件。汉语动词的动态性高于英语动词。在表达事件时，汉语母语者不会对事件进行加工，所有动词的动态性相同。英语母语者则会区分动态性不同的限定性与非限定性动词，并根据自己的理解或者需要对事件进行加工。

6.2 显性与隐性

汉语与英语的显隐性程度不同。语言的显隐性主要体现在语法和语义两个层面。分析型语言是显性的，常用屈折变化来明确一些语法信息，如动词的时、体、式、态，名词的单复数，代词的格，形容词及副词的比较级与最高级等。同时，分析型语言还通过介词和连词明确句中或者句间的并列和从属关系。非形态型语言（non-morphological language），或综合型语言是隐性语言，各种语法关系不能通过词素明确，各种语义逻辑关系通常也不通过介词和连词来明确。读者只能通过上下文、常识或者百科知识来解读语言中的语法和语义关系。英语是一门典型的显性语言，汉语是一门典型的隐性语言。

在语法和语义层面，两种语言都存在显著差异。英语中表达现在和过去的 8 种常用时态均可通过动词的屈折变化来完成[①]。汉语的时、体、式、态信息并不通过动词来体现，或隐没在上下文中，或通过一些副词或者助词来完成。例如：“正在、已经、过、着”等（如表 6-1 所示）。

(10) a. **Have** you **had** your meal?

b. 你吃过饭了吗？

(11) a. I**’m** **doing** my homework.

b. 我正在做作业。

(12) a. He **was sitting** on that sofa.

b. 他（当时）坐在那张沙发上。

① 英语中的将来时态并不能通过动词的屈折变化来完成。

表 6-1　英语中最常用的 8 种时态的时体态式特征

	时（tense）	体（aspect）	式（mood）	态（voice）
一般现在时	现在（present）	完成（perfect）	陈述式 declarative	主动态 *do*
				被动态 *am / is / are done*
现在完成时				主动态 *am / is / are doing*
				被动态 *am / is / are being done*
现在进行时		进行（progressive）		主动态 *has / have done*
				被动态 *has/have been done*
现在完成进行时				主动态 *has / have been doing*
				被动态（无）
一般过去时	过去（past）	完成（perfect）	陈述式 declarative	主动态 *did*
				被动态 *was / were done*
过去完成时				主动态 *had done*
				被动态 *had been done*
过去进行时		进行（progressive）		主动态 *was / were done*
				被动态 *was / were being done*
过去完成进行时				主动态 *had been doing*
				被动态（无）

英语中可数名词有单复数的词素区分，汉语中名词不存在单复数区分。例如：一个苹果：an apple；一些苹果：apple**s**。

英语中代词的主格和宾格可以用词素区分，汉语中代词没有主宾格区分（如表 6-2 所示）。

表 6-2　英汉语代词的主格与宾格

主格	I（我）	we（我们）	you（你）	you（你们）	he（他）	she（她）	it（它）	they（他们）
宾格	*me*（我）	*us*（我们）	*you*（你）	*you*（你们）	*him*（他）	*her*（她）	*it*（它）	*them*（他们）

（13）a. 我很喜欢她。　　　　***I*** really like ***her***.

b. 正巧她也很喜欢我。　　And ***she*** happens to like ***me*** back.

英语形容词和副词的原级与比较级和最高级有词素差异。单音节的形容词和副词的比较级在原级词后面附加“-er”词素，最高级在原级词后面附加“-est”词素。多音节形容词和副词的比较级在原级词前面加 more，最高级在原级词前面加 the most。汉语中，形容词的比较级和最高级没有词形变化，语义常由“更”“最”等副词来实现。例如：

（14）a. 小李学习非常用功。Xiao Li is a ***diligent*** student.

b. 小王更加用功。Xiao Wang is even ***more diligent***.

c. 小袁是三个人中最用功的。Xiao Yuan is ***the most diligent*** of the three.

英语中，句中或者句子之间的并列和从属均通过显性的并列连接词（coordinator）、从属连接词（subordinator）、关系连词（relative word）以及介词（preposition）来实现。英语中的并列连接词有三大类：“*and*”类，“*but*”类和“*or*”类。“*and*”类连接词的一大语义功能就是信息的补充与延伸。这类连接词包括：*and, both ...and, not only...but also, neither...nor* 等。汉语中也有与对应的连接词，例如：“不仅……而且……”“既不……也不……”“而且”“并且”以及“而”等。

（15）a. ①我<u>不仅</u>要参会，②我<u>还</u>要在会上提意见。

b. ①<u>**Not only**</u> will I attend the meeting, ②<u>**but**</u> I will <u>**also**</u> bring up my proposal.

（16）a. ①我<u>既不</u>想解释，②<u>也不</u>想弥补。

b. ①<u>**Neither**</u> would I make an explanation, ②<u>**nor**</u> would I make up for it.

（17）a. 我去了超市，<u>而且 / 并且</u>还买了你最喜欢的奶酪。

b. I went to the supermarket, <u>**and**</u> bought the cheese you like most.

除了表示“信息的补充与延伸”，英语中“*and*”类连接词还可以表达“对比(contrast)”“时间先后(temporal sequence)”“结果(result)”“条件(condition)”和“评价(comment)”，其中只有“对比”意义能够由汉语中的连词“而”表达，其他意义在汉语中一般隐含在语境中。

（18）a. I was sleeping <u>**and**</u> he was reading. (contrast)

b. 当时，我在睡觉，（而）他在看书。

（19）a. ①他打开门，②走了进来。

b. ①He opened the door, ②<u>**and**</u> walked in. (temporal sequence)

（20）a. He worked hard, <u>**and**</u> passed the exam with the first prize. (result)

b. 他非常用功，以第一名的身份通过了考试。

（21）a. Turn around, <u>**and**</u> you will see it. (condition)

b. 转过身，你就看见它了。

（22）a. The room is warm and cozy, <u>**and**</u> I really love it. (comment)

b.房间温暖舒适，我非常喜欢。

英语中“but”类连接词包含“but”“not...but...”“while”“yet”“only”“whereas”，表达转折义。在汉语中，转折义也经常由连词来进行显性表达，例如：“但是”“然而”“不是……而是”其原因大概是汉语母语者也认为转折义非常重要，必须要进行显性表达。

（23）a. 这孩子很顽皮，<u>但是</u>他确实很聪明。

b. The boy is very naughty, <u>**but**</u> he is really smart.

（24）a. 他非常努力，<u>然而</u>没有找对方向。

b. He worked so hard; <u>**but**</u> he was not in the right track.

（25）a. 我<u>不是</u>不想去，<u>而是</u>没有时间去。

b. <u>**Not**</u> that I would not like to go, <u>**but**</u> I have not time to.

英语中“or”类并列连词主要包括“or”“either...or”等，主要表达“选择（alternation）”的语义。汉语中也有对应的连词，包括：“或者”“还是”和“要么……要么……”等。例如：

（26）a. <u>**Either**</u> you finish your homework and watch TV, <u>**or**</u> you get punished harshly right now!

b.你<u>**要么**</u>完成作业后看电视，<u>**要么**</u>立刻挨打！

（27）a. Do you want to spend it somewhere <u>**or**</u> just stay at home for a leisurely holiday?

b. 这个假期，你愿意去外面玩玩，<u>还是</u>就舒舒服服地待在家里？

英语中有简单从属连词（simple subordinators）、复杂从属连词（complex subordinators）、

关联从属连词（correlative subordinators）和边际从属连词（marginal subordinators）四类。简单从属连词一般是单词从属连词，包括 *before*, *after*, *if*, *since*, *once* 等；复杂从属连词一般由 2 个或 2 个以上的词语组成的连接词，包括 *granted that*, *provided that*, *so that*, *in spite of the fact that* 等；关联从属连词一般为成对出现的连词，包括 *no sooner…than*, *as…as*, *such…that*, *so…that* 等；边际从属连词指原本不是连词但起到从属连词作用的结构，这类连词常为副词或者副词转换而来，包括 *even if*, *just only*, *ever since*, *immediately*, *directly*, *instantly* 等。四类从属连词表达了因果、时间、转折、让步、条件等语义关系。与英语相比，汉语中这些语义关系大多隐含在上下文中，并不由从属连词显性表达。例如：

（28）a. ①等我们再次见面，②一切可能都发生了变化。

b. ②Everything can be changed ①**before** we meet each other again.

（29）a. ①你刚来，②明天的考试你就先不参加了。

b. ①**Granted that** you have just arrived, ②you don’t have to take the exam tomorrow.

（30）a. ①我还没说什么呢，②她就怒气冲冲冲出门外。

b. ①**No sooner** had I said anything②**than** she stomped out of the room.

（31）a. ①他不道歉，②我绝不道歉。

b. ①**If** he would not make his apology, ②I will never make mine.

有时，缺乏显性的从属连接词会让读者对同一个句子解读出不同的语义关系。例如：

（32）a. ①人不犯我，②我不犯人。

b. ①***If*** other people do not attack me, ②I will not attack them. （条件）

c. ①***When*** other people do not attack me, ②I will not attack them.（时间—同时）

d. ①***Before*** other people attack me, ②I will not attack them.（时间—先后）

e. ②I will not attack other people, ①***until*** they attack me.（时间—延续）

f. ①***Because*** other people do not attack me, ②I will not attack them.（因果）

英语中还有一类特殊的连接词，如 *which*, *who*, *that*, *whose*, *why*, *where* 等，它们是引导英语中各类从句的连接词。这类关系词能够帮助明确句子的句法结构，将复杂信息以从句形式放置在单个的句法结构中。汉语中没有这类关系词，因此汉语中长句常为流水句。例如：

（33）a. That is ***why*** I didn’t tell you the story in the first place. （表语从句）

b. 我一开始没给你讲这个故事就是这个原因。

（34）a. ***What*** you saw and heard can never be known by a third person. （主语从句）

b. 你看到什么，听到什么都不能告诉别人。

（35）a. He really loathed the fact ***that*** his mother had brought her niece along. （同位语从句）

b. 他母亲把她的侄女带来了，他对此深恶痛绝。

（36）a. I still remember the day ***when*** we get together and laugh together. （定语从句）

b. 我仍记得那天，我们齐聚一堂，欢声笑语。

（37）a. I doubt ***whether*** he can arrive here on time. （宾语从句）

b. 他能准时达到吗？我对此深感怀疑。

英语的显性还体现在介词上。在一些情况下，介词可以帮助理清句中的逻辑关系，尤其是明确信息的主次。汉语中介词没有这一功能，信息的主次取决于读者解读。例如：

（38）a. 会议在 302 室召开，由院长主持。

b. The meeting was held in Room 302 **with** the Dean in the chair.

c. The meeting was chaired by the Dean **in** Room 302.

（39）a. 彩虹有多种颜色，内圈紫，外圈红。

b. The colors of the rainbow range **from** violet on the inside **to** red on the outside.

由此可见，显性语言在语法层面上由屈折词素来表达各种语法信息，在语义层面上由各类连接词、关系词和介词来明确逻辑信息。隐性语言既无词素表达语法信息，也无连接词、关系词与介词来明确逻辑语义。英语是一门典型的显性语言，汉语是一门典型的隐性语言。

6.3　刚性与柔性

语言有刚柔性之分。刚性语言严格遵循句法要求，句子结构主次分明，逻辑明晰。柔性语言可以为了修辞目的，或音韵节奏等原因违背句法要求，句子允许出现无主句、复谓句和流水句等特殊句型。英语是一门偏刚性的语言，汉语是一门偏柔性的语言。

英语中有 5 类基本的句法结构。

（40）1）SV: We run every day.

2）SVO: He loves his country.

3）SVoO: They sent me a letter.

4）SVC: I'm a teacher.

5）SVOC: We selected him our captain.

汉语中也有这 5 类基本句型。

（41）1）SV: 我们准时到达。

2）SVO: 我已经写完了作业。

3）SVoO: 我给他寄了一封信。

4）SVC: 他是一名医生。

5）SVOC: 他被任命为武汉市的新市长。

然而，汉语中还有不少特殊句型，包括“无主句”“复谓句”和“流水句”。无主句是句中没有主语的句子。汉语与英语不同，并不强求句子结构的完整，因此，当句子的主语可以从上下文或者常识中推测得出，或者不清楚主语究竟是事件中的哪个参与者时，句中的主语位置可以缺失。相同的情况在英语中发生时，英语则要么使用引导词“there”，或泛指人称代词 you，we，one，they，或虚指“it”来填充主语的句法位置，例如：

（42）a. 桌上有三本书。

b. ***There*** are three books on the table.

（43）a. 下雨了！

b. ***It***'s raining!

（44）a. 留得青山在，不怕没柴烧。

b. Where there is life ***there*** is hope.

（45）a. 有空的话，欢迎来我这儿坐坐。

b. Come to my place, if ***you*** have time.

甚至在一些特殊的语境中，汉语为了营造某种特定的修辞效果，会淘汰句法结构规范的句子，反而选择句法结构“异常”的“无主句”。（46a）是一个无主句，（46b）是一个标准的主谓结构（SV），但是，（46a）才是《水浒传》中的原句。为了凸显小说中的紧张和悬疑气氛，作者选择将谜底在句子最后以宾语的形式揭晓，而不是以主语的形式在句首揭露，否则的话，小说在此处就会失去精彩的铺垫部分，变得平常寡淡了。

（46）a. 那一阵风起处，星月光辉之下，大吼了一声，忽地跳出一只吊睛白额虎来。

b. 一只吊睛白额虎在星月光辉之下，随着一阵风，大吼一声，忽地跳了出来。

汉语中还有大量的“复谓句”。在这种类型的句子中，同样的谓语或者语义近似的谓语反复出现，如（47）所示。汉语重复谓语，一方面是为了加强语气，另一方面是为了加强句子的韵律感。同时，重复的谓语动词也增强了句子的动态性，符合汉语的动态要求。

（47）a. 春梅唱山歌唱得可好了！

b. 这是时代的呼声：**推翻**腐朽、**推翻**愚昧、**推翻**一切不合理的旧制度！

c. 我们**歌颂**胜利，**歌颂**自由，**歌颂**即将来临的新时代！

英语句子中极少出现同一个句子中谓语重复的现象。英语排比句（parallelism）不是复谓句，排比句为了加强语气或者深化语义，连用三个或三个以上结构相同或相近的短语、分句或句子。需要注意的是，结构相同的动词短语并不是重复的动词短语。

（48）a. ***We shall fight him*** by land; ***we shall fight him*** by sea; ***we shall fight him*** in the air.

b. We shall renew our pledge of support—***to prevent*** it from becoming a merely forum for invectives, ***to strengthen*** its shield of the new and the weak, and ***to enlarge*** its area in which its writ may run.

c. This great nation ***will endure*** as it has endured, ***will revive*** and ***will prosper***.

因此，当汉语复谓句翻译成英语句子时，重复的谓语一般不会得到保留，强调意义要么不可避免地流失，如（49），要么通过介词或者逻辑连接词来实现，如（50），（51）。

（49）a. 春梅唱山歌唱得可好了！

b. Chunmei is a great folksong singer.

（50）a. 这是时代的呼声：**推翻**腐朽、**推翻**愚昧、**推翻**一切不合理的旧制度！

b. This is the call of the times to get rid ***of*** corruption, ***of*** ignorance, and ***of*** all irrational old systems!

（51）a. 我等你都等得不耐烦了。

b. I have been waiting for you for **such** a long time **that** I have got so fed up.

汉语中还有一类非常“柔性”的句子—流水句。流水句一般由 3 个或 3 个以上的小句构成，小句的主语各不相同，小句之间的逻辑关系也非常隐性，需要读者解读，如（52）。

（52）a. ①雪厚厚地堆着，②窗槛上像是铺了温暖的棉花或羽绒；③窗格子显得加宽了，④玻璃上结了冰纹，⑤光线**暗淡而隐秘**，⑥更**加强**了屋内的舒适愉快的感觉。

b. ①我们稍稍地拔去了门闩，②雪花**飘飘**，③立刻**落**到屋子里来；④**走**出屋外，⑤寒风迎面**扑**来，⑥**利**如刀割。

小句是最小的句子单位，每个小句中只含一个动词。根据这一标准，（52a）中有 6 个小句，其中小句⑥为无主句，小句①-⑤的主语分别为“雪”“窗槛上”“窗格子”“玻璃上”和“光线”。六个小句之间没有任何并列或者从从属连接词明确它们之间的逻辑关系。因此，（52a）是一个典型的汉语流水句。同理，（52b）也是一句典型的流水句。

英语中没有流水句。每个小句的句法结构完整，小句之间的逻辑关系由并列或者从属连接词明确。因此，在将汉语流水句翻译成英语句子时，需要注意刚柔性的转换。最简单的办法是，将汉语流水句中缺失的小句从语境或常识中恢复，使句法结构完整，同时将小句之间的隐性逻辑关系通过连接词显性化。如（52a）可以翻译为（53）。

（53）①The snow lies warm ②**as if** cotton or down lays upon the window-sill; ③*the sash* seemed broadened, ④*the panes* are frosted, *a dim and private light* was admitted, ③**and** *all this* enhances the snug cheer within.（52a ①雪厚厚的**堆**着，②窗槛上像是**铺**了温暖的棉花或羽绒；③窗格子**显得**加宽了，④玻璃上**结**了冰纹，⑤光线**暗淡而隐秘**，⑥更**加强**了屋内的舒适愉快的感觉。）

这样的翻译显然不是最优方法，过多的动词使得英语句子动态性增高。因此，在翻译汉语流水句时，可以尝试整理句子的逻辑关系，将信息“打包”作为小句的成分。上例（52a）可翻译为（54）。

（54）①The snow lies warm as cotton or down upon the window-sill; ②the broadened sash and frosted panes admit a dim and private light, ③which enhances the snug cheer within.（52a ①雪厚厚的**堆**着，②窗槛上像是**铺**了温暖的棉花或羽绒；③窗格子**显得**加宽了，④玻璃上**结**了冰纹，⑤光线**暗淡而隐秘**，⑥更**加强**了屋内的舒适愉快的感觉。）

可以看出，汉语小句①和②形成了英语小句①，其中汉语小句②“打包”成为英语小句①中的状语；汉语小句③、④和⑤形成了英语小句②，其中汉语小句③和④“打包”成为英语小句②中的主语，汉语小句⑤“打包”成为英语小句②中的宾语，英语小句②中的谓语动词说明了原来三个小句之间的逻辑关系；汉语小句⑥通过关系词“which”明确了其关系小句（定语从句）的句法角色。

当汉语流水句中小句的主语数量不多时，在翻译时可以考虑将主语统一为其中某个小句的主语，其他小句则参照该主语，调整自身的句法角色。流水句（55a）中一共有6个小句，3个不同的主语：“我们”“雪花”和“寒风”。如（55b）所示，可以选择“我们”作为主语，“拔”成为句中的限定性动词，其他动词则成为非限定性动词：（to） fall，to face。句中小句之间的关系既可以由连接词来明确（and），也可以由含致使义的轻动词let来表达。

（55）a. ①我们稍稍地**拔**去了门闩，②雪花**飘飘**，③立刻**落**到屋子里来；④**走**出屋外，⑤寒风迎面**扑**来，⑥**利**如刀割。

b. ①Silently we unlatch the door, ②letting the drift fall in, **and** ③step abroad to face the cutting air.

由此可以看出，英语是一门刚性的语言。英语句子句法结构清晰，小句之间逻辑关系明晰。汉语是一门柔性的语言。为了达成修辞、音韵节奏等方面的目的，汉语句子允许违反句法。因此，汉语中存在无主句、复谓句和流水句等特殊句式。

6.4 主观与客观

语言有主观与客观之分，但是，任何一门语言都不是绝对主观或者绝对客观的。语言同时具备主观性和客观性。语言的主观性起源于语言的本质。语言是人类认知的产物，是经由人类大脑加工的产物。语言经过加工，诉诸口或者成文于纸时，都不可避免地附带说话人或者写作者的主观认识。同时，语言是一维的，世界至少是三维的。用一维的语言表达三维的世界，语言表达自然难以覆盖世界的各个方面。因此，我们大胆地猜想，在语言产生之初，不同语言族群的人们用语言表达世界时，他们的语言只表达了他们对客观世界认知的某一方面或某些方面。事实上，认知语言学的一大研究任务就是对比不同语言族群对同一事物或者同一类型事件的词汇句法模式来推测人类认知的相同点和差异点。语言的客观性扎根于它的表达对象。无论说话人或者写作者如何加工，语言的表达对象都是客观事物，尽管只是该客观事物的某一方面或者某些方面。任何一门语言都同时具备主观性与客观性。如果一门语言在表达过程中更强调说话人或写作者的主观意识，那么，这门语言是偏主观的。如果一门语言在表达过程中更强调客观事物或事件，那么，这门语言是偏客观的。

现代汉语是一门偏主观的语言，英语是一门偏客观的语言。二者的主客观特征可以体现在主语、语态以及句式特点上。首先，汉语在表达事件时，倾向从说话人或者写作者，甚至一切有灵（animate）的生物出发，主语常为有灵生物。英语在表达事件时，倾向从客观事物出发，尤其注意将表达立场与说话人或写作者的立场拉开距离，主语常为无灵（inanimate）事物，如（56）。因此，在进行英汉翻译时，要注意主语的选择。以（57a）为例，汉语句子中的主语是有灵生物“我”，在翻译时可以选择事件中的无灵事物作为主语，如“照片”“童年”和“看（sight）”，得到句子（57b-d）。

（56）a. **我**已无话可说。

b. **Words** have failed me.

（57）a. 一看到这张照片，**<u>我</u>**就想起了童年的情景。

b. **<u>This photo</u>** always reminds me of my childhood.

c. **<u>The sight</u>** of the photo takes me back to my childhood.

d. **<u>My childhood</u>** comes back to me with the sight of the photo.

汉语中，动词短语可以作主语。在英语中，动词短语作主语时需要先变化为动名词形式[如（59）]，或者使用形式主语“it”来占位，把真正的主语放在句尾，如（58）。

（58）a. 在这里碰见你，真是太好了！

b. It’s nice to meet you here.

（59）a. 每天吃一个苹果，可以增强体质。

b. Having an apple every day can strengthen your body.

由于汉语多使用有灵生物作主语，且有灵生物一般为动作的发出者，汉语句子常表现为主动态（active voice）。英语多使用无灵事物作主语，这类主语常为动作的承受者，因此，英语句子常表现为被动态（passive voice），例如（60）。

（60）a. 他分到了一套新房子。

b. A new flat is allotted to him.

汉语中有被动句，其标记词为“被”。当动作发出者不明确或者没有必要点明时，汉语句子仍然会选择动作的承受者作为主语，但句子的语态仍为主动态，因为在汉语中“被”字句常常带有特定的“负面”意义，表达说话人或写作者不希望出现的情况。如（61）中两个句子的主语都是“吃”这一动作的承受者“饭菜”，（61a）中的被动意义隐含在主动句中，（61b）中的被动意义由“被”字句明确。两句的意义差异在于，（61a）中性地表达了“饭菜被吃完”的事实，（61b）除了表达这一事实，还暗含“负面”意义：“饭菜不应该被吃完”。因此，当动作承受者在汉语句子中充当主语时，要结合语境判断句子是否需要被动句的标记词“被”。例如，在“大搞社会主义建设”的背景下，不含标记词“被”的句子（62a）表达的意义与（62b）

相比，更为正面积极。谈论“自然环境破坏”时，“被”字句（63b）表达的负面意义则需要凸显。

（61）a. 饭菜已经吃完了。

b. 饭菜已经**被**吃完了。

（62）a. 撸起袖子加油干！树已经清理了，地基已经挖好了，水泥已经运来了，高楼马上就要建起来了。

b. ?撸起袖子加油干！树已经<u>被</u>清理了，地基已经<u>被</u>挖好了，水泥已经<u>被</u>运来了，高楼马上就要<u>被</u>建起来了。

（63）a. 这个地方的水文保护做得很差，树已经全砍光了，河流已经污染了，环境问题触目惊心。

b. 这个地方的水文保护做得很差，树已经<u>被</u>全砍光了，河流已经<u>被</u>污染了，环境问题触目惊心。

汉语流水句的产生与句子主语的选择有紧密关联，因此，在翻译流水句时，应注意主语的切换。汉语句子倾向使用有灵生物作为主语，如果每个小句都重新选择主语，句子的逻辑关系则很容易被打断。如（64），（64a）是一个句法结构为 SVOA 的句子，主语是一个无灵事物“a touch of arrogance”，（64b）是（64a）的汉语翻译句，句子重新选择了有灵主语“她”和“老朋友们”，因此，原来的句法结构 SVOA 被打破，一个小句分裂成为两个小句，小句的句法结构分别为 SVC 和 SVO。同样，在将汉语流水句翻译成英语句子时，我们也要注意主语的转换与逻辑的整合。如（65），（65a）是一个流水句，句中共有 4 个小句，主语分别是：“脚”“声音”“气味”以及省略的“我（们）”。联系上下文，我们知道“脚”踏的对象是“树叶”，“没有声音”“没有气味”以及“有柔软触觉”的也是“树叶”，因此，如（65b）所示，可以将无灵事物“树叶”作为主语，其余成分均为其谓语。

（64）a. A touch of arrogance has kept her old friends away from her.

b. 她为人有点傲慢，老朋友们都远离了她。

（65）a. ①脚踏上去，②声音也没有，③气味也没有，④只能感出一点点极微细极柔软的触觉。

b. ①Quiet and smellless, ②these leaves feel tiny and soft underfoot.

英语是偏客观的语言，常用无灵事物作主语，被动句比例高，长句句法结构清晰。汉语是偏主观的语言，常用有灵生物作主语，“被”字句比例低，常含“负面”意义，长句多为流水句。

6.5 抽象与具象

语言在抽象和具象特征方面存在差异。语言的抽象和具象特征主要体现在词语和句式层面。在词语层面，动词的抽象特征最弱，介词和抽象名词的抽象特征最强，形容词和副词居于其中。在表达事件时，抽象语言倾向使用介词与名词，具象语言倾向使用动词。在表达抽象概念时，抽象语言倾向将具象词汇抽象化，具象语言倾向将抽象概念具象化。在句法层面，抽象语言倾向使用简单句式，将复杂信息以语法隐喻的形式“打包”填入各个句法角色中。具象语言倾向使用小句群，每个小句表达复杂信息中的一部分。

英语是典型的抽象语言。从词素和词的层面上讲，英语中有很多词缀，可以将具象名词、动词、形容词转化为抽象名词，表达抽象概念。例如：

1）具象名词→抽象名词

a. friend→friendship

b. mother→motherhood

c. slave→slavery

d. bureau→bureaucracy

e. critic→criticism

2）动词→抽象名词

a. engage→engagement

b. expect→expectation

c. persist→persistence

d. fail→failure

3）形容词→抽象名词

a. happy→happiness

b. original→originality

c. pure→purity

d. likely→likelihood

e. superior→superiority

有时，书面英语为了提高句子的抽象性，倾向用介词来代替动词。例如：

a. get involved—be in at

b. apply for—be in for

c. report—have it in for (somebody)

d. suffer—be in for it

e. take part in—in on

汉语是典型的具象语言。汉语不是形态型语言，无法将具象名词、动词、形容词转化为抽象名词。在表达抽象概念时，汉语常常通过添加细节或者用具象的事物比喻抽象概念，例如“风雨潇潇”“花花世界”“井蛙之见”“土崩瓦解”，其中“潇潇”“花花”“井蛙”“土”“瓦”即是添加的细节，旨在使听众或读者更好地理解抽象概念。汉语中有大量的歇后语，通过具象的事物或者事件来表达抽象的意义。例如：

a. 热锅上的蚂蚁——急得团团转

b. 泥菩萨过江——自身难保

c. 画蛇添足——多此一举

d. 老鼠钻风箱——两头受气

e. 对牛弹琴——白费力

f. 八仙过海——各显神通

此外，汉语还可以在抽象名词的基础上添加范畴词，使其具象化。如（66）中，抽象名词“诚实”和“正直”添加了范畴词“品格”，其具象程度大为提升；同理，（67）中，抽象名词“前后反转”添加了范畴词“态度”，（68）中，抽象名词“机会均等”添加了范畴词“主义”，名词的具象程度都得到了提升，句子变得更易理解。

（66）a. They discussed **<u>honesty</u>** and **<u>integrity</u>**.

b. 他们讨论了诚实和正直两种**<u>品格</u>**。

(67) a. At the root of this **reversal** is growing anxiety about China's stark demographic **transition**.

b. 这种前后反转的态度反映了中国社会对人口急剧下降现象越来越深的焦虑。

(68) a. **Equality** of opportunity has produced a new meritocratic aristocracy.

b. 机会均等主义造就了一批新兴的精英贵族。

有时，汉语会使用动词来表达抽象意义。如(69)中，抽象意义“冷漠 / 孤寂(aloofness)”被表达成动词“高高在上”,(70)中，抽象意义“ability”被表达为“有能力”,“failure to recognize”被表达为“没有意识到”。这种从抽象到具象的转换，降低了句子的理解难度。

(69) a. A new meritocratic aristocracy has all the **aloofness** of the old aristocracy with none of its sense of noblesse oblige.

b. 新精英贵族和传统贵族一样高高在上，但却没有一丝一毫传统贵族所谓的“必要的高尚精神”。

(70) a. The second big problem is his **failure to recognize** liberalism's **ability** to reform itself and address its internal problems.

b. 第二个大问题是，自由主义**有能力**进行自我修正，并解决自身内部问题，而这一点他并**没有意识到**。

从句法层面讲，英语句子倾向于用简单的句法结构表达复杂的信息。语法隐喻提高了句子的抽象性。如(71a)与(71b)表达同一事件，(71a)使用了 2 个小句，(71b)使用了 1 个小句，后者将前者中的小句①“打包”为句中的主语。系统功能语言学认为，(71a)为事件的一致式表达，(71b)为事件的隐喻式表达。英语中的隐喻式表达在包括科技语篇、商务语篇、法律语篇在内的书面文体中十分常见，是一种抽象的表达形式，如(72),(73)。

(71) a. ①She treated the kids kindly all the time ②so that finally she won their trust.

b. ①Her consistent kindness finally won the kids' trust.

(72) a. Results obtained through experiments show that… (一致式)

b. Experimental results show that ... (隐喻式)

(73) a. That the L / C complies with is stipulated in the contract is of importance. (一致式)

b. The compliance of the L / C with the stipulations of the contract is of vital importance. (隐喻式)

在翻译英语的隐喻式结构时，汉语倾向将抽象的隐喻式还原为具象的一致式，例如：

(74) a. Upon the receipt of Mary's message, they immediately bought the items on the list.

b. 他们一收到玛丽的口信，就立即买全了清单上的物品。

英语是典型的抽象语言。英语中有大量的抽象词语，书面语中多用抽象的隐喻式句法结构。汉语是典型的具象语言。汉语多使用具象词汇和意向表达抽象概念。汉语倾向用小句群来表达事件。

6.6 小　　结

英语是分析型语言，或者形合语言。汉语是综合型语言，或者意合语言。英汉两种语言的不同特点在词素、词、词组、小句和句子层面均有所体现，具体表现为静态与动态的不同、显性与隐性的不同、刚性与柔性的不同、客观与主观的不同以及抽象与具象的不同。

思考题

1. 英语喜用名词，汉语喜用动词，原因可能有哪些？
2. 汉语的柔性在语言的具体运用中有哪些优势？
3. 英语中有“化虚为实”的语言应用实例吗？
4. 除了“被”字句，汉语中还有别的表被动的句式吗？
5. 除了语言范畴，显性与隐性的不同还能体现在中西方哪些其他文化领域？

第七章　社会语言学

社会语言学属于宏观语言学的分支学科，是研究语言与社会之间的相互关系。本章涉及的主要内容包括：社会语言学与语言社会学、社会语言学的发展与分支领域、语言的区域变体与社会变体、言语功能与言语交际规律、文化的内涵与特性、语言与文化的相互关系等。

7.1　社会语言学及其分支领域

7.1.1　社会语言学与语言社会学

社会语言学（sociolinguistics）是相对于社会而言研究语言（the study of language in relation to society）（Hudson, 1980: 3），是研究社会中的语言应用，落脚点是研究语言，被称之为微观社会语言学（micro-sociolinguistics），这也就是将社会语言学置于语言研究的领域。与社会语言学不同的是，语言学主要研究语言系统，研究语言结构，不太考虑语言学习和语言应用的社会语境。社会语言学的主要发展是在 20 世纪 60 年代后期和 70 年代初期。社会语言学既属于实证性研究，也属于理论性研究。

语言社会学（sociology of language）是相对于语言而言研究社会（the study of society in relation to language）（Hudson, 1980: 5），落脚点是透过语言使用研究社会，属于宏观社会语言学（macro-sociolinguistics）。

社会语言学与语言社会学之间的区别在于研究的侧重点不同。如果研究人员对社会中的语言使用更感兴趣、更擅长于研究语言结构及语言特性，那么，他 / 她就会采取社会语言学的研究视角；如果研究人员对语言使用的社会更感兴趣、更擅长于研究社会结构及社会特性，那么，他 / 她就会采取语言社会学的研究视角。

7.1.2　社会语言学的分支

社会语言学分为理论社会语言学（theoretical sociolinguistics）和应用社会语言学（applied sociolinguistics）。

理论社会语言学主要是指在考察语言变体与言语共同体的相互关系时提供具有普遍意义的研究模式或研究方法，对交际能力的研讨提供具有共识性和指导意义的阐释。

应用社会语言学主要研究言语使用过程中语言不平等现象背后的社会含义和政治含义，这些语言使用的不平等现象主要涉及法庭、学校、医院等公共交流场合。

7.1.3　社会语言学的主要特征

社会语言学的主要特征体现在以下几个方面（胡壮麟、姜望琪，2015：275）。

1）社会语言学研究领域的覆盖面广。

2）社会语言学具有多学科交叉融合的特点。

3）社会语言学强调对社会语境下语言形式及其社会功能的研究。

4）社会语言学致力于对语言、文化、社会之间相互关系的考察。

5）社会语言学试图通过探寻语言运用中的社会意义提供具有普遍意义的描写和解释。

7.1.4 社会语言学的发展阶段

从历时角度看，社会语言学的发展经历了六个阶段（胡壮麟、姜望琪，2015：275-276）。

1）从20世纪20年代初期—40年代末期，语言研究领域出现了具有先驱意义的社会文化转向。

2）20世纪60年代，尤其是1964年在洛杉矶加州大学召开的第九届国际语言学大会（the Ninth International Congress of Linguistics）标志着语言学研究领域的一门崭新的分支学科的兴起—社会语言学：研究社会语境中的语言应用。

3）20世纪70年代，社会语言学研究领域经历了快速的发展。由于受到当时的女权运动以及其他类似的社会冲突、社会问题的影响，研究人员开始致力于对不同言语共同体的语言行为进行考察，以便对其所观察到的语言应用现象提供社会视角的阐释。

4）从20世纪70年代末—80年代初，社会语言学的理论框架及其研究方法的不足和缺陷渐渐显露出来，直至80年代后期，通过社会语言学家的努力，这门新兴学科才进入逐渐成熟的阶段。

5）到了20世纪90年代，由于强调从广义上加强同其他学科的交叉融合，加上自身的理论体系和研究方法的进一步完善，社会语言学便得到了广泛的认可，获得了长足的学术声誉，并逐步成为相对独立的、专业化的语言学研究领域。

6）进入新世纪以后，具有交叉学科特性的社会语言学获得了来自理论语言学家和人类文化语言学家的强劲推动。社会语言学在新的世纪里将与进化、认知、信息等不同领域交叉融合，经历更加长足的发展。

7.2 语 言 变 体

7.2.1 语言变体与言语共同体

语言变体（varieties of language）指具有相似社会分布的语项集（a set of linguistic items with similar social distributions）（Hudson, 1980: 24）。也就是说，由具备相同社会特征的人在相同的社会环境中所普遍使用的某些语言表现形式。语言变体内涵宽泛，可以是不同的语言（如，英语、法语），可以是一种语言的各种方言（如，伦敦英语），也可以是不同的语域或讲话风格。语言变体受到复杂的社会因素制约。

言语共同体（speech community）

关于“言语共同体”术语的定义，Hudson（1980：25-27）列举归纳了六种解释，现分述如下。

1）Lyons（1970：326）将言语共同体简单地定义为“使用某一语言或方言的所有人员[all the people who use a given language（or dialect）]。”该定义没有涉及与言语共同体相关的社会共性和文化共性（social or cultural unity）。

2）Hockett（1958：8）认为，“每种语言都界定一个言语共同体：直接或间接通过使用共同语言构成的人员整体。”该定义增加了共同体内的言语交际标准，以至于两个共同体即使都说同一门语言，但缺乏相互接触交流，也应该界定为不同的言语共同体。

3）Bloomfield（1933：42）认为："言语共同体就是通过使用言语互动交流的一群人。"这个定义将侧重点从一种共享的语言转移到人际交流。

4）Gumperz（1968）将言语共同体定义为"通过使用共享语言符号系统常规地互动交流而形成的群体，与其他群体相比，该群体的语言使用具有明显的区分性特征。"该定义没有要求一个言语共同体只需要一门交流语言，而更加强调人际交流与互动。

5）Labov（1972：120）认为："与其说将言语共同体定义为语言形式使用的显著一致性，还不如将其定义为认同共享的一套标准（这些标准可以是显性的评价行为），也可以定义为一致的语言变化的抽象模式，这些模式在特定的语言使用层面是恒定的。"该定义更加强调对语言的共享态度（shared attitudes to language）。

6）Le Page（1968）较为全面地将言语共同体定义为"每一个体创造的言语行为体系以便能被其群体所认同，以至于他能代表该群体的身份；他有机会和能力认知和分析该群体的言语行为体系；他有强烈的动机迫使自己选择并调整自己的言语行为；他仍然有能力调整适应自己的言语行为。"该定义虽然避开了言语共同体这个术语，但提及了具有独特言语特征以及其他社会特性的社会群体。同时，该定义也将个体置身于一个多维的交流空间（locates himself in a multi-dimensional space），这些维度也正好是这一个体所代表的社会群体所界定的。

7.2.2　语言与方言的区别

语言与方言的区别主要体现在两个方面，一是使用范围，二是威望问题。

语言使用的范围比方言使用的范围更广，语言比方言包含更多的语项。比如，作为一门语言的英语就包含像约克郡英语（Yorkshire English）和印度英语（Indian English）这些英语方言的所有语项。

语言具有威望，而语言的不同方言就缺乏这样的威望。对大多数人来说，在正式的书面语交流或者正式场合使用的就是语言，而在非正式的口语化交流的便是方言。

7.2.3　标准语言

一般情况下，通过社会干预将一种方言发展成为标准语言。这种干预被称之为"标准化（standardization）"，在成为标准语言之前都是语言的非标准变体，也就是方言。由方言转化为标准语言需要经历选择、编码、功能界定和接受四个步骤。

1）选择：选择一种特定的方言发展成为标准语言，这种选择具有重要的社会意义和政治意义，因为所选择的方言必然会获得优越感，而且会说这种方言的人会从中受益。

2）编码：在确定了所选定的特定方言基础上，学术机构便会编撰相应的词典、编写对应的语法书籍，将这一方言相对规范，以便在使用时得以遵循。

3）功能界定：一般情况下，所选定且规范后的方言的使用与中央政府相关，适用于公务、教育、科技等书面语体，以及一些正式场合。

4）接受：所选定的方言经过编码规范和使用功能界定之后，需要得到言语共同体相关人员的广泛接受。标准语言往往是一个国家或民族的通用语言，起着对整个国家或民族凝心聚力的作用。

7.2.4　方言

作为语言的变体，方言可区分为区域方言（regional dialects）和社会方言（social dialects）。

7.2.4.1　区域方言

区域方言研究又称区域方言学（dialectology）或方言地理学（dialect geography），主要研究语项的地理分布。

等语线：方言研究中，人们通常使用等语线（isogloss），又称等言线，也就是在方言地图上画出一条线，标记某一语言特征使用范围的边界。一些（或“一束”）等语线如果重叠在一起就表明存在一种方言的边界。等语线可以分为同音线、同形线、同词线、同义线、同文线、同言线等。同音线（isophone）是画定某一音系特征使用范围的线。同形线（isomorph）是画定某一形态特征使用范围的线。同词线（isolex）是画定某一词项使用范围的线。同义线（isoseme）是画定某一语义特征使用范围的线（如同一音韵形式的词项在不同地区表示不同的意义）。同文线（isopleth）是个更宽泛的概念，有些社会语言学家用来指参照社会特征划定某一语言特征使用范围的线。同言线（isolect）为某些社会语言学家用来指一种语言变体（或方言）与另一种变体存在较小程度的差异。

波形理论：方言研究中，人们通常使用“波形理论（wave theory）”来阐释一种语言使用现象，即：位于中心的一些语言成分从中心区域出发向四周呈现出波浪式传播扩散，犹如向池塘中央丢下一块石头形成的波浪向四周散开一样。

7.2.4.2　社会方言

社会方言（social dialects / sociolects）是指语言的使用差异不是由区域的不同而引起的，而是由语言使用者的社会因素引起的，这些社会因素主要包括社会阶层、社会地位、性别、年龄、职业等。由此，涉及语项与其社会关系便存在以下初步的假设。

语言的句法是社会凝聚性的黏合标记，因为句法差异所导致的是语言的质性变化，而不是量化的渐进过程。

语言的词汇是社会分化的标记，说话者个体通常会积极地选择使用一些词语以体现其社会区分性特征。

语言的发音反映出说话者较为长久的社会群体特性，正如“乡音难改”所言。

7.2.5　语域

方言（dialect）与语域（register）两者具有一定的差异。根据语言使用者来划分的语言变体被称之为方言（Dialects refer to “varieties according to user”）；根据语言使用来划分的语言变体被称之为语域（Registers refer to “varieties according to use”）。

韩礼德（Halliday, 1978: 33）提出了三个情境变量来阐释语域。

语场：指言语交际的目的与话题，也就是言语交际发生的原因及相关内容。

语旨：又称“基调”，指言语交际者之间的相互关系，也就是与谁交流。

语式：指言语交际发生的渠道，也就是言语交际是以什么方式发生的，比如：口头交流还是书面语交流，正式交流还是非正式交流，等等。

7.2.6 语言变体的混用

语言变体的混用现象在现实言语交流中经常出现，主要有以下一些情况。

1）双语 / 双言现象（diglossia）：两种语言或一种语言的两种变体同时使用，并存在于同一个言语共同体中。一般而言，一种变体在正式公开场合使用，而另一种变体便在非正式的日常言语交流场合使用。

2）语码转换（code-switching）：指双语 / 双言者或多语 / 多言者根据话语交际场景改变语码。语码转换的分类情况有所不同。

与话语交际语境相关的语码转换分为三种：情景语码转换（situational code-switching）、会话语码转换（conversational code-switching）和隐喻语码转换（metaphorical code-switching）。

情景语码转换（Gumperz & Blom, 1971）指的是根据交际情景的变化而采用不同的语码，即在一种情景下采用一种语码，而在另一种情景下采用另一种语码。语码转换和情景有直接的联系，比如：与仪式活动有关的场合所使用的语言变体。

会话语码转换（Gumperz & Blom, 1971）指的是两位流利的双语者在言语交流时，即使交际情景没有任何改变也会频繁地改变语码，并经常在单句中改变语码或语言变体。这种情况有时也被称之为句内语码转换（intra-sentential code-switching）。

隐喻语码转换指因谈论的话题发生改变而相应地转换语码。这是说话者为了改变预期、侧重点或者角色关系而采取的语码转换。隐喻语码转换涉及说话者希望达到的交际效果，打破了情景与语言选择之间的规约关系。例如：在挪威北部的一个小城镇的社区办公室里，当业主来到办公室，与办公室职员打招呼、谈及家务事时使用当地方言；然而在谈及正事时，便转换为标准挪威语。

3）皮钦语（pidgins）

皮钦语是指现存的两个或更多的不同语言变体融合在一起，形成一种新的语言变体，也就是语言变体的综合（variety synthesis），比如：人造辅助语言世界语（Esperanto）。皮钦语本身是一种语言，但没有本族语者，只是便于来自不同言语共同体的成员能够相互交流。例如：来自不同言语共同体成员进行贸易往来交流的通用语（lingua franca）也是一种皮钦语。

4）克里奥尔语（creoles）

克里奥尔语是由皮钦语演变而来的语言变体的混合。一般情况下，当皮钦语拥有了本族语者的时候，便演变成克里奥尔语。由此，一些皮钦语也成了标准语言。由此看出，皮钦语与克里奥尔语的区别在于，前者没有本族语者，而后者却拥有自己的本族语者。

7.3 言 语 交 流

7.3.1 言语的社会属性

言语可以简单地界定为，在特定场合，使用或短或长的语项链（shorter or longer strings of linguistic items），实现特定的交际目的（Hudson, 1981: 106）。

Saussaure（1916 / 1959: 19）曾区分语言（la langue（language））和言语（la parole（speech）），并认为言语纯属个人行为（individual），而语言是社会性的（social）。然而，言语事实上是社会性的，涉及大量社会活动，包括人们的社会化或社会适应过程（socialization）。既然人际交流是社会活动，也可以说言语就是社会性的。

7.3.2 言语的社会功能

在不同场景，言语会发挥不同的社会功能。在 Malinowski（1923）看来，言语的原始功能就是起着人类活动协调一致的纽带功能。言语是人的行为的一部分；言语是一种行为模式，而不是反映的工具。

言语还可以简单地用来建立或增强社会关系，也就是言语的交际功能。此外，言语还有信息功能、表达功能和美学功能，等等（参见 1.4 节“语言有哪些功能”）。谈到言语的功能也会提及言语行为理论（参见第九章“语用学”部分）。

7.3.3 言语作为“有技巧的社会活儿”

可以从以下几个方面来理解言语的特性。

首先，言语是一项活儿（work），也可以说是物理学上的“做功”，因为言语需要人们付出努力，而且言语交流成功的程度取决于所付出的努力的多少。

其次，言语是有技术含量的（skilled），它要求人们具有如何进行有效成功的言语交际的技巧，这与言语交际者所进行的言语实践和训练的多少相关。

最后，言语是社会性的（social），进行言语交际所需要的技巧和所遵循的规则主要是人们后天从别人那里学得的。这就不可避免地涉及人们的社会行为。

7.3.4 面子理论（面子活儿）

言语交际中涉及面子问题，也就是“面子活儿”（Goffman, 1955）。所谓“面子活儿”是指人们维持“面子”的方式。“面子”有正面和负面之分。在言语交际中，人们总会通过所说的话和说话的方式不停地向别人呈现出个人的形象，既可能通过改善形象而“挣得面子（gain face）”，也可能通过损毁形象而“丢掉面子（lose face）”。

面子理论认为，在言语交际中，作为成年人，至少能够意识到说话人需要向受话人做出让步，以保全受话人的“面子”，使得言语交流能够继续顺畅进行。同时，言语交际中的“面子”问题也涉及语用学中的“合作原则（cooperative principle）”（Grice, 1975）和“礼貌原则（politeness principle）”（Leech, 1983）（参见第九章“语用学”部分）。

7.3.5 言语作为社会身份的标记

言语可以反映发话人和受话人之间的社会关系，主要通过权势与亲疏（或等同）两方面体现出来。所谓权势，不言自明。亲疏是指交际双方之间的社会距离，具体地讲，就是交际双方在多大程度上能够共享经验、共享社会特性，主要包括宗教信仰、性别、年龄、出生地、种族、职业、兴趣爱好等。

比如：发话人与 John Brown 进行言语交流，如果发话人使用“John”，发话人与 John Brown 的亲近度就高（high solidarity），John Brown 就比发话人权势低，可能 John Brown 就是发话人比较亲近的下属。如果发话人使用“Mr. Brown”，发话人与 John Brown 的亲近度就低（low solidarity），John Brown 就比发话人权势高，可能 John Brown 就是发话人的上司。

人们也通常用法语中的第二人称代词来区分亲疏关系：tu（你）用于称呼亲近的下属；vous（您）用于称呼不那么亲近的长者或上司。

表示高亲近度的语言形式也表达发话人更大的权势，反之亦然。因此，长者或者上司很可能首先使用高亲近度的语言形式。从这种意义上讲，表达权势和亲疏关系的语言形式的使用便将发话人置于了他 / 她所生活的社会世界（a speaker locates himself / herself in his / her social world）。

7.3.6 言语交流结构

一般来说，一次言语交流主要有三个部分：打招呼 / 进入言语交流（greetings / entries）、交流内容（business）、分手再见 / 退出言语交流（farewells / exits）。

通常情况下，每一种语言都有自己的一套见面打招呼和分手说再见的套语。当然，在不同的社会文化背景下，不同语言表达打招呼和分手的语言形式也存在很大的差异，但也存在一定的共性模式。比如，打招呼所用的时长同与上次见面所隔的时长，以及同交际双方关系的重要程度成正比。十年后才有机会见面的朋友打招呼所用时间比昨天才见了面的朋友要长得多；跟至亲朋友见面打招呼所用时间要比碰见一个熟人要长。

此外，与言语交流相关的会话结构、话轮转换等内容，请参阅第九章“语用学”部分。

7.3.7 非言语交际行为

涉及言语交际的非言语行为，本节将从人际关系标记（relation-markers）、话语结构标记（structure-markers）、话语内容标记（content-markers）三个方面进行讨论。

7.3.7.1 人际关系标记

“虽然我们是用发生器官说话，但我们是用整个身体在交流（We speak with our vocal organs, but we converse with our entire bodies）”（Abercrombie, 1968）。前面谈到的“权势-亲疏关系”也可以通过双方交际时的物理距离（physical distance）表现出来。一般而言，在人类所有文化背景下，交际双方的物理距离与社会距离成正比，所以，思想精神较一致的人在言语交际时的物理距离相对就要亲近一些。

言语交际时，双方靠得越近，亲密度就越高；但靠得太近，也会对另一方产生个人领地的侵犯，从而威胁到另一方的权势面子。因此，需要求得微妙的平衡：交际双方靠得太近，有侵犯对方之嫌；离得太远，又有冷漠之嫌。

7.3.7.2 话语结构标记

话语结构标记主要涉及眼神和话轮。

眼神通常暗示紧接变换发话人。我们作为受话人时看对方的眼神通常会比作为发话人时看对方的眼神的持续时间要长得多。当我们打算停止讲话、准备开始作为受话人时，便会抬头望着对方的眼睛，盼望接下来自己想当听众了。

除了眼神接触外，其他的话语结构标记还包括举手（正式交流场合）、坐在椅子上时身体前倾、清嗓子等。

7.3.7.3 话语内容标记

在言语交流过程中，人们也通常使用非言语方式的肢体语言来表达话语内容，比如：点头与摇头（点头表示赞成，摇头表示不以为然）、以手指示数、以手示意等。

7.3.8 言语交际中的性别差异

言语交际中的语言使用存在一定程度上的性别差异。人们通常认为，在言语交际中，男性更关注权势，而女性更关注亲疏关系。男性的谈话更显公共演讲风格（report-speaking），而女性的谈话更显私密性，适宜建立双方的亲昵关系（rapport-speaking）。为了让言语交流持续进行，女性通常比男性要付出更多的努力，比如：不断地提问或者不停的信息反馈（yeah, mhm）等。

在言语交流过程中，使用人称代词时，女性倾向于使用将受话人包括在内的代词，比如："我们 / 咱们 / 你们（we, you）"，而男性则以自我为中心，倾向于使用"我（I）"。

在言语交流过程中，女性话语还具有其他一些特性。

1）较多使用花哨的颜色词语，比如："米色（beige）"。

2）使用的骂人用语相对温柔。

3）更多使用强调、夸张的词语，比如："terrible, awful"等。

4）更多使用附加疑问句，比如："Let's go out for a supper this evening, shall we?"

5）更倾向于使用句尾升调的陈述疑问句，比如："Dinner will be ready at 7 o'clock?"

6）话语说得比男性更加间接，显得更礼貌。

7.4　语言与文化

本节将从文化的定义、文化的特性，以及语言与文化之间的相互关系展开讨论。

7.4.1　文化的定义

对"文化"这个概念有多种多样和不同视角的解读。从与语言的关联和语言承载文化的角度，可以从以下四个方面理解文化这个术语（胡壮麟、姜望琪，2015：259）。

1）文化是符号系统（semiotic system）。

2）文化是交际系统（communication system）。

3）文化是人类不同文明和发展成就的历史。

4）文化是言语共同体成员的价值观、信仰、知识体系、行为模式和思维方式等的缩影。

关于"文化"这一术语，下面一条更加具体的定义与上面第四条密切相关。

5）文化就是一代又一代的个人和群体通过不懈努力所积淀下来的东西，这些积淀主要包括知识、经验、信仰、价值、行为、态度、意义、等级、宗教、角色、艺术、宇宙观、时间观和空间关系等。

7.4.2　文化的特性

文化的主要特征归纳如下。

1）文化是通过谚语、民间传说、神话、艺术、传媒等后天习得的。

2）文化是一代一代传下去的。

3）文化是基于符号系统的。

4）文化是可变化的。

5）文化是可融合的。

6）文化是以种族 / 民族为中心的。

7）文化是具有适应性的。

7.4.3 语言与文化的关系

语言与文化有密切的关系。语言包含在文化之中，“一个社会的语言就是其文化的一个方面……语言与文化的关系就是部分与全体的关系（A society's language is an aspect of its culture...the relation of language to culture is that of part to whole.）”（Goodenough, 1957）。

语言与文化的相关性还体现在语言学研究与文化研究的交叉融合方面。20 世纪初，语言研究的人类学转向开始在英国和北美出现。在英国，Malinowski 和 Firth 被认为是这一转向的先驱。北美传统的主要代表便是 Boas, Sapir 和 Whorf（胡壮麟、姜望琪，2015: 260）。

20 世纪 20 年代，英国出现了语言学的人类学研究流派。Malinowski 在离新几内亚海岸的 Trobriand 岛上进行的田野研究为语言的文化或者情景研究视角做好了前期铺垫。伦敦学派的主要代表 Firth 发展了语言研究的情景语境论（theory of context of situation）。韩礼德（M. A. K. Halliday）在此基础上创建了系统功能语言学（systemic-functional linguistics）。

在北美，20 世纪 20—40 年代，在拯救和重构美洲印第安语言过程中，人类学家 Boas, Sapir 和 Whorf 逐渐认识到文化在语言应用研究中的重要性。他们的研究极大地影响了交际人种学（ethnography of communication，又译言语交际民俗学）的发展，推进了对社会文化因素的语言学研究。

语言与思维的关系势必会提及萨丕尔-沃尔夫假说（Sapir-Whorf Hypothesis）。该假说认为，语言塑造了我们的思维模式，相应地，不同的语言表达决定了人们认识世界方式的不同。可以从两个方面来理解这个假说：一是“语言决定论（linguistic determinism）”,一是“语言相对主义（linguistic relativism）”。前者的意思是语言可以决定我们的思维模式；后者的意思是语言之间的相似性是相对的，语言的结构差异性越大，反映出对于世界的认知（对世界的概念化）越不同（胡壮麟，2013: 142）。

Nida 从翻译的角度看待语言与文化的关系，作为翻译人员，如果要做好跨文化交流工作，我们就需要知晓有五种亚文化形式：生态文化、物质文化、社会文化、宗教文化和语言文化（Nida, 1964）。Nida 后来更加关注从语境或情景的角度研究语言应用和语义表达，在翻译过程中尤其要注意英语词汇所具有的以下五种特性（Nida, 1998: 32-45）。

1）词汇是多义的（polysemantic）。

2）词汇有时是受控于习语表达的（idiomatically-governed）。

3）词汇是受控于语体差异的（stylistically-governed）。

4）词汇有时是具有文化差异的（culturally-specific）。

5）一对一的等同翻译可能存在，但难以实现。

思考题

1. 怎样理解“文化”这一术语？可以从哪些视角领会语言与文化之间的相互关系？
2. 从社会语言学的视角可以从哪些维度对语言 / 言语交流展开研究？
3. 举例阐述语言变体混用有哪些类型？语言变体混用适用于哪些不同场景？

第八章　认知神经语言学

认知神经语言学是一门新兴交叉学科。本章涉及的主要内容包括：认知神经语言学及其相关学科、认知神经语言学的核心研究问题、心智与大脑的关系、大脑的基本结构、语言相关脑区及其功能、语言对认知和大脑的影响、认知神经语言学研究方法与技术等。

8.1　认知神经语言学导论

8.1.1　认知神经语言学及其相关学科

认知神经语言学是语言学与认知心理学、神经生理学等结合的产物，主要研究语言和言语交流的认知和神经机制，探讨语言与心智（mind）和大脑的关系。因此，它与认知语言学、心理语言学和神经语言学有着不同程度的交叉重叠。

认知语言学出现在 20 世纪 80 年代末—90 年代初，它针对生成语言学天赋观，提出语言的习得和使用都能通过认知加以解释。认知语言学通常分为两大领域，“认知语法”和“认知语义学”，认知语法的奠基人是 Ronald Langacker，认知语义学的奠基人为 George Lakoff。认知语言学认为语言是认知对世界经验进行组织的结果，它的认知结构完形的组织原则来源于格式塔（gestalt）心理学。此外，它也受到皮亚杰心理发展的相互作用论影响，更直接受认知心理学中关于原型、范畴、表象、知觉等研究的启发。认知语言学研究与认知有关的语言的产生、获得、使用、理解过程中的共同规律及其与思维、记忆有关的语言知识结构模式。

心理语言学是研究语言活动的心理过程和心理机制的学科，它涉及个体如何掌握和运用语言系统，如何在交往中使语言系统发挥作用，以及为了掌握和运用这个系统应具有什么知识和能力。从信息加工的观点来看，心理语言学研究个体言语交往中的编码和解码过程。心理语言学追溯起来要比认知语言学出现得更早。1952 年，美国学者成立了语言学与心理学委员会，1954 年出版了《心理语言学：理论和研究问题概述》，标志心理语言学的正式诞生。那时，心理语言学主要受行为主义心理学和描写主义语言学理论的影响，当时的心理语言学家用行为主义的观点来解释心理语言现象。他们认为言语行为和人的其他一切行为一样，是对刺激的反应，是联想的形成、实现和改变，是借强化而获得的。这一代心理语言学的代表人物是 Charles Egerton Osgood。很快，随着 Noam Chomsky 的转换生成语法的兴起，产生了第二代心理语言学家。以米勒为代表的心理学家把换语生成转法运用到心理语言的研究中，认为言语活动不是对刺激的反应，而是由规则产生和控制的行为。他们还认为心理语言学研究的重点不是人类各种语言的不同结构，而是存在于各种语言底层的普遍规则。再后来，学者们认识到心理学模式与语言学模式并不是互相对应的，心理语言学研究不能局限于验证某一语法模式是否正确，而应建立自己的独立体系，于是出现了第三代心理语言学家。他们不赞成对言语过程做抽象的分析，而强调在语言环境中进行实验，借以探测思维和交际的过程。心理语言学的发展趋势应不只是心理学和语言学的简单结合，其研究内容广泛覆盖言语的知觉、理解和产生，言语的神经生理机制，语言的获得，语言障碍，语言与思维、情绪和个性的关系等诸多方面。

从研究内容上看，认知语言学和心理语言学有相似之处，都研究语言和心智的关系，关注语言的动态过程，研究内容都具有抽象性（高晖，2010）。二者在发展过程中曾有过交集（对立），也都受到认知心理学的影响，同属认知心理学时代的语言学，但最终这两个学科在研究方向上各有侧重。认知语言学侧重于以认知为出发点，研究语言形式和意义及其规律，研究对世界的感知、经验、观察事物的方式如何影响人们对语言的使用，而心理语言学侧重于揭示语言活动的心理过程与心理机制。

说到侧重，神经语言学侧重研究语言习得、生成和理解的脑机制，研究大脑如何产生、接收、存储和提取信息，从而探讨大脑与语言的关系。人类很早就注意到了大脑与语言的关系。古埃及人曾经记录过由于脑部损伤而丧失语言功能的病症，也即现在所说的失语症。然而，真正科学意义上的研究则是从 19 世纪后半叶开始的。1861 年，法国外科医生、神经病理学家 Pierre Paul Broca 发现位于大脑皮层左半球额下回后部的一个区域与言语的生成有关，该区域损伤会导致患者发音断断续续，或者即便能说下去，却不能组成表示一定内容的话语。1874 年,德国医生、解剖学家 Carl Wernicke 发现，大脑皮层位于左半球颞叶后部的另一个区域，控制着言语的接收和理解，这个区域受损的患者无法理解别人所说的话，甚至完全不能分辨语音。上述两个皮层区域与语言活动密切相关，后来被分别命名为布罗卡区和维尔尼克区。那时，现代解剖学和生理学带着对人脑结构的知识，为语言的神经机制提供一定的认识，但是，当时人们无法对活的人脑进行研究。脑科学技术的发展使得观察活的人脑如何理解和产生语言成为可能，因此，推动了神经语言学的发展。神经语言学充分体现了当代科学各学科门类交叉综合的发展态势，是当代学术研究的前沿，具有广阔的发展前景（杨亦鸣、刘涛，2010）。

实际上，神经语言学除了结合语言学与神经科学，也集合了心理学和认知科学，因此，它也关心语言习得、生成和理解的心理机制。就这一点来说，神经语言学与认知神经语言学在研究内容和理论背景上有极大的重合，认知神经语言学这个学科概念的提出是为了强调心智、大脑和语言三者的关系，将语言与其心理机制和生理机制有机结合，更为系统地解释人类的语言活动。反过来看，随着神经科学的兴起，心理学进入了认知神经科学时期，以认知心理学为基础的语言学也随之进入认知神经科学时期(周频，2016)。近年来，Chomsky 和 Lakoff 都越来越重视结合神经科学的实证研究来探索心智的奥秘。

8.1.2 认知神经语言学与神经认知语言学

本章所述认知神经语言学与神经认知语言学名称极为相似，容易与其混为一谈，但实际上它们有本质上的区别。虽然认知神经语言学与神经认知语言学都是以神经科学的研究成果为生理基础, 但二者在起源、研究内容、研究方法等方面都存在差异（陆月华，2005）。神经认知语言学起源于 20 世纪 50 年代末，其创始人是美国语言学家 Sydney Lamb。Lamb 对语言的研究始于对语言结构的层次分析，60 年代他的理论被称为层次语法（stratificational grammar）。之后，兰姆开始注重语言的认知意义，其理论被更改为认知-层次语言学(cognitive-stratificational linguistics)。80 年代，随着认知科学的兴起，越来越多的理论开始使用“认知”这一术语, 但这些理论并不关注语言结构和大脑的关系，这与 Lamb 的理论大相径庭，他非常注重基于大脑的神经生理特征。为了将自己的理论与其他理论加以区别，Lamb 再次将他的理论更名，称作神经认知语言学(neurocognitive linguistics)。本质上讲，Lamb 的神经认知语言学是认知语言学理论，是注重语言神经生理机制的认知语言学理论。

从研究内容上看，神经认知语言学注重的是可操作的语言系统，而认知神经语言学侧重语言的心理、生理机制。神经认知语言学的理论目标是构建一个人脑语言系统的理论，即构建语言模式来模拟、表述和解释语言，从这点上来看，它是典型的语言学理论。认知神经语言学更具有自然科学的色彩，它注重大脑与语言的关系，强调实证。因此，神经认知语言学和认知神经语言学采用显著不同的研究方法。神经认知语言学采用的是假设演绎法，是语言学理论传统的研究方法，而认知神经语言学更多地采用认知神经科学的研究方法，通过现代技术手段获取客观证据，可以理解为语言的认知神经科学（cognitive neuroscience of language）。

8.1.3 认知神经语言学的核心研究问题

既然认知神经语言学探讨语言与心智和大脑的关系，是研究语言习得、生成和理解的认知和神经机制的学科，那么，它的核心研究问题是什么？以下为目前认知神经语言学关心的研究问题（Ahlsén，2006）：

脑损伤后语言和交流会发生什么变化？我们能做些什么来改善语言缺陷？

语言是如何习得和使用的？语言的获取和使用与大脑的发育有什么关系？

语言和交流能力如何随着人类的进化而发展？

我们如何测量大脑中的语言和交流过程？

我们如何才能建立好的语言和交际过程的模型，帮助我们解释语言现象？

我们如何设计实验，以测试我们的模型和假设所描述的语言处理？

对语言与大脑关系的思考源于脑损伤导致的语言障碍，即最早定义的失语症。认知神经语言学关注失语症（aphasia），从而了解语言产生和理解相关的脑结构及功能。另外，认知神经语言学也关注一些进行性神经系统疾病，如老年痴呆（dementia）引起的语言障碍。还有与大脑可塑性相关的发展性语言障碍，如阅读障碍症（dyslexia）也是认知神经语言学研究的热点。语言和言语的发展也需要考虑进化因素，尤其是大脑的进化，这也是认知神经语言学关注的内容。认知神经语言学通过认知神经科学的手段，如脑电（(electroencephalography，EEG)、功能磁共振成像（functional magnetic resonance imaging，fMRI）、脑磁图（magnetoencephalogram，MEG)、正电子断层扫描技术（positron emission tomography，PET)、功能性近红外光谱技术（functional near-infrared spectroscopy，fNIRS）、经颅磁刺激（transcranial magnetic stimulation, TMS）等，测量语言过程中大脑的动态活动，认识语言是如何产生和理解的。从认知角度出发的心理语言学结合对语言加工脑机制的认识，可以建立解释语言理解、记忆、产生、习得和丧失过程的认知神经语言学模型，这些模型可以作为计算机模拟神经网络的基础。

8.2 语言的认知神经机制

8.2.1 心智与大脑的关系

语言活动离不开心脑。一开始从认知的角度来解释语言现象时，我们谈论的是一些看不见的对象。现在从认知神经科学的角度来解释语言现象，我们就必须理解心智与大脑的关系，从而认识我们看不见的对象。尽管我们视野中的一切都是无缝的，也就是物体在不知不觉中相互融合，导致物体一部分被遮挡或隐藏，我们仍然对我们看到的物体的边界、形状和颜色有一个清晰的概念。这种非常有效的感觉来自于眼睛和大脑之间不可思议的合作。我们每个人有两只眼睛，每只眼睛看到一个图像。然后，大脑把这两个图像合成一个景象。不过，这些图像彼此略有不同。大脑利用这些微小的差异来计算物体的距离和深度。这个过程中，眼睛在一个短暂的时间段内不断移动，更新发送到大脑的信息，包括物体的边、形状、运动和颜色等细节。在几毫秒内我们就能在大脑中获得与视野中的物体相匹配的、精确的心理表征。

这种精确的双目视觉使我们好奇不透明容器里装着什么。当看三维物体的时候，我们推断它们的表面下面还有一个空间。我们好奇这个空间是否装着东西。婴儿摇动闭合的物体并拿它们敲打摇篮，幼儿尝试打开闹钟和玩具看看里面有什么，孩子们尤其被能发出声音、能动、能发亮的物体所吸引，这样的物体能建立一种因果关系，促使孩子们去探索物体的内部动力和他们所见到的物体表面。成年人则不需要打开他们看到的每一个不透明的容器。基于他们头脑中已经建立起来的关于世界的知识，他们知道或者能够有理有据地猜到闭合的容器里装着什么。这种世界知识的获取系统将物体映射为抽象的心理表征，逐渐让孩子们了解周围世界里的各种内容。

对于世界和物体的认知受特定时代科学技术发展的制约。我们这个时代的孩子建立手机的心理表征，中世纪的儿童建立的则是一个骑士盔甲的心理表征。如果将这种逻辑运用到人类起源的时代，我们可以推测我们的史前祖先可能会对人的脑袋，这个圆乎乎、硬邦邦、有洞、还能听到声音、闻到气味、尝到味道的这么个人类身体的一部分感到好奇，想要知道它里面究竟装着什么。事实上，从很早以前开始，人类就开始了这样的探索，但当时通过解剖获得的认识是非常有限的。神经生理学的发展使我们有了更多对大脑不同的结构和功能的认识，使我们更好地理解稳固的心脑关系是如何建立起来的。

8.2.2 大脑的基本结构

大脑是心智的物质基础。理解心智与大脑之间的复杂关系意味着将认知的各个方面（言语、听觉、视觉、运动协调、记忆等）与大脑联系起来。这要求我们对大脑的基本结构有所了解。

在了解大脑的基本结构之前，我们先谈一谈人脑基本的信号处理单位—神经元（neuron）。神经元负责处理和储存与脑功能相关的信息，是脑结构和功能的基本单元。神经元是特异化的，它们是具有放电功能的一种细胞类型。神经元通常由细胞体（cell body / soma）和突起两部分组成（如图 8-1 所示）。突起一般包括一条长而分支少的轴突（axon）和数条短而呈树枝状的树突（dendrites）。长的突起外表大都套有一层鞘，组成神经纤维，神经纤维末端的细小分支叫作神经末梢。神经元之间由突触连接，其主要功能是接受信息并将其传输给其他神经元。一个成年人脑中约包含接近千亿个神经元，如果把它们的连接纤维连起来，大概延伸 15 万千米（Kemmerer，2015），可以沿赤道绕地球 3 圈以上。

神经元的细胞体主要分布在脑和脊髓里。在脑和脊髓里，细胞体密集的部位色泽灰暗，叫灰质（gray matter）。脑和脊髓里也有色泽亮白的部位叫白质（white matter），分布着神经纤维，主要负责传导神经冲动。神经元受到刺激后能产生兴奋，并且能把兴奋传导到其他神经元，这种可传导的兴奋叫神经冲动。神经冲动在神经元中的传导方向是：树突→细胞体→轴突。神经元受刺激时，产生膜电位差，钠离子内流，钾离子外流，使得原本是内负外正的静息电位变为内正外负的动作电位（action potential），以传递兴奋。值得注意的是，神经信号在神经元内是通过动作电位的方式进行电传导的，而在神经元之间则是通过化学物质即神经递质（neurotransmitter）的传递在突触间进行传导的。由突触前膜释放的神经递质与另一个神经元的突触后膜上的特异性受体结合后产生电信号（如图 8-2 所示），即产生突触去极化电位或超极化电位，导致突触后神经兴奋性升高或降低，以此来维持信号传递。如果突触前神经元是兴奋性的，其释放的神经递质会增强突触后神经元的兴奋性；但如果突触前神经元是抑制性的，其释放的神经递质会抑制突触后神经元的活动。

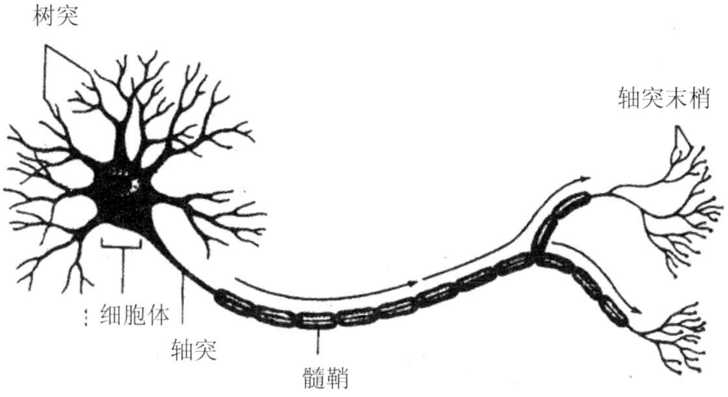

图 8-1　神经元的结构

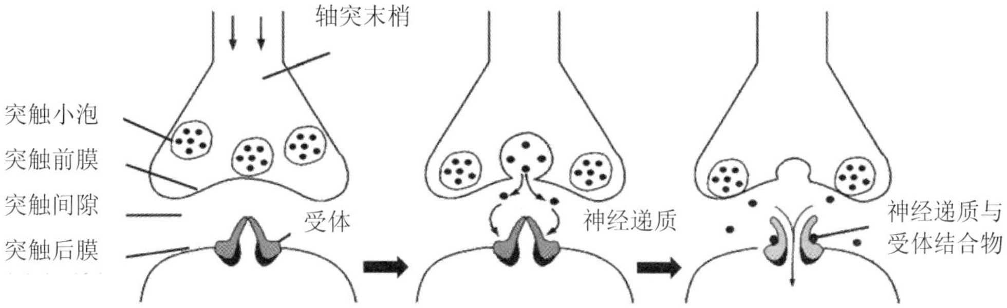

图 8-2　神经元之间的信号传递

重要的是，神经元之间的信号传递都不是毫无代价的，它们的活动需要消耗大量的能量。为此，Kemmerer（2015）把人脑比作一只“代谢猪”。尽管它只占人体体重的 2%～3%，却要消耗心脏输出血氧的 20%，甚至更高。为神经活动提供所需能量的含氧血液通过动脉、小动脉以及密集的毛细血管网络到达人脑。

人脑位于颅腔内，包括大脑，小脑和脑干三部分。

大脑由左、右两个大脑半球组成，二者由神经纤维构成的胼胝体（corpus collosum）相连。覆盖大脑半球表面的是一层灰质，即大脑皮层（cerebral cortex）。皮层下面、大脑深部是髓质和基底节（basal ganglia）。大脑皮层具有许多深浅不同的裂（fissure）或沟（sulcus）以及沟裂之间隆起的回（gyrus），因而大大增加了大脑皮层的总面积和神经元的数量（如图 8-3 所示）。大脑皮层是中枢神经系统的最高级部分，主导机体内一切活动，并调节机体与周围环境的平衡，是高级神经活动的物质基础。它有着感觉、运动、语言、思维等重要中枢。

小脑（cerebellum）位于大脑及枕叶的下方，恰在脑干的后面，是脑的第二大部分。小脑由左右两个半球构成，且灰质在外部，白质在内部。在功能方面，小脑和大脑皮层运动区共同控制肌肉的运动，借以调节姿势与身体的平衡。

脑干（brainstem）上承大脑半球，下连脊髓，呈不规则的柱状形。脑干的功能主要是维持个体生命，包括心跳、呼吸、消化、体温、睡眠等重要生理功能。

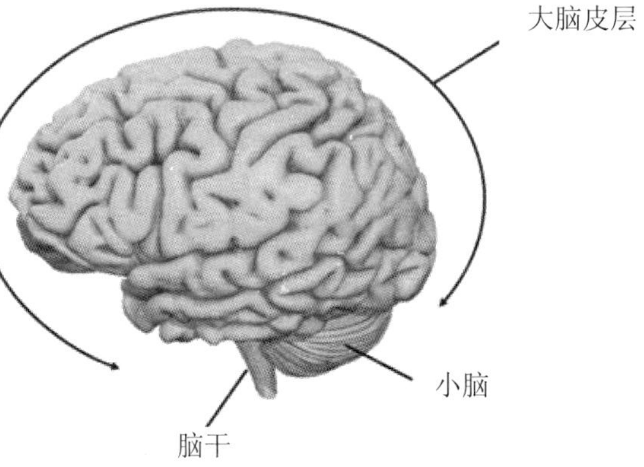

图 8-3　人脑的左侧外观

大脑皮层的裂和沟将其分为额叶（frontal lobe）、颞叶（temporal lobe）、顶叶（parietal lobe）和枕叶（occipital lobe）。如图 8-4 所示，额叶位于中央沟之前，外侧裂（也叫外侧沟）之上。外侧裂之下是颞叶。顶叶前界为中央沟，后界以顶枕沟及枕前切迹的连线与枕叶分界，下界以外侧裂后部达到顶枕线的连线与颞叶分界。顶枕沟之后道是枕叶。枕叶是视觉皮层，主要负责视觉刺激的加工与整合。颞叶主要处理听觉信息，由许多处理声音、语言、记忆甚至情感相关的亚区组成的。顶叶处理触觉、压力、温度和疼痛等知觉，并能调节注意或分配空间注意。额叶与推理、计划、情感、问题解决以及部分的语言和运动有关。

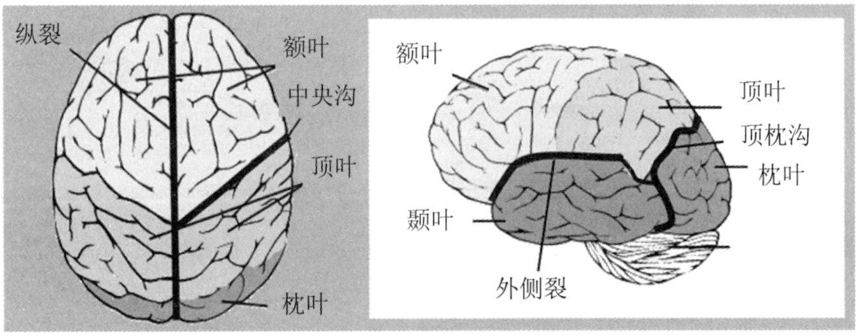

图 8-4　大脑皮层的主要构成

如果说大脑皮层包括三沟五叶的话，这第五叶就是岛叶（insular cortex），又称脑岛（insula）。位于外侧沟底，被额、顶、颞叶所覆盖。其功能可能与内脏自主神经等有关。神经科学家发现它也与情绪、道德、共情等有关。

大脑可细分为更多的区域。1958 年，Wilder Penfield 和 Edwin Boldrey 根据电刺激的结果，完成大脑功能分区图。1909 年，德国神经学家 Korbinian Brodmann 根据皮层细胞结构的相似性—细胞的密度、细胞形状、细胞大小等，把大脑皮层划分为 52 个区。如今，神经科学家对其中某些区域进行了更进一步的细分。Glasser 等人（2016）利用多模态磁共振图像和一种半自动神经解剖学方法，将每个大脑半球划分为 180 个区域，包括 97 个新区域和 83 个先前报道过的区域，每个区域在皮层结构、功能、连接和 / 或地形图上都有显著差异。

不同脑区的功能各有分工、各有特点，但值得注意的是，各脑区之间又互相联系、相辅相成，共同发挥作用。

8.2.3 语言相关脑区及其功能

布罗卡区和韦尼克区最早被发现与语言处理（障碍）相关，往往被称为“经典语言脑区”。布罗卡区包括岛盖部和三角部，即 Brodmann 分区的 44 和 45 区。布罗卡区也叫“运动语言区”，主要负责语言的产生，协调口腔肌肉的运动，从而实现顺畅的发音。具体来讲，布洛卡区负责产生协调的发音程序，提供语言的语法结构，也与言语的动机和愿望有关。布洛卡区受损会导致运动性失语症。这种失语症患者知道自己想说什么，但他们发音困难，说话缓慢费力。他们不能使用复杂句法和词法，不能使用介词和连词。通常伴有失写症（agraphia）。不过，这些患者的阅读和理解不受影响。

韦尼克区包括颞上回、颞中回后部、角回以及缘上回，涉及 Brodmann 分区的 22、39、40 区，也有研究者认为它有可能还涉及 21、37、41、42 区等区域（Kemmerer，2015）。韦尼克区也叫“感觉语言区”，主要负责从声音到语义的转换，与言语的理解密切相关。韦尼克区受损会导致感觉性失语症。这种失语症患者对言语的理解存在障碍，严重时答非所问。他们常滔滔不绝地自个儿说个不停，但用词混乱，让人难以理解。他们不能监控自己的言语，不能认识到自己言语的问题。他们在复述、命名等方面均有缺陷。以上症状往往也同时伴有失读症和失写症，但不如言语理解和表达障碍那样严重。

布罗卡区和韦尼克区在语言活动中的作用至关重要，但值得注意的是，语言功能不是仅仅靠布罗卡区或韦尼克区来实现，而是多个脑区合作的结果（如图 8-5 所示）。之前提到，早期对语言脑机制的探索多依赖解剖学和生理学。随着神经影像技术的发展，人类获得了更多、更精细的语言加工与产生的相关脑区的证据。著名认知神经科学家 Cathy J. Price 总结了数百项关于语言的 PET 或 fMRI 研究，建立了一个包括多个语言相关脑区的解剖模型，并将这些脑区按认知功能进行了分类（Price，2012）。她指出，未来的研究无疑能赋予语言功能区更高的空间精度，但最大的挑战其实是探索不同脑区在语言理解和产生过程中如何相互作用。

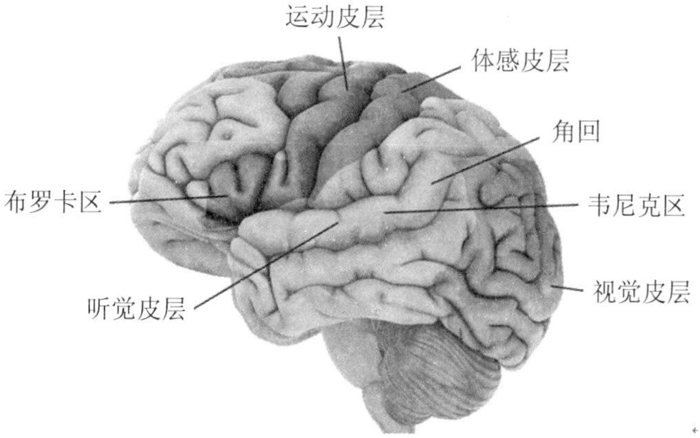

图 8-5 参与语言活动的脑区

有研究按照听、说、读、写来总结语言功能区（赵立波等，2016）。运动性语言中枢，即说话中枢，主要包括布洛卡区，也涉及其他区域，如运动区、辅助运动区、小脑等与语音的编码和清晰度有关，还有布罗卡区相邻的左侧脑盖与说话时的句法编码有关。听觉性语言中枢，包括部分韦尼克区，主要位于左侧颞上回后部，也涉及左侧颞中回、颞下回，甚至是楔叶、梭状回和舌回，前脑岛在音调的处理过程中起重要作用。视觉性语言中枢，即阅读中枢，包括部分韦尼克区，主要是角回，也涉及左侧梭状回、颞中回，甚至布罗卡区，其中梭状回与词形处理有关，颞中回和布罗卡区参与了语法、组词、语言组织等。书写性语言中枢，即书写中枢，主要位于左侧额中回的后部，也涉及左侧运动区、运动前区、感觉运动区、辅助运动区等。

也有研究按词以下的语言成分的加工、词汇加工、句子加工、篇章加工来梳理语言处理相关的脑区（阿布都克力木·阿布力孜，2015）。额叶下部区域包括布罗卡区，参与语音加工、语义决策、句子和篇章加工。颞叶上部主要参与语音声音的听觉处理、语义加工、句法加工。颞叶中部主要参与语音和语义加工。韦尼克区及缘上回主要参与语义加工和某些语音加工（如把文字转换成语音表征）。颞极和顶叶参与了篇章加工。中国科学院的研究者（Yang 等，2019）结合脑区激活与大尺度（large-scale）脑网络揭示了语篇理解的神经机制，发现语篇加工激活了以左侧额下回和左侧颞中回为核心的多个脑区。这些脑区的参与方式不是全或无，而会分化成不同的子系统来处理不同的语篇加工子过程（推理、冲突解决、连贯性构建等），但左侧额下回和左侧颞中回两个核心脑区会参与所有语篇加工的子过程。在大尺度脑网络水平上，语篇加工主要由默认网络（default network）来完成，且它与其他大尺度脑网络的协作方式会随着子过程的变化而变化。

经过人类长期的探索，我们已经发现了一些较为稳定的、与语言加工相关的脑区。从研究证据上看，一些脑区在语言活动中的参与度确实高于其他脑区，但它们是否就能被称为“语言区”这个问题值得注意。事实上，“经典语言脑区”布罗卡区也具有语言以外的（如层次结构构建、动作加工、工作记忆、认知控制等）功能（Fedorenko, Duncan, & Kanwisher, 2012）。如同 Ullman（2016）在书中提出的那样，我们迷惑人类为什么要一直孜孜不倦地去寻找语言区。相反，语言能力为什么不能分布在具有其他功能的脑区之上呢？其实，语言信息的处理无疑涉及不少传统语言加工脑区之外的大脑结构，例如，运动皮层就在理解语音、词义和句法结构上起着重要作用（Pulvermüller & Fadiga. 2010）。2016 年，加州大学伯克利分校的一个研究团队在《自然》杂志上发表了他们的脑成像研究结果（Huth 等，2016）。他们利用自然语言与 fMRI 技术，首次将人类对语言刺激的反应绘制成了大脑的“语义图谱”。以往人们认为语义信息集中储存在某些语言相关脑区，而且主要集中在左半球。但 Huth 等人绘制的图谱表明，语义的表征，即“语义系统”，其实在大脑皮层上有着极其广泛的分布。语义网络在额、顶、颞、枕叶均有分布，而且语义在两个半球的表征分布几乎是对称的。可见，我们应当谨慎定义“语言区”，区分语言特定（language-specific）脑区与语言相关脑区。

关于语言的认知神经机制，还有几个重要问题需要思考。

第一，大脑语言功能区的偏侧化。偏侧化（lateralization）一直是认知神经语言学研究语言功能脑区分布的重要课题。一般认为，大脑左半球是语言优势半球。但这并不意味着右半球就不参与任何语言加工。刚刚讲到 Huth 等人（2016）绘制的图谱表明语义在两个半球的表征分布几乎是对称的。之前的综述（阿布都克力木·阿布力孜，2015）也提及右侧颞叶与语音声音的听觉处理和韵律加工有关，甚至也因语义和句法加工而被激活。当然，右半球参与强度往往没有左半球高，偏侧化是存在的，但不是绝对的。

首先，有部分人表现出右半球语言优势或者双侧半球语言优势，而且，这种语言功能偏侧化情况还因利手而不同。有研究表明，90%以上的右利手者语言优势半球位于左侧，而左利手者中 20%～30%的人则表现出右半球语言优势或双侧半球语言优势（Willems, van der Haegen, Fisher & Francks, 2014）。Szaflarski 等人（2012）利用 fMRI 研究了未成年人语言功能偏侧化的发生率，发现左利手者非典型语言功能偏侧化的发生率与成人相似。另外，语言功能偏侧化与利手系数、静息态半球内功能连接之间具有正相关关系，与半球间功能连接呈负相关，且语言功能偏侧化与静息态功能连接之间的关系在左右利手个体之间存在差异（王潇等，2020）。

其次，语言功能偏侧化是可塑的。可塑性是大脑结构与功能的重要特点。儿童时期在大脑优势半球尚未确立时（一般认为 5 岁之前），甚至是在优势半球确立之后，如果左半球受损伤，右半球可能发展出优势，从而使某些语言机能得到代偿（Boatman 等，1999；Hertz-Pannier 等，2002）。Pataraia 等人（2004）利用 MEG 检测左颞叶癫痫（颞叶中部硬化所致）患者大脑语言功能的激活情况，发现这类患者中非优势半球部分或全部接替接受性语言功能的脑机制关键成分的可能性增加，癫痫的早期发作与非典型语言偏侧化密切相关，优势半球的病变往往导致语言功能半球内重组。

另一个需要思考的重要问题是语言脑机制的普遍性即跨语言性，也就是说不同的语言具有相同还是不同的脑机制。随着神经影像精度越来越高，研究者开始了这方面的争论。Rueckl 等人（2015）采用 fMRI 考察了西班牙语、英语、希伯来语和汉语四种截然不同的语言的阅读和语音感知。结果发现，尽管这些语言在书写系统上有非常大的差异，语音和文字的成功辨识激活了共同的神经网络结构。基于这些发现，Rueckl 等人提出不同语言的熟练阅读背后存在普遍的脑机制。

对此，有研究者不完全赞同，他们认为语言的脑机制既有普遍性，也有特异性。长期从事汉语语言研究的认知神经科学家谭力海和他的同事们采用 fMRI 考察了汉语阅读脑机制的普遍性和特异性，发现左侧额中回（BA 9）协调和整合了汉字（方块字）加工所需的高强度视觉空间分析和当前实验任务所需的语义或语音分析，认为该结构是汉语加工的特异性脑机制（Tan 等，2001）。此外，谭力海及其合作者（Siok 等，2004）在发展性阅读障碍症的 fMRI 研究中发现，字母语言的阅读障碍症主要与左侧颞顶区的功能紊乱有关，与此不同，汉语阅读障碍主要体现在左侧额中回，这个与汉字书写系统有关的脑区。

不过，另有研究（Hu 等，2010）在同一个实验中同时考察了汉语阅读能力正常和有汉语阅读障碍症的被试。结果显示，阅读能力正常的被试中，汉语较英语更强地激活了左侧额下沟，英语较汉语则更强地激活了左侧颞上沟后部。两种语言的阅读障碍症患者大脑激活情况相似，即与正常被试相比，他们左侧角回、额中回、颞叶后部及颞枕联合区的激活均减弱，却都激活了左侧额下沟和颞上沟后部。该研究认为，左侧额下沟和颞上沟后部在正常被试激活水平上的差异来自于文化，阅读障碍症患者阅读效率低下是没有采用依赖文化的策略。因此，该研究最终形成两点结论：一方面，不同语言的阅读障碍脑机制相同；另一方面，认知能力和学习环境会使相同的阅读脑机制产生差异。

从不同语言的神经机制的争论不难想到双语的神经机制。双语者的两种语言在脑机制上是否存在差异呢？这个问题其实也没有统一的答案。有研究表明，双语者的两种语言在大脑皮层上的表征确有差异。例如，多语失语症患者表现出一种或多种语言的选择性损伤和 / 或差异性恢复（如 Nilipour & Ashayeri，1989）。皮层刺激导致第一和第二语言命名的选择性中断（Ojemann & Whitaker，1978）。fMRI 研究（Kim 等，1997）发现晚期双语者每种语言激活了额下回的不同亚区。Tan 等人（2011）在对 10 岁儿童进行的纵向研究中发现，左侧梭状回-尾状核回路能够预测二语阅读的后期技能，但不能预测母语阅读能力。

但是，也有不少研究提供了双语皮层表征重叠的证据。波斯语-英语双语者的两种语言在事件相关电位（event-related potential, ERP）上涉及相同的皮层区域（Sarfarazi 和 Sedgwick，1996）。PET 研究发现法语和英语双语者两种语言的语义和语音处理同样激活了左侧额下回（Klein 等，1995）。fMRI 研究（Chee 等，1999）发现晚期双语者的两种语言激活了额、颞、顶叶的相同区域。Marian 等人（2003）结合眼动和 fMRI 考察了晚期俄语-英语双语者两种语言的认知和神经机制，提出眼动发现的两种语言的平行激活和 fMRI 发现的双语共享脑区可能是语言处理早期阶段（如语音处理）的特点，但是，语言在处理的后期阶段（如词汇处理）可能使用不同的大脑结构。

8.3 语言对认知和大脑的影响

8.3.1 语言相对论

语言来源于相对稳定的认知和神经机制。反过来，语言是否会影响认知及大脑功能乃至结构呢？语言相对论（linguistic relativity）是持语言影响认知观点的代表性假设。

13 世纪，英国哲学家、倡导科学研究方法的先锋 Roger Bacon，通过比较希伯来语、古希腊语和古罗马语，发现人们长期使用的词汇很容易改变人们对相关事物的判断（Thomas，2002）。Bacon 的这一发现可视为语言相对性研究的萌芽，而研究者真正认识到语言对思维的作用是 19 世纪初，德国哲学家、语言学家 Wilhelm von Humboldt 率先对语言相对性进行了较为系统的阐述。他认为不同的语言通过不同的内在形式（如建立在感知经验上的概念），引起对外在世界不同的理解与解释，形成不同的思维体系（Brown，1967）。

可以说 Humboldt 是语言相对论假设的奠基人，一个世纪后美国人类语言学家 Edward Sapir 和 Benjamin Whorf 在他的思想基础上发展了著名的 Sapir-Whorf 假设。该假设无疑给予了语言相对性最完整和最明确的表述。在 Sapir 看来，语言不只是一个符号系统，也是一个独立的概念系统，它帮助人类认识社会、适应社会，同时也制约人类的认识过程（Sapir，1929）。Whorf 把 Sapir 的思想运用到语言学上，他对标准普通欧洲语（standard average European language）与某种美洲印第安语（the Hopi language）做了具体的分析与比较，提出不同的语言就有不同的思维，甚至不同的世界观（Whorf，1956）。概括地说，Sapir-Whorf 假设的基本思想是语言制约甚至决定思维。

这一假设一经提出就引起多方争议，成为语言学、哲学、人类学以及心理学等领域共同关注的问题。最主要的挑战来自语言普遍论，其代表人物是著名的美国语言学家、认知科学家 Noam Chomsky。Chomsky 认为语言结构反映的是认知的普遍性，认知的差异与语言的差异无关（Chomsky，1965）。语言普遍论的观点得到了某些研究的支持。比如，Heider（1972）通过实验研究表明，不管被试说哪种语言，他们对这些焦点颜色命名的准确率都高于其他颜色。

除了语言普遍论的驳斥以外，Sapir-Whorf 假设最受争议的是它当中某些比较极端的语言观，研究者称之为语言决定论（linguistic determinism）。该观点认为语言对思维的塑造作用已经强大到了可以重塑之前存在的感知觉能力，语言决定思维，没有语言就没有思维。对语言相对论的这一阐释显然站不住脚，不少高级认知加工都不需要语言的参与。比如，婴儿对数字的认知（Feigenson，Dehaene，& Spelke，2004）。大量与语言决定论观点相悖的证据使得语言相对论到 20 世纪 90 年代几乎无人问津（Wolff & Holmes，2011）。

20 世纪后期，认知科学的兴起为语言相对性的探究注入了新的生机，一批新沃尔夫主义者（Neo-Whorfianist）开展了一系列实验研究，从一些方面证明了语言相对论假设的合理性，语言相对论又重新受到重视。在这个过程中，对语言相对论的认识开始从语言决定论转向了语言非决定论，后者认为语言影响（而不是决定）思维（Lucy，1992），至此，语言相对论的重心开始转移到语言和认知如何相互作用这个话题上。

从基础的感知觉（如颜色感知、运动感知、视觉搜索）到分类和概念化，越来越多的研究揭示了认知的许多方面受语言的影响。例如，Thierry 等人（2009）在 ERP 研究中发现，由于希腊语用不同的两个词“ghalazio”和“ble”分别描述浅蓝和深蓝，而英语中“blue”一个词就包括浅蓝和深蓝，因此，比起英语为母语的控制组，以希腊语为母语的被试在前意识状态下对浅蓝和深蓝的刺激产生了更大波幅的失匹配负波（mismatch negativity，MMN），且其潜伏期也更短，体现出对浅蓝和深蓝更强的分辨力。与此类似，Thierry 及其团队在认知的多个方面提供了语言影响的神经证据（Thierry，2016）。Dehaene 等人（Dehaene，Spelke，Pinel，Stanescu，& Tsivkin，1999）采用俄语或英语对俄英双语被试进行准确和模糊数字加法训练，结果发现被试解答受训语言表征的准确数字加法问题比解答训练无关语言表征的加法问题速度更快，这说明在精确数字表征方面训练的成效是以特定语言形式储存的。估计问题上被试的成绩并没有受到训练所用语言的影响，所以这部分数字系统似乎是独立于语言的。该研究的 fMRI 结果支持了行为上的发现，精确数字任务涉及的脑网络包括典型的语言区，而估值任务涉及的脑区并不包括典型的语言区。

有趣的是，语言特异性认知受到暂时性的语境调节。Athanasopoulos 等人（2015）考察德英双语者不同语境下运动事件分类发现，被试在德语测试情境下和在英语测试情境下分类偏好不同。被试在英语干扰条件下，分类更偏向德语预测的方式，而在德语干扰条件下，分类与英语预测方式一致。似乎双语者会说两种语言就有两种认知方式。

8.3.2　外语效应

语言影响认知的另一个体现就是外语效应（foreign language effect），即外语较母语的使用引起思维方式的差异、产生不同的行为结果，换言之，用外语思考可减少认知偏差（cognitive bias）。

外语效应首先由 Keysar 等人在 2012 年的研究中提出（Keysar, Hayakawa, & An, 2012）。该研究首先使用框架效应（framing effects）任务，即经典“亚洲疾病”问题，操纵呈现问题所使用的语言（母语或外语），考察描述问题所使用的语言如何影响框架效应。所谓框架效应是指，当决策方案从正面来表述时，决策者倾向于选择肯定的措施；当决策方案从负面来表述时，决策者会倾向于冒险而选择不那么确定的措施。此实验发现，当决策问题由母语来呈现时，框架效应与前人研究一致；当决策问题由外语呈现时，框架效应则消失了。在同一研究中，Keysar 等人还探讨了母语和外语对博弈中损失厌恶效应（loss aversion）的影响。结果发现，与母语相比，当用外语呈现博弈任务时，被试对损失的厌恶程度减低，从而更倾向于接受博弈。因此，Keysar 等人提出，使用外语增加了思维的分析性、系统性，降低了决策过程中的情绪反应，从而减少了决策中存在的偏见。

随后，有研究（Costa 等，2014）在多样化的决策任务，包括 Keysar 等人（2012）使用过的框架效应任务、涉及心理账户（psychological accounting）的决策任务、彩票任务以及著名的认知反射测验（cognitive reflection test）等 8 个决策任务中，发现经典的认知偏见都因外语的使用而消失。这验证了 Keysar 等人（2012）的结果，确定了决策中的外语效应具有一定的普遍性。

Gao 等人（2015）为决策中的外语效应提供了 ERP 证据。该研究在基于反馈的风险决策任务中，分别用母语汉语和二语英语向双语者呈现博弈结果，发现被试在母语条件下比在二语条件下参与博弈的比率更高，而且在接受母语反馈时被试的行为呈现出经典的“热手”效应，即正反馈近因效应，而接受二语反馈时这种效应消失了。脑电结果支持了行为结果，表现为母语反馈引发的反馈相关负波（feedback-related negativity, FRN）显著大于二语反馈引发的反馈相关负波。在此研究基础上，Zheng 等人（2020）采用 fMRI 考察了风险决策中的外语效应。该研究在行为上未观察到外语效应，但却发现杏仁核和尾状核等奖赏相关脑区在外语条件下比在母语条件下激活更强。

虽然一直以来外语效应在神经层面上的证据非常有限，但行为证据却涉及了认知的不同方面，包括道德判断、自我偏见、心理意象（mental imagery）、恐惧习得（fear acquisition）、因果关系偏见（causality bias）等。Costa 等人（2014）采用“人行天桥”版本的电车困境考察了外语的使用对道德判断的影响。结果表明，当人们面临外语描述的道德困境时，会做出更为功利的决定，即牺牲一个人来拯救五个人。Ivaz 等人（2016）在自我偏见中观察到了外语效应，即外语的使用减小了自我偏见效应。Hayakawa & Keysar（2018）发现使用外语减弱了心理意象，从而减少两个无关事物之间不必要的思考或想象。另外，使用外语也影响恐惧习得。García-Palacioss 等人（2018）发现，使用母语或外语可以改变语言指令在中性刺激与威胁性后果之间产生关联的强度。Díaz-Lago & Matute（2019）发现，用外语呈现信息可以作为一种策略消除因果错觉，从而在非偶然情况下促进准确的判断和决策。胡杰辉和许婷（2020）对比了汉英双语者在母语和二语模式下对三类社会行为（高度符合社会规范、高度违反社会规范、中性）的加工变化，观察到社会规范加工中的外语效应，并且发现外语效应在高度符合和高度违反社会规范的行为的加工中存在一定差异。

8.3.3 双语脑

双语经验对认知和大脑的影响一直是很受关注却又颇有争议的话题。早期研究认为双语经验会对认知发展带来不利影响，例如，干扰母语学习等（Hakuta，1986）。Peal 和 Lambert（1962）的研究成为转折点，他们首次发现英法双语比法语单语儿童在言语和非语言测试中都有优势。自那以后，不少研究在寻找双语经验改善双语者认知控制能力的证据（Kroll 等，2015）。

针对双语经验是否可以促使双语者在认知控制能力上比单语者更有优势这个问题，国际学界近三年连续组织了几次大辩论，代表性工作包括四项：1）2013 年，*Journal of Cognitive Psychology* 第五期组织了十篇文章，专题讨论双语认知控制优势；2）2014 年，*Applied Psycholinguistics* 从大脑可塑性角度，对双语认知优势专题综述，并配发了十篇国际争鸣；3）2015 年，*Bilingualism: Language & Cognition* 第 1 期再次就双语经验是否导致认知控制优势专题综述，同时配发了十篇国际评论；4）2015 年 5 月，美国 NIH 赞助在纽约城市大学以“双语和执行控制”为主题，分儿童、成人、老年、理论和方法五个专题，以十个专家报告和十场论辩问答相结合深入研讨。四次大辩论的结果是：争议依然很大，双语认知控制优势的赞成派和质疑派势均力敌，各有证据。

赞成派以 Bialystok 和 Kroll 等为代表（Kroll & Bialystok，2013），其依据是：从认知的角度，双语学习本质上是对脑网络的重新塑造。由于双语者两种语言平行激活，需要根据环境需求，不断选择目标语言，抑制非目标语言。这种认知训练不断修饰冲突控制的脑网络，使双语者的执行控制功能更加高效，产生认知控制优势。

双语认知控制优势的产生机制可归纳为以下五点：1）双语者比单语者拥有更强的抑制机制。例如，双语者在 Flanker、Stroop 等任务中比单语者表现更好，这些任务需要对冲突进行监测和抑制（Pelham & Abrams，2014）。由于双语者在语言运用中必须对自动激活的非目标语进行抑制，因此发展出更强的抑制机制。2）双语者拥有更高效的心智转换机制。实验任务有威斯康辛卡片任务（WCST）等。由于双语者需要经常转换两种语言，其心智转换能力得到更多训练，从而在非语言任务转换中也表现得更强（Prior & Gollan，2011）。3）双语者拥有更强的工作记忆。工作记忆是有限的认知资源，与冲突调节紧密相关。双语者工作记忆容量增大、信息更新效率提高（Morales 等，2013）。4）双语认知优势可以形成“认知储备”，弥补年龄老化带来的认知损耗。双语经验使得老年双语者的执行控制能力和工作记忆得到提高，并有效利用大脑认知资源弥补已经老化的部分，使双语者老年痴呆症的发病时间比单语者平均晚四年（Bialystok 等，2007）。5）双语优势效应具有神经机制基础。神经影像研究结果表明，语言和非语言认知控制任务都激活了相同的脑区，且双语者比单语者更加有效地调用认知控制网络；双语者在完成同样难度的冲突任务时，扣带回区域的激活程度比单语者要小（Calvo & Bialystok 2014）。

质疑派以 Paap 和 Klein 等为代表（Hilchey & Klein，2011；Paap 等，2015），其依据主要是：1）双语认知优势的重复验证信度低。近年来，有多项重复研究没有发现双语者的认知控制优势。例如，Paap 和 Greenberg（2013）通过反眼跳、Simon、Flanker 和颜色—图像转换等四类任务多个指标，均没有发现明显的双语认知优势。研究认为已有研究报告的双语优势可能是伪迹。2）数据分析效力低。分析显示，被试样本数目越大，显著差异的情况越小（Hilchey & Klein，2011）。例如，Paap 等人（2015）指出在 Abutalebi et al（2012）实验的 Flanker 任务中，直接对比双语组和单语组的速度加快增量并不支持双语组具有比较优势。3）结果发表有偏见。de Bruin 等（2014）对近年来国际上 62 个国际会议中统计到的 104 份研究摘要统计发现，支持双语优势的研究发表率为 68%，而不支持该结论的发表率只有 29%。4）神经指标的解读有争议。例如，Moreno 等（2010）在一项脑电研究发现句子意思错误诱发了双语者更大的 N400 成分，认为这代表双语组冲突解决能力更强。但 Paap 和 Liu（2014）认为该结果可以解释为双语者更难以过滤掉任务无关的语义信息，不支持双语优势。5）结果受干扰变量影响大。例如，Carlson & Choi（2009）发现相对美国单语组，生活在美国的韩英双语者非语言认知控制能力优势明显，可是与匹配的韩国单语组相比，韩美双语组没有明显优势。因此，用简单的组间差异可能会导致错误的推断，也显示文化差异、社会经济地位等干扰变量对研究结果影响很大。

其实，笼统的讨论双语认知控制优势是把复杂问题简单化了，研究不应纠结于双语者较单语者是否存在认知优势，而应当深入不同双语经验影响哪些认知控制成分以及如何影响这些成分。

8.4 认知神经语言学研究方法与技术

8.4.1 实验设计基础

好的研究需要有好的问题加上好的设计。好的实验设计首先应明确拟研究的问题和操作定义，确定自变量、因变量以及控制变量。自变量是在实验中实验者所操纵的、对被试的反应产生影响的变量，也叫刺激变量。因变量是在实验中由实验者操纵自变量而引起的被试的某种特定反应。控制变量也叫额外变量，指实验中除了自变量以外的影响实验变化和结果的潜在因素或条件。正确的实验设计中，自变量操纵要契合实验目的，因变量要测量精确，额外变量要控制严格。例如，要考察情绪效价对词汇再认率的影响，情绪效价就是实验操纵的自变量，再认正确率为因变量，词汇的词频、具体性等是需要控制的额外变量。实验设计的好坏很大程度上取决于对照组 / 对照条件的设置。

当然，额外变量的控制也很重要。这里举几个额外变量常见的例子。主试效应，指主试在实验中可能以某种方式（如表情、手势、语气等）有意无意地影响被试。霍桑效应，即被试由于知道自己正在被研究而引起的效应。社会赞许效应，被试希望表现出符合社会期望的公众形象。安慰剂效应，被试因“预料”或“相信”自己接受了某种处理而产生相应的反应。

常见的控制额外变量的方法有：排除法、恒定法、平衡抵消法、匹配法、随机化以及统计控制法等。排除法指将额外变量从实验中排除出去。恒定法是让额外变量在实验过程中保持恒定不变。平衡抵消法用于消除由实验顺序、刺激的空间位置、反应的动作方式等对实验结果产生的影响。匹配法指将实验组和控制组被试除自变量之外的其他条件尽量保持相等。随机化用于被试分组、刺激呈现和实验顺序等。统计控制法主要用于实验前难以完全控制的额外变量。不过请注意，统计控制法对于实验前控制只是起到补充的手段，而不可能取代实验前控制的重要地位。

实验设计可以按不同的分类标准分成不同类型。例如，按自变量数量可将实验设计分为单因素设计和多因素设计。单因素实验设计操作简单，但多因素设计实用价值高，容易建立结果的普遍性，也有利于观察变量之间的交互作用和主效应。不过，自变量不宜过多，一个因素的水平也不宜过多。另外，按被试接受自变量处理的数量，可将实验设计分为被试间设计、被试内设计和混合设计。被试间设计的特点是每个被试只接受一个自变量水平的处理。这种设计的优点是处理之间不会相互影响或污染；但需要的被试量大，而且被试组间可能存在差异，成为额外变量。被试内设计的特点是所有被试都接受每一水平自变量的处理。这种设计的优点是节省被试人数，且组间被试个体差异能得到控制；但它的问题是被试接受不同自变量水平处理的时间先后、时间间隔等会有差异，而且还可能造成实验时间过长。

8.4.2 认知神经科学的研究手段

有研究认为认知神经科学带给语言研究的其中一个改变，就是使语言与心智和脑的关系的研究愈趋科学化，包括采用认知神经科学的研究技术和手段，深入脑神经层面，寻求对语言产生和加工的解释（周频，2013）。这里向大家介绍一些用于语言研究的认知神经科学的技术手段。

眼动技术，又叫眼动记录技术或眼动追踪技术，是指利用眼动仪记录人在处理视觉信息时眼睛运动的各项指标（如注视点、眼跳等），进而反映和揭示人的认知活动，它广泛用于注意、视知觉、阅读等领域的研究。例如，白学军等人（2017）使用眼动仪探测了藏语阅读知觉广度的大小，发现藏族大学生藏语阅读知觉广度的右侧范围大约是注视点右侧 4~8 个字符的空间，藏语阅读知觉广度存在其特异性。唐慧君和文旭（2020）采用眼动技术探讨了英语阅读中的代词歧义消解机制。结果显示，有指代歧义代词的首次注视比率低于无指代歧义代词，说明在早期加工中代词歧义加速了阅读进程；而有指代歧义代词句的多个区域回视路径时间和总阅读时间长于无指代歧义代词句，表明歧义代词的消解增加了阅读晚期的加工难度。

脑电图也就是 EEG，是一种使用电生理指标记录大脑活动的方法，记录的是大脑皮层锥体细胞顶树突的突触后电位变化的总和，即脑神经细胞的电生理活动在大脑皮层或头皮表面的总体反映。EEG 被广泛运用于临床诊断和治疗，也用于脑科学相关的基础理论研究。比起 EEG，更多用于语言研究的是 ERP，即事件相关电位（event-related potential），它是多个特定刺激诱发的平均脑电反应。这个特定刺激可以是感知觉或运动事件（如图 8-6 所示），在语言研究中它可以是语音、词汇等语言刺激。

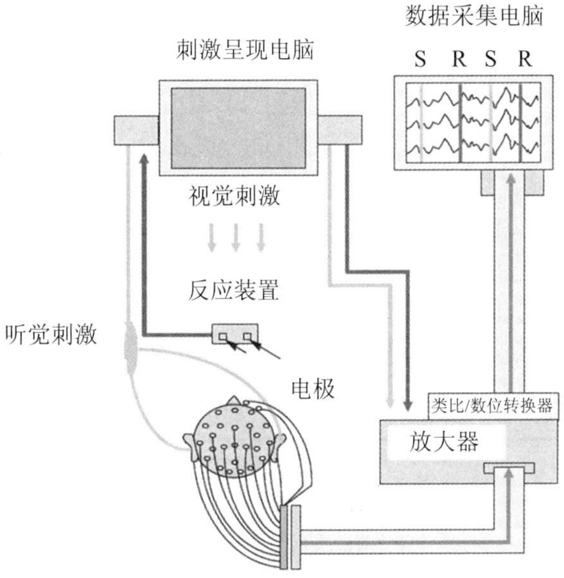

图 8-6　ERP 信号采集系统

那么 EEG 和 ERP 有何区别呢？EEG 是自发的、不断发生的；正常的自发脑电一般处于几微伏到 75 微伏之间；它是随机的、不规则的。ERP 是刺激（物理属性 / 心理因素，给予 / 撤销）诱发的；它比自发脑电更弱，一般只有 2～10 微伏，通常淹埋在自发电位中；它有两个“恒定”特征，即潜伏期（latency）恒定和波形（amplitude）恒定。正是利用这两个“恒定”，ERP 信号才能通过锁时分段、叠加平均被提取出来。因为自发脑电或噪音是随机变化的，相互叠加时正负抵消，而 ERP 信号因为两个恒定的特征不会被抵消，反而其波幅会不断增加，当叠加到一定次数时，ERP 信号就显现出来了。

ERP 属于心理生理学范畴，即心理指标（认知）为自变量，生理指标（神经）为因变量。它时间分辨率高，可达到微秒级，便于与反应时配合，研究认知的精细过程，如颜色知觉、面孔识别、语义加工等。这种方法是无创的，数据采集与分析相对简单，实验成本相对较低。

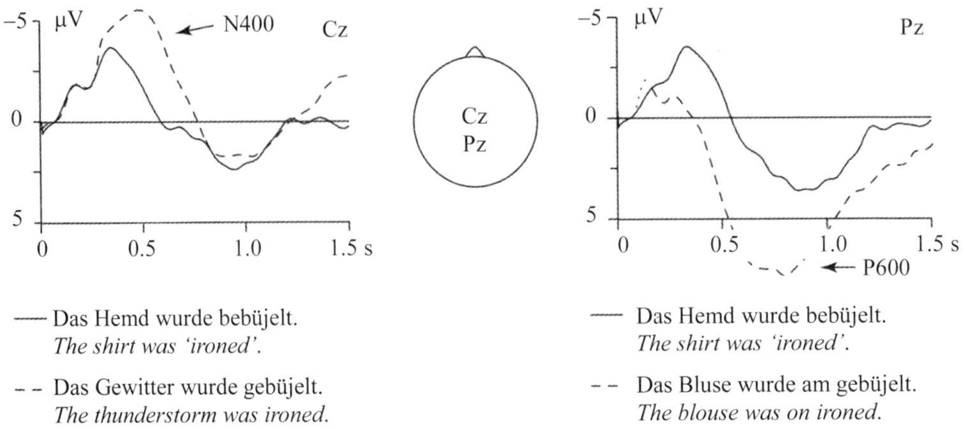

图 8-7　语言相关 ERP 成分 N400（左）和 P600（右）示例（Friederici，2002）

目前，ERP 已被广泛运用于语言研究。我们来了解两个与语言加工密切相关的 ERP 成分（component）：N400 和 P600。N400 是刺激开始后 400 毫秒左右达到峰值的负波。它的振幅受语义违反或语义整合性的调节（如图 8-7 左所示）。P600 刺激开始后 600 毫秒左右出现的正波。它振幅增大反应语法错误或其他句法异常（如图 8-7 右所示）。

我们加工二语英语时会不知不觉将其翻译成汉语吗？以前这个问题一直存在争议。Thierry & Wu（2007）利用 ERP 考察了这个问题。实验中，汉英双语被试阅读前后成对呈现的英语单词，判断这两个词意义上是否相关。他们不知道有一半的词对，如果将其翻译成汉语，这两个词其中一个字是相同的（如表 8-1 所示）。结果有“隐藏关系”的英语词对就如同语义相关的词对一样，导致 N400 振幅显著减小，说明被试阅读英语时，大脑自动将其翻译成汉语，从而识别了“隐藏关系”（如图 8-8 所示）。该研究也在听觉模式下复制了这一发现。

表 8-1　Thierry & Wu（2007）的实验设计和刺激示例

汉字重复	语义关系	
	相关	不相关
有重复	Post–Mail 邮政–邮件	Train–Ham 火车–火腿
无重复	Wife–Husband 妻子–丈夫	Apple–Table 苹果–桌子

功能性磁共振成像（fMRI）是当代医学影像技术应用于脑神经科学研究最为迅速的领域之一。它是血氧水平依赖（blood oxygen level dependent，BOLD）的脑功能成像。BOLD 信号与局部脑血流、氧合血红蛋白和脱氧血红蛋白含量密切相关，血流和血氧的变化（即血流动力学反应）与脑神经活动密切相关。当大脑进行特定任务时（如词汇加工），相应的脑功能区神经元活动增强，引起局部脑血流量和氧交换量的增加，氧的供量大于氧的消耗量，从而使氧合血红蛋白含量增加，脱氧血红蛋白含量降低。脱氧血红蛋白是顺磁性物质，当其浓度减低引起信号升高，使功能活动区的皮层表现为相对高信号。

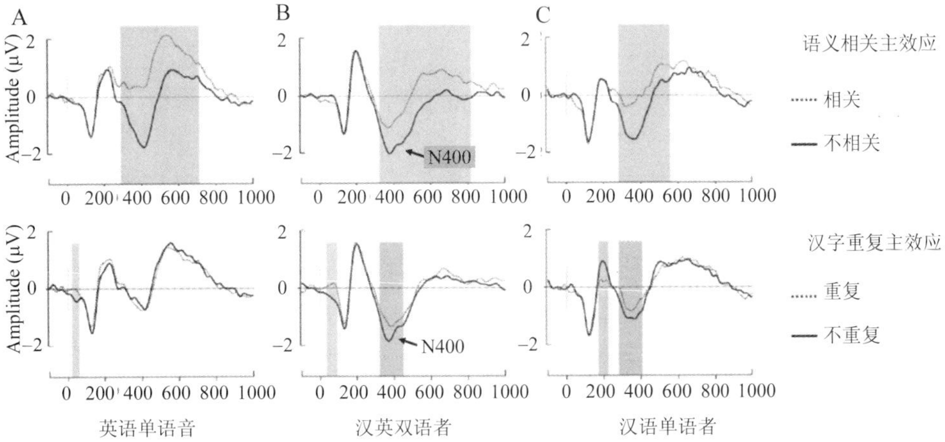

图 8-8　Thierry & Wu（2007）的 ERP 结果

fMRI 和 ERP 一样是无创的，与 ERP 不同的是 fMRI 有较高的空间分辨率，能更精确地反应结构与功能的关系。目前，很多与语言相关的脑功能区就是通过 fMRI 研究揭示的（耿左军&张云亭，2005）。例如，Hauk，Johnsrude & Pulvermüller（2004）采用 fMRI 揭示出阅读身体部位相关动作词汇激活了相应身体部位运动激活的脑区（如图 8-9 所示）。

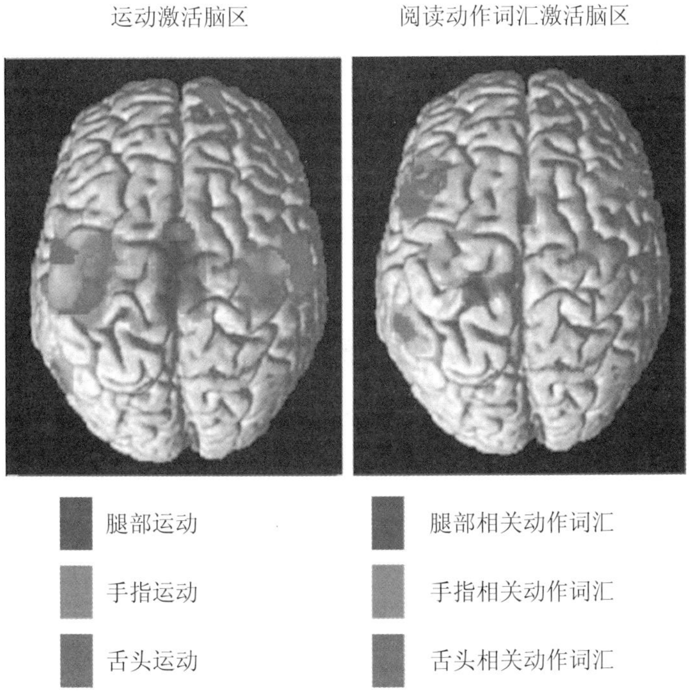

图 8-9　运动和阅读动作词汇时的皮层激活（改编自 Pulvermüller（2005）中的图 3）

功能性近红外光谱技术（fNIRS）也是一种非侵入式脑功能成像技术。它的成像原理与 fMRI 类似，也基于局部血液动力学变化与大脑神经活动的关系。不同于 fMRI 磁振造影，fNIRS 利用氧合血红蛋白和脱氧血红蛋白对 600～900nm 不同波长的近红外光吸收率的差异特性，检测大脑皮层的血液动力学反应，通过神经血管耦合规律来反推大脑的神经活动情况。fNIRS 时间分辨率高于 fMRI，空间分辨率高于 ERP，是时、空分辨率上折中的选择。这种技术对被试的动作不会过分敏感，因此更方便用于儿童、老人以及某些特殊病人等群体。fNIRS 操作比较方便，成本相对较低。但它仅能探测大脑较浅皮层的血氧变化（刘涛和刘星辰，2017）。

这里举一个 fNIRS 用于语言研究的例子。Sugiura 等人（2011）采用 fNIRS 大规模检测 484 名小学生（6～10 岁）的母语（日语）和第二语言（英语）加工，包括一语、二语词汇的皮层激活、词频对其的影响以及左右半球的差异。结果显示，一语词汇比二语词汇的激活更强，尤其是颞上回、颞中回、角回和缘上回等区域；额下回呈现右半球优势；顶叶下部区域呈现词频与半球的交互效应，即低频词使右半球激活更强（特别是缘上回），而高频词左半球激活更强（特别是角回）。

经颅磁刺激（TMS）与之前讲到的神经活动检测手段不同，它通过兴奋和抑制局部大脑皮层活动来考察脑结构与功能的关系。具体来说，TMS 利用感应磁场，透过头部组织，以改变刺激频率而分别达到兴奋或抑制局部大脑皮质功能的目的。高频率、高强度重复经颅磁刺激（rTMS），可产生兴奋性突触后电位总和，导致刺激部位神经异常兴奋，低频刺激的作用则相反。TMS 与 fMRI 相结合更有利于考察特定大脑结构与语言功能之间是否存在因果关系。例如，段以晗（2018）采用 TMS 技术验证了以往综述研究的推论：左侧额中回（BA9）在汉语语音加工中起重要作用，颞顶区（BA40）在英语语音加工起重要作用（Tan 等，2005）。段以晗的研究采用重复经颅磁刺激脉冲调节脑区的神经活动，检测 BA9 在 rTMS 作用下是否影响汉语同音判断，同时 BA40 脑区在 rTMS 作用下是否影响英语同音判断。结果证实了 BA9 的变化与汉语语音加工存在因果关系，而 BA40 的变化与英语语音加工存在因果关系。

除上述技术外，认知神经科学还有其他可应用于语言研究的方法，如 PET 和 MEG 等。每种方法都有其优点和缺点，选择研究方法最重要的依据是研究问题，即哪种研究方法最适合用来回答当前的研究问题。

思考题

1．认知神经语言学研究什么？

2．语言与大脑存在什么样的关系？

3．哪种方法用于认知神经语言学研究最好？

第九章 语 用 学

语用学这一术语最早并不出现在语言研究领域，而是出现在哲学研究领域。在哲学研究中最早使用 pragmatics 这一术语的是 20 世纪的美国哲学家 G. Morris 和 R. Carnap，他们是在对符号学的研究中介绍了这一术语。他们将符号学的研究划分出为三个分支：符号关系学或句法学（syntactics）研究符号之间的形式关系、语义学（semantics）研究符号与符号所代表的事物之间的关系、语用学（pragmatics）研究符号与符号的解释者之间的关系。

不难看出，从语用学到语义学，再到符号关系学，研究的范围经历了一个逐步抽象的变化过程，语用学研究涉及符号的使用者这一因素，语义学研究则抽象掉这一因素，只限于分析符号与其所指之间的关系。符号关系学则再进一步抽象掉符号的所指，只分析符号之间的相互关系，与这逐步抽象的过程相反，从符号关系学到语义学再到语用学，这是一个逐步具体化的过程，这个过程恰好与近代语言学研究的发展总趋势一致。

钱冠连（2003）认为语用学研究有三大格局，即基本分析单元说、语用综观论和规范语用学。我们认为这三大格局基本概括和总结了语用学研究的不同进路。我们将沿着这些进路走进语用学。

9.1 基本分析单元说

基本分析单元说是在国际语用学占统治地位的英美语用学。这种研究进路，由英美日常语言哲学家 Austin（1962）和 Wittgenstein (1958)等开创，由 Grice（1975）、Levinson（1983）、Leech（1983）、Sperber 和 Wilson（1985）等发展，讨论和分析的单元有指示词语、含意、预设、言语行为、会话等诸如此类的语用现象。

9.1.1 指示语

9.1.1.1 指示的语用含义

指示语是语用学的一个重要议题，指在语境中才能确定其所指对象或所指信息的词语或结构。有的译为指别，“指别”是英语“deixis”的汉译，表示人称代词、指示代词、指示副词等的一种指称功能。这些含有时、空、人称的语词和语法范畴的所指或意义需要特定的交际语境来确定，如：

（1）我们半小时后到那里。

这句话的人称代词“我们”，时间副词“半小时后”和地点副词“那里”的具体所指和意义需要特定的语境给予确定。

指示语的特点是以说话人为参照，以自我为中心，即以“我”“这里”“现在”为主体定位，具有主观性。中枢人物是说话人；中枢时间是说话时间；中枢地点是说话人说话时所处位置。话语中枢是一句话中说话人当时正说到的部分。社交中枢是说话人相对听话人的社会地位和等级。有些指示语以说话人以外的参加者所处的位置为中心，如：家宅、活动组织或

“Party”等。因此，语言中一整套指示语是以说话人，即以“我”为中心组组起来的。

9.1.1.2 指示语词的两种用法

指示词语有两种用法，一种是手势型用法（gestural usage），另一种是象征型用法（symbolic usage）。

手势型用法，通常是指示语词与身体语言一起使用，要理解指示的意义必须要知道说话人在说话的同时使用了什么样的身体语言。如：

（2）把钢琴放在这里。

（3）不，不是这里，而是这里。

（4）He’s not the president. He is. He’s the secretary.

（5）Put the piano here. No, Not here. But here.

对这样的话语的理解完全依靠原来的真实交际情景。

对象征用法的指示语词的理解无须重现交际的真实情景，而往往只是包括交际发生的时间、地点在内的更大范围的时间、地点以及参与者。如：

（6）今年我们无法去海外旅游。

（7）这个城市很拥挤。

（8）We can’t afford a holiday this year.

（9）You can come with me if you like.

如果（6）是在今年说的，就是指2021年，不管你在今年的哪个时候说的，如果（7）是在成都说的，无论说话的地点是在清水河还是在沙河，这个城市必指成都。（8）和（9）有相同的特征。

9.1.1.3 指示语的非指示性用法

指示语的作用是指示功能，但也有非指示性用法。在非指示性用法中，对诸如here, there的理解，不是以说话人为中心，而是依赖于语言的上下文，即它们的所指存在于上文或下文中。如文内照应、泛指等。

（10）王强在学习英语，他希望去英国留学。

（11）“Shut up!” This is what he said to me.

这两句是文内照应，“他”和“This”的所指，均在上文中找到答案。

指示语词的泛指是指其所指不在语境中，也不在语篇中，有的只起强调作用，如：

（12）打他个痛快。

（13）什么树开什么花。

（14）你不让我，我不让你。

（15）I did this and that.

综上所述，一些具有指示功能的语词既可作为指示性语词使用，又可作为非指示性语词使用。在作为指示性语词使用时，有手势型和象征型两种用法。作为非指示性使用时，它们可能起文内照应及粘连的作用，也可能具有泛指或强调作用。

9.1.1.4 指示语的类别

指示语可划分为以下五类：人称指示语（person deixis）；时间指示语（time deixis）；地点

指示语（place deixis）；话语指示语（discourse deixis）；社交指示语（social deixis）。

9.1.1.4.1 人称指示语

人称指示语是指对编码于言语活动中的参与者或相关角色的符号指称。它跟地点指示语、时间指示语等密切相关，在各指示语中占据主体与核心地位。国内外学者如莱昂斯（Lyons,1977）、菲尔墨（Fillmore,1977）、列文森（Levinson,1983）以及何自然（1988）、何兆熊（1989）等对此已做过大量的研究工作。

人称指示语可分为三类，第一人称指示语包括说话人，第二人称指示语包括听话人，第三人称指示语既不包括说话人，也不包括听话人，因此在言语活动中，它一般不是谈话的参加者，但在特定场合会用来借指说话人和听话人。下面是人称指示语的某些应用情况。

A. 人称指示语的变数用法

人称指示语有单数与复数形式，如：我、我们、你们等，在使用中可以用单数形式表示复数意义，也可用复数形式表示单数意义。例如：

（16）还我河山（我们）

（17）我外交部，我后方基地。（指说话人所在一方。正规场合，存在对立双方）

（18）上次我们讲了语言的起源，今天接着讲语言的发展。（我）

（19）在文学中，我们提出……（我，谦虚）

（20）你们这样搞不行（你）

（21）你们上课要认真听讲（你）

这些变数用法有以下语用功能。

平等功能：从权势地位向平等地位下移，向亲密靠拢，缩短心理距离，让听话人在情感上产生同类感，或亲切感。[如例（16）和（17）]

谦逊功能：汉文化忌讳突出个人，把观点、功劳等归于集体。[如例子（18）和（19）]

逃避功能：把不好表现与行为归于大家，可以逃避责任。（如例子（20）和（21））

B. 人称指示语的变称用法

第一人称表第二人称，如（22），第二人称表第一人称，如（23），第三人称表第一人称，如（24）。

（22）我们不哭啊，妈妈一会儿就回来了。

（23）这个人我真拿他没办法，不管你（我）怎么问，他就是不开口。

（24）This is John Smith（I’m John. 或 It’s me。英语的电话用语）

这种变称用法多见于长辈、领导，非正式场合父母、顾客多用。其语用功能有以下方面。

亲切功能：包括说话双方在内，共同行动，平等亲切。

取悦功能：求助于对方，情感铺垫。

C. 人称指示语的包含用法（covering reference）：

指人称代词包含多方交际对象，具有指代多方的同时性。

1) 包含式（we-inclusive-of-addressee）

“我们”有包含听话人的用法，如，

（25）您安心养病吧！等您病好了，我们一块上西山去玩。

（26）Let’s go there.

2）排除式 (we-exclusive-of-addressee)

“我们”有排除听话人的用法，如，

（27）学点语言学—这就是我们对语言教师，特别是外语教师的要求。

（28）Let us go there.

3）包含说、听和第三方

“我们”可指三方，包括在场与不在场的任何相关角色。“你们”可指听话方和第三方。

（29）要记住，我们是学生，我们的主要任务是学习。

（30）A：小李和我中午去了餐馆。

B: 你们吃了什么？

9.1.1.4.2　时间指示语

时间指示语就是交际中说话双方用话语传递信息时所涉及的时间信息,它常以说话人的说话时刻为依据来理解和计算。如表 9-1 所示，以“这周”为说话时刻，过去就是上周或者上上周，将来就是下周或者下下周。

表 9-1　时间指示语

过去		说话时刻	将来	
上上周	上周	这周/本周	下周	下下周
上上月	上月	这月/本月	下月	下下月
前年	去年	今年/本年	明年	后年
前天	昨天	今天	明天	后天

A. 时间表达的几种方式

1）指示时间与绝对时间

绝对时间：不受说话时间影响，以日、夜、月份、季节、年份等自然周期和钟点为基础：参照点不存在当前的、具体的交际情景之中。如：2020 年年初中国出现新冠病毒疫情；公元前、公元后等。

指示时间：参照点存在于当前的具体交际情景之中。如：去年他去过上海。

两者的结合：“这”“那”加上“星期”“月”“年”“早上”“下午”等，或加星期或月中的某一天。这种表达有时有歧义：“今年”：可指历制单位，1 月 1 日起，也可指度量单位，以说话那一天算起。一般规律是

a. 星期、月、年一般以历制单位使用，在一个星期、月、年中都可使用。

b. 月份名称、一天中的三段 +“今”包括说话时间在内的一整个月或一天的任何时间都可说。“今早上”（上午、下午都可说）

c. 汉英差异：next Thursday 下星期四：英语在周一二说时有歧义。

2）编码时间和接收时间

编码时间和接收时间同时发生无差别，不同时发生有差别。如：

（31）我明天 11 点来。

如果说话人说这句话时，听话人在场，“明天”就是指说话时间的第二天。如果听话人是在说话人时间的第二天收到这个信息，时间就是指听话人收到短信那天。

3）时间指示语的两种表达角度

时间指示语往往要用空间概念来表达，如前、后、上、下等。时间前后关系的确定在语用上有两种表达的角度。

a. 主体感受到的时间到来的先后标准

人对时间流动的知觉从未来向过去流动，过去的为前，先来的为前，未来的、后到的为后，时间面对主体而来。汉语的时间流：前天—昨天—今天—明天—后天；英文的时间流：the day before yesterday，the day after tomorrow, last week, next week；汉语还有时间表达式：前事不忘，来世相见，前不见古人，后不见来者，来日方长，去日苦多，空前绝后，前人，后人，未来向我走来（时间动），时间来了，逝去的时光，后来的日子会更好，日子去了。客观表述时间的指示语大多是时间流动型的，汉、英、日等语言相同。

b. 主体活动方向型（事物发展方向型），主体活动或事物发展的时间进程

人自身的活动是从过去朝向未来，已过去的为后，未到来的为前，凡属“未来”前方型的时间表达总与人自身的活动有关，是人的活动趋向而不是时间自身的运动方向。与事物发展方向有关。例如：要向前看，不要向后看，前途光明，前程远大，从 20 世纪走向 21 世纪，比预定提前一日到达北京。

B. 时间指示语的先用现象

指示性时间与绝对时间在使用选择上存在不同，在两可的情况下，语用规律大致为

1）时间距离越短，使用指示方式的可能性越大，如：明天、后天、大后天；tomorrow, the day after tomorrow，等会见，三分钟后见，7: 55 分见，现在做 / 10 点做（如果已是 10 点不说后一句），（今天下午，不说“星期一下午”）。

2）语体越正式，使用非指示方式可能性越大（指示方式是口语体色彩和标志），如请柬等。

3）如果事先已有约定确定的时间，可用约定的时间，不用指示方式，如，“10 点见”“好，10 点见”。

9.1.1.4.3 空间指示语

地点指示语或空间指示语表示话语所涉及的地点或空间信息。以话语活动的参与者作为参照的方位表达方式，与非指示性方式相对。非指示方式指以其他事物或固定的空间位置为参照点，不需要依赖说话人来确定空间位置。

方位指示参照的确定有以下几种方式。

1）以说话人为参照

以说话人为参照有两种情况：靠近说话人和远离说话人。靠近说话人的表达式有这（个）、这里、来；远离说话人的表达式有那（个）、那里、去。靠近与远离的确定与实际的空间距离和心理距离相关，空间距离与空间有时一致，有时不一致。例如：

（32）这是个好人。

（33）这个晚会很精彩。

（34）心里那个乐呀。

这些话语与感情近相关。

（35）我不喜欢这种 / 那种香水（香水在身边）。

在（35）中，这、那，两者都可，仅仅是对象个体的谈论，与地点距离无关。

2）以两人所处的方位作为空间参照

将交际双方作为一个整体，将两人所处位置为空间参照（36），在双方存在空间距离的情况下也可以使用，以更大范围的双方都在的空间做依据（37）。

（36）让我们离开那里。

（37）昨晚我们在这儿（同一城或同一区域）。

3）以家宅、参与的组织或活动为参照

这种情况下，说话人将自己当成主人翁。例如：

（38）有空来我家玩（在办公室说，不在家时）

以家宅为中心：可以是两人中的任何一方的家宅。例如：

（39）我来你家 / 我去你家吧。

（40）来参加我们的活动吧 / 组织吧（不在现场，或提前预告）。

（41）来成都玩（自己不在成都时）。

4）方位指示的礼貌转移

指不以说话人自身为参照，而转移到以听话人所处的方位为参照，这与说话人的心态、情感有关，涉及礼貌、个体的介入和认同，主要体现在动词趋向上。例如：

（42）我就来（I'm coming）。

此话语应是离开 I'm going。

（43）我来 / 去看您。

（44）你们先走，我就来 / 到（不用去）。

（45）来 / 去白天鹅宾馆和我见面。

（46）来了，来了（听到敲门声时）。

（47）我们就来处理（警察接报案）。

（48）我去了（去办某事时）。

汉语中，“来”和“去”的奥秘成为学习汉语的一大难点。例如：

（49）*请到那里来。

请到这里来。

请到那里去。

（50）*请把书带来那里。

请把书带去那里。

请把书带来这里。

9.1.1.4.4 话语指示语

话语指示语或篇章指示语（text deixis），是指某些词语被用于指包含这句话在内的整个话语的一部分，或用来表明这句话和同一语篇中其他话语之间的关系。其参照点是正在产生的话语在整个篇章中所处的位置。话语指示有以下类别。

1）指示代词：这、那。例如：

（51）这是我要说的，他是骗子。

（52）他们出了车祸，那是我从未见过的。

在（51）中，“这”指下文的“他是骗子”，而在（52）中，“那”指上文的“他们出了车祸”。

2）在篇章中用以表示某一话语和上文之间语义关系的一些词语和短语，如：但是、因此、相反、总结说、此外、无论如何等。例如：

（53）我宁愿待在家里，外面很冷，此外，恐怕还会下雪。

3）用以表示时间指示的一些形容词。如：前一段、后一句、先前、接下来等。有的将篇章指示看作照应或连贯。

篇章指示语和前三种指示语（即人称指示语、时间指示语和空间指示语）有一个根本的区别，前三种指示语的参照点分别是说话人、说话的时间和说话人在交际时所处的空间位置。

这些参照点都存在于语言之外的语境中；而篇章指示语的参照点都存在于篇章的语言中，这就是我们对于所谓篇章指示语是否属于语用学研究的指示范畴产生疑问。实际上，由于篇章指示语所表示的是文章内部句子与句子之间，句子与一部分篇章之间或一部分篇章与另一部分篇章之间的关系，着重研究篇章结构的语言学家，已经把这一类指示方式纳入他们的研究范围。

9.1.1.4.5 社交指示语

社交指示语指语言结构中能反映语言使用者的社会面目和相对地位的那些词语和语法范畴，包括参与者的社会面目，与听话人或所谈及的人之间的相对的社会地位，参照点是说话人本身的社会地位。社交指示语有以下表现。

1）称呼形式，表明双方不同的关系。先生、博士、领导、老板等。

2）人称代词：你、您。汉语的社交指示相当复杂，例如：

称自己：愚、鄙人、下官、奴才、不才、小生、仆、妾，

称对方：阁下、先生、君、公、卿。

3）社交指示语就是适应人际关系的需要，包括权势、地位、职位、亲疏等关系。有的时候，物主代词的变换也能显示一些社交关系的变化。如

（54）A：Look at what my daughter did!

B：Look at what your daughter did!

如果你做了很好的事情，妈妈一定会跟爸爸说：瞧瞧我女儿！但如果做了坏事，妈妈会说：看你女儿干的好事！所以，“我”到底是谁的女儿呢？

9.1.2 会话含义与会话原则

9.1.2.1 会话含义

格莱斯于1957年发表的“意义”一文中正式提出 “非自然意义理论”。他把意义分为两类：“自然意义”（natural meaning）和“非自然意义”（non-natural meaning)。这一区分的重要理论意义是主张运用“非自然意义理论”去全面地、深入地分析言语交际中的话语意义或信息交流内容。格莱斯的 “非自然意义理论”实际上是一种交际理论。任何交际过程都涉及交际意图，任何成功的交际都取决于听话人对说话人交际意图的准确理解。

然而，人们说话常常是话中有话，这种话指字义之外的意义，是说话人通过说话含蓄地表示的意义，也就是格莱斯所说的会话含义（conversational implicature)。会话含义不是一般的语义理论所能解释的，而需要借助语用分析。在理解过程中，需要借助的是谈话者的常识、共有知识、推理能力等，但有一个重要的前提是，谈话的参与者都必须有把谈话继续下去的愿望，也就是他们在谈话中，必须持合作态度。这样，他们每个人所说的话都是和话题有关的，都是对对方所说的话的恰当的反应，尽管字面上似乎未必如此。只有在这个大前提下，听话人才能从似乎不相关的话语中，去找出话语与话语，上文与下文，答与问之间的联系，并做出推理。可见，合作是会话活动中一条首要的原则。

9.1.2.1.1 会话的合作原则

格莱斯认为人们在谈话中遵守的合作原则包括四个范畴，每个范畴又包括一条准则和一些次准则（Grice 1975）。

格莱斯将合作原则具体化为以下四个准则。

1）量的准则（the maxim of quantity）

a. 所说的话应包含当前交谈目的所需要的信息；

b. 所说的话不应包含多于需要的信息。

2)质的准则（the maxim of quality）

a. 不要说自知是不真实的话；

b. 不要说缺乏足够证据的话。

3）关联准则（the maxim of relation）

所说的话与话题要相关联。

4）方式准则（the maxim of manner）：清楚明白地表达出要说的话，尤其是：

a. 避免晦涩；

b. 避免歧义；

c. 简练；

d. 有条理。

这四条准则中，前三条与人们在交谈时“说什么”有关，第四条则与“怎么说”有关。量准则规定了说话时所传递的信息量，我们说话时不应少说，也不要多说，凡是交谈对方要求或期待你说的，你知道多少就说多少，但不能把对方不要求不期待你说的也都说出来。质准则规定了说话的真实性，也就是要说真话，不说假话，不说没有根据的话。关联准则规定了说话要切题，不说和话题无关的话。方式准则对表达方式本身提出了要求，话语要简明扼要，不要用语义含糊的语词，避免冗词赘句。遵守所有这些准则，人们就可以以最直接的方式，最高的效率进行交际。格莱斯把交谈看作是人类有目的性的、合理的社会行为之一，因此，上述的各条准则并非只在进行交谈时需要遵守，在从事其他的社会活动时也同样适用（Grice 1975：47）。

格莱斯认为，遵守这些原则是合理的，因为这样的语言合乎自然语言的逻辑，而形式逻辑无法用于解释这样的自然语言的逻辑。

9.1.2.1.2 合作原则的遵守和违反

合作原则之下的四条准则是人们在交谈中大都遵守的规约。在交谈时，我们大家都期待对方说些和话题有关的话，期待对方说真话，期待对方把话说清楚明了等，但这四条准则毕竟是约定俗成的规约，不同于严格的语言规则，并不是绝对不可违反的。事实上，这些规律常常被违反，正是由于违反这些准则才产生会话含义，但这不等于说凡是违反这些准则都会产生会话含义。我们需要区别不同情况的违反准则。违反准则大体上有以下这四种情况。

1）根本就不合作，当然就没有原则遵守了。例如，无论你问他什么，他都不愿意接过话头，甚至说“无可奉告”或“我不想谈”等。这种会话原则的违反，不会产生会话含义，只表明听话人不想或不愿意进行交际而已。

2）违反真原则，说一些自己明知是不真实的话。例如，当某人对你发出邀请，但你不想接受，又不想冒犯对方时，你可能说“对不起，我已有安排”。这是托词，但如果对方不清楚这是托词，这种对质准则的违反不会产生会话含义。但如果对方清楚你没有别的安排，并且你也想让他知道你没有别的安排就会产生会话含义。对方不得不去推导：你为什么要说假话，违反质准则；你的字义是“另有安排”，用意则是谢绝邀请。

3）不得不违反一条准则，目的是维护另一个准则。这种情况下，说话人面临一种冲突，这种冲突常常发生在量准则和质准则之间。例如，

（55）A: 张三去哪里了？

B: 东北某个地方。

B 的回答违反了量准则，因为他给 A 提供的信息少于 A 所期望的信息。但如果 B 确实不知道张三的确切地址，他违反量准则，是为了遵循质准则，即不能说没有充分根据的话。如果他胡乱说出一个确切的地址，他就违反了质准则。这种情况不产生会话含义。但如果 B 事实上知道张三的地址，A 知道 B 知道张三的地址，B 也知道 A 知道他知道张三的地址，那么 B 的回答会产生会话含义，即“我不想告诉你张三的确切地址”。以上三种违反准则的情况并不真正产生会话含义，但 4）却会产生会话含义。

4）说话人故意违反某项准则，听话人也知道说话人在故意违反，这是听话人越过话语的字面意义去推导出其中的会话含义。格莱斯称这种违反为“蔑视（flouting)”。对此，格莱斯举出了一系列的例子。

A. 故意违反量准则

第一，故意违反量准则的第一条。

a）故意违反“量”方面的第一条准则。例如：某教授写信推荐他的学生任某项哲学方面的工作。他只是“例行公事”般写了一句话：

（56）

Dear Sir,

Mr X’s command of English is excellent, and his attendance at tutorials has been regular. Yours, etc.

这位教授没有提供收信人所期待的信息，违反了量准则。作为老师，对自己学生的情况当然十分熟悉，可以向任用人提供他所需要的信息，但他有意地违反了量的准则，在推荐信中只用了一句话来介绍这位学生的情况，任用人一旦接到这封特短的推荐信，他自然会推导出这样的含义来，Mr X 不宜从事哲学工作。

b）故意违反量准则的第二条。例如：

（57）Aunt: How did Jimmy do his history examination?

Mother: Oh, not at all well. They asked him things that happened before the poor boy was born.

显然母亲只需说一句“Oh, not at all well”已足够，但她还加了后面一句多余的话。从这句多余的话中人们会推导出这样的含义，母亲认为孩子的历史考试不及格并不是孩子的过错(因为尽是考一些孩子还没有出生时的事情。)

另外，像“War is war”“Boys are boys”一类同义反复句（tautologies）也是违反了量准则的第二条。这类句子从语义学的角度分析会认为是毫无意义的，但从语用学的角度，人们不难从中分别推导出这样的会话含义，战争总是残酷的；孩子总是顽皮的，无须生气。

B. 故意违反质准则

a) 故意违反质准则的第一条，也就是故意说一些不符合事实的话，让听话人推导出话语含义。如反语（irony）、隐喻（metaphor）、夸张（hyperbole）等修辞手段属于这种情况。例如：

（58）He is a fine friend!!

（59）You are the cream in my coffee.

（60）John runs as fast as a deer.

例（58）是一句反语，推导出的会话含义与句子字面意义刚好相反: He 是一个背信弃义的坏朋友。例（59）是一个隐喻，说话人喻指对方是一位出类拔萃者；例（60）是一种夸张，从这里推导出来的会话含义是约翰跑得很快。

b）故意违反质准则第二条的例子，往往是指说一些不诚意的、不负责任的话，从而让听话人推导出某种肯定或否定的含义。例如：

（61）张三: 成都在南方吗?

李四: 上海在北方，我认为。

李四的话是不诚恳的，他是有意违反“质”的准则，说一些没有根据的荒唐话来暗示张三说的也是荒唐话。这里推导出来的含义是荒唐的！

C. 故意违反关系准则

格赖斯的例子是有关一次高雅的茶会上发生的会话。

（62）A: Mrs X is an old bag.

B: The weather has been quite delightful this summer, hasn’t it?

这里的 A 当众说某夫人是个老丑妇，顿时语惊四座，在场的人都觉得尴尬万分，B 觉得 A 的话不尽文明，而且还担心“隔墙有耳”，对 A 不利。因此，便想另换话题，讲一句无关痛痒的话，以求扭转这个尴尬的局面。这个与 A 句毫无关联的、顺手拈来的句子推导出来的含义自然是别说这种无聊话，多不成体统!

下面对话中母亲的干预也应看作是她有意违反“关系”准则，让儿子从中推导出不能去玩这个会话含义。

（63）Johnny: Hey, Sally, let’s play marbles.

Mother: How is your homework getting along, Johnny?

D. 故意违反方式准则

a）故意违反方式准则第一条的例子是

（64）A: Let’s get the kids something.

B: Okay, but I veto C-H-O-C-O-L-A-T-E.

可以设想，父亲（A）想给孩子们弄点吃的，母亲（B）同意，但故意用晦涩的语句，使父亲推导出她的条件，不许给孩子们吃巧克，这个句子中用一个拉丁语源的书面语词 veto（=be against），足以使孩子们摸不清母亲要说什么；再加上按字母念出“巧克力”这个单词，更使孩子们无法联想起熟悉的 chocolate。这种有意使用晦涩、含糊词语的真正含义是什么，父亲当然是心领神会。

b）故意违反方式准则第二条的例子是使用歧义句。

（65）A: Name and title, please?

B: John Smith, Associate Editor and Professor.

B 有意使用歧义结构，使 A 不能确定他是副主编兼副教授，还是副主编兼正教授，从而抬高自己的身价。

c）故意违反方式准则第三条的例子是啰唆。请比较下面（66）中的 Ba 和 Bb。

（66）A: What did your sister buy at Sears yesterday?

Ba: She bought a red dress, a green one, and a blue one.

Bb: She bought a red dress, she bought a green dress, and she bought a blue dress.

这里的 Ba 只是如实报道姐姐买了什么样的衣服罢了，但 Bb 不断重复同一句型，违反了“简练”准则，从而使人推导出这样的会话含义：我的姐姐老爱买衣服。话中流露出不满情绪。

d）故意违反方式准则的第四条的例子如下：

（67）Here files of pins extend their shining rows; puffs, powders, patches, Bibles, trifles, billet-doux.

这句话所列举的东西故意没有按类别叙述，从而破坏了话语的条理性。特别是将“圣经”与妇女的常用物品夹杂并列在一起，这使人推导出这样的含义：尽管这位妇女笃信上帝，做到圣经随身带，但她不外乎把这本圣书当作与自己的化妆品、情书等杂七杂八的东西罢了。

格赖斯把这种通过表面上故意违反“合作原则”而产生的言外之意称为“特殊会话含义”。“特殊会话含义”解释了听话人是如何透过说话人话语的表面含义而理解其言外之意的，由此来表达另外一种意思，幽默也就时常在这时产生。

9.1.2.1.3 会话含义的特征

格赖斯（1975）针对会话含义和规约意义的区别，指出会话含义具有五个特点。

1）可取消性（cancellability）

在具体情况下，一个会话含义可以通过附加一个分句而被取消，或者通过上下文表明说话人放弃了那个会话含义。例如，“Bill has four books”一句带有这样的含义：比尔只有四本书，不多也不少。但若在该句之后加上“…and perhaps five or more”这样一个分句，则先前的含义（即比尔只有四本书，不多也不少）就被取消了。

2）不可分离性（non-detachability）

除了背景知识外，说话人所说的话的内容而非它的形式在产生会话含义中起作用。换言之，会话含义依附于话语内容，而不依附于话语形式。因此，一般来说，一个人不可能通过改变同一内容的不同讲法而改变会话含义。例如：

（68）A：What did you think of the lecture？

B：Well，I thought the lecture hall was big.

B 句的会话含义是：“没有多少人对讲座感兴趣。”如果将句中的 thought 换成 believed，should say，reckoned 等词，big 换成 large，great 等词，句子的会话含义仍然存在。

3）可推导性（calculability）

所谓可推导性，指的是听话人一方面根据话语的字面意义，另一方面根据合作原则的各项准则，推导出相应的会话含义（何自然，1988）。

4）非规约性（non-conventionality）

会话含义不是话语的规约意义（conventional meaning）。也就是说，会话含义不是字面意义，也不是字面意义的一部分。它是通过合作原则中各项准则，通过话语的字面意义，结合语境推导出来的。字面意义在话语中是不变的，会话含义则视语境的不同而变化。例如，“It's cold here.”在某一特定语境中可能产生出“关窗”这个会话含义，而在另外一些语境中则可能产生一些其他的会话含义。

5）不确定性（indeterminacy）

推导会话含义就是推导交际双方在遵守合作原则的前提下话语的种种解释；而这种解释随语境的不同又可以有无数个，因而会话含义是不确定的。列文森（1983）举的一个例子是：“John is a machine.”这句话在不同的语境中可以表达“约翰是冷酷的”“约翰是能干的”“约翰不停地干活”或“约翰不会动脑子”等会话含义。

9.1.2.2 后格莱斯主义

格莱斯的合作原则和会话含义理论以一种崭新的方式解释语言的使用，但其本身有许多不足，比如，合作原则的四条准则有矛盾和冗余的现象。一些学者对这些准则做了改进，以消除格莱斯会话原则的矛盾和冗余，里奇用礼貌原则拯救格莱斯的合作原则，以解释为什么人们会违反那四个准则。里奇的礼貌原则连同那些对四个准则的改进方案被称为后格拉斯主义。这里只谈对格莱斯四个准则的改进方案。

9.1.2.2.1　关联准则

Sperber 和 Wilson（1986）在他们的书 *Relevance: Communication and Cognition* 提出关联理论，以取代格莱斯的四个准则。他们基于认知科学理论，提出会话交流只需要一个原则，即关联原则，该原则的定义如下。

每一个明示交流行为，传递的是最佳关联假设（Every act of ostensive communication communicates the presumption of its own optimal relevance.）（Sperber and Wilson 1986: 158）这个定义有两个关键术语：明示交流与最佳关联假设。就明示交流而言，Sperber 和 Wilson 继承了格莱斯的交流行为必有推理行为的思想，但认为推理在听话人而不是说话人；说话人在交流中是明示自己的意图，就是明示行为（ostensive act），所以交流就是明示-推理行为（ostensive-inferential），而要理解最佳关联假设需要理解语境、关联、效果等术语。

1）语境

关联理论的语境指的是相关的背景知识，包括对世界的认识和理解、文化背景、宗教背景等。人们在交流的时候不需要也不可能抽取所有背景知识，只需要激活相关的一部分知识，而这些知识也会随着交流被更新。例如：

（69）（在朋友的桌上看到登山杂志）“你喜欢登山啊。”

这是基于眼前现状（桌上有登山杂志）进行推理（朋友他喜欢登山）的结果。

（70）所以你昨天是去登山了吗？

这是基于前面的推理（朋友他喜欢登山），激活了语境（他昨天休息），进行推理的结果。这个语境在之前一次推理中并没有激活。

2）相关性

听到一句话之后，如果这句话对现有语境起到影响（改变了想法），那么就产生了认知效果，也就产生了相关性。相关性的大小和认知效果、处理难度有关。例如：

（71）今天下午会下雨。

这句话对那些早上出门的时候不知道该不该带伞的人来说，这决定了他的判断，所以存在相关性。但对那些早就知道这一情报的人来说，这就没有相关性。再例如：为了告诉朋友你住在哪里，你拿出了两幅地图。一幅是标注详细的航拍图，一幅是住宅附近的简笔图。虽然前者更为详尽，但后者的处理难度更低，所以相关性更高。

3）认知效果

要理解认知效果，先把推理过程公式化，并定义以下符号。

N：新的认知信息；S：被激活的语境；I：新的推理

（72）新的认知信息 N：他躺在床上，病了。

被激活的语境 S：若是他病了，他不会上班了。

新的推理 I：他不上班了。

当且仅当 N 和 S 相结合后才可做出推理 I。此时 N 被认为是具有相关性的信息。即便是同一个 N，因为 S 的不同会产生不同的 I。

认知效果一般来说有三类，分别是：形成推理、强化推理、否定推理。上例便是形成推理的例子。以下是强化推理的例子。

（73）N：他躺在床上，病了。

S：或许他病了吧。

I：果然他病了。（强化）

以下是弱化推理的例子。一般来说，否定了一个推理的同时会形成另一个推理。

（74）N：他躺在床上，病了。

S：或许他在休息。

I：他没有病。他在休息。（弱化）

S 会因人而异，但在同一社群中有相当的稳定性。例如，下面的对话就被认为不自然。

（75）A：我要去韩国留学了。

B：去学日语，是吧。

这是因为“韩国人说韩语”是较为普遍的 S。

4）最佳相关性

人们都想用最小的力气得到最大的效果。语言交际中，我们总希望以最小的成本取得最大的认知效果。这就是最佳相关性。

a）说话人总是假定自己的话具有一定的价值。听话人总是假定对方的话有一定的价值。说话和听话都是需要力气的，如果这个认知效果太小，那么听话、说话就不合算了，就会放弃说话、听话。

b）在计算相关性的时候应当考虑实际的条件限制和特殊目的。有时，说话者因为旁边有人、时间有限等理由，使得认知效果受限。有时，说话者因为特定原因让语言变得暧昧、模棱两可，使得认知效果不佳。尽管有说话者能力（知识储备、表达能力）、状况（不能明说的场合）、社会规范（用语礼貌）等制约，依旧可视作“以最小的成本取得最大的认知效果”。这时我们依旧认为这些发话具有最佳相关性。

5）相关性原则

综上所述，可以列出以下两大原则。

认知原理：人们在听话的时候总是假定这句话具有最佳相关性；

表达原理：人们在说话的时候总是要使这句话具有最佳相关性。

6）语言的理解过程

表意：把命题的意思表达清楚。其具体操作包括：明确指示词的指示对象、消歧义、填充省略成分等。例如：

（76）“从这里到医院有一些距离。”

只要两个点并不重合，那么必然有一些距离。这是一句废话。他实际想说的是

（77）从我们所在的这个位置出发去成都六医院有不短的距离。

这里的操作实际上并不是唯一的，指示对象的明确化、消歧义、省略对象的填充都会有好几个选择分支。这里需要用到推理，而推理的原则是“最小的力气达到最大的认知效果”。

推理：探究背后的深意。例如：

（78）A：你要喝咖啡么？

B：咖啡使大脑清晰。

A 听到 B 这样说，就开始琢磨了。

N：B 陈述咖啡使大脑清晰。

S：大脑清晰，无法入睡。

I：B 不要喝咖啡了。

当且仅当 N 和 S 结合后才能形成 I。因而当 S 不同的时候，I 也会发生变化。

N：B 陈述咖啡使大脑清晰。

S：大脑清晰，可以继续写论文。

I：B 要喝咖啡。

这里的操作实际上并不是唯一的，选择哪一个推理的依据依旧是最佳相关性。

9.1.2.2.2 Q-和R-原则

Q-和 R-原则是 Laurence Horn（1984）提出来的，将 Grice 的四个准则简化为两个原则，即量原则 Q-principle 和相关原则 R-principle。量原则合并了 Grice 的量准则的第一条和方式准则，与说话的内容相关，是针对听话人的，听话人期望提供充分的信息，共有以下两条。

a）所说的话要充分。

b）（给定 R）尽可能多地说。

这一原则主要涉及信息内容的最大化。例如：

（79）a. Some of my friends are linguists.

b. Not all of my friends are linguists.

相关原则 R-principle 合并了 Grice 的量准则的第二条和相关准则，与说话的形式有关，是针对说话人，说话人会用较少的形式提供必要的信息，共有以下两条。

a）说必要的话。

b）（给定 R）只说必须说的话。

这一原则主要涉及表达形式的最小化。例如：

（80）Can you pass me the salt？

9.1.2.2.3 Q-，I-和M-原则

Stephen Levinson（1987）将 Grice 的量准则和方式准则合并为三个原则：Q-，I-和 M-原则。他不赞同 Sperber & Wilson 和 Horn 将 Grice 的量准则的第二条归入关联原则。Levison 认为，量准则与信息量相关，而关联原则是与交流目的相关，关联是交流是否及时有效的衡量标准，与信息的量无关。由此，他将 Grice 的量准则的第二条重新命名为“Principle of Informativeness, 简称为 I-Principle”，而将量准则的第一条保留为量原则，即 Principle of Quantity，简称为：Q-Principle 至于 M-Principle，Levinson 认为，Horn 没有区分两种最小：即语义最小化和表达最小化。前者指上下义关系的词，如 flower 与 rose，animal 与 dog, 在语义上，flower 传递的信息比 rose 要小，animal 传递的信息比 dog 小。表达最小化。是指语词的音形上的最小化，比如，通常重读的语词比它们非常态化重读的语词传递的信息小。比如，good 比 gooood 传递的信息小。形态上短的语词比形态上长的语词传递的信息小。比如，frequent 比 not infrequent 传递的信息小。Levinson 认为，只有语义最小化现象属于 I-Principle, 而表达最小化属于方式原则，即 M-Principle。

在 Levinson 提出的会话含义三原则中，每一原则下又细分为说话人准则 （speaker's maxim）和听话人推论（recipient's corollary）。

1）数量原则（Q-Principle）

说话人准则：不要让你的陈述在信息上弱于你所知道的，除非你的陈述与信息量原则（I-Principle）抵触。

听话人推论：认为说话人所做的陈述是就他所知而做出的最强陈述。

这条准则可以解释等级隐含（scalar implicature）和条件隐含（clausal implicature）。例如，下面的例子中，a 句子隐含 b 句子。

（81）a. Some of the teachers disagree.

b. Not all the teachers disagree.

（82）a. If you like music, you should attend the musical concert tomorrow.

b. You like music, or you may not like music.

2）信息量原则（I-Principle）

说话人准则：极小化准则（Maxim of Minimization），“说得尽量少”，即用最少的语言信息来实现交际目的。

听话人推论：扩展规则（the Enrichment Rule），即扩充说话人话语的信息内容，找出特定的解释，直到认定这就是说话人的发话意图。

这条准则的潜在含义是，想当然的事不必说出来。下面的例子中，a 句子隐含 b 句子，而 b 句子是不必说出来的。

（83）a. Mary unpacked the picnic. The beer was warm.

b. The beer was part of the picnic.

（84）a. John and Mary bought a car.

b. John and Mary bought it together, not one each.

3）方式原则（M-Principle）

说话人准则：不要无故使用冗长、隐晦的或有标记性的表达式。

听话人推论：如果说话人使用了冗长的或有标记的表达式，他的意思就与使用无标记的表达式所表达的意义不一样。

这条原则的潜在含义是：方式原则和信息量原则之间存在一个潜在的对立或依赖关系。例如：

（85）a. It's possible that the master will come.

b. It's not possible that the master will come.

该句中，a 句应该用信息量原则进行常规的解读，即其可能性是 n，而 b 句应该用方式原则进行标记性解读，即其可能性少于 n。

在以上三原则中，Levinson 认为数量原则最重要，并对数量原则下所包含的“小句数量含义”（clausal implicature）和“等级数量含义”（scalar implicature）进行详细的论述，同时指出当三原则发生矛盾时，原则运用的顺序是：Q>M>I。换句话说，对话语进行一般性会话含义理解时，如果三原则不冲突，可以从三条原则推导出各自的会话含义；但当三原则发生矛盾时，方式含义比信息量含义具有优先解读权，而量含义又比方式含义具有优先解读权。

列文森的理论建立在 Grice 会话含义理论基础上，同时对一般性会话含义的研究做出了很大的贡献，至少使人们重新意识到一般性会话含义在语用学研究中的重要性。可以说 Levinson 的理论是对 Grice 会话含义理论的进一步完善和补充。

9.1.2.2.4 小结

上述学者对格莱斯四个准则的改进方案有两条进路。

1）关联原则：Sperber & Wilson

2）新格莱斯语用学 { Q-原则和 R-原则：Laurence Horn
Q-原则、I-原则和 M-原则：Stephen Levinson }

这两条进路被称为后格莱斯主义。两条进路的相似之处在于对会话中的处理努力和认知效果的聚焦，都强调最小化处理努力，使认知效果最大化。两条进路的区别是，新格莱斯语用学遵循原有的视角，将话语意义看作是说话人的意图意义，而关联理论则从听话人对说话人假设的重构视角探讨有意图的交际。

9.1.3 前提

前提（presupposition），又名先设 / 预设，是语用学的一个非常重要的概念。前提也是一种语用推论，它以实际的语言结构意义为根据，靠逻辑概念、语义、语境等推断出话语的先决条件，是言语交际双方都已知的常识，或至少听到话语之后，能根据语境推断出来的信息。例如：

（86）a. 你怎么迟到了？

b. 我的自行车坏了。

显然，b 这句话有个前提，那就是“b 有自行车”。如果 b 没有自行车，他就不会对 a 说这句话，而且这句话也不能成为 b 解释为什么迟到的理由，a 也无从推导出它的含义。

“前提”是语言哲学的研究课题之一。德国哲学家学家和数学家 Gottlob Frege1892 年撰写的“On Sense and Reference”一文中就用“前提”来解释一些语义中的逻辑现象。后来，围绕对“所指”这个语言哲学问题，英国哲学家罗素（B. Russell）、斯特劳森（P. F. Strawson）等人，又对“前提”的认识做过研究和补充，直到今天，“前提”一直是逻辑语义学的一个重要概念。

对前提的研究有两条进路，即语义研究和语用研究。

9.1.3.1 前提的语义研究

9.1.3.1.1 前提与蕴含

由于前提和蕴含都是话语没有明确断言的内容，研究前提的首要任务是对二者做出区分。从真值条件语义学的视角可以对二者做出如下区分。

蕴含：当且仅当 A 为真的任何情况下 B 也为真，A 在语义上蕴涵 B。也就是说 A 要蕴涵 B 必须满足两个条件：1）如果 A 为真，B 也为真；2）如果 A 为假，B 可能为真，可能为假。

（87）a. That person is a bachelor.

b. That person is a male.

在任何情况下，如果那人是个单身汉，他必定是个男的。如果说 That person is not a bachelor, 那么蕴含 b 就可能为真，也可能为假，因为不是单身汉的人可能是男的，也可能是女的。

前提：a. 如果 A 为真，B 也为真。b. 如果 A 不为真，B 仍然为真。

（88）a. John is married.

b. John exists.

c. John is not married.

a 的前提是 b，如果前提 a 为真，b 一定为真。如果 a 不为真，即 c，b 仍然为真。

根据上面的定义区分，人们提出否定测试法，以区分前提和蕴含，即就蕴涵而言，如果否定 S, S1 或真或假，也可以说 S1 不可知。就前提而言，如果否定 S , S1 依然成立。所以，一般情况下，判断一个句子是前提还是蕴涵，可以通过否定 S, 看 S1 是否为真来推断。

另外，前提和蕴含的意义性质也是不同的。前提是断言之外的意义，是说话人所包含的背景意义，是句外隐含意义。蕴涵是断言之内的意义，是说话人包含的必然意义，是句内暗示意义。例如：

（89）我是一个成都人。

这句话蕴涵意义可为我是一个四川人。成都是四川的省会，成都人也就是四川人，此信息已隐含在句中，是句内的暗示意义。

（90）请把窗户关上。

其前提意义是窗户是开着的。此信息隐含在句子外，是说话人包含的背景意义，是断言之外的意义。

9.1.3.1.2 前提语

前提语是产生前提的特定语词、短语和结构。Levinson（1983：181-4）列举了 12 类主要触发语（»表示前提为）。

1）确定性的描述（definite descriptions）

the，this / that + NP, the 3rd person pronoun, possessive + n

①John got married last week.

» There existed a person called John.

②The team of explorers got lost in the jungles.

» There was a team of explorers.

③This house was once owned by a rich merchant.

» There once existed a house.

④John’s wife is a school teacher.

» John has a wife.

⑤John saw / didn't see a man with two heads.

» There existed a man with two heads.

2）实情动词（factive verbs）：表某事已发生。

regret, realize, know, be aware that, be sorry that, be glad that, be proud that, be pleased that, be odd that, be strange that, be disappointed that

①John realized that he had made a mistake.

» John made a mistake.

②He regretted having started the project.

» He started the project.

③I’m sorry that your dog died.

» Your dog died.

④He is pleased that his son is making progress in his music lessons.

» His son is making progress in his music lessons.

⑤Martha regrets / doesn’t regret drinking John’s home brew.

» Martha drank John’s home brew.

3）含蓄动词（implicative verbs）：一个动词包含两个意义。

manage, forget, happen

①He managed to get the ticket.

» He tried to get the ticket.

②I forget to bring the book.

» I ought to have brought the book.

③We happened to meet our neighbor in the cinema.

» We did not expect to meet our neighbor in the cinema.

④John managed / didn't manage to open the door.

» John tried to open the door.

4）表示状态改变的动词（change of state verbs）

finish, stop, begin, start, carry on, continue, cease, leave, arrive, enter, come, go, turn, transform, etc.

①He stopped / didn't stop smoking cigars.

» He had been smoking cigars.

②It began to snow at midnight.

» It did not snow before midnight.

③The guests arrived at 6.

» The guests were not here before 6.

④He carried on the work.

» Someone was doing the work.

⑤Her face turned pale.

» Her face had not been pale.

5）表反复的词语（iteratives）：重复或继续

①The spaceship came back to earth.

» The spaceship had been on earth.

②He promised to ring / didn't promise to ring again.

» He had rung before.

③Order was restored.

» There had been order before.

④I'm visiting China for the third time.

» I have visited China twice before.

⑤This book is not reprinted any more.

» This book was printed before.

6）判断性动词（verbs of judging）

①Peter accused / didn't accuse Smith of forgery.

» Peter thinks forgery is bad.

②Mike criticized Mary for backing out at the last minute.

» Mary backed out at the last minute.

7）时间状语从句（temporal clauses）

①After his father died he stepped into a large fortune.

» His father died.

②Since the new cabinet was formed, there have been a lot of reforms in the country.

» A new cabinet was formed.

③While Chomsky was revolutionizing linguistics, the rest of social science was / wasn't asleep.

» Chomsky was revolutionizing linguistics.

8）分裂句（cleft sentence）

It is ... that / who ...; What...is…

①It was John who danced the last dance with Mary.

» Someone danced the last dance with Mary.

②It was in a certain place that they got in touch with each other.

» They got in touch with each other in a certain place.

③It was / wasn't Henry that kissed Rosie.

» Someone kissed Rosie.

④What I lost is my passport.

» l lost something.

9）表比较的结构与表达（structures and expressions indicating comparison）

①Marianne called Adolph a male chauvinist, and then HE insulted HER.

» For Marianne to call Adolph a male chauvinist would be to insult him.

②Carol is a better pianist than Mike.

» Mike is a pianist.

③This essay is as good as the one you wrote last time.

» You wrote a good essay last time.

④Your house resembles ours.

» We have a house.

10）非限定性定语从句（non-restrictive attributive clauses）

①The Proto-Harrappans, who flourished 2800-2650 B-C, were / were not great temple builders.

» The Proto-Harrappans flourished 2800-2650 B.C.

②The island of Japan, which is located to the east of China，has frequently been struck by earthquakes of varying forces.

» The island of Japan is located to the east of China.

11）与事实相反的条件句（counterfactual conditionals）

①If Hannibal had only had twelve more elephants, the Romance languages would /wouldn't this day exist.

» Hannibal didn't have twelve more languages.

②If I had not burnt the cake, we would be having it for tea.

» l burnt the cake.

③If Columbus had not discovered America, someone else would.

» Columbus discovered America.

④If Beethoven were still alive, he would be surprised to hear this rendition of this “Ode to Joy”.

» Beethoven is not alive.

12）Questions

①Is there a piano in the room?

» Either there is a piano in the room or there is not a piano in the room.

②Does he speak English or French?

» He speaks either English or French.

③What can you expect?

» You are expecting something.

9.1.3.1.3　前提的可撤销性问题

前面提到，会话含义有可撤销性的特征。可撤销性也是前提的一个特征。在某些语境中，前提是可撤销的。例如：

（91）a. At least John won’t have to regret that he did a Ph. D.

b. John did a Ph.D.

此例中，a » b。但如果 a 是在 John 刚失去进入博士学习的机会时所说的，那么 b 的这个前提就被撤销了，因为情景语境，即背景知识与 b 这个前提相矛盾。换句话说，b 这个前提被语境或背景知识取消了。再看一个例子：

（92）a. Sue died before she finished her thesis.

b. Sue finished her thesis.

c. Sue died before she finished her thesis.

显然，a » b，但 c 撤销了 b 这个前提，因为一个人死了，不可能完成论文，这是背景知识。

9.1.3.1.4　前提的映射问题

前提的映射问题（the projection problem）就是前提的组合问题。“映射（projection）”一词来源于转换语法，它指的是在对句子成分进行语义解释的基础上，对句子进行语义解释的分配。对于前提来说，映射指的是根据复合句的构成分句对复合句的解释。人们发现，构成分句的前提不能被复合句继承。这种非继承性有以下两种情况。

A. 被构成分句否定。

（93）John didn’t manage to pass his exams, in fact he didn’t even try.

» ? He tried to pass the exam.

（94）John doesn’t regret doing a useless Ph. D in linguistics because in fact he never did one.

» ? John did a Ph. D in linguistics.

（93）和（94）的前提都被其后的分句给否定。

B. 被构成分句悬搁。

例如，在 if 条件句中，

（95）a. John didn’t cheat again, if indeed he ever did.

b. Harry clearly doesn’t regret being a CIA agent, if he actually ever was one.

a 和 b 句中的 if 条件句使人们对前面分句的前提（a 句的前提 John cheated before; b 句的前提 Harry was a CIA agent）产生怀疑。

（96）Either John has no wife, or his wife is away.

此句中的两个分句相互否定。

9.1.3.2 前提的语用研究

上面谈到的前提可撤销问题和映射问题都与语境相关，所以哲学家很早就注意到前提的语用特征。他们认为，前提是说话人与听话人之间的互动，是说话人将已知信息、背景知识、共享知识等打包在话语里，听话人就其进行推理的互动过程。

9.1.3.2.1 语用前提的各种含义

20 世纪 70 年代初期，前提被定义为以下语用意义。

1）语用前提指的是说话人对言语的语境所做的设想。例如：

（97）a. Peter has stopped smoking.

b. Peter has not stopped smoking.

c. Peter was smoking.

这里，c 被看作是 a 和 b 成立的语境。

2）语用前提是施行一个言语行为所需要满足的恰当条件或是使一句话具有必要的社会合适性所必须满足的条件。例如：

（98）a. John accused Paul of writing the article.

b. There was something blameworthy about the article.

（99）a. You are disgusting.

b. There are something offensive within you.

（98）和（99）中的 b 是 a 能够实施的必要条件。

3）语用前提是交际双方所共有的知识，或者说是背景知识。例如：

（100）a. Was it Mary that Sam married?

b. Sam married someone.

这里，b 是会话双方共享的知识。

在 20 世纪 90 年代，前提被分为两类，即语用前提和规约性前提。后者就是前面所谈的语义前提，是语言性的，而语用前提在本质上是非语言性的，是背景假设，是说话人的预设。

9.1.3.2.2 语用前提与断言

如果前提被看作是一种语义关系，关键在于区分前提与蕴含；如果将前提看作是语用关系，重点在于区分断言和前提。

前提：是话语中熟悉和已知信息。

断言：是话语中未知的，不熟悉的信心。

（101）a. Sam's kids all play basketball.

b. Sam has kids.

c. The kids all play basketball.

此例中，b 是前提，c 是断言。

在交流中，断言可以成为共享信息，也可成为下一个话语的前提。例如：

（102）a. The kids saw a film last night.

b. The film (the kids saw) was very amusing.

此例中，断言 a 成为 b 句的前提，是会话双方共享的信息。

9.1.3.3 小结

前提是共享、已知的背景信息，有语义前提和语用前提之分。语义前提是句子本身所具有的一层意义，是语言性的，相对比较稳定，而语用前提则是说话人的预设，是语境性的、动态性的。

前提关系的复杂性和多变性只有通过对语境因素的考虑才能做出较为满意的解释。不过，即使在语用学范围内，目前对前提的解释仍然是局部的、不完整的，还没有一种系统的、全面的、能普遍地被接受的理论。

9.1.4 言语行为

言语行为理论是牛津大学哲学家奥斯汀（J. L. Austin）提出的，他从 1952 年开始讲授他的理论。1955 年，他去美国哈佛大学做威廉•詹姆斯（William James)讲座时，修订了自己的讲稿，把题目从《言与行》(Words and Deeds ）改成了《怎样用词做事》(*How to Do Things with Words*)。该讲稿在他去世后，于 1962 年出版。

9.1.4.1 理论提出的背景:“描述”谬误

在 Austin 之前，哲学家一直假定，陈述的作用就是描述某种事态，或陈述某种事实，而且这种描述或陈述必须是真的或假的。Austin 发现，这个主张存在许多问题，比如，有些陈述是无法被证实的，即无所谓真假，因而是虚假的陈述，而非真正的陈述。请看如下陈述句。

（103）There's a spider in your hair. —warning

I've got a gun. —threatening

You're an idiot. —insulting

I need the salt. —requesting

这些句子，形式上是陈述，但它们不仅仅是在陈述事实，其背后还有更为基本的意图，第一句是警告，第二句是威胁，第三句是侮辱，第四句是请求，并且语言中，还有大量的句子，形式上根本就不是陈述句，例如，祈使句、疑问句等。

Austin 的言语行为理论就是要推翻“真值条件（truth conditions）是语言理解的中心这一语言观点”(Levinson，1983: 228)。Austin 的言语行为理论有两个阶段，理论的初级阶段，提出了施为句（performatives）和表述句（constatives）的区分。后期否定了这个区分，认为所有的言语都是在行事，提出了言语行事的三种含义。

9.1.4.2 施为句和表述句

在理论的早期，Austin 认为，句子有两类：施为句和表述句。例如，认为下面的句子并不是用来描述事物的，没有真假。说出这些句子是（或者部分是）实施某种行为。所以这些句子被称为施为句，其中的动词叫施为性动词。

（104）a. 我把这只船命名为伊丽莎白皇后号。(I name this ship Queen Elizabeth.）

b. 我把手表遗赠给我弟弟。(I bequeath my watch to my brother.）

c. 我用六便士跟你打赌明天会下雨。(I bet you six pennies it will rain tomorrow.）

d. 我答应按时完成。(I promise to finish it in time.）

e. 我道歉。(I apologize.）

f. 我宣布大会开始。(I declare the meeting open.）

g. 我警告你这头公牛会撞人。（I warn you that the bull will charge.）

相反，化学老师在演示实验时说的例（105）却不是施为句。

（105）我把一些液体倒入试管。（I pour some liquid into the tube.）

这句话只是描述了说话人说话的同时在做什么。说话人不能通过说这句话把液体倒入试管，他必须同时做倒液体的动作，否则，可以说他做了虚假陈述。这样的句子叫表述句。虽然施为句没有真假，但必须满足一些条件才是合适的。Austin 提出了以下合适条件。

A.（i）必须有一个相应的规约程序。并且

（ii）相关的参与者和环境是合适的。

B. 该程序必须正确全面地得到执行。

C. 通常，（i）有关人员必须有相关的思想、感情和意图。而且

（ii）能付诸实际行动。

所以，在新船下水仪式上，只有被指定的那个人才有权给船命名，并且这个人必须说出符合命名程序的话；馈赠手表的人必须有一块手表；如果第二天是晴天，那么，打赌会有雨的人必须给另一个参与者六便士。

但是，Austin 很快认识到，这些条件只适用于部分情况。有些情况并不需要规约程序来完成。例如，发誓，可以说“I promise”，也可以说“I give my word for it”，这些没有严格的程序。所谓的表述句也可能必须满足其中的某些条件。例如，说“The present King of France is bald（法国现在的国王是个秃子）”是不合适的，就像一个没有手表的人说“I bequeath my watch to my brother（我把我的手表馈赠给我弟弟）”一样。他们都假定某种实际并不存在的东西存在。表述句中，说话人也必须要有相关的思想、感情和意图。例如，我们不能说“The cat is on the mat, but I don’t believe it（猫在垫子上，但是我不相信）”。

后来，Austin 尝试从语法和词汇上找到区分施为句和表述句的标准。他发现，典型的施为句一般是第一人称单数作主语；用一般现在时；用直陈语气；用主动语态；动词是施为性动词。不过也有反例。用被动语态的，如“Pedestrians are warned to keep off the grass（行人禁止践踏草坪）”还是很常见的。在非正式场合，其他语气和时态也是可能的。我们可以不说“I order you turn right（我命令你向右转）”，而只是简单地说“Turn right（向右转）”。陪审团可以不说“I find you guilty（我判决你有罪）”，而说“You did it（你犯了罪）”。最明显的例子可能是“Thank you”。因为没有主语，表面上看起来像个祈使句，但实际上这是个施为句。通过说这句话，说话人表达了对听话人的谢意，没有必要再做别的事，虽然对方有时会开玩笑说：“你不能只是口头上谢我。”state 一般被用来表述事情，是典型的表述动词，却也可以被用来做事。说“I state that I’m alone responsible （我声明我承担全部责任）”的时候，说话人就发表了声明，承担了责任。换句话说，施为句和表述句的区分很难确立，所有的句子都能用来做事。

9.1.4.3 行事行为（illocutionary act）理论

在《怎样用词做事》（*How to Do Things with Words*）后面的部分，Austin 尝试从一种新的角度来解决这个问题，讨论在什么意义上说话就是做事。

根据他的观点，说话可以在三种意义上被看成做事。第一种是普通意义。那就是我们说话的时候，要移动发音器官，发出按照一定方式组织起来，并被赋予一定意义的声音。在这个意义上，当有人说“Hello”时，我们可以问：“他做了什么？”而不问“他说了什么？”答

案可以是他发出一个声音，单词或者句子—“Hello”。这种意义上的行为叫作发话行为（locutionary act）。

然而，Austin 认为在发话行为中还有一种行为，“在实施发话行为的时候，我们同时也在实施另一种行为。例如：提出或回答问题，提供信息、保证或警告，宣告裁定或意图，公布判决，或提出申诉或批评，做出辩认或描述，等等。”（Austin: 1962: 98-99）例如，当有人说“Hello”时，另一个人问“他做了什么？”我们完全可以回答：“他表示了问候。”换句话说，我们说话时，不只是说出一些具有一定意义的语言单位，而且还要说明我们的说话目的，我们希望怎样被理解，也就是 Austin 所说的具有一定的语力（force）。在上面的例子中，我们可以说“Hello”有问候的语力，或者说，它应该被理解成问候。这是说话可以是做事的第二种意义，这种行为叫行事行为（illocutionary act）。Austin 承认语力（force）可以被看成意义（meaning）的一部分，这时的意义是广义的。就我们刚才讨论的例子，我们也可以说“他的意思是问候”。但是，Austin 主张还是把语力（force）与意义（meaning）区分开，后者只用作狭义；只指较稳定的固有的意义。语力（force）或者叫行事语力（illocutionary force），相当于说话者意义、语境意义或附加意义，可以译成汉语的“言外之意”。不过 illocutionary act 不能翻译成“言外行为”，因为前缀-il 的意思是“在……里面”，而不是否定。

说话可以看成做事的第三种意义，涉及话语对听话人产生的效果。通过告诉听话人某事，说话人可以改变听话人对某件事的观点，或者误导他，让他惊奇，诱导他做某事，等等。不管这些效果是否符合说话人的本意，它们都可以看作说话人行为的一部分。这种行为叫作取效行为（perlocutionary act）。例如，说“Hello”的时候，说话人表示他想和听话人保持友好的关系。这种友好的表示无疑会对听话人产生一定的影响。如果对话双方的关系很正常，效果可能不太明显。但如果两人的关系有些紧张，一方说出一个简单的“Hello”就可能使他们的关系发生很大的变化。听话人可能会接受他这种友好的表示，和他重归于好。如果是这样，回答“他做什么”时，我们就可以说：“他和朋友重修旧好了。”也可能听话人对说话人有偏见，把他的友好表示看成是虚伪，一句问候语反而使两人的关系更加恶化。虽然这并非说话人所愿，但这的确是他的取效行为（perlocutionary act）。取效行为和行事行为（illocutionary act）不同，前者与说话人的意图有关，而后者与此无关。

在上述的基础上，Austin 改进其早期的施为句的标准为：含施为动词的语句称作显性（explicit）施为句，其行事语力已由施为性动词清楚地表明，这就是他早期的施为句的含义；不含施为动词的语句称作隐性（implicit）施为句。显而易见，所有的语句都是施为性质的。因此，所有的语句都带有“发话行为”“行事行为”和“取效行为”这三种语力（language force）。若某男对某姑娘说：“我会去看你的。”这句话实施了一个发话行为和一个承诺行为，产生了使某姑娘放心的效果。

由此看来，语言学家历来所研究的就是发话行为（locutionary act）。他们关心怎么发音，怎么组词，怎么造句，它们又有什么固有的意义。取效行为（perlocutionary act）涉及许多现在仍然没有搞清楚的心理和社会因素。所以 Austin 真正关注的是行事行为（illocutionary act）。在这个意义上，言语行为理论实际上就是行事行为理论。

9.1.4.4 行事行为的分类

Austin 将行事行为分为 5 大类：裁决型（verdictives）、行使型（exercitives）、承诺型（commissives）、行为型（behabitives）、阐述型（expositives）。裁决型用以陈述某种发现，是

可以被验证的，如：assess, estimate, diagnose, take it, interpret as 等。行使型行为包括行使权力、权利，或施加影响、压力等，如：appoint, vote, order, warn, advise 等。承诺型的行为是说话人对未来等许诺和承担，如：promise, undertake, side with 等。行为型用以表明说话人所采取的态度，如：apologize, commend, challenge 等。阐述型的行为用以说明所说的话语在整个交际中的作用，如：conclude, illustrate, assume, agree 等。这个分类十分粗糙，缺乏一个明确的分类标准。事实上，Austin 不是在对行事行为分类，而是在对行事动词进行分类。

鉴于此，Searle 提出了比较明确的行事行为的分类标准，即言外之的（locutionary point），适从向（direction of fit）和所表达的心理状态（expressed psychological state）。

言外之的是指一类言语行为的目的或目标，例如：命令、请求、忠告、威胁类言语行为都有相同的目的，即设法使听话人去做某事；许诺、起誓等行为的目的则不同，这类行为的目的是说话人承担义务做某事，具有相同言外之的行为会有不同程度的强度或力度。例如：

（106）a. I swear that Bill stole the money.

b. I guess that Bill stole the money.

句 a 和句 b 具有相同的言外之的，即陈述事实，但具有明显的不同力度，前者表达说话人的信念比后者强烈得多。这种强烈度或力度就是语势（force）。

适从向指言外之的带来的后果，指言语与客观世界之间的关系。言语和客观世界之间存在不同的适从向，例如：陈述、描述的适从向是从话语到客观现实，是话语符合客观现实；请求、许诺等行为的适从向是客观现实到话语，客观世界要按照说话人所说的话去变化，而宣告类言语行为的适从向是双向的，既有从话语到现实的适从向，也有从现实到话语的适从向。

说话人在实施一个行事行为时，总会对话语中所包含的命题内容表示出自己的态度和心理状态。例如：说话人在对某一命题内容做断言、陈述甚至猜测时，他都对此命题表达了相信，只是在程度上有差别。当说话人在许诺、起誓、威胁时，他表达了做某事的意愿；当他提出请求、发出命令、做出建议时，他表达了他想要听话人去做某一事件的愿望。不难看出，所有的心理状态与行事行为的诚意条件是一致的。

根据上述分类标准，Searle 把行事行为分以下为五大类。

1）断言类或阐述类（representatives）。这类以言行事行为表示说话人对某事做出一定程度的表态，对话语所表达的命题内容做出真假判断，其适从向是从话语到客观现实，所表达的心理状态是相信。表示这种行为的动词有声称、陈述、声明、断定、否定、澄清等，此类行事行为具有可验证性。

2）指令类（directives）。这类以言行事行为的言外之的是说话人试图让听话人去做某一事件，命题内容总是让听话人即将做出某种行动；它的适从向是客观世界适从话语；所表达的心理状态是希望或愿望。表示这种行为的动词主要有要求、命令、指示、建议、乞求、邀请等。

3）承诺类（commissives）。这类以言行事行为的言外之的是指说话人对未来的行为做出不同程度的承诺，命题内容是说话人即将做出某一行动；适从向是从客观现实到话语；所表达的心理状态是意欲。此类行事行为与指令类有相同的适从向，但二者在言外之的这个侧面上相异。表示这种行为的动词主要有承诺、拒绝、威胁、保证、发誓等。

4）表达类（expressives）。这类以言行事行为的言外之的是对命题内容中所表明的某种事态表达说话人的某种心理状态；该类行事行为没有适从向，因为它们不存在适从向这个问题，说话人既不想通过说话来引起客观世界的改变，也无须使自己的话语符合客观现实，实施该行为的前提是话语命题内容的真实性。例如：当我们因为踩了别人的脚而道歉时，我们说话的目的既不是要陈述踩了别人的脚这个事实，也不是做出许诺去踩他的脚，踩了别人的脚这一动作的真实性已经被确认，我们只是要对这一客观事实表示自己的态度或心理状态而已。表达这种行为的动词主要有道歉、吹嘘、慰问、感谢、欢迎、祝贺、哀悼等。

5）宣告类（declarations）。这类以言行事行为的言外之的是使客观现实与所表达的命题内容一致。这类行事行为的适从向比较特别，一方面，其适从向很明显的是使客观现实符合所说的话语；另一方面，客观现实按照所说话语发生的变化是即刻、瞬息之间的，在说话的同时，这种变化便随之发生了。所以要成功地实施一个宣告类行为，往往涉及一些语言外的习俗或一套语言外的构成规则。例如：说话人和听话人在这一语言活动中，必须是具有某种地位的人，只有能够解雇别人的人才能使“I fire you”这个话语成功有效，一个已婚男子无论在牧师面前说多少遍“I do”，也无法和另外的一名女子结婚等。表达宣告的动词主要有声称、任命、指定、宣布等。

Searle 的行事行为分类是迄今为止公认为比较合理的，其他的分类（Hancher 1979）基本上是以此为基础做了一些修改和补充。行事行为的分类仍然是学者们的重要研究课题之一。

9.1.4.5　实施言语行为的规则

Searle（1969）把使用语言看作是一种受规则制约的社会行为。要有效地达到交际的目的，如做出承诺、提出请求等，必须满足一些条件。前面我们提到，Austin 认为是实施言语行为需要满足三个切适条件，在此基础上，Searle 做了进一步的阐述，使言语行为规则更加完善。

在制约人们社会活动和行为的各种规则中，Searle 区分了两大类规则：1）调节性规则（regulative rules），这类规则对已存行为或活动实施制约，如礼仪规则、交通规则；2）构成性规则（constitutive rules），这种规则能创立或规定新的行为形式，并对它们实施制约，违反了构成规则，这种行为或活动就不存在了。如游戏规则、打牌规则、球类规则。以言行事要遵守的是构成性规则，如“命令”和“请求”。

Searle 以“许诺”为例，制订了具体的规则。他首先明确了实施这一行为所需要满足的条件，然后再根据这些条件去制订必须遵守的规则。下面是 Searle（1969: 57-61）为实施“许诺”制订了 9 个条件。

条件 1：存在正常的语言输入或输出的条件。

条件 2：说话人通过所说的话 X 表达一个命题 P。

条件 3：在表达命题 P 时，说话人 S 表述了他将要实施某一行为 A。

条件 4：听话人 H 希望说话人 S 实施而不是不实施行为 A，并且说话人 S 相信听话人 H 希望他实施而不是不实施行为 A。

条件 5：S 和 H 都不认为在事件的正常过程中 S 会实施行为 A。

条件 6：S 打算实施行为 A。

条件 7：S 认为他说出的话语 X 就意味着他有义务实施行为 A。

条件 8：S 的意图是要 H 认识到说出话语 X 就使 S 承担起实施行为 A 的义务，S 想使 H 通过认可 S 的上述意图而认识到 S 承担起实施行为 A 的义务，S 想使 H 通过话语 X 的意义认可 S 的上述意图。

条件 9：当条件 1～8 都具备时，S 和 H 所使用的语言的语义规则使得话语 X 说出来既正确又真诚。

很明显，这些条件中，有些是成功实施任何一种言语行为所需要具备的条件，如条件 1、2、8、9 等。条件 3～7 是成功地做出许诺说必须满足的，是许诺行为所特有的条件，这些条件的满足是许诺有别于其他的言语行为。Searle 进一步把“许诺”这几个条件归纳为以下四类条件。

命题内容条件（propositional content condition）：说话人言及一个他自己将要去做的动作。

准备条件（preparatory condition）：说话人相信他所要做的事情是符合听话人的利益的，但这件事并非是他经常所做的。

诚意条件（sincerity condition）：说话人意欲做这一动作。

本质条件（essential condition）：说话人承担起做某一件事情的义务。

在上述这些条件明确的基础上，Searle 制订了相应的必须遵守的规则。

1）命题内容规则

命题出现在一个句子或比句子大的语段中，这一命题言及说话人将要实施的行为。

2）准备规则

A. 听话人愿意说话人实施某一行为，而不是不愿意他去实施这一行为，说话人相信听话人愿意他去实施这一行为。

B. 说话人和听话人双方都清楚，说话人通常不实施这一行为。

3）诚意规则

说话人真心实意地想实施某行为。

4）本质规则

说话人承担起实施某一行为的义务。

这四条规则是 Searle 认为说话人想通过语言来做出许诺所必须遵守的规则，它们具有普遍的意义。对于其他言语行为，也可以从这四个方面去制订其具体的规则，例如：“请求”言语行为应该遵守以下四条规则。

命题内容规则：说话人言及听话人将要实施的行为。

准备规则：A. 说话人相信听话人有能力实施这一行为；B. 说话人和听话人双方都清楚，听话人通常不实施这一行为。

诚意规则：说话人真心实意地想听话人实施这一行为。

本质规则：说话人设法使听话人去实施某一行为。

9.1.4.6 间接言语行为

Searle 的另一个重要贡献是提出了间接言语行为理论（indirect speech act theory）。间接言语行为是通过实施另一种行事行为的方式来间接地实施某一种行事行为，例如：

（107）这间屋子的空调坏了吗？

此例有两个行事行为：一是疑问，二是指令。这是通过疑问这个行事行为来间接实施指令行为，疑问是手段，指令才是真正的目的。

间接言语行为分为两种：规约性间接言语行为，这种间接言语行为是通过固定的语言形式表现的，这些形式是被人们普遍接受的，按习惯可立即推断出间接的行事行为。

（108）你能把门打开吗？
你可以把门打开吗？
安静一点儿好吗？

让我过去，好吗？

能不能把声音开小一点？

这些疑问句，一般被认为是请求言语行为。

非规约性间接言语行为要依靠语境和说话双方的共知信息来推导。

（109）甲：下午逛街去吗？

乙：下午有个朋友要来。

乙的回答是一个非规约性间接拒绝言语行为，需要借助语境和双方的共知信息来推导。

9.1.5 会话结构

语用结构的各个方面都是以运用中的会话为中心组织起来的。当然，话语不限于会话，但会话是人类最原始的语言使用形式，会话是话语的最基本、最重要的形式。通过对会话结构的分析，可以揭示会话构成的规律，解释自然会话的连贯性，有益于话语意义的准确理解。

会话分析（conversation analysis）是由一群社会学家如萨克斯（Sacks）、谢格罗夫（Schegfoff）、杰弗逊（Jefferson），即通常所说的“民族方法论者”在20世纪60年代末到70年代初开创的。“民族方法论”研究“民族”（ethnic）即社会成员自身产生和理解社会交互作用的各种方法。在研究中，他们从大量的自然会话语料出发，把重点放在材料（包括录音和自然会话的记录）和材料中反复出现的模式上。

9.1.5.1 会话分析的标记方法

/ / 表示从这一点开始接下去说的话跟下一行记录的话交叠

※ 表示说话交送终止的一点

:: 表示音节拖长

斜体 表示在音强、音高、音长上重读的音节

大写 表示语音较强的部分

(()) 表示记录者不想深入考虑的现象或某些非言语行为等

() 表示记录中不能肯定的部分

? 表示语调上升

· 表示语调下降

, 表示语调保持不变

（0. 0）表示大致相当几百毫秒时长的停顿或间隙

== 表示前后说的话紧紧相连，无间隙

→ 注意跟讨论直接有关的现象的定位

hh 表示可以听到的出气声

. hh 表示吸

9.1.5.2 会话结构

一般来说，会话有以下 5 种结构：（1）话轮；（2）相邻对；（3）修正机制；（4）预示序列；（5）总体结构。

9.1.5.2.1 话轮

话轮（turn-taking）就是轮流说话。会话过程中很少出现两个人或几个人同时说话的情况。一次会话至少由两轮话组成，A 先说，停下来后，B 再接着说。两人对话的分布是

A—B—A—B—A—B。支配轮流说话的机制是一套依次选用的规则，这套规则只对会话中的轮流交替起作用，因此叫作“局部支配系统”。受支配的最小单位是会话中的一个话轮，即说话人的话从开始到结束。一个说话人最初只被分派给这样的一个单位（话轮）。这个单位的终止就是可以变换说话人的位置，叫作“转换关联位置”（简称 TRP）。在“转换关联位置”，支配轮流说话的规则开始起作用。这种轮流单位必须具有这样的特征：能预测它的终止位置；能在单位以内具体表明终止时邀请哪一个人接着说话。选择下一个说话人的具体方法中比较直接的有：提问（提议或要求等）加上称呼语；肯定尾句加上称呼语；各种证实听觉和理解的话，这些话选择原先的说话人继续为下一个说话的人。

轮流说话的规则及其特点。

规则 1：应用于第一个 TRP（不论从哪个话轮开始）。（a）如果 C 在当时一个话轮中选择 N，那么 C 必须停止说话，N 必须接着说话，转换出现在选择 N 后的第一个 TRP；（b）如果 C 没有选择 N，那么任何其他的参与者都可以自我选择，谁先说话谁就获得说下一轮话的权利；（c）如果 C 没有选择 N，也没有其他的参与者按（b）作自我选择，那么 C 可以（不是必须）继续说话（即要求获得继续说下一轮话的权利）。

规则 2：应用于以后的每一个 TRP 在 C 已经应用规则 1（c）后，规则 1（a）～（c）适用于下一个 TRP，并反复适用于下下一个 TRP，直到实现说话人的转换为止。

（说明：C 指当时的说话人，N 指下一个说话人，TRP 指一个轮流结构单位的可识别的终止位置）

以上规则能解释轮流说话的一些特点。首先，在一次会话中的一个时间里，一般只有一个人说话。如果发生两个人说话的交叠，至少在大多数情况下，交叠的位置可以预测：或发生在竞相开口说话的场合，这是规则 1（b）所允许的。

轮流说话的实例

（110）

思：（提出正事）媳妇听说袁先生不几天就要走了，不知道愫妹妹的婚事，爹觉得—

皓：（摇头，轻蔑地）这个人，我看——

说话人思懿点明话题（愫妹妹的婚事），并指定下一位说话人是公爹，爹曾皓接着说话。在思懿和曾皓的两个话轮的转接处是转换关联位置（TRP）。

（111）

皓：好，愫方，你先别走，趁你在这儿，我们大家谈谈。

愫：我要给姨父煎药去。

曾皓让“大家谈谈”，这“大家”包括愫方，但并未指定愫方必须首先发言。愫方为婉拒留下来参与讨论的要求，她机智地自我选择首先发言的权利。

9.1.5.2.2 相邻对的特征及其规则

“相邻对”（adjacency pairs）这一概念对揭示会话结构有重要的作用。最典型的相邻对是问-答、问候-问候、提议-认可或提议-拒绝、道歉-抚慰等。相邻对有以下特征：“相邻对”是一前一后两轮话，这两轮话是

1）邻接的；

2）由两个说话人分别说出的；

3）分为始发语和应答语；

4）有一定的类型，即始发语要有特定的应答语相匹配，例如：问候-问候、提议-认可或提议-拒绝。

有一条规则支配相邻对：在说出相邻对的始发语后，该说话人必须停止说话，下一个说话人此时必须说出这个相邻对的应答语。

相邻对的类型：

（i）问-答相邻对

张三：你都到过哪儿呀？

小李：武汉、重庆、成都、昆明、桂林，倒真开了眼！

(ii) 问候-问候相邻对

王二婶：齐大妈，您早！

齐　母：您早，二婶！

(iii) 提议-认可相邻对

张　山：星期天咱们一起去香山赏红叶，好吗？

李　云：好主意！

(iv) 提议-拒绝相邻对

齐凌云：妈，跟我去吧！

齐　母：我不去！

老舍：《女店员》

(v) 道歉-抚慰相邻对

孙小姐道：赵先生，我真抱歉—。

辛媚道：哪里的话，今天我是虚邀，等你身体恢复了，过天好好地请你。

钱钟书：《围城》

由此看来，相邻对是会话结构的一种基本单位。但是，前面列出的相邻对的几条特征却不是无可挑剔的。首先，“邻接”这个条件过严，因为经常出现“插入序列（insertion sequences）”的情形。例如，在一问一答之间插入另一个一问一答（Q1 表示第一问，A1 表示第一答，依此类推）。

9.1.5.2.3　修正机制的特征

人们会话是口头交际，随想随说，思考不周或口误在所难免。因此，需要及时补充、修正。修正机制（repair apparatus）具有以下特征：首先，它在一个至少由三个话轮组成的序列中有规律地提供几个空档（机会），可以在这些空档里进行修正或促使对方修正（T1 表示第一话轮，T2 表示第二话轮，T3 表示第三话轮）：

T1（包括可修正的话）= 第一次机会：主动自我修正；

T1 和 T2 的过渡间隔 = 第二次机会：主动自我修正；

T2 = 第三次机会：对方主动修正或促使对方在 T3 做自我修正；

T3 = 第四次机会：在 T2 对方的促使下做自我修正。

1）在第一次机会做主动自我修正

“可是，战败者常常得到旁人更大的同情”—唐小姐觉得这话会引起误会，红着脸—“我的意思是说，表姐也许是赞助弱小民族的。”

钱钟书:《围城》

2）在第二次机会做主动自我修正

白花蛇：明天晚上的文艺座谈会，应该谁去参加？请反感意见。

方珍珠：“反映”，不是反感！二叔！

老舍：《方珍珠》

3）在第三次机会促使对方做出自我修正

小李：老王已是耄耋（mao zhi）之年了？

小张：什么？

小李：耄耋（mao die）之年。

4）在第四次机会在对方促使下作自我修正

张三：我们终于可以返校了.

李四：什么？

张三：返校！我们是毕业班，需要返校办理离校手续。

其次，修正机制也是一个优选结构。优选的等级次序是

1）在第一次机会做主动自我修正；

2）在第二次机会（转换位置）做主动自我修正；

3）在第三次机会促使对方在下一轮话做自我修正；

4）在第四次机会在对方促使下做自我修正。

这个优选等级次序体现了从最常用的修正手段逐步降至最不常用的修正手段，即人们倾向于主动自我修正（在第一、二次机会进行），如果发现说话人未利用前两次机会对出现的问题做自我修正，在多数情况下，宁肯发出一个信号来促使对方在下一轮话自我修正，也不愿代对方做出修正。偶尔不得已而代对方修正时，一般后面总要带上一个调节语，如 I think（我想，我觉得），或者前面加上一个 you mean（你是说）等。

修正机制强烈地倾向于主动修正和自我修正，因为交际应该遵守礼貌准则，给说话人留面子。

9.1.5.2.4 预示序列

预示序列（pre-sequences）是说话人在以言行事之前用以探听虚实的一类话语。说话人使用这类话语的主要动机是考察有无向听话人实施某一言语行为的可能性，即说话人实施某一言语行为能否从听话人那里得到“期待的”反应。

预示序列是为表达“邀请”“请求”“宣告”等的最典型的会话结构格式。

预示序列的类型：

（i）邀请预示序列（pre-invitations）

邀请预示序列的特征是说话人的发话是探听有无向听话人发出邀请的可能性。听话人理解说话人发的话是个邀请预示序列，因此，听话人的回答必定尽量与说话人接着可能发出的邀请相协调。例如：

（112）鸿渐道：苏小姐，……明天晚上你有空么？我想请你吃晚饭，就在峨眉春，……

钱钟书：《围城》

(ii) 请求预示序列（pre-requests）

（113）A. 有山东啤酒么？

B. 有。

A. 好，给我来一瓶，行吗？

B. <转身去取>（当然）

（114）平海燕：告诉我点你的事，好不好？

王新英：你问吧，同志！

平海燕：你的父亲叫王利仁，十五年前死在外边了？

王新英：对！

平海燕：你的祖母把你留下，可把你妈妈跟姐姐都轰了出去？

王新英：也对！

老舍：《全家福》

请求预示序列的结构一般分为四个级位，例如：

（115）级位 1，A. 嗨，有信封吗？<请求预示序列>

级位 2，B. 有，女士。<有什么要求，请说>

级位 3，A. 请给我 2 个。<提出要求>

级位 4，B. (转身去取)<反应>

在这样的情况下，使用预示序列的一个主要原因是说话人想凭借它来探听即将发出的请求能否得到“合意的”反应（不被听话人拒绝）。假定你在商店买东西，“合意的”反应就是售货员主动提出可以供应。例如：

（116）客户：有山东啤酒吗？

售货员：有。你想要几瓶吗？

客户：请来两瓶。

售货员：好。

（iii）宣告预示序列（pre-announcements）

（117）A：听说今天发生的好事么？

B：哦，什么事儿？

A：小王中了 1 万的彩票了。

（118） 赵　老：四奶奶，（再）告诉你个喜信！

四　嫂：什么喜信啊？

赵　老：测量队到了，给咱们看地势，好修沟！

四　嫂：修沟？修咱们的龙须沟？

赵　老：就是！修这条从来没人管的臭沟！

老舍：《龙须沟》

宣告预示序列由两轮互相交叠的相邻对组成，第一轮相邻对的应答语跟第二轮相邻对的始发语重合为一轮话（B 说的话）。第一轮话一般至少具有以下几种特征中的一个特征。

①说明宣告的内容是什么种类（例如，“消息类”）。

②对宣告的内容做出评价（例如，好消息或坏消息）。

③往往说明信息的日期。

④一般要有一个未知项。这很重要，因为要宣告的内容正是有关这个未知项的。

9.1.5.2.5　总体结构

总体结构（overall organization）问题比较复杂，到目前为止，国内外对这个问题研究得还不够深入。在总体结构中，目前研究得比较充分，也是最典型的一类会话是打电话。在现代社会里，打电话是重要的、便捷的交际方式之一。会打电话不难，把电话打好则颇有学问：

它要求精心安排谈话内容，说话得体，确保交际效果好、办事效率高。打电话的总体结构由开端、本体、结束语三部分构成。下面，我们以一名想要报考××大学中文系理论语言学方向研究生的学生和一位语言学教授的一次电话交谈为例，讲解一下总体结构。

开端：

听到电话铃响，接电话的人拿起听筒先说话：有礼貌地打招呼，询问对方是谁，有什么事情。例如：

学生：（拨通某教授家的电话：铃响）<召唤>

教授：喂，你好，哪一位？<应答>

学生：S老师，您好！我是李××，中文系汉语专业××届毕业生，老师还记得我吗？<先致问候><表示已认出老师>

教授：噢，小李！你好吗？<回致问候><表示已认出该学生>

本体：

打电话的人切入话题：说明打电话的原因，想办什么事情，并对需要谈的有关事情做好精心安排。

学生：S老师，我明年想报考中文系理论语言学方向的研究生，您能告诉我应该读哪些书吗？<开端之后，切入第一个或主要话题>

教授：当然可以。我认为你首先要学懂并真正掌握《语言学纲要》一书讲解的基本理论和方法，因为这是语言学的“基本功”。其次要认真读一读索绪尔的《普通语言学教程》。此外，还应该阅读一些关于结构主义语言学、转换生成语言学、语义学、社会语言学的书。重要的是，要把学到的知识融会贯通，具备较强的综合答题的能力。

学生：谢谢！老师您能告诉我入学考试要考哪几门课吗？<提出第二个话题或与考研的相关话题>

教授：共考五门课，外语、政治、专业基础课、专业理论课、综合考试课。报考理论语言学专业的学生要求外语水平较高，语言学专业理论知识扎实，并具有较全面的语言、文学基础知识。

学生：我明白了。谢谢老师！

结束语：

电话交谈，处理好结束语很重要。从技术上讲，不能强使交谈的任何一方在还有重要的话未说完之前终止对话。从社交上讲，终止交谈太急或者终止交谈过缓都会给对方以关系冷淡之感。因此，在结束语部分应当使用一些预示结束的词语，使对方有一定的思想准备，然后再道别。

教授：还有什么问题吗？

学生：暂时没有要问的事情了。

教授：认真准备吧，预祝你成功！

学生：多谢老师！

教授：再见，小李！

学生：再见，老师！

9.2 语用综观论

Verschueren（2000）在其著述 *Understanding Pragmatics* 中，从头至尾反对“基本分析单元说”。他认为，语用学不仅不能和语音学、音位学、形态学、句法学、语义学这个对比集相并列，也不属于神经语言学、心理语言学、社会语言学、文化语言学这类跨学科领域。这些学科都有自己与语言研究联系的相关对象。但是，不可能给语用学指派一个基本的分析单元，也不可能鉴别出一个具体的相关对象。语用学涉及的是语言性行为的全部复杂现象。他的这一立场是很彻底的（钱冠连，2003）。

代替基本分析单元的是：“语言性行为的全部复杂现象。”所以，他给语用学的描写性定义是：我们可将语用学具体化为一种从认知的、社会的和文化的整体角度对语言现象的综观，而这种综观与人类诸种行为中的语言现象的使用相关（钱冠连，霍永寿，2003）。

钱冠连（2003）把这一理论称为“语用综观论”。于是，Verschueren 以自己的“语用综观论”与英美的“基本分析单元说”形成了鲜明的对比。在国际语用学理论的格局中，欧陆型的“语用综观论”与英美型的“基本分析单元说”形成了对垒。

Verschueren 的著述 *Understanding Pragmatics* 的哲学底蕴深厚。除了最后一章重点回忆语用学的哲学渊源之外，在全书的叙述中，充满了哲学气味。该书的核心内容是顺应论（adaptation theory），即语言的使用过程实际上是一个语言选择的过程。语言的三个特性是变异性（variability）、商讨性（negotiability）、顺应性（adaptability）。语言选择的可能性在于变异性。可能的语言选择的范围并不是静态的、稳定的，而是不断变化的。在某一时刻选择的语言还可以经过重新商讨而获得重新选择。因此，语言使用者完成语言选择的过程不是机械的，而是灵活的，具有商讨性。语言选择的目的是为了满足交际的需要，这也正是语言的顺应性。根据综观论和顺应论，语言的选择和使用可以从以下几个方面进行解释：语境关系顺应，语言结构顺应，顺应的动态性和顺应的意识程度。

Verschueren 为语用学提供了一种新的视角，即语用综观与顺应，使我们可以从认知、社会和文化的视角对语言的使用进行描述和解释。

9.3 规范语用学

我们还不能说西方世界的语用学理论是两分天下（钱冠连，2003），因为德国哲学家、思想家哈贝马斯（Habermas）创建的语用学完全采取了另外一个方式：他从交际同社会进化关系的角度形成了他所说的“普遍语用学”（universal pragmatics），他也称其为“规范语用学”（formal pragmatics），因为语用规范在交际中起着非常重要的作用。“哈贝马斯的规范语用学本质上是探索一条由形式语义分析走向语用分析的道路，是理性地构造一条将语义分析与语用分析结合起来的分析方法，是现实地构筑一座将科学主义与人文主义融为一体的哲学大厦，是理想地修造英美经验主义与欧洲大陆理性主义传统统一途径的尝试。”（郭贵春，2001）哈贝马斯的规范语用学把交往概念作为社会批评性评价的一个基础，区分了交往互动（communicative interaction）领域与人际关系中起作用的领域，后者是人与自然之间关系的相对物。这种关系从理想状态上看是可控制的，而人际关系是不可控制的。交往互动预先假定了一个具有各种因素的理想言语情景，在此种情景中，现存的社会因其交往被歪曲而受到批评剖析，哈贝马斯发现这个交往互动是个预见社会前景状态的理想之物（Habermas，1970：114-148）。交往理论不仅可以以科学的术语说话，还可以以人类抱负的语言说话。钱冠连（2003）说，哈贝马斯的理论园地，哲学家、社会学家、语用学家、人类行为学家以及社会批评者都可进入，出来时还可以各取所需。这正是学术的一种理想境界。

思考题

1. 指示语包括哪些主要类别？各类指示语在话语中传达什么样的指示信息？
2. 请解释格莱斯会话含义与后格莱斯主义之间的联系与区别。
3. 简述语用学的三大格局。

第十章　文　体　学

何为文体？何为文体学？文体学历史进程如何？有哪些主要研究对象？本章探索文体学与修辞学的历史渊源，简述中西文体的发展，并从文体学角度对文学文体与实用文体进行分析。

10.1　文体学与修辞学

文体学（stylistics）被认为是文学的语言学研究，具有跨学科特征。文体学有宏观和微观之分。从宏观出发，文体学关注语言使用的多样化现象。从微观出发，“文体学是用语言学的方法研究文体风格的学问”（刘世生、朱瑞青，2006：3），它关注语言在文学以及其他文本中创造意义的方式。文体学家基于语言学的理论框架与分析模式来描述文本语言和意义表达的因果关系。

西方学者对文体的研究可以追溯到古希腊罗马时期的修辞学中的雄辩术。在古代，修辞学主要是演讲的艺术，亚里士多德建立了古典修辞学的理论体系。修辞学研究和当代文体学有不可分割的联系。一方面，从历史角度看，文体学属于修辞学的重要组成部分，文体学源于古典修辞学，二者在研究范围上基本一致；另一方面，二者在研究对象上又有区别。修辞学的研究重点是对整个话语过程的研究，而文体学侧重于话语过程中呈现出来的语言特征，话语如何在一定的场景中产生语言效应以及语篇中的修辞手段。而今，文体学与修辞学已作为两门各自独立的学科存在。

10.2　文体学与文体

10.2.1　文体

英文 style（文体）一词源自古法语 stile 和拉丁语 stilus，意为“尖尖的写作工具”，而后，style 的意义开始发生变化，演变成“写下来的东西”“写作的风格”。Style 一词中的“y”来自后人误以为该词源于希腊的错误拼写。文体主要包含三种概念：文体、语体、风格。“文体”含义与“文类（genre）”同义，指文本因其思想主旨、思维方式、写作、表现方式、目的对象与作用功效等不同而形成的文章样式和文学类型，如诗歌、小说、戏剧、散文等。“语体”指人们由于交际场域、目的、对象和方式等非语言因素的不同，在语言运用上形成一定的音调、词语、句式、修辞方式等方面的语言特点。“风格”指语言交际时部分或全部的语言习惯，是文本在整体上呈现的区别于其他文本存在的独特性，如：莎士比亚的写作风格、吴敬梓的语言风格等。文体（style）一词在汉语语境下具有以上三种主要概念，这说明 style 一词在英语中承载了多样化、重叠性，甚至是互通性的语义。

10.2.2　文体学

文体学一词由两部分组成，分别为 style 和-istics。和 style 一样，-istics 同样来自古法语

-istique，或拉丁语-isticus，意为“学科”。文体学是语言学的分支，它将现代语言学的理论和方法论应用于风格研究，研究在特定情况下使用语言的情况，并解释个人和社会群体使用语言的特征。

文体学是通过文学以及其他类型文本中的语言来创造意义的研究。文体学家使用语言模型、理论和框架作为分析工具来描述解释文本及文本中的语言。文体学常使用定性或定量的方法，以确定文本语音、词汇、语法、语义、语用或其他特征，以及读者接触理解文本时所涉及的认知及其他方面因素的组合。文体学一般聚焦于以下三个范畴：1）文本的语音、词汇、语法、语义、语用或语篇特征；2）读者处理以上特征的认知策略；3）对上述两个方面的综合运用。有的文体学家关注语言和文本中的种种特征，有的文体学家对文本的作者感兴趣，比如，对莎士比亚戏剧语言的风格研究、简·奥斯汀小说语言风格的研究。有的文体学家致力于读者研究，关注读者在文本意义建构过程中所起的作用。有的文体学家关注词汇的文体作用，认为口语、书面语、俚语、新词、专业术语、行话、隐语等都有强烈的文体色彩（秦秀白，1991：34-47）。近年来，文体学研究出现了一些新的关注点和新的意义生成方式。

10.3 文体学的发展

20 世纪是文体学取得突破性进展的时期，现代语言学的发展推进了文体学的发展。瑞士语言学家索绪尔把语言和言语区分开来，推进了历时语言学和共时语言学。20 世纪初，索绪尔的学生巴依（Charles Bally，1865—1974）出版《文体学概论》和《法语文体学》。在书中，巴依根据二元论思想，用索绪尔的结构主义语言学反思传统修辞学，使文体分析科学化和系统化。巴依的研究对象是口语体文体，关注群体使用的话语表达方式。他认为：同一思想往往包含几种不同的表达，其中一种是中性的、纯概念性的，其他则是“变异”式表达。文体学的任务是首先概括出语言的中性表达，而后研究各种“变异”情况的内容和感情特征，并以此来研究语言的整个表达系统。巴依这两本书确立了文体学的研究对象、方法和范畴，对文体学具有学科开拓的意义。

德国文体学家斯皮泽（Spitzer，1887—1960）被认为是“文学文体学之父”。与巴依研究口语不同，斯皮泽研究文学作品中语言表达手段产生的根源，他认为文学作品蕴含了作者精神，是一个整体。因此，可以根据作品中的具体语言细节探索作者心灵，作者与作品可互证、互鉴。在斯皮泽眼里，文体学可成为语言学与文学的桥梁，研究者通过对文学作品的文体特征研究来考察作者以及民族的心灵和思想史。

俄国形式主义学派和布拉格学派将文体学推向了新的理论高度。俄国形式主义理论家认为文学之所以为文学，在其文学性，而文学性正体现在文学语言的联系和构造中。形式主义学派的研究重点是文学作品，尤其是诗歌的语言特征。他们提出的核心概念有“陌生化”“前景化”“语言功能”等，对功能文体学的理论发展和实践起了重要的作用。

20 世纪中叶，文体学开始取得长足的进展，表现为从语言学文体学向文学文体学的转变。70 年代起，以韩礼德为首的语言学家关注语境，推动了功能主义文体学的发展。形式主义文体学与功能主义文体学的研究重点都是文学文本。80 年代和 90 年代的文体学研究更多开始关注文本的产生与接受的广阔社会历史语境，研究的新方法、新路径层出不穷。形式文体学、功能文体学、感受文体学、话语文体学、批评文体学、女性文体学、认知文体学、语料库文体学、多模态文体学、教学文体学、语境文体学、语篇文体学、历史文体学等多种流派纷纷涌现，各有其理论建构及实践，文体学研究精彩纷呈。

21 世纪的文体研究范围进一步扩大，从文学扩展到其他学科，从书面语扩展到其他语体，从单模态扩展到多模态，体现出文体研究的多样化。同时，文体研究采取了精密的语言分析方法，文体分析变得更细致、科学与准确。

在中国，“文”“文体”是中国古代文体学中的基本概念，其含义在漫长的历史进程中历经了嬗变。《说文解字》中云：“文，错画也。象交文。”先秦文献中的“文”字与“质”“朴”相对，在此基础上发展出文采、文辞、文字、文饰、美善等多种意义，体现出人文审美的倾向。而后，“文”字历经演变，其复杂的意义构成了中国古典思想与文学的发生场域。东汉伊始，“文”与“体”二字开始结合，曹丕在《典论·论文》中写道：“文非一体，鲜能备善。”开始以“体”论“文”。挚虞在《文章流别论》里写道：“体意相类”“古诗率以四言为体”等，“文体”二字开始正式出现，成为文学术语，中国古代文体学的研究对象基本确立，文体学也成为古典文学理论与批评的基本核心学术之一。

文体学在中国与西方流经了各自的航道，最终汇聚成今天的现代文体学。

10.4 文体分析

文学是语言文字的艺术，是人类社会文化的一种重要表现形式。文学作品中，作家用独特的语言艺术来表现人类心灵世界。语言是文学的表达工具，文学语言塑造文学形象，表达作品主题。可以说，文学语言具有语言学的普遍特征，同时因其形象性和隐喻性，拥有更丰富的美学含义。文学文体学是用语言学方法去分析文学作品的语言风格和文体特征的文体学流派。

10.4.1 文学文体的普遍特征

10.4.1.1 前景化与语言形式

前景化（foregrounding）是文体学领域的一个重要概念，它缘于俄国形式主义思潮，而后得到布拉格学派的进一步诠释。韩礼德认为：“前景化，据我理解，是有动因的突出。我们不难发现诗歌或者散文语篇中的一些模式、语音、词汇和结构上的规则现象在语篇中从某种程度突出出来，或者通过仔细阅读显露出来。”（Halliday，1973：112）韩礼德这段话指出文学作品的情景、语境由语篇决定，作者创造出文学作品中作品意义和与意义相关的其他场景。可以说，前景化是区分文学语言与非文学语言的重要尺度。

10.4.1.2 本体的语言与比喻的语言

文体学源于修辞学，比喻是最常见的修辞手法，用跟 A 事物有相似之点的 B 事物来描写或者说明 A 事物。苏格兰诗人彭诗在其诗中说：“我的爱人是红红的玫瑰”“红红的玫瑰”是鲜活的比喻。玫瑰娇美，与恋人的美有相通之处，也体现了诗人心中的感情。在诗人心中，恋人不仅有美的外表，更有灵动的心灵。

在文学文体学中，语言往往有本体的意义与比喻的意义。以桂冠为例，其本义是指用桂叶、月桂纺织的帽子。古希腊人用它授予杰出的诗人或竞技比赛的优胜者。桂冠成为一种光荣的称号，用来指竞赛中的冠军，尤其是文艺领域的。如：他是英国的桂冠诗人。在这样的句子里，“他”意为英国最杰出的诗人。桂冠诗人成为文学语言中习惯的比喻手法。

10.4.1.3 隐喻的表达方法

隐喻是建立在两个意义所反映的现实现象的某种相似的基础上的引申方式。隐喻的源域是一个概念，目标域则是与源域有某种类似特征的另一个概念。隐喻所表达的内容属于图式世界。要理解隐喻，必须从语言的所指出发，结合瞬间由大脑产生的图式，在语言激发的意象基础上，产生联想，建立意义。如奥地利诗人里尔克的《秋日》：

（1）

主啊，是时候了。夏天盛极一时。
把你的阴影置于日晷上，
让风吹过牧场。
让枝头最后的果实饱满。
再给两天南方的好天气，
催它们成熟，把最后的甘甜压进浓酒。
谁此时没有房子，就不必建造，
谁此时孤独，就永远孤独，
就醒来，读书，写长长的信，
在林荫路上不停地，
徘徊，落叶纷飞。

（里尔克：秋日，北岛译）

可以看到，整首诗没有一个字提到“秋天”。诗人描写了各种秋天的景象，如果实、成熟、浓酒，以隐喻秋天。“让枝头最后的果实饱满”“催他们成熟”，都让读者体会到深秋的生动景象。果实的成熟意味着秋意的充盈，成熟的果实与丰收的秋天之间有一定的相似特征。文学语言充满隐喻意义，词语和句篇之间有其黏性和具象化的表达。

10.4.2 诗歌文体及其分析方法

诗歌是人类语言的精华，是最美的语言。诗歌的音乐性是其重要特征，其音乐性主要体现在押韵（rhyme）、韵律（meter）和节奏（foot）上。

10.4.2.1 押韵

押韵指一个音节的读音在以后音节读音中的重复，或是一个单词的最后一个音节或几个音节的读音在以后音节相应位置的读音重复。英文诗有很多种押韵形式，常见有如下语音分类模式。

按押韵位置分类

从押韵的位置看，押韵主要有头韵（alliteration）、尾韵（end rhyme）和中间韵或内韵（internal rhyme）。

头韵是指一行（节）诗中几个词开头的辅音相同，形成押韵。如克里斯蒂娜·罗塞蒂的《歌》前两诗节。

（2）

When I am dead, my dearest,
Sing no sad songs for me;
Plant thou no rose at my head,

Nor shady cypress tree:

Be the green grass above me,
With showers and dewdrops wet;
And if thou wilt, remember,
And if thou wilt, forget.
(Christina Rossetti: *Song*)

第一行的 dead / dearest，第二行的 sing / sad / songs，第五行的 green / grass，第六行的 with / wet 押头韵。

无论是汉语，还是英语诗歌，最常见的是尾韵（end rhyme），押在诗行最后一个重读音节上，如：

（3）

Spring, the sweet spring, is the year's pleasant king;
Then blooms each thing, then maids dance in a ring,
(Thomas Nashe: *Spring*)

内韵（internal rhyme）又称中间韵、行内韵、腹韵，指一行诗内的一个词语与同一行诗行尾的词语或另一行诗中的一个词语之间的押韵。它既可能与同一行诗中的词语押韵，也可能同下一行诗中的词语押韵，还可能同隔行诗中的词语押韵。如玛丽・伊丽莎白・柯尔律治的《女巫》第一诗节的前四行：

（4）

I have walked a great while over the snow,
And I am not tall nor strong.
My clothes are wet, and my teeth are set,
And the way was hard and long.
(Mary Elizabeth Coleridge: *The Witch*)

诗中第三行的 wet / set 押内韵。该诗第二、三诗节的第三行分别是 My hands are stone, and my voice a groan 和 She came—she came—and the quivering flame，其中的 stone / groan 和 came / flame 也押内韵。

按押韵程度分

从押韵的程度来看，英文诗歌有全韵与半韵（full rhyme and half rhyme）。

全韵是严格的押韵，其要求是

1）韵要押在重读音节上，其元音应相同；

2）元音前的辅音应不同；

3）如果元音之后有辅音应相同。

4）重读音节之后如有轻读音节也应相同。

下面几对词都符合全韵的标准。

why—sigh; hate—late; fight—delight; powers—flowers; today—away; ending—bending.

如果仅是元音字母相同，读音不同，不符合全韵：如:

blood—hood; there—here; gone—alone; daughter—laughter.

这种情形被称为“眼韵（eye rhyme）”，或者“目韵”，虽然诗人有时用之，但不是真正的押韵。

按押韵音节分

元音和辅音是构成英文单词的基本音节。和头韵一样，元音韵（assonance）和辅音韵（consonance）是英文押韵修辞格的基本形式。元音韵属于非全韵，指诗行中的元音读音相同，而元音前后的辅音则不同。如：lake, fate; time, tide.

元音不同，其前后的辅音相同，则叫辅音韵。如：black, block; creak, croak; reader, rider; despise, dispose.

10.4.2.2　节奏

诗歌是具有音乐性的语言，音乐作品的最大特点之一是音符有节奏的流动。所谓节奏就是强拍和弱拍按一定的形式配合起来，有规律地反复出现，如同音乐的节拍。节奏通过重读音节与轻读音节表现出来。一个重读音节与一个或两个轻读音节按一定的模式搭配起来，有规律地反复出现就是英文诗歌的节奏。

英文有重读和轻读之分，重读的音节和轻读的音节按一定模式配合起来，反复再现，组成诗句，听起来起伏跌宕，抑扬顿挫，就形成了“音步（foot）”的模式。根据一行诗中音步出现的次数，可将诗行分为以下几种：一音步（monometer ）、二音步（dimeter ）、三音步（trimeter）、四音步（tetrameter ）、五音步（pentameter）、六音步（hexameter)、七音步（heptameter)、八音步（octameter）。超过八音步的诗行在英语诗歌中较为少见。

10.4.2.3　韵律

依照每一音步中重读音节（扬）和非重读音节（抑）的排列方式，可以把音步分成不同种类，即格律。传统的英语诗歌格律有以下六种。

抑扬格 (Lambus)⌒ /

扬抑格 (Trochee)/⌒

抑抑扬格 (Anapaest)⌒⌒ /

扬抑抑格 (Dactyl)/⌒⌒

抑扬抑格 (Amphibrach)⌒ /⌒

扬扬格 (Spondee)//

（“⌒ ”非重读音节; “/”重读音节。）

10.4.2.4　诗歌文体的分析方法

诗歌文体为何具有如此特征呢？

1）诗歌独特的语音、音步和格律模式是为了形成音乐性。押韵是通过相同音节的重复来造成共鸣与呼应，让读者的耳朵与眼睛感到愉悦，产生审美快感。同时，音韵组合也是诗歌抒发感情的手段。

2）为了遵循某种规约、文体、形式。建筑学有其流行风格，不同的语音格律模式在不同时代也会有不同的接受度，如：英国维多利亚时期，很多诗人选择十四行诗体进行写作。诗人所处的时代往往会制约他所选择的诗歌形式。

3）为了革新传统的诗歌形式。诗人不断通过革新，向传统所认可的语言规范提出挑战，同时创造出新的诗歌形式。

4）为了展示技巧并享受知识的乐趣。正如国际象棋运动员以大脑思考来展示他们的能力一样，诗人用语言来展示他们的技巧。在诗歌中，诗人从语言的形式和意义的完美组合中获得满足感。

5）为了在诗行产生强调或对比的效果。在诗歌中，一些特定的语音和格律反复出现，会吸引读者的注意力。

6）为了模仿自然的声音。拟声是诗歌修辞的重要构成形式，在大量的英文诗歌中，诗人用拟声词来模拟自然，再现自然。

对诗歌的文体进行分析，需要从诗歌的相关信息、诗歌本身的结构形式两大方面着手。相关的信息主要包括题目、作者、写作年代、体裁、题材等，结构形式可考虑诗歌布局、诗行的数目、诗歌的用韵模式和韵律规则等，或者综合以上元素去寻找语言的表面意义和比喻意义，以帮助理解诗歌。

10.4.3　小说文体及其分析方法

小说文体具有与诗歌文体不一样的语言特征："欣赏性和隐喻性。"（张德禄、贾晓庆等，2005: 273）。小说文本普遍很长，对一部作品做整体的语言分析，工作量将远远大于推敲一首诗歌。如果仅仅选择其中的部分段落又涉及选择标准的问题。为此，里奇与肖特在《小说中的文体》（Leech and Short，1981）中，结合现代语言学、叙事学与文学批评的相关知识，从理论上探讨了小说文体与内容的关系，变异与文学的相关性等。其研究为小说的文体风格研究提供了理论依据与现实参照，如：作者在分析福克纳小说《喧哗与骚动》时，针对小说中 Benjy 的思维状态，里奇与肖特选取了小说开头 Benjy 观看高尔夫球的场景，并从词汇、句法、语篇连接上考察选段的语言，发现选段中词汇与语言极其简单，并存在大量重复现象，其中既没有高尔夫的专业术语，也没有表示出具体意义的连贯性词汇。这些语言特征都表现出 Benjy 类似儿童的思维特征。

10.4.3.1　与话语结构相关的视角

在分析小说文体时，叙述者与受述者这一话语层次中的叙述者视角至关重要。小说中常见的叙述者视角是第一人称视角（即第一人称的"我"为叙述中心）和第三人称视角（即以第三人称的"他 / 她"为叙述中心）。叙述视角与语境、背景、已知信息与新信息、指称等多种因素相关。第一人称叙述视角中的"我"既是话语的叙述者，同时也是故事的亲历者，增添了故事的可信度。如《了不起的盖兹比》中，"尼克"作为第一视角，整个故事在他的叙述中发生。故事一开始，尼克说，"我年纪还轻，阅历不深的时候"（Fitzgerald，1992: 5），明确表达出尼克对过去的追忆。尼克站在现在，重新观察已发生的事件，对当时自己不能完全理解的某些事件进行重构。

而第三人称视角可分为全知全能的第三人称视角与受限制的第三人称视角。中国古典小说基本采用全知全能视角，而英国小说《傲慢与偏见》中，小说开始采用全知全能第三人称视角，在主人公伊丽莎白出场之后，视角即转向以伊丽莎白的眼睛来观察故事世界，规定了整个故事的视阈权限，才有了故事中伊丽莎白眼中的达西的傲慢与她自身的偏见的喜剧效果。

10.4.3.2　人物的思想和话语表达方式

小说语言主要由两部分构成：叙述者的语言和小说人物的语言，后者主要用直接引语和间接引语的模式呈现。前者常常是规范性语言，而后者则常常在语音、字形、词汇、语法、语义等各个层面违反语言规则，以表现故事中的人物性格、心理，进行人物塑造，呈现故事的意义，表达思想。因此，小说文体学的一个重点是研究小说话语与思想表达之间的关系。

Short 在《诗歌、戏剧和散文的语言探讨》中，探讨了小说中的话语层面、语言思想表达和小说思维风格的联系。他认为，小说中有三个基本的话语层次，即：作者与读者之间的话语、叙述者和听话者之间的话语以及人物与人物之间的话语。“这三个层次的话语至少包括六个话语参与者，而每一个话语参与者的话语都有自己的观点或视角，这就意味着小说语言中至少交织着六种不同的观点。”（Short，1996：15）小说文体的重要特征是读者通过中介的叙述者，听到故事和人物的思想 / 话语。因此，从小说视角出发，可以分析小说话语中包含的人物情感、心理、意识状态等。

就小说的言语思想表达而言，小说中的语言表达可根据表达效果归纳为直接引语（direct speech）、自由间接引语（free indirect speech）、间接引语（indirect speech）、叙述者表达的言语行为（narrator’s representation of speech acts）、叙述者表达的言语（narrator’s representation of speech）这五种，依次形成一个由 DS—FIS—IS—NRSA—NRS 组成的渐变体，其中，直接引语和叙述者对言语的描述处于这个序列的两级。在直接引语中，读者读到文中人物言语的直接呈现，而在叙述者对言语的表达中，读者读到小说叙述者对小说人物话语的重建和转达。

小说中的思想表达与话语表达有相似之处，有如下几种可能的表达方式：叙述者表达思想（narrator’s representation of thought）、间接思想（indirect thought）、叙述者表达思想行为（narrator’s representation of thought acts）、直接思想（direct thought）。意识流小说有意打破传统的时间观念和心理界限，消除逻辑时间，通过意识的不确定性来呈现思想的多元和精神的复杂性。意识流写作可以说是小说思想表达的一种非常特别的手段。

10.4.3.3 小说文体的分析方法

刘世生认为：分析小说文体时，可以考虑从以下方面着手：词汇模式（字词用法）；语法组织模式；语篇组织模式（语篇组织的单位，从句子到段落以及段落以上的单位是如何安排的）；前景化特征，包括修辞手法；是否能辨别出风格变异的模式；多种类型的话语模式，如话轮替换或推理模式；叙述视角模式；话语模式；思想表达模式；作家的风格；作品的风格等（刘世生，2002：15）。

张德禄则提出了以下分析方法：从语言特征出发，从音系字位层出发，从词汇语法层出发，从衔接手段、意像、象征等修辞手法出发，从功能文体学角度出发，从认知文体学角度出发，从对各个层次的语言特征与话语分析理论结合出发，从与叙事学的跨学科结合出发，从与语料库分析工具的跨学科结合出发，从与非语言特征的多模态理论结合出发，从与翻译学科结合出发（张德禄、贾晓庆等，2005：177-178）。

以上分类各有其侧重，可以说，任何一种分类模式都有其分类标准，都在一定程度上能够解决小说文体学研究的问题，也都有其盲点和排斥面。鉴于现代与后现代小说在形式上进一步创新，多模态的小说分析模式将对文本中的语言与非语言特征做出更全面的分析，对文本的整体特征和思想、主题、意识形态和审美表达做出更新的解释。

10.4.4 戏剧文体及其分析方法

戏剧是文学中的主要文类。与小说、诗歌不同的是，戏剧语言强调对话关系，通过对话反映人与人之间的关系以及相互作用，很适合从言语行为、合作原则、礼貌原则、前提、指称、语用模糊、图式理论以及话轮转换等语言学角度去分析。迄今为止，戏剧文体学是三种文学文体中起步最晚、研究成果最少的，但目前整体呈上升趋势。

10.4.4.1　戏剧语言的特点

戏剧的载体剧本要求戏剧人物用自己的语言和行动来表现情节与思想，戏剧语言与小说语言的区别在于：小说借助叙述者来完成对时间、地点、环境、事件、场景、人物的介绍，而在戏剧中，对话成为戏剧的中心，“对话实际上是剧本的全部，因而戏剧家必须使对话具有很高的艺术性。”（王佐良、丁往道，1987：470）戏剧语言一般具有如下作用：叙述说明，连接场景，推动剧情发展，揭示人物性格、思想、命运，表达作者意图等。

对话是戏剧语言最重要的特点，戏剧对话源于日常生活对话，而又高于日常生活对话，具有很高的艺术性。从话语功能看，戏剧对话具备多种功能，它没有日常对话的寒暄与随意性特征，极富动作性，既能表达人物自身的心理活动，又能引起人物外部形体动作，并与对方进行言语和行为的互动，在此过程中推进剧情发展，为表达戏剧冲突和主题服务。如莎士比亚戏剧《哈姆雷替》中，有这样一段对话：

（5）

Polonius: What do you read, my lord?

Hamlet: Words, words, words. (II.ii.190—I)

对这段对话，如果脱离当时的语境，仅看对话本身，用传统的音韵学、句法学、语义学来进行语言分析，将无法做出合理的解释。要理解哈姆雷特三个 words 的确切意义，读者需要理解话语的潜台词（implied meaning），即话语的抽象意义（abstract meaning）、语境意义（contextual meaning）和语力（force），才能理解说话人使用语言的终极目的。

10.4.4.2　戏剧文体的分析方法

1）运用功能文体学、认知文体学等方法解释文本。分析戏剧对话的多层含义，理解并建构人物形象、戏剧的主题等。

2）运用语言学的言语行为理论、礼貌原则、话轮转换等分析人物对话的结构和语言特征，揭示人物性格、人物关系及其互动，以更好地理解欣赏剧本。

3）结合语料库语言学方法，对戏剧中人物语言进行统计，以解释文本意义。

4）结合戏剧的舞台方式，对戏剧进行多模态分析。

综上所述，可以看到对戏剧文体的分析主要是从语言、意义层面解释文本，并选取合适的语言学理论来分析文本，解构文本，建构起戏剧语言的意义。

思考题

1. 术语解释：文体、文体学。
2. 概述文体学的进程。
3. 如何理解前景化？
4. 怎样从本体意义和比喻意义分析“他是英国的桂冠诗人”？
5. 何为文学文体？文学文体有哪些特征？举例说明。
6. 什么是诗歌的音乐性？

第十一章 计算语言学与人工智能翻译

计算机技术、互联网、人工智能和大数据等新兴技术的迅猛发展，为语言的研究和应用提供了广阔的平台。语言与技术相辅相成、相得益彰。本章将从计算语言学、语料库语言学、机器翻译和计算机辅助翻译四个方面进行简要介绍和讨论。

11.1 计算语言学

11.1.1 什么是计算语言学？

计算语言学（computation linguistics）也称为自然语言处理（natural language processing by computer, NLP）或自然语言理解（natural language understanding by computer, NLU）或计量语言学（quantitative linguistics）等。它是一门用计算机来研究和处理自然语言的新兴交叉学科，涉及语言学、计算机科学、数学、心理学等多个学科领域。我国著名语言学者夏中华（2012：578）将计算语言学定义为“通过建立形式化的数学模型来分析以及处理自然语言，同时在计算机上用程序实现分析和处理的过程，从而达到以机器来模拟人的全部或者部分语言的能力的目的”。

11.1.2 计算语言学与语言学的区别

语言学是人文社会科学的主要分支，是对语言的科学研究，可分为对语言系统自身研究的语言学分支和跨学科交叉的宏观语言学分支。计算语言学是语言学的一个分支，是运用计算机手段和技术研究自然语言的现象和规律的一门新兴学科，两者的主要区别在于以下方面。

1）传统语言学是一门经验学科，而计算语言学既是一门理论学科，又是一门实验科学（侯敏，1999：9）。

2）计算机语言学要面对整个自然语言现象，它必须研究计算机处理语言的过程中具有普遍性和整体性的一般问题；而传统语言学家常常喜欢深入研究某一特殊的语言现象，更加注重研究语言中的某个特殊问题（冯志伟，2001：68）。

3）传统语言学主要是描写性的（descriptive），而计算语言学要求语言学理论必须具备计算机的可操作性，即首先要把一个句子中所有的信息，包括词法的、句法的、语义的等都形式化，变成计算机可以识别的规则，这样才能一步步操作，最后达到计算机理解这个句子的目的。计算语言学最根本、最关键的方法就是要指出自然语言出现和变换的条件。只有这样，计算机才有可能根据有关条件，执行相应操作，从而使整个系统成为一个动态执行的过程（刘颖，2002：2）。

4）计算语言学的研究成果必须通过计算机自然语言处理来检验，计算语言学的理论不仅要说得通，更要重视理论的实用性，而传统语言学则要求讲道理，重视逻辑的完美性。

5）计算语言学研究语言时必须先分析后理解，理解是分析的结果，而传统语言学是先理解后分析，理解是分析的必要前提（冯志伟，2001：69）。

11.1.3 计算语言学的主要研究领域

计算语言学是计算机科学与语言学研究相结合的产物，这样的结合产出很多丰硕的研究成果，如机器翻译、语音自动识别、语音自动合成、自动文摘、自然语言理解、信息自动检索、计算机辅助语言教学、电子词典、文字自动处理、文献自动分类等。

机器翻译（machine translation）：又称自动翻译，是利用计算机系统将一种自然语言（源语言）转换成另一种自然语言（目标语言）的过程。它是人工智能的终极目标之一，是目前计算语言学领域最重要的研究领域之一。

语音自动识别（sound recognition）：是一种利用计算机对语言进行明确无误的辨认，将人的语音转换为文本的技术。它是一个多学科交叉的领域，与声学、语音学、语言学、数字信号处理、信息论、计算机科学等众多学科紧密相连。

语音自动合成（speech synthesis）：是将计算机产生的或外部输入的文字信息转变为可以听懂的、流利的人类语言。

自动文摘（automatic abstracting）：是指用计算机自动地从原始文献中提取文摘，能准确全面反映原文献中心思想的简短连贯的短文。

自然语言理解（natural language processing）：是研究计算机模拟人的语言交际过程。计算机理解和运用人类的自然语言，实现人机之间的自然语言通信，并通过对话方式，用自然语言回答人提出的问题，以代替人的部分脑力劳动，可分为四个基本层面：词典结构、语法分析、语义分析和篇章分析。

信息自动检索（automatic information retrieval）：指利用计算机根据用户的需要从众多按照一定方式组织起来的文献资料中找出符合特点需要的文献或情报的过程和技术。利用自动检索系统可以提高科学研究的效率，促进科技的发展。

计算机辅助语言教学（computer-aided language learning, CALL）：是指计算机按照人们事先安排的语言教学计划和内容进行课堂教学和辅助课外操练。

电子词典（electronic dictionary）：是一种将传统的印刷词典转换为数码方式，呈现为可读的、形式化的知识库，是语言知识库的重要资源。

文字自动识别（optical character recognition, OCR）：使用电子设备，对印刷文字或手写体文字进行识别，然后用字符识别方法翻译成计算机文字的过程。

文献自动分类（information classification）：是指利用计算机系统代替人工对文献等对象进行分类，一般包括自动聚类和自动归类。

11.2 语料库语言学

11.2.1 什么是语料库？

从字面上来看，语料库就是存放语言材料的仓库，是一个存放数据的数据库。本质上来讲，语料库是依照某种原则方式所收集的大量文本总汇。语料库可定义为：运用计算机技术，按照一定的语言学原则，根据特定的语言研究目的而大规模收集并存储在计算机中的真实语料（王克非，2012：9）。《语料库语言学与计算语言学研究丛书》中将现代语料库定义为：为了一个或多个应用目标而专门收集、有一定结构的、有代表性的、可被计算机程序检索的、具有一定规模的语料的集合（冯志伟，2009）。

语料库包含书面语和口语两类。在计算机诞生之前，属于传统语料库时期，语料库大多是手工记录的语言材料汇集库，基本上处在卡片制作和人工检索的初级阶段，不仅制作周期长，检索的效率也很低。自从计算机诞生后，进入现代语料库时期，借助先进的计算机科学与计算机技术，语料的收集、编辑、标注、分析和利用都得到充分发展，大规模语料库越来越常见，语料库研究迎来复兴和繁荣。世界上最早出现的计算机语料库是 20 世纪 60 年代建成的布朗语料库。世界上第一个旨在研究翻译的语料库是英国曼彻斯特大学翻译与跨文化中心的 Mona Baker 于 1995 年创建的“翻译英语语料库”（TEC-Translation English Corpus）。

11.2.2　语料库语言学

语料库语言学是 20 世纪 80 年代才出现的一门交叉学科，主要研究自然语言的采集、加工、存储、分类、分析和应用，目的是利用大规模语料库提供客观翔实的语言证据来从事语言学研究和指导自然语言信息处理系统的开发和应用。因此，我们可以认为“语料库语言学就是以语料库为基本知识源来研究自然语言规律的一门学科。”（McEnery, 1996）

语料库语言学主要有两层含义：一是利用语料库对语言的某个方面进行研究；二是依据语料库所反映出的语言事实对现行语言学理论进行批判，提出新的观点或理论。因此，语料库语言学不是语言学的一个新的分支，而是一种以语料库为基础的语言研究方法。

11.2.3　语料库的分类

语料库因所存放的语言知识的性质不同，构成了不同类型语料库。根据语种的数量、对应的方式、翻译的方向、介质的形式、处理的深度等不同角度可对语料库进行分类。

11.2.3.1　按语言种类分

单语语料库：单语语料库中的语料来自同一种语言，如英语语料库、汉语语料库、法语语料库等。

双语语料库：双语语料库中的语料来自两种语言，而且成对应关系，即一种语言是另一种语言的译文。

多语语料库：多语语料库中的语料来自多种语言。

11.2.3.2　按对应方式分

平行 / 对应语料库：由源语文本同译入语文本对应后建立的文本库，对应层级包括词级别、句级别、段落级别以及篇章级别。平行 / 对应语料库与计算机辅助翻译实践与教学联系最为紧密。

类比 / 可比语料库：由不同语言的文本或同一种语言不同变体的文本所构成的两个或两个以上的语料库。

11.2.3.3　按翻译方向分

上面提到的平行 / 对应语料库又可以根据翻译方向的不同分为单向对应语料库和双向对应语料库。在计算机辅助翻译中，单向对应语料库是翻译记忆中最普遍的形式，而双向对应语料库指整个语料库中包括原文和译文文本，两种语言之间存在互译关系。同样，类比语料库也可以再细分出单语类比语料库和双语 / 多语类比语料库。

11.2.3.4 按语料介质分

笔语语料库：通常取材于书面语，常常包括书籍、报刊、书信、学术论文等常见的笔语形式。因为笔语文本收集较为容易，笔语语料库的规模和容量一般比口语语料库更大。

口语语料库：口语语料库常常包括由口语转写而来的文本，有时也包括语音文件。因为采集和转写的困难，口语语料库的规模和容量很难达到笔语语料库的规模。

11.2.3.5 按语料时间分

共时语料库：由同一时代的语言使用样本而构成的语料库。共时语料库是相对历时语料库而言的。

历时语料库：收集不同时期的语言使用样本而构成的语料库。历时语料库是研究和观察语言变化常用的语料库。对历时语料库进行分解可以得到多个共时语料库。

11.2.3.6 按应用去向分

通用语料库：广泛采集某语言的口、笔语形式，采集时尽可能考虑口、笔语的主要社会变体、地域变体、行业变体等各种变异及语言使用的各种场合之间的平衡，力求能最好地代表一种语言的全貌而建立的语料库。

专用语料库：与通用语料库相反，出于某种特定的研究目的，人们常常只收集某个特定领域的语料样本建成的语料库。在实际应用中人们常常将专用语料库与通用语料库进行对比，来分析特定领域内语言的特点。专用语料库也可以作为编制特定领域工具书的理想语料来源。

11.2.3.7 按处理深度分

生语料库 / 未标注语料库：指收集起来的语料未经过加工，没有任何切分、标注标记的语料样本建成的语料库。

熟语料库 / 标注语料库：指收集起来的语料经过加工，带有切分、标注标记的语料样本建成的语料库。

除了以上分类方式，语料库还可以根据语言变体、语言使用程度、语料状态、选材方式、组库结构进行分类。

11.2.4 语料库的收集与加工

语料库要能在语言学和翻译学研究中发挥作用，需要大量收集、加工语料，使其按一定的组织形式和规范存放在一个数据库中。开发和建设一个语料库是一项浩大的工程，需要耗费大量的人力物力。本节讨论语料收集和加工需要经过哪些步骤和工序。

11.2.4.1 文本采集

语料库的语料常以文本方式存在，在本文采集中需要使用语料获取技术。语料获取技术是指从各种来源渠道收集整理，并根据需要将语料转换为可编辑、可加工、可入库的电子数据的相关技术，包括网络爬虫技术、字符识别技术、格式转换技术等。

1）网络爬虫技术：按照一定规则，编写自动抓取网络信息的程序或脚本的技术，用于获取网络上的各类语料。

2）字符识别技术：光学字符识别 OCR，使用电子设备（如扫描仪、数码相机等）对各类图片、纸质文件和出版物中的印刷体字符进行扫描，形成图像文件存储在计算机里，再对图像文件进行分析处理，获取里面的文字和图片信息。

3）格式转换技术：相关软件通过相关标准的算法，将源文件转换成编码格式的目标文件，将 PDF / EPUB / MOBI / AZW 等转换为可编辑文档。

随着网络信息的不断发展，网络爬虫技术成为获取语料文本的常用技术。

11.2.4.2 文本整理

经过上一节的方式获取了大量的语料文本，这些语料文本能放到语料库中进行研究和使用还需要进行相应的处理加工，包括文本整理、清洗、语料元信息标注、分词、词性及其他语言学信息的标注等工作。

本节将主要介绍文本的整理，也可称为语料清洗或预处理。通过网络爬虫技术或 OCR 识别技术获取的语料文本会存在大量的噪声，包括格式的不规范、错误标点、不规范的符号、不可用信息等。语料文本如果不进行清洗就进行使用，会导致在自动词性赋码、语料检索等过程中出现错误，影响使用的结果，因此需要进行严格的整理和清洗。

文本整理中需要用到语料库清洗技术。语料库清洗技术是指清理语料中无关的或影响语料对齐的字符、公式、图标等，是整个语料库研制过程中不可缺少的环节，可分为五个步骤：语料预处理、缺失数据补全、格式内容清洗、逻辑错误清洗、非需求清洗。

1）语料预处理：将数据导入处理工具或特定的数据库，分析数据结构信息，为后续工作做准备。

2）缺失数据补全：检查语料在抓取过程中的遗漏词句、数字或格式信息。

3）格式内容清洗：清洗标签、时间、日期、数值、全半角、标点符号等格式问题，确保语料格式一致无误。

4）逻辑错误清洗：去除重复的以及平行语料库研制中明显非平行对应的句段等。

5）非需求清洗：在前序步骤基础上，将不需要的句段去除等。

对于小规模语料库，可以使用各种文本编辑器进行简单清洗，如文本整理器、Notepad++，EditPlus，等等；对大规模语料库，编写程序或脚本批量处理文件或操作数据库来进行清洗。

11.2.4.3 元信息标注

元信息（metadata）就是关于信息的信息。语料库的主要信息载体是文本，而标注就是关于文本的信息。

元信息一般会放在语料库文本的头部。元信息根据其功能和存放位置的不同，可分为文本说明信息、文献信息、文本结构信息、语法信息及特殊标准信息等。

1）元元信息：包括文本标注的方案、制订者、标注修改时间等信息。

2）文本说明信息：包括文本序号、文本分类、其他分类、文本统计信息、版权信息等。

3）文献信息：包括作者、时间、标题、来源、出版者等。

4）文本结构信息：包括文本的标题、章节、段落、句子以及其他特殊文本内部结构的标注，如诗歌、戏剧等。

5）语法信息：包括词性赋码、句法标注等。

6）特殊标注信息：包括话语结构、文体标注、错误标注等。

语料库标注的深度，即标注中包含哪些信息，取决于该语料库使用者研究的目的和研究的需求。标注信息越复杂，使用的标注技术要求及成本也会越高。

11.2.5 语料库语言学的应用

随着语料库技术的不断发展和人们对语料库研究的不断深入，语料库在很多领域得到广泛应用，如：词汇研究领域、外语教学领域、文体研究领域等。

11.2.5.1 词汇研究

使用语料库的研究方法可以拓宽词汇学研究领域，主要包括以下三个方面。

1）语义、词语搭配和主题词研究

利用语料库中的真实语料，研究人员可以对单个词的意义和语用功能做出分析，进行更为客观的描述。同时，可对词语搭配进行客观分析，找出在自然语境下词语搭配行为和类连接。

利用语料库开展主题词研究，分析主题词与主题表达的直接关系，关键主题词与其联想词及搭配词之间的关系。

2）词语语义韵律研究

使用语料库，通过检索节点词以及其上下文或临近若干个词组成的并置结构，并将出现这些节点词或并置结构的句子进行比较分析，就能发现常规方法很难发现或确定的语义特征—语义韵律。

3）词汇编撰

计算机语料库给出了某一个词或词语的所有用法举例，大大提升了词典编撰和修改的速度，也使得词典中词的定义更加完整、精准。

11.2.5.2 外语教学中的应用

利用语料库对语言做多方面的研究可以进一步揭示语言规律，有助于语言的教和学。

1）语言教学

语料库的研究成果有助于教学者更科学地制订和修订教学大纲、编写教材和制订教学词汇表。

2）教师语言和中介语的研究

基于语料库对英语教师话语的研究成果有助于教师对其教学用语的认识，增强应用教学用语的敏感意识，为英语教育和教学改革提供实证性参考依据。利用语料库对学生中介语的研究有利于教师在教学过程中采取更合适的教学方法，提高教学效果。

3）写作教学与翻译教学

利用语料库研究写作教学，可以通过分析学生作文中的错误，或通过与本族语学习者的语料库进行对比，了解母语写作能力对英语写作能力的影响，为写作教学提供建议和参考依据，也可以利用语料库改进写作教学的评价模式。

在翻译教学中，使用双语平行语料库开展计算机辅助翻译教学，有助于提升学生对计算机辅助翻译的技术和翻译技巧的了解与掌握。

11.2.5.3 其他领域中的应用

语料库除了在上述词汇研究和外语教学中的应用，在其他语言学研究领域也得到广泛应用，如：利用语料库开展修辞学和文体学研究、语言在不同语域使用的研究、翻译研究、自然语言信息处理等领域。

11.3 机器翻译

近年来，有关自然语言处理的研究逐渐成为人们密切关注的热点话题，机器翻译作为自然语言处理研究领域的一个十分重要的分支学科，也是人工智能领域一大重要研究课题。近年来，随着人工智能技术及应用的不断发展，机器翻译也得到广泛应用。

11.3.1 什么是机器翻译

机器翻译是计算语言学的附属领域。具体而言，机器翻译主要是借助计算机软件进行的自然语言间的翻译。机器翻译是一门涉及语言学、计算机科学以及数学等跨学科的研究领域。

“机器翻译”，顾名思义，就是利用计算机系统把一种自然语言生成另一种自然语言。Hutchins *et al.*（1992: 3）认为，机器翻译就是利用计算机实现从一种自然语言文本到另一种自然语言文本的转换。

11.3.2 机器翻译的发展历程

机器翻译与计算机技术的发展及应用密不可分。计算机科学之父阿兰•图灵（Alan Turing）早在 1950 年就提出了机器智能的概念和设想。1946 年，世界上第一台电子计算机 ENIAC 问世，给机器翻译的研究带来了希望。1947 年，美国纽约洛克菲基金会总裁韦弗（Warren Weaver, 1947）提出了利用计算机进行语言自动翻译的设想。1949 年，韦弗发表了一份以《翻译》为题目的备忘录，正式提出了计算机翻译问题。1952 年，召开了第一届机器翻译大会，1954 年，出现机器翻译系统的样机，机器翻译研究进入萌芽时期。

1964 年，美国成立了“自动语言处理咨询委员会”（Automatic Language Processing Advisory Committee），对机器翻译的可行性进行了评估。1966 年，该机构发布了一份题为“语言与机器”的 ALPAC 报告，几乎全面否定了机器翻译。机器翻译研究被迫中断，进入低谷时期。

虽然机器翻译进入低谷时期，人们对机器翻译的研究并没有停止。世界上最早的机器翻译公司之一 SYSTRAN 公司开发的 Systran 系统为美国空军进行了大量的俄英翻译。1976 年，机器翻译迎来了新的转折点，加拿大的 METEO 机器翻译系统为大众提供天气预报翻译服务，欧盟委员会购买 Systran 翻译系统，为欧盟委员会内部提供翻译服务。20 世纪 80 年代机器翻译研究迎来复苏，中国、日本等公司开始生产商用系统。20 世纪 90 年代，翻译工作站进入市场。随着互联网、云计算和大数据等技术的迅猛发展，在线机器翻译开始在生产生活中得到广泛应用。机器翻译进入迅猛发展时期。

11.3.3 机器翻译的原理

人类翻译能力是通过长期的学习、训练、积累培养出来的。虽然当前计算机的运算能力和学习能力越来越高，但同人类相比，计算机在进行翻译时的原理和过程与人类翻译在某种程度上具有相似性。本节将对机器翻译的实现过程及四种常见的机器翻译原理进行分析。

11.3.3.1 机器翻译的实现过程

翻译是一个复杂的思维过程。人在翻译过程中，首先接收源语言（Source Language，SL），通过大脑的分析和判断，解决词语语义层面的各层次关系，然后再将理解后的源语言转化为目标语言，最后表达出来，这是翻译的转换过程。图 11-1 表示了翻译过程中人类思维从解码到换码的过程（刘宓庆，1999：85）。

机器翻译的实现过程与人类翻译的过程有很多相似的地方。机器翻译由源语言向目标语言的转换过程主要经过三个阶段：分析、转换和生产。机器翻译系统基本模型如图 11-2 所示（马庆株，1999：244）。

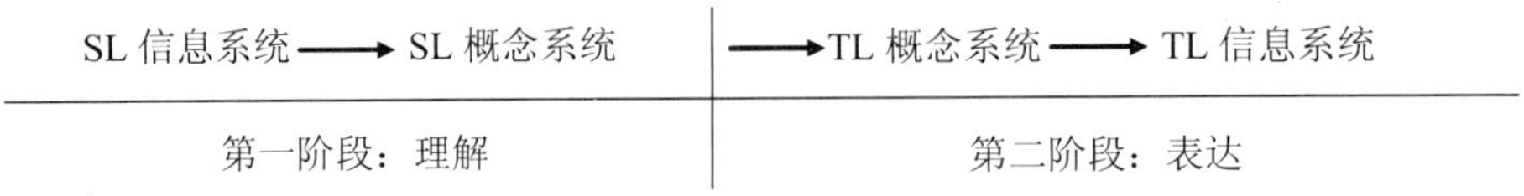

图 11-1　人类思维解码—换码模式

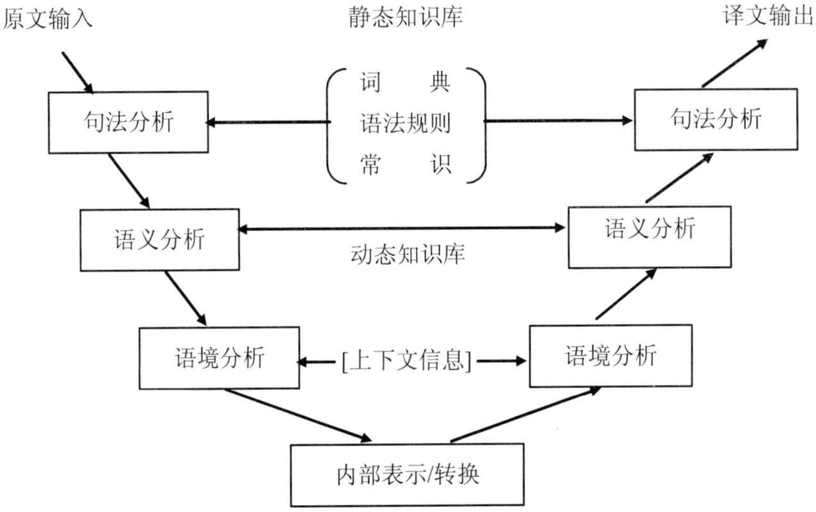

图 11-2　机器翻译系统基本模型

11.3.3.2　机器翻译的常用方法

根据核心技术和算法不同，机器翻译可分为四种基本类型：基于规则的机器翻译、基于实例的机器翻译、基于统计的机器翻译和多引擎的机器翻译。

11.3.3.2.1　基于规则的机器翻译

早期的机器翻译研究反映了人们对自然语言处理的认识。人们对语言和语言学的认识使机器翻译研究者自然而然地遵循基于规则的语法、句法分析的路线。研究者认为翻译的过程是对源语进行分析并对源语言意义进行表示，然后再生产等价的目标语言的过程。这便是基于规则的机器翻译的基本设计原理。

基于规则的机器翻译又可分为直接基于词的机器翻译（又称直接法）、结果转换的翻译（又称为转换法）以及中间语的翻译（又称为中间语言法）。

1）直接法：把源语的单词和句子直接替换成目标语的单词和句子，在必要时对语序进行适当调整，其原理如图 11-3 所示。

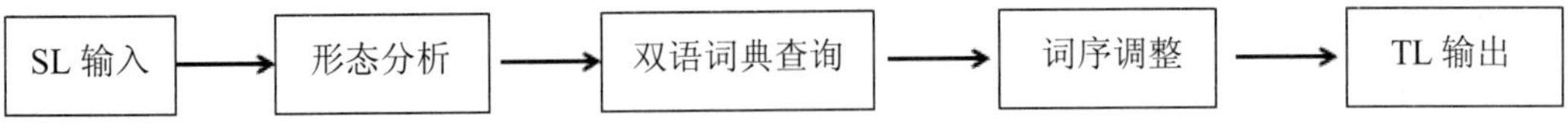

图 11-3　直接法原理图（张政，2006：19）

2）转换法：指利用中间表达式在源语和目标语之间过渡，又可进一步分为句法转换和语义转换，如图 11-4 所示。转换法分三个步骤，第一步把源语转换成源语的表达式，第二步把源语的表达式转换成目标语的表达式，第三步把目标语的表达式转换成目标语，即译文。

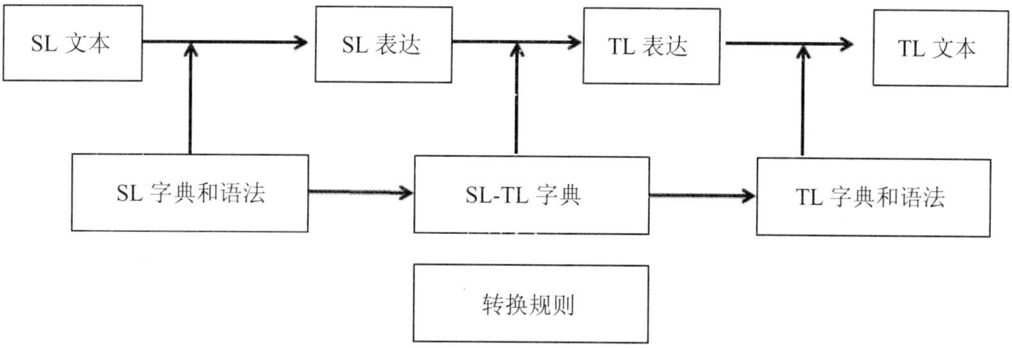

图 11-4　转换法原理图（张政，2006: 21）

3）中间语言法：指把源语言转换成一种无歧义的对任何语言通用的中间语言（非自然语言，不是任何国家和地区人们使用的语言），再用目标语言的词汇和句法结构表达中间语言的意义，其原理如图 11-5 所示。

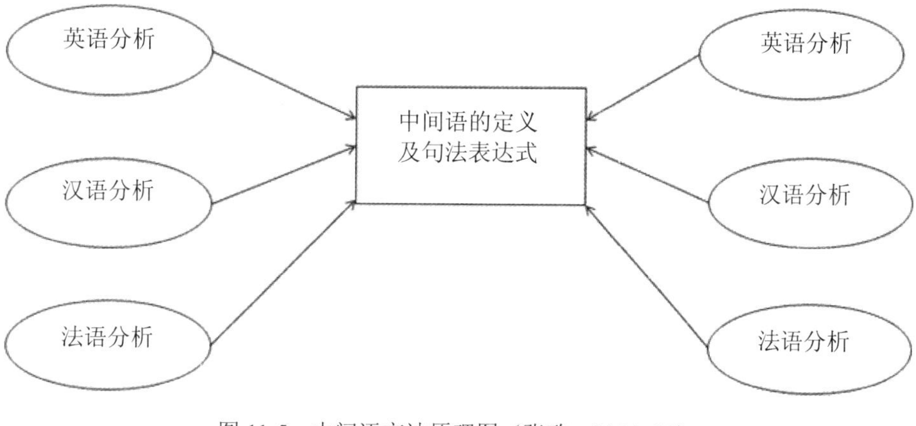

图 11-5　中间语言法原理图（张政，2006: 21）

11.3.3.2.2　基于统计的机器翻译

1990 年，在芬兰赫尔辛基召开的第十三届国际语言学大会提出了处理大规模真实文本的战略任务，开启了机器翻译的一个新的历史时期：基于大规模语料库的统计自然语言处理。

基于统计的机器翻译方法把机器翻译看成一个信息传输的过程，用一种信道模型对机器翻译进行解释。源语言句子到目标语言句子的翻译是一个概率问题，任何一个目标语言句子都有可能是任何一个源语言句子的译文，只是概率不同，机器翻译的任务就是找到概率最大的句子。具体方法是将翻译看作对原文通过模型转换为译文的解码过程。所谓模型问题，就是为机器翻译建立概率模型，也就是要定义源语言句子到目标语言句子翻译概率的计算方法，而训练问题是要利用语料库来得到这个模型的所有参数。所谓解码问题则是在已知模型和参数的基础上，对于任何一个输入的源语言句子去查找概率最大的译文，其原理如图 11-6 所示。

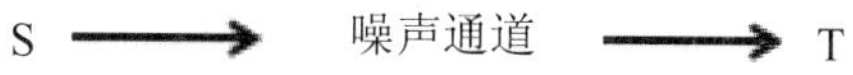

图 11-6　基于统计的机器翻译原理图（冯志伟，2004: 45）

11.3.3.2.3 基于实例的机器翻译

基于实例的机器翻译方法由日本科学家长尾真于1984年提出。其翻译过程是首先将源语正确分解为句子，再分解为短语碎片，接着通过类比的方法把这些短语碎片译成目标语言短语，最后把这些短语合并成长句。对于实例方法的系统而言，主要知识源就是双语对照的实例库，不需要字典和语法规则，核心问题就是通过最大限度的统计，得出双语对照实例库，其原理如图11-7所示。

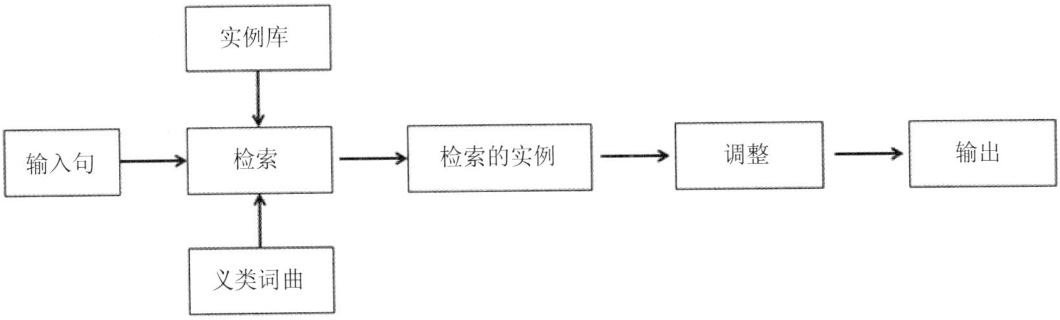

图11-7 基于实例的机器翻译原理图（张政，2006: 25）

11.3.3.2.4 多引擎的机器翻译

由于基于以上三种机器翻译方法都无法获得令人满意的结果，每种方法各有优势，可以互补，充分利用每种翻译方法的长处，于是有人提出了多引擎机器翻译的构想。多引擎机器翻译技术既有基于规则的机器翻译引擎，也有基于统计的机器翻译引擎和基于实例的机器翻译引擎，同时还引入了词汇转换引擎。该技术的基本思路是：多个翻译引擎同时对输入的句子进行翻译，各个翻译引擎共享一个类似线图的数据结构，将译文语段放在这个公共的线图结构中，对各个引擎给出的语段评分进行一致化处理，使之具有可比性，采用一个动态规则算法选择一组既能覆盖整个原文输入句子，又具最高得分的译文语段作为最后的输出译文。其结构如图11-8所示。

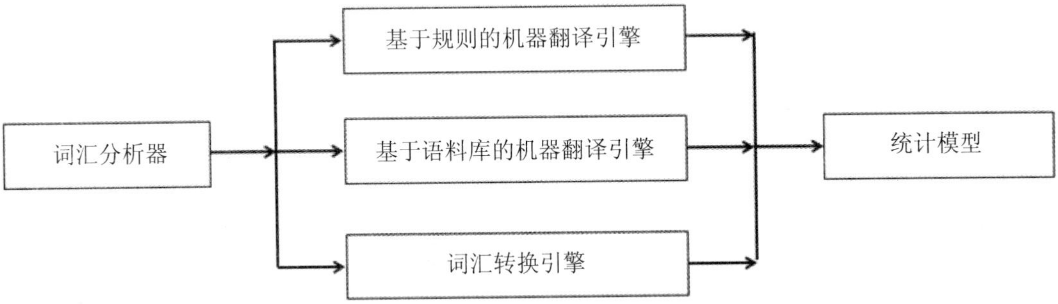

图11-8 基于多引擎的机器翻译系统结构图

11.4 计算机辅助翻译

计算机辅助翻译，即利用计算机辅助人工译员进行翻译工作。译员利用计算机上运行的计算机辅助翻译软件（平台）作为翻译工作台，利用翻译记忆技术和术语库，将已完成翻译的双语文本存入数据库中，形成翻译记忆。在以后的翻译工作中遇到相同或相似的句段，系统能自动检索和匹配，将翻译记忆中匹配的译文显示供译员选择，从而提升翻译工作效率和翻译质量。本节介绍计算机辅助翻译的概念、技术以及计算机辅助翻译的核心—翻译记忆。

11.4.1 什么是计算机辅助翻译

计算机辅助翻译具有广义和狭义之分，广义的计算机辅助翻译工具指能在我们的翻译过程中提供便利的所有软件和硬件设施，主要包括文字处理软件、文本格式转换软件、电子词典、在线词典等软件工具，还包括计算机、扫描仪、录音器材等各种各样的硬件设备。狭义的计算机辅助翻译工具是指为提高翻译效率、优化翻译流程而设计的专门及计算机辅助翻译软件，如：日常使用的 déjà vu，OmegaT，Yicat，SDL Trados，memoQ 等。

不少计算机辅助翻译初学者，时常会混淆计算机辅助翻译和机器翻译两个概念之间的差别。其实，计算机辅助翻译和机器翻译既有联系又有区别。计算机辅助翻译是从机器翻译演变而来的，二者在核心技术、工作原理和人工参与程度等方面有本质不同。钱多秀（2011）曾指出，多年来大部分人想当然地以为计算机辅助翻译就是机器翻译，是全自动的。因此，有必要厘清计算机辅助翻译和机器翻译的几个关键概念。目前，有人把计算机辅助翻译看作计算机翻译的一个分支，另一些人则认为计算机翻译和计算机辅助翻译是两个不同的概念（Slocum, J. 1985）。与全自动计算机翻译系统相比较，计算机辅助翻译系统是一种人机交互系统。在这种翻译模式中，计算机负责辅助翻译人员的任务，不仅能给翻译人员提供一些词汇、术语、短语的知识，还能从已翻译过的文本中检索到相同或相似的句段，避免不必要的重复劳动，从而提高效率、保证翻译质量。计算机辅助翻译模式中，核心是人（翻译人员），计算机只起到辅助作用。

11.4.2 计算机辅助翻译技术

11.4.2.1 广义的计算机辅助翻译技术

广义的计算机辅助翻译工具指能在翻译过程中提供便利的所有软件和硬件设施。广义的计算机辅助翻译工具的作用和优势主要体现在能够节省译员的时间成本，提高工作效率，如在线词典、语料库、搜索工具等为译员提供了丰富的参考资料，能够辅助译者快速完成高质量的译文。常见的广义的计算机辅助翻译工具主要包括文字处理、文本格式转换、文字识别、桌面电子词典、桌面搜索工具以及在线搜索等。

1）文字处理：翻译的对象很大比例是文字，因此文字处理是翻译过程中非常重要的环节。一般文字处理的软件有微软的 Word、金山的 WPS 等。

2）文件格式转换：在实际翻译工作中，译员通常会遇到文件格式转换的问题，主要集中在 PDF 文件和 Word 文件之间的转换。常见的文件格式转换工具有 Microsoft Word，Batch Word to PDF Converter，ABBYY FineReader，Adobe Acrobat Pro 等。

3）文字识别工具：PDF 格式分为文本格式的 PDF 文件和图片格式的 PDF 文件。文本格式的 PDF 文件可以使用文件格式转换工具直接转换成可编辑的文本。当前主流的计算机辅助翻译软件亦可直接支持此类文件的翻译，但是，图片格式的 PDF 文件则不能直接进行编辑和翻译，需要用到 OCR（Option Character Recognition）软件来进行文字识别。常见的 OCR 软件有 ABBYY FineReader，Scansoft Nuance，Nitro PDF Pro，PDF converter，Adobe Acrobat，Solid Converer，尚书，汉王等。

4）桌面电子词典：词典是译员进行翻译的利器。传统的纸质词典尽管制作精良，但由于编撰时受时间、体量大小等因素的制约，一方面更新十分缓慢，另一方面词条数量受到限制，使用时不仅比较耗时、携带不便，而且通常价格不菲。电子词典是纸质词典信息化的产物，电子词典的便捷性在相当长一段时间里受到译员的喜爱。它能够实现译员和词典之间的互动，而且有些词典还有全文检索的功能，可以帮助译员最大限度的查找所需要的义项。常见的电子词典有灵格斯、巴比伦、有道词典、句酷和金山词霸等。

5）桌面搜索工具：在翻译过程中，搜索是非常重要的环节，有时候译文质量的高低取决于译者搜索的能力。一个好的译员要学会合理利用已有的资源，使用一些常见的搜索，对收到的专业词汇进行处理和替换。合理地使用搜索引擎或者搜索工具，可以达到事半功倍的效果。桌面搜索工具是一种在极短的时间里从自己的电脑硬盘数据中找到所需要资料的工具。常见的桌面搜索工具有 search and replace，everything，Regain，Zilverline，DocFetcher，Replace Pioneer 等。

6）在线搜索引擎：指能够在互联网上主动搜索、组织信息，并提供查询服务的一种工具。其工作原理是利用网络搜索软件将大量网站的页面信息进行收集、加工、处理，并建立数据库后，对用户提出的各种查询请求做出反馈，并提供用户所需信息地址（王香莲，2004：52-55）。搜索引擎可分为全文搜索引擎和目录索引引擎。全文搜索引擎指在搜索框输入检索词，从网上提取各网站信息，建立数据库，并检索出与用户查询条件相匹配的记录，并按一定的顺序返回结果，如百度、谷歌。目录索引指把网站分门别类地存放在相应的目录下，用户在查询信息时，可以选择关键词查找，也可以按照分类目录逐层查找，如雅虎。

11.4.2.2 狭义的计算机辅助翻译技术

狭义的计算机辅助翻译工具指为提高翻译效率、优化翻译流程而设计的专门及计算机辅助翻译软件。计算机辅助翻译软件基本具有以下功能：文字提取、预翻译、翻译记忆、自动提示、机器翻译、质量保证、翻译管理和翻译协作等。

1）文字提取：对待翻译文档中需要翻译的文本内容进行自动识别和提取，并转换成软件默认的编辑文件类型。

2）预翻译：指软件根据项目加载的翻译记忆库、术语库以及机器翻译引擎，对待翻译文档进行一次全面的自动翻译，并根据翻译结果自动填充至翻译编辑器中，译者根据预翻译的结果和提示，对预翻译结果进行修改编辑，形成最终译文。

3）翻译记忆：指在翻译过程中所需要用到的翻译记忆库里面的双语对应语料，一般以句对的方式呈现，译员可以对翻译记忆内容进行导入、导出、修改、搜索等操作。

4）自动提示：指在翻译编辑器里，当翻译内容在加载的翻译记忆库或术语库或机器翻译引擎中有匹配的结果，系统能自动为译员进行相应提示，便于译员进行参考和采用。

5）机器翻译：随着机器翻译功能的不断强化，现在的计算机辅助翻译软件基本上都能加载机器翻译引擎为译员进行翻译服务，以提升翻译效率。

6）质量保证：每款计算机辅助翻译软件都具有质量保证功能，主要是对译员在翻译过程中容易犯的低级错误进行计算机的自动识别和检查，以保证译文的质量，比如，数字、术语的一致性、漏译、标签问题等。

7）翻译管理：软件提供的翻译管理能够为团队协作的翻译项目提供流程化的翻译项目管理，可以实现在线或离线的项目建立、分发、回收、监控等一系列工作，提升大型合作翻译项目的管理效率，确保翻译质量。

8）翻译协作：可以实现多人协作项目的大型翻译项目的管理。

随着互联网和大数据等技术的不断成熟，计算机辅助翻译工具从传统的 C / S 架构转向 B / S 架构，数据存储也由本地存储转向云端存储。目前国内外主流的计算机辅助翻译工具多达 10 余种。下面简单介绍几款常用的主流 CAT 工具。

1）SDL Trados：目前世界上最流行的计算机辅助翻译软件之一，在全球拥有 20 多万客户，全球 500 强企业有超过 90%的公司使用 SDL Trados 为日常的本地化翻译工作服务。SDL Trados 基于翻译记忆库和术语库技术进行运作，能够帮助译者编辑、审校、管理翻译项目和语料资源。软件现已更新至 SDL Trados Studio 2021 版。

2）Déjà vu：由 Atril Language Engineering 公司所开发的翻译工具，具有高度集成的翻译环境，集翻译项目管理、翻译编辑、翻译记忆库管理、术语库管理、语料对齐功能、质量保证功能等于一体，在很多方面都体现出比其他 CAT 工具更大优势，其用户数量一度排名全球第二。

3）memoQ：由匈牙利 Kilgray 翻译技术公司研发的一款操作简单、功能强大的计算机辅助翻译工具。它将翻译编辑功能、资源管理功能、翻译记忆、术语库等功能集成到一个系统中，可以很方便地在这些功能中进行切换使用。memoQ 产品包括 memoQ Translator Free（译者免费版）、memoQ Translator Pro（译者专业版）、memoQ Translator Manager（项目经理版）、memoQ Cloud Server（云服务器版）、memoQ Server（服务器版）以及 Language Terminal（语言终端）。

4）Wordfast：由 Wordfast LLC 开发的翻译记忆软件，为自由译者、语言服务供应商和跨国公司提供翻译记忆独立平台的解决方案。该软件分为 Wordfast Server，Wordfast Professional，Wordfast Classic 和 Wordfast Anywhere。

5）OmegaT：使用 Java 编程语言编写的计算机辅助翻译工具，属于免费开源软件，适用于专业译者，功能主要包括：使用正则表达式的可自定义分段，带有模糊匹配和匹配传播的翻译记忆，术语库匹配，词典匹配和参考资料搜索以及内联拼写检查等，拥有其他 CAT 工具所具备的功能，包括创建、导入和导出翻译记忆库，使用翻译记忆进行模糊匹配，查询术语表、索引定位和一致性搜索等。

6）雪人 CAT：由佛山市计算机有限公司自主研发的辅助翻译产品，支持过百万句的记忆库和超 50 万句/秒的检索速度，为大型记忆库在翻译中的应用提供强有力的支持。雪人 CAT 现有免费版和标准版，同时还有服务器免费版和标准版。

7）云译客：为传神语联网网络科技股份有限公司旗下一款专为译员和翻译团体打造的一个全面型在线翻译软件，旨在连接翻译所需的一切资源，构建人机共译的实时翻译协作翻译环境。

8）Transmate：由成都优译信息技术有限公司研发，是第一个由民族企业自主研发的机辅翻译系统，包括个人版、企业版和翻译教学系统。

9）雅信 CAT：由北京东方雅信软件技术有限公司研发的专业辅助翻译工具，基于 B / S 架构，使用者在具备互联网的前提下，使用浏览器访问便可以进行使用，主要采用翻译记忆和灵活的人机交互技术，可以大幅提升翻译效率，节省翻译费用，保证翻译质量，简化项目管理，适用于需要精确翻译的个人、机构和团体。

10）Tmxmall：由上海一者信息技术有限公司开发的一款 CAT 软件，该产品最早主要针对翻译记忆的语料对齐开发，是一款 B / S 架构的语料对齐工具。同时，该公司近期推出了

YiCAT 在线翻译项目管理系统。YiCAT 是基于语料大数据的在线翻译管理平台。该平台具有多语种多格式支持、海量优质记忆库与术语库、实时掌控翻译项目进度、高效团队管理及多人协同翻译、文档拆分与任务分配、译审同步、MT+PE 等特点，真正帮助翻译企业、翻译团队和兼职译员提高翻译效率。

11.4.3 翻译记忆

本节从翻译记忆的概念、翻译记忆的工作原理和翻译记忆的标准格式三方面进行讨论。

11.4.3.1 翻译记忆的概念

翻译记忆指将已经翻译并匹配好的源语和目标语字段存储在数据库中，以备将来重新利用。这些已翻译好的字段仍然是人工翻译的结果。它的特点是能够将翻译流程中涉及纯粹记忆的活动，比如：术语的匹配和自动搜索提示、高度相似句子的记忆和复现交给计算机来完成，免除翻译人员反复查找之苦，使其能全力处理语义的转换和传递。翻译记忆库（翻译人员建立起用于存储已有原文与译文的数据库）包含所有翻译句子、句段及其源语言的电子化、中心化、统一化的数据库。

11.4.3.2 翻译记忆的基本原理

译者利用已有的原文和译文，建立起一个或多个翻译记忆库。在翻译过程中，系统将自动搜索翻译记忆库中相同或相似的翻译资源（句子、段落），给出参考译文，使译者避免无谓的重复劳动，只需要专注于新内容的翻译。翻译记忆库同时在后台不断学习和自动存储新的译文，变得越来越聪明，效率越来越高。有了翻译记忆，译者永远不必对同一句话翻译两遍，尤其是对科技类、财经类、合同类文本翻译更为有效。

根据系统与翻译记忆库内容的匹配程度可分为三类情况，1）100%匹配，也称为完全匹配内容，这样的结果译员可以直接采用或局部修改；2）模糊匹配内容，相似但不相同的匹配内容，需要译者进一步编辑和修改，形成译文；3）无匹配内容，需要译者进行人工翻译。可见，有了翻译记忆，翻译的可重复使用率进一步提高，同时提高了译者的翻译效率和准确性以及内容、风格、术语的一致性。

11.4.3.3 翻译记忆的标准格式

表 11-1 中列出了常用的翻译记忆的标准格式。TMX 标准可以实现不同翻译软件供应商之间翻译记忆库的互换，是实现导入与导出翻译记忆的最佳格式；TBX 标准允许含有详细词汇信息的术语资料进行数据交换。对于一个 TBX 文件（即一个 XML 格式文件），译者可十分方便地在不同格式的术语库之间交换术语库数据；SRX 标准解决了不同本地化语言工具处理“断句”规则不统一的问题；GMX 标准包含“工作量”“复杂性”和“质量”三个自标准；OLIF 标准为开放词典交换格式；XLIFF 属于 XML 本地化交换档案格式，是业界使用 XML 格式交换资料的惯用格式之一。

表 11-1 翻译记忆的相关标准格式

TMX	实现不同翻译软件供应商之间翻译记忆库的互换
TBX	允许含有详细词汇信息的术语资料进行数据交换
SRX	解决不同本地化语言工具处理“断句”规则不统一的问题

（续表）

GMX	包含“工作量”“复杂性”和“质量”三个自标准
OLIF	属于开放词典交换格式
XLIFF	属于 XML 本地化交换档案格式，是 XML 格式交换资料的惯用格式

11.4.4 计算机辅助翻译的基本流程

在利用计算机辅助翻译工具进行翻译项目工作时，可按照国际上较为通用的翻译项目管理流程分为准备阶段、执行阶段和收尾阶段。

1）准备阶段：主要包括翻译文件分析，如翻译文体、数量、难易程度、时限等。提取可译资源，如术语提取、重复句段分析等，翻译字数统计、报价。团队项目的译前还需要进行翻译团队的组建、角色确定、任务分工、项目计划等系列工作。

2）执行阶段：分为译前、译中和译后三个阶段。

译前阶段：项目负责人需要对待翻译文档进行文件格式处理，包括文字识别、格式转换、文件格式清理等相关工作，查询相关翻译记忆库，收集双语语料，进行语料制作，构建双语术语库等，还需将待翻译文档、翻译记忆库以及术语库打包分发给翻译人员。

译中阶段：译员需要借助计算机辅助翻译软件，结合翻译记忆库、术语库、机器翻译引擎对文档开展翻译。

译后阶段：审校人员需要对译员的译文进行质量检查和审校，审校后进行修改，最后由项目负责人形成定稿译文导出。

3）收尾阶段：需要对译文根据客户要求进行排版、译稿交付等工序，最后对翻译过程中产生的翻译语料和术语进行更新，形成新的翻译记忆库和术语库，以便后续项目使用。

思考题

1. 计算语言学与理论语言学研究有什么区别？
2. 语料库与翻译记忆库的联系和区别分别是什么？
3. 机器翻译与计算机辅助翻译的区别是什么？

第十二章　应用语言学

本章主要介绍应用语言学的定义、范畴以及相关理论，重点介绍语言规划和语言教学两个方面的内容。机器辅助语言处理部分参见第 11 章相关内容。

12.1　应用语言学简介

应用语言学作为一门独立学科，发展历史较短。1870 年，波兰语言学家 J. N. 博杜恩・德・库尔德内（J. N. Baudouinde Courtena）首次提出“应用语言学”这一术语。20 世纪中叶，第二次世界大战后，经过近百年酝酿和探索，伴随社会、科技、文化、教育等领域的发展，人们对语言应用的需求越来越强，应用语言学首先在英美国家诞生发展，并在世界范围内对语言学的诸多领域产生巨大的影响。《朗文语言教学及应用语言学词典》（*Longman Dictionary of Language Teaching & Applied Linguistics*）和《应用语言学百科词典：语言教学手册》（*Encyclopedia Dictionary of Applied Linguistics*）等经典的出版，既方便了读者的学习和使用，也促成了应用语言学在世界范围的推广和传播（孙迎晖，2016）。同时，世界范围内涌现出众多的应用语言学学者，比如，Vivian Cook, H. Douglas Brown, Norbert Schemitt, Stephen D. Krashen, Rod Ellis 等，他们著书立说，促进了语言教学理论的及时推广，而科技领域的日新月异，特别是 20 世纪 70 年代信息科学和认知学科的产生和萌发，使得语言研究和应用的领域得到迅猛扩展，应用语言学也因此应运而生。

12.1.1　应用语言学的定义

自应用语言学诞生以来，语言学家就一直试图给出其定义。目前，普遍接受的观点是应用语言学可以分为广义和狭义两种。根据 N. Schmitt（2008: 1）的定义，应用语言学“在广义上关系到人们对语言作用不断加深的理解，并据此为那些必须做出与语言相关决定的人们提供相关的知识，满足他们来自课堂、工地、法庭，或者实验室等场所的需求”。广义的应用语言学主要指把语言学的理论应用于其他学科领域（贾冠杰，2000），研究如何将人们对语言、语言学习、语言使用的知识运用于各个领域，以达成某种目标或解决某种困难，是应用于各个实际领域的广泛性语言学。应用语言学关心如何运用语言学理论、方法和成果来阐释其他领域所遇到的跟语言有关的问题。在学科属性上，应用语言学“是研究语言本体和本体语言学同有关方面发生关系的学科”（于根元，2019: 23）。换句话说，应用语言学研究基于语言本体探索的理论性学科和以语言为目标或工具的各个实践性学科之间的关系，是致力于发现两者结合和相互作用的动态变化规律的学科。广义的应用语言学应该理解为语言学知识和研究成果所应用的一切领域和方面，包括语言学与其他学科相互交叉渗透所产生的一切边缘学科。应用语言学是语言学知识在各个领域中各种不同应用的总称，它研究语言如何得到最佳利用的问题（刘涌泉和乔毅，1991）。

由于应用语言学在世界各地的发展侧重点不同，狭义的应用语言学在不同国家有不同的特指。在欧美，应用语言学通常指语言教学，特别是第二语言教学或外语教学。在我国，狭义的应用语言学专指语言教学，特指外语教学和第二语言教学。1988 年，桂诗春在《应用语言学》一书中将应用语言学定义为语言基本理论及其在外语教学中的应用。1999 年，冯志伟的《应用语言学综论》结合我国的实际情况，重点介绍了语言教学、语言规划和自然语言处理三方面内容。21 世纪后，由于科学技术的飞速发展和多学科的不断交叉融合，狭义应用语言学专指语言教学，特别是外语教学。在语言教学领域，当代狭义应用语言学包含三大领域：语言习得、学习和教育。语言习得可以分为儿童语言习得和第二语言习得，涉及的内容从语言胎教到语言的输入、迁移、中介语等语言处理过程的研究。语言教学的部分既包括语言教育与对外汉语教学等的实践与研究，更包括中国语文教学和外语教学的实践与研究，而且，教师的发展研究、教材开发、语言测试等也是这个领域的重要内容（童之侠，2016）。目前，语言教学与教育技术的融合日益紧密，其研究也更多地涉及机器翻译、大数据处理、认知神经和脑科学等众多的新兴科学领域和方法。

正如库克等人（Cook & Seidlhofer，1995）提出，确切的应用语言学应该保证其综合性和开放性。应用语言学作为一门新兴科学，其产生和发展与现代新兴学科的产生和发展有很大的关联。

12.1.2　应用语言学的范畴

1980 年，卡普兰（Robert B. Kaplan）在 《应用语言学研究范围》（*On the Scope of Applied Linguistics*）一书中结合众多不同的观点后提出，应用语言学应该是一切语言研究的集合点和交汇点。

1987 年，我国出版的《语言文字百科全书》将应用语言学解释为“研究语言在各个领域中实际应用的科学”，分为“一般应用语言学和机器应用语言学”，前者包括“语言教学、标准语的建立和规范化、文字的创制和改革、辞书编纂、翻译”；后者包括“实验语音学、机器翻译、情报检索、汉字信息处理、自然语言理解、言语统计、少数民族语的信息处理”等。在此基础上，刘涌泉、乔毅（1991：III）在一般应用语言学范畴内增添了标音和转写，在机器应用语言学范畴部分删除了汉字信息处理和少数民族语的信息处理，增添了语言信息处理，因而扩大了机器应用语言学的范畴。同时，冯志伟、龚千炎（1991）在题为“应用语言学研究刍议”的文章中提出：“就我国的情况而言，应用语言学似乎可以大致分为以下五个主要的方面：1）国家的语言规划和语言计划，以及语言文字的规范化、标准化、现代化；2）语言学与计算机的结合，如机器翻译、计算机情报检索、汉语言文字的信息处理等；3）语言学习与语言教学，包括外语教学、汉语教学、对外汉语教学等；4）语言学与社会学的结合，如社会语言学、文化语言学等；5） 语言学与心理学的结合，如心理语言学、神经语言学等。”总而言之，应用语言学具有复杂性、多科性和多样性特征（桂诗春，2000）。

1999 年 10 月，在北京召开的第四次应用语言学学术研讨会后，学术界筹划出版一套具有中国特色的应用语言学教材。根据于根元主编的《应用语言学概论》一书总结，应用语言学的范畴传统上包含两个方面。第一方面是学科门类，通常分为四部分：一是广义的社会语言学，研究的语言本体和本体语言学同社会的关系；二是语言规划；三是语言教学；四是语言本体和本体语言学同现代科技的关系。应用语言学研究的是以上各部分的主要内容，但并不是这几部分研究的拼合或者简单加合，而是注重各部分之间的联系。第二方面是队伍建设等，包括研究机构的建设、刊物的建设、活动的开展、学风和文风的建设、课题和课程设置、成果推广等（于根元，2019：26）。作为学科，应用语言学是和语言本体研究、理论语言学（普通语言学）相对应的（陈昌来，2019）。

进入 21 世纪后，越来越多的人认识到语言无所不在这一事实。应用语言学的范畴也更为开放，呈现出和其他学科的渗透和融合，出现许多新的领域。所以，凡生活中与语言运用相关的研究都在其边界之内（吴一安，2007）。

下面这些学科已经被认为是应用语言学的重要领域。

12.1.2.1 心理语言学

心理语言学是语言学和心理学跨学科研究的一门边缘性学科，研究人们学习语言和使用语言的心理过程，以实验和自然观察为主要研究方法探讨语言行为的规律，包括对语言能力的形成及其形成条件的探索。心理语言学始于 20 世纪 50 年代，其研究成果已经被运用到语言教学、医学、通信技术和人工智能等领域。

12.1.2.2 地理语言学

地理语言学又称语言地理学和区域语言学，是从地域分布的角度研究语言或方言的学科。在地理语言学领域，研究者将某语言社区的地理位置和该语言社区的发展联系起来，考察内容涉及政治、社会、文化因素等与语言的相互影响以及某一语言的发源地、传播路线等。

12.1.2.3 病理语言学

病理语言学又称临床语言学，以语言障碍为研究对象，运用医学、语言学的专门技术来研究语言现象，并判断、治疗和研究语言缺陷和语言失调等疾病。病理语言学的研究主要包括对语言障碍本身的研究和透过语言障碍对语言的研究。研究通过描写语言障碍者的语言行为，探讨语言障碍形成的原因，寻找康复训练的最佳方法。在研究中，个体差异是研究的主要切入点，比如，语言障碍者的语言状况、年龄、听力、智力水平、医学病史、语言发展、语言环境等和语言相关的因素。病理语言学研究是一门跨语言学、心理学、生理学、医学等多学科的新兴学科，因此，也可称为语言病理学、语言治疗学、语言矫治学或语言康复医学等，多采用观察和调查法等实证方法。

12.1.2.4 神经语言学

神经语言学兴起于 20 世纪 60 年代，是研究大脑内与语言有关的神经机制如何起作用的学科，涉及神经科学、心理学、生理学、语言学等学科内容。研究探索语言与大脑的关系，包括语言及语言能力的生物基础，语言习得、理解和运用的脑神经活动机制，语言机制与思维机制的关系，语言机制与脑神经机制的关系等。神经语言学研究的观察对象为智力障碍损伤所造成的语言功能障碍和失语症。

12.1.2.5 语言风格学

语言风格学又称语言修辞学，是以语言风格为研究目标的学科。其主要内容包括：语言风格的性质、原理、方法、形成及演变的规律；语言风格的统计、分类、对比；各种功能风格中语言表达的手段；各种功能风格在不同语体、不同文体、不同语境中的表现；作家作品风格等。

12.1.2.6　实验语音学

实验语音学是研究语音产生、编码传递、接收等的机理和过程的一门学科。因其早期用各种实验仪器来研究、分析语音，又名仪器语音学。从早期凭口耳来模仿语音并依靠音标对语音进行描写到近代利用医学器械和物理仪器测量、分析语音，实验语音学揭示出许多前所未知的语音现象，并丰富、修正传统语音学的若干解释和理论。实验语音学发源于语言学的语音学，有三个重要分支，即生理语音学（或发音语音学）、声学语音学、感知语音学，其研究可以广泛应用于语音教学、语音识别、语音合成、语言矫治等多个实践领域。

12.1.2.7　儿童语言学

儿童语言学也称为儿童语言发展学或发展语言学，通过研究儿童学习和掌握语言的过程，探索儿童语言发展的一般规律和特殊情况，涉及生理、心理、社会、教育等因素。根据儿童语言学的分类，儿童语言的发展大约可分为三大阶段：1）语言准备阶段（1 岁以前）；2）语言发展阶段（1 岁至学龄前）；3）语言完善阶段。

12.1.2.8　人名学

人名学是研究人名产生和发展规律的学科，研究包括人名的结构及其与社会、文化、民族心理等的联系，人名的产生和各民族社会风俗习惯的联系，民族的差异对人名结构及其构成方法有密切的影响等。研究可以反映各个各族的文化、历史和社会习惯。人名学与人类学、历史学、民俗学和语言学都有密切关系。

12.1.2.9　地名学

地名学是综合研究地名的由来和语词构成和含义的一门学科，研究地名语言特征、演变、功能、分布规律以及地名与自然和社会环境之间的关系。地名学的意义在于通过地名语言分析，探索地理景观与地名的相互关系。地名学研究为探索历史上的自然面貌、社会政治经济和文化状况、风俗习惯、宗教信仰、民族分布和迁徙以及方言、古语特征等提供有价值的资料，有利于维护国家领土的主权、民族的尊严和国内各民族的团结。

12.1.2.10　翻译学

翻译学是专门研究如何把一种语言变为另一种语言的过程或结果的一门学科。语言翻译历史悠久，是以语言形式的同一性或功能作用的等值性为前提，寻求语言对等的表现方式。翻译学研究的内容包括翻译的标准（例如所谓“信、达、雅”等）和翻译的方式（例如口译和笔译，同声传译和接声翻译，直译和意译，人译和机器翻译）等。

12.1.2.11　对比语言学

对比语言学是研究不同语言在语音、音系、语义、词汇、句法、篇章和语用等方面的异同的一门学科。对比语言学研究一方面通过对比，探讨不同语言之间的对应关系，解决语言教学和翻译的难点和问题；另一方面通过比较分析，探索人类语言的共同特征、共同规律，从而确认语言的普遍现象，构建普通语法。

12.1.2.12　词典学

传统词典学是研究按什么范围收词，按什么原则释义和针对什么目标编纂词典的一门学科。20 世纪 70 年代信息论兴起后，词典学的范畴扩展至基于学科和专门用途需求的知识储存和编排。专科词典、参考用词典、研究用词典等不同类型的词典正由传统文字迈向新兴信息软件，不断更新呈现方式、不断填补技术空白。近年来，社会的发展带来新的语言观念，围绕词条的收与不收引起了许多争论，词典学所涉及的已经超出了词典本身。

12.1.2.13 统计语言学

统计语言学是应用统计数学的方法来研究语言现象的语言学科。统计语言学的研究领域主要包括：1）语言单位的出现频率，如对词汇和音位、语素出现的频率进行统计研究；2）作家的用词频率、词长分布和句长分布，以了解作家运用语言的风格；3）计算语言存在的绝对年代以及亲属语言从共同原始语分化出来的年代；4）采用信息论方法研究语言的熵和羡余度；5）探讨语言的一般统计规律；6）运用马尔科夫过程论研究语言；7）研究文章中两个词之间、两个语法范畴之间、两个语义类之间或两个句法类型之间的间距，以揭示文章在句法或语义上的特征；8）研究语言的词汇与文章长度的关系，以揭示文章中词汇的丰富程度和差异程度；9）研究词典的数学结构。

除了以上所列，应用语言学的范畴还包括语言规划与政策、社会团体与语言的关系、文化与语言的关系、教育与语言的关系、语言教学、法庭语言学、术语学、国际语学、人类语言学等领域和学科方向。特别是近年来，随着人工智能、虚拟现实和大数据技术的发展，应用语言学的范畴也得到进一步的扩展和延伸。

12.1.3 应用语言学相关理论

于根元（2002）在其文章“应用语言学的基本理论”一文中提出语言学的新分类：1）本体语言学；2）语言学理论；3）应用语言学。本体语言学的基础理论通常指传统普通语言学的基本理论。语言学理论也可称为语言哲学，是本体语言学理论和应用语言学理论的融合和提升。应用语言学不只是和理论语言学相对的语言学理论的运用，更主要的是它本身具有理论，以交际理论为主要理论，另外有层次理论、动态理论、中介理论、潜显理论等，取自语言学之外的诸多领域。

12.1.3.1 交际理论

交际理论是应用语言学的基本理论，也是本体语言学的基本理论，在应用语言学的理论中处于总纲的地位，是本体语言学和应用语言学相互促进的高层次结合纽带。作为人类最重要的交际工具，语言功能的本质是交际。交际是语言发展变化的动力和目的，是决定语言现象的根本条件。因此，语言交际能力是最基本的语言能力。

交际理论认为，语言交际能力是不同情况下和不同人进行既趋同又趋新，不断磨合以达成交际目标的能力。交际值（或者交际度）是衡量语言使用规范的唯一标准。交际值包含文和质两个部分。文质彬彬是交际语言的美，决定于语言规则、语言素质、文化背景、语言能力等多种因素。此外，一种更高层次的语言能力—语言创新能力，或者说发挥语言能力的能力是掌握交际度的关键，要在实践中逐渐调整。这点据说在一百年前的《马氏文通》中早有提及。语言创新不等于降低层次，不等于奇谈怪论，不等于一般形式上的变化。语言创新是语感（交际能力）和论感（知识研究能力）互相促进的良性循环，相当于语言自动升级的程序。

12.1.3.2 层次理论

人在社会地位、文化圈层、认知水平等方面有不同层次，决定了交际有不同层次，也决定了语言有不同层次。通常认为，语言由比较稳定的内核和比较活跃的外层以及中介物构成，共同为交际服务。比较稳定的内核是指组成语言的内部结构，比如语音系统、基本词汇、基本语法等。比较活跃的外层指新词新语和广告语言等易于发生变化的部分。语言的发展变化首先表现于比较活跃的外层变化，然后才从外层转化到比较稳定的内核，往往是多种因素共同作用的结果。语言内核和外层呈现互补的关系。对于语言交际活动来说，语言的内核部分的标准比较容易确定，而语言的外层部分的使用不易确定标准，更多是要通过指导的方式进行。

同时，语言的层次理论也是语言研究方法层次的认识基础。语言研究方法具有层次性，以比较法为基本的方法论层次，可以衍生其他方法。语言研究的方法还具有灵活性和多样性。语言研究要纵横交错，突破历时和共时的严格限制。

12.1.3.3 动态理论

万事万物的运动是绝对的。运动速度相对比较慢的叫稳态，运动速度相对比较快的叫动态。语言交际是一种活动，而且语言又是发展变化的，所以，语言的本质是动态。语言局部的发展变化会引起语言内部有关部分的发展变化，使得有关部分互相协调，最终完成语言的自我调节。语言的运动也可以归结为语言的“潜”和“显”。“潜”指向的是未来的趋势，“显”反映的是当下的变化。语言的变化和发展也是社会变化和发展的一部分，应在把握“显”变化的同时，更多地关注“潜”变化，语言工作重在建设与发展。

12.1.3.4 中介理论

事物运动的连续性决定了任何事物都具有周边事物和前后事物的一些属性。事物又是矛盾的统一体，对立往往可以通过中介转化。语言也是如此，存在着中介状态。语言的中介状态包括地方普通话、不规范的语言现象等，即无论是个人话语能力还是群体语言特色，所有语言都是“中介语”。语言研究就是了解语言运动中的个性和共性。

12.1.3.5 潜显理论

潜显理论认为，如同事物在时空中的显现，不会同时，也不会同形，语言始终处在潜和显的过程中。语言在时空中的不同显现都是服务于交际的目标。语言研究要聚焦语言的潜和显以及其相关条件。

人类科学诞生于对哲学问题的研究及其目标的转移，语言学作为哲学研究的重要对象和工具，其理论研究有时候很像在探索哲学问题。但是，作为一门单独的学科，语言学不应是哲学的附庸。应用语言学的基本理论要注意操作层面，更多的研究应关注这些基本理论如何发挥作用的问题。语言规划、语言教学和语言信息处理是应用语言学的三大支柱（冯志伟，2003），如何进一步发挥应用语言学基础理论在三大支柱的影响，这是值得注意的地方。

12.2 语言规划

12.2.1 语言规划的定义和范畴

1957 年，威因里希（Uriel Weinrich）首次提出语言规划（language planning）这个术语。

1959 年，Einar Haugen 将语言规划定义为一种准备规范的正字法、语法和词典的活动，旨在指导非同质言语社区中的书面和口头语言应用。他认为，语言规划是实现语言规划工作者所做决策的一部分，核心是用选择的方式对现有的语言形式进行判断。其后，众多学者围绕语言规划所涉及的对象、内容和过程等对其进行定义，认为语言规划是一种非常复杂的活动，含有两种完全不同且本质冲突的成分：其一是有关“意义”的；其二是关于“设计”的。胡壮麟（1993）：1）认为语言规划是有意识的、有组织的活动；2）语言规划涉及私人和官方的努力；3）语言规划旨在发现和解决交际问题，这些问题既有语言学的，也有非语言学的；4）语言规划要解决的是全国性问题，故需较长时间评估并在一定社会中解决这些问题；5）语言规划要有一定的理论框架。

语言规划被认为是人们主动对语言的现状及发展施加的有计划、有目的的影响，其范畴较为宽泛，主要包括民族共同语的确立和推广、民族共同语的规范和完善、语言选择、语言协调、语言调查、科技术语的统一和标准化、文字的创制和改革等。在具体内容上，语言规划包括语言地位规划和语言本体规划两大部分,大体上分三个层面：1）贯彻执行国家语言文字工作的方针政策；2）确定和制定语言文字应用的规范标准和法规规章；3）实现语言文字的规范化和标准化（于根元，2019）。

数十种的定义反映语言规划具有以下的特征（刘海涛，2006）：1）语言规划是人类有意识的对语言发展的干预，是影响他人语言行为的一种活动；2）语言规划是为解决由语言的多样性引起的交流问题；3）语言规划一般是国家授权机构进行的一种有组织的活动；4）语言规划不仅仅对语言本体进行规划，更多的是对语言应用的规划，对语言和人以及社会之间关系的规划；5）语言规划是一种立足现在，面向未来的活动；6）语言规划和语言政策是国家或地区社会政策的有机组成部分；7）语言规划与语言学其他领域不同，通过明显的、有组织的人工干预在自然语言中引入“人造”成分，是对语言多样性的一种人工调节；8）语言规划是要保护语言的多样性；9）语言规划的目的不仅要解决交际问题，而且要解决其他非交际的问题；10）语言规划考虑规划行为对整体语言生态系统的影响；11）语言规划和社会学、政治学有着密切的关系；12）语言规划应该被视为社会规划的一部分。以上既是语言规划的特征，也是语言规划及其研究的范畴。

12.2.2 语言规划的基本理论

语言规划通常是某种语言政策的体现。政府从社会或自身的需要出发，确定自己的语言政策，在此基础上进一步对语言进行规划。同时，语言政策以语言规划的理论为原则，反映国家和社会团体对语言问题的根本态度。语言规划和语言政策是由里及表的关系，缺一不可。

对于一个国家来说，能否制定或实行正确的语言政策，直接关系社会的安定和团结。制订正确的语言政策，对于处理好民族问题，维护和促进民族团结和各民族共同繁荣，维护民族地区的稳定，乃至全国的稳定都有重要的意义。作为一个多民族、多语言的国家，中国实行民族平等。为保证社会交际和社会经济发展的需求，《中华人民共和国宪法》规定“国家推广全国通用的普通话”。同时，为了保证每个民族使用自己的语言，《中华人民共和国宪法》规定每个民族都有使用自己语言文字的权利。在此语言规划下，我国在少数民族地区实行的是双语政策。少数民族的语言文字和汉语文长期并存，共同发展，在各自不同的使用范围内发挥其不可替代的作用。我国于 2000 年 10 月 31 日正式通过并于 2001 年 1 月 1 日施行了《中华人民共和国国家通用语言文字法》，这是语言政策的法律体现，是语言规划的重要保障。

从世界角度看，语言政策也会因社会而异。对一个多民族的国家来说，可以选用某一民族的语言作为各民族的共同交际工具，称为族际共同语。族际共同语一般选用经济文化发展水平较高、人口较多的主体民族的语言。如俄罗斯的俄语、美国的英语、我国的汉语等。但也有一些国家选择多种语言作为族际语或国语。比如瑞士的国语有德语、法语、意大利语和罗曼西语（Romansch）四种；加拿大有英语和法语两种。为规避多种国语使用中的混乱现象，多种族际语言往往有主有次，有时还各有分工。瑞士是以德语为主，加拿大是以英语为主。

语言规划可以由政府来进行，也可以由官方的或权威的学术机构来进行。《中华人民共和国国家通用语言文字法》规定国家通用语言文字工作由国务院语言文字工作部门，即国家语言文字工作委员会负责。政府对语言的管理和影响表现在许多方面。首先是官方语言的选择。其次是语言的标准化问题，包括科技术语标准化和语言规范化两个方面。比如，企业会选择企业内部的工作语言和行业术语，这些语言在社会经济活动中的地位往往决定于政府对此种语言及其使用的态度。

语言规划是一项长期的、复杂的，面向未来的系统工程。社会、政治、经济、科技、文化、教育、社会心理等种种因素都会影响语言的规划和决策。一般认为，语言规划应该遵循科学性、稳妥性、适用性、动态性等原则。

12.2.3　语言规划的研究方法

语言规划在国家和时间层面上都有不同的诉求。对于希望复兴民族语言的研究来说，语言规划研究首先是寻找民族语言的遗存内容、方式和途径。其次是寻找民族语言扩展的有效路径，通常是学校教育的途径。与此同时，政府为拓宽促进民族语言传播的途径，因此会研究和颁布相关的语言政策。一个较为成功的例子就是以色列民族语言希伯来语的复兴。1948年，以色列复国。为实现真正文化意义的复兴，以色列希伯来语的研究人员从犹太教的礼拜仪式中寻找希伯来语的遗存，并据此整理希伯来语语法等相关知识，通过将其提升为官方语言和开展学校教育等措施，积极推广希伯来语。

在语言规范方面，有研究认为，人们应根据语言演变的自然规律和社会的现时需要等动态的条件进行语言规划。进入 21 世纪后，我国语言规划目标主要是：1）消除信息交流与人际沟通中的语言障碍，充分发挥语言的社会功能，提高交际效率；2）促进语言自身的健康发展；3）增强民族的团结，巩固国家的统一。对于这些问题的研究仍将是今后重点的关注方向。

12.3　语 言 教 学

语言教学是应用语言学不可或缺的重要组成部分。狭义应用语言学就是指语言教学。根据记载，人类语言的教学活动和事件可以追溯到长达两千五百年之前。然而，直至20世纪40年代起，语言教学才开始逐渐形成一个学科领域。

12.3.1　语言教学的定义和范畴

语言教学指本族语和外族语的教育和学习。本族语学习主要指儿童对母语的学习；外族语学习则是指对非母语语言的学习。语言教学可以以一种语言为目标对象和方法，也可以是同时进行双语教学或多语教学。对语言教学的理解可分为两个层面：1）从内容层面看，语言教学是教育者将语言知识和相关理论传授给学习者，以使学习者掌握所学语言并用于交际。教学内容包括具体语言所有的关于语音、词汇、语法、修辞、文字等涉及语言及其使用等方面的知识；2）从行为层面看，教学活动对实现教学目的至关重要。因此，对教学活动的研究就构成了语言教学理论的基础。

语言教学的范畴包含语言知识传授中的各个环节：①教学大纲（或课程标准）的制订和教材的编写；②教学大纲的实施；③教学方法的确立和教学方式的执行；④教学评估及反馈。

12.3.2 语言教学的基本理论

语言教学的理论来自人类长期的教学实践和思索。因为语言教学是一个涉及众多因素的活动，因此，语言教学的理论也包括多个层面的内容：1）对语言本身的理解；2）对语言习得和学习的理解；3）对语言技能的理解；4）对运用语言知识进行非语言决策的理解；5）对语言教学活动的理解；6）对学习者个人因素或整体因素的理解；7）对教师的个人因素和整体因素的理解；8）对语言政策要求的理解等。对语言本身的特点和特征的理解来自本体语言学的研究成果；对语言习得或学习的理解涉及脑科学和信息科学方面的内容；对学习者的种族、民族、社会背景、地域民俗文化等的理解需要研究这些诸多因素带给学习者的影响；对语言政策的理解可以帮助组织教学活动的进度、方式和评价等。对这些层面的理解都已形成丰富的理论。

语言教学领域的基本理论包括：1）第一语言习得理论，包括行为主义方法论、先天主义方法论、功能主义方法论等。行为主义将语言学习看作是人类行动的一种，而人类又是动物界的一员。所以，语言学习可以通过观测动物的行为加以推断。人类语言学习以模仿和刺激为主要方式和手段，语言教学是以句子为基本单位的习惯培养过程。先天论则以结构主义、语言习得机制、普遍语法、转换生成语法等理论为支撑，强调语言学习的主体能动性，提倡语言教学中应将语言看成是完整的结构，语言的运用来源于对知识的全面掌握。功能方法论则将语言的外部环境纳入考虑范畴，强调语言环境在语言运用中的重要作用。语言学习需要掌握在不同环境中如何发挥语言的功能，语言教学需要从语言的功能角度设计教学的内容和层次。2）第二语言习得理论，在很大程度上借鉴了第一语言习得理论的内容。第二语言习得领域的理论更多综合了语言学、神经语言学、语言教育学、社会学、认知语言学等多种学科的成果。传统的理论是以斯蒂芬•克拉申（Stephen D. Krashen）的五个假说为代表的监控论。五个假说又称为输入假说理论，分别为习得与学习假说、自然顺序假说、监控假说、输入假说和情感过滤假说。进入 21 世纪后，一些新兴的二语习得理论开始崭露头角，比如复杂理论、动态系统理论、社会-认知理论等。3）语言教学方法论，多达几十种。最早的第二语言教学方法论可以追溯到文艺复兴时期的古拉丁语教学方法。在语言教学方法的理论方面，有关教学法的研究涉及翻译法、直接法、听说法、试听法、认知法和交际法等传统的六大方法以及新兴的任务型教学方法、在线 MOOC、SPOC 等方法。近年来，随着科技的进步，出现了基于虚拟现实技术的多媒体混合式教学方法，以及语言智能在外语教学中的运用和研究（胡壮麟，2019）。4）语言评价理论不仅包括对教学目标的检测，而且还包括对语言政策的评估。评价理论围绕对语言的理解和对语言教学目标的理解，在检测是基于语言片段还是语言系统，是检测语言知识还是语言使用，如何提高检测的信度和效度等方面都有众多的假说或理论。

12.3.3 语言教学的研究方法

语言教学作为一门学科发展至今，已经有语言教学的科研队伍和学术组织以及为数可观、颇具影响的学术刊物。语言教学研究探索语言教学的基本理念、原则和方法，已经形成基本框架，包括语言研究与语言教学，社会学和（跨）文化研究与语言教学，语言学习者、语言学习的心理过程和心理因素与语言教学，从教育学的宏观视角探索语言教学。

第二语言习得领域的研究始于 20 世纪 60 年代末期，几乎与应用语言学的发展同步。研究最初的目的是探讨第二语言习得的规律，推动第二语言教学的发展。经过几十年的努力，第二语言习得研究的范畴已经从寻找学习者语言中的失误与探寻中介语（interlanguage）的特点和发展规律开始，扩展到对影响第二语言习得的外在因素、第二语言习得的内在机制、学习者个体差异、课堂教学与第二语言习得的关系等方面。研究对象涵盖语言学习者因素和学习相关各个方面的规律。20 世纪 90 年代以后，研究的重点似乎从与语言理论的磨合扩展至对语言学习过程的观察和分析，从对语言学习方式的描述到对智力构成的建模，从探索学习中的性格特征到分析人格因素的影响，语言教学的研究更具基础研究的特点。同时，如何运用语言培养交际能力成为研究热点，对语言功能、话语分析、文体和语域（register）、语言与性别、非语言交际手段等的研究进一步推动第二语言教学的发展。

在研究方法上，语言教学，特别是第二语言教与学的研究，不仅借鉴了自然科学和社会科学的基本研究范式和方法，而且发展了以课堂教学为研究主体的"行动研究"（action research）模式（Nunan，1992）。语言教学的研究可以是定量研究，也可以是定性研究。随着相关学科领域的发展，语言教学正在从一个单向地依赖相关领域研究的应用学科逐渐发展成为一个立足于本学科特点，积极而审慎地从相关学科研究中吸取营养的学科（吴一安，2007）。

12.4 小　结

应用语言学的历史不长，但发展迅速，未来可期。在应用语言学这片广阔的领域中，语言习得、语言规划、语言教学、语言处理、语言翻译等已经与社会其他各个领域相互关联、促进和发展。相信在不远的将来，神经网络计算机、虚拟现实、人工智能等技术的发展，必将为语言运用的相关领域带来新的便利，人机交互的时代指日可待。

思考题

1. 与本体语言学的研究相比，应用语言学的研究有何特性？
2. 什么是语言规划？如何对语言规划进行研究？
3. 可以应用哪些语言学理论对语言教学进行相关研究？

第十三章　日语语言学

日语是日本的官方语言，其使用者约 1 亿 2 千多万，从使用者数量上来说，在全世界位于前十。不过，日语的使用几乎仅限于日本列岛。从形态上来说，日语属于黏着语，同时兼具部分屈折语的特征。从语序上而言，日语属于 SOV 语序，且语序自由度较高。由于目前还没有发现与日语属于同一起源的语言，日语的起源在学界中存在不同的观点。在音频方面，日语与奥斯特罗尼西亚诸语（南岛语系）有相似之处，在语法方面与朝鲜语、蒙古语等北方语言有相似之处。因此，关于日语的起源存在有南方、北方、南北两系统语言的混合产物等多种说法。本章从语音、文字、词汇、语法四个方面对日语进行概括性描述。

13.1　日 语 语 音

语音是支撑语言活动的基础，能够表达文字所表达不尽的各种信息。日语是典型的音拍语言，只有五个元音，辅音数量相对较少，音节结构相对简单。一方面，这对日语学习者而言是较为便利的地方；另一方面，日语的辅音区分有声和无声，有拗音、促音等特殊音拍，声调会跟随单词所在环境发生变化，这些对日语学习者来说又是较难掌握之处。本节介绍日语语音学的基本概念，对各要素的功能进行说明。

13.1.1　单音的分类

13.1.1.1　音素、音位

受口形大小、舌位、唇形等生理音素的影响，人们可以发出接近无限多的音，语音学上从音质角度将人们可以发出的最小语音单位称为音素（音声）。也就是说，音素（音声）是根据一定的标准，将连续的声音分解成一个个单独部分的最小单位，也是语音学上的最小单位，无法进行再分割。音素根据气流的产生来源、是否伴随声带振动、气流在声道中的受阻情况等分为不同的类别。比如，伴随声带振动的音为有声音（有声音），不伴随声带振动的音为无声音（無声音）。

不过，并非所有的音素都能作为某一具体语言学中有语音学意义的音。与音素相对，从社会功能角度将具体语言或者方言中能够区别语义的最小语言单位称为音位（音素）。比如，/kaki/（「柿」）与 /taki/（「滝」）的词头/k/与/t/便是具有区别语义功能的两个音位。

13.1.1.2　元音和辅音

13.1.1.2.1　基本元音

元音（母音）是指气流在口腔、咽喉等处不受任何阻碍而发出的音。一般来说，元音根据舌位（前或后）、开口大小（舌头的高低）、唇形而具有不同的分类。

日语有5个元音：ア、イ、ウ、エ、オ，分别标记为/a/、/i/、/u/、/e/、/o/，也被称为**基础元音**。如图13-1所示，与国际语音学会制定的标准元音图相比，日语元音エ的发音与标准元音[e]相比舌位略低，ウ的发音比标准元音[u]相比舌位靠前。

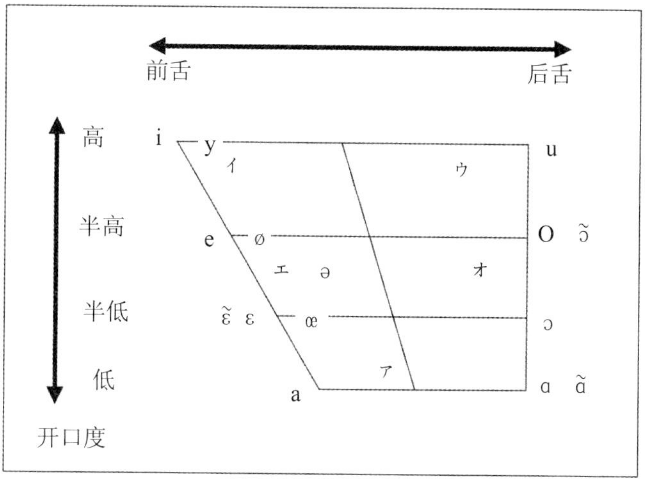

图 13-1　日语元音与标准元音对比图

与汉语相比，日语的元音/a/与汉语的元音/a/重合度较高，但整体上舌位的活动范围相对更小，上下开口小，发音时舌位稍微靠后。日语的元音/i/在口形的上下张开程度上与汉语的/i/基本相同，但紧张程度通常不如汉语高。日语的元音/u/的发音与汉语的/u/具有较大不同，汉语里发/u/的时候唇形较圆，且明显向前突出，而日语（东京方言）发/u/时，唇形平坦，不向前突出，且舌位更靠前。日语的元音/e/接近于汉语/ei/的前半部分发音，而不是汉语的/e/，且口型保持不变。日语的元音/o/发音时唇形呈圆形，相较于汉语的元音/o/，舌位稍微靠后。

与基础元音相比，元音声音拉长后则被称为**长元音**（長母音），比如[a:]、[i:]。两个元音紧密相连，过渡界限不明显的发音叫作**二重元音**（二重母音），比如[ai]、[oi]。在发元音时，若有部分气流通过鼻腔，则被称为**鼻元音**（鼻母音），日语中夹在元音之间的「ん」就多用鼻元音来进行发音。

13.1.1.2.2　元音的无声化

元音原本是伴随声带振动的有声音，但在东京等地的方言中，存在元音“失声”的现象。比如，在发すき/suki/（好き）这个单词的音时，元音/u/的部分只保留相应的口形，却不发出声音。这种原本应该属于有声音的元音作为不伴随声带振动的无声音而发音的现象叫作元音的无声化（母音の無声化）。

13.1.1.2.3　辅音

辅音（子音）是气流受到口腔等调音器官内的闭锁或变窄等显著阻碍而发出的音，辅音根据调音方法（調音方法）、调音位置（調音点）、声带振动与否分为不同的类别。日语中，根据调音方法的不同，辅音可分为塞音（閉鎖音）、擦音（摩擦音）、塞擦音（破擦音）、闪音（はじき音）、鼻音（鼻音）等。

塞音是指发音时因通路受阻而发生短暂的持续闭塞，之后突破障碍而发出的音，比如，カ行的[k]、ガ行的[g]、パ行的[p]、タ・テ・ト的[t]、ダ・デ・ド的[d]等辅音。

擦音是指口腔通路缩小，气流从中挤出而发出的音，比如，サ、ス、セ、ソ的[s]、シ的[ɕ]或[ʃ]、ハ行的[h] [ç][ɸ]等。

塞擦音是气流通路紧闭，然后逐渐打开而摩擦发出的音，比如ザ不仅可以发成擦音[z]，也可以发成塞擦音[dz]。另外，チ[tɕ]、ツ[ts]的辅音等也是较为典型的塞擦音。

闪音是指发音时舌尖微颤轻触齿龈或者上颚而发出的音，比如，ラ行的辅音[ɾ]。

鼻音是口腔气流通路阻塞，同时腭帆与咽壁分离，鼻腔通气而发出的音。ナ行中的[n]、マ行中的[m]、将ガ行的辅音发成鼻音时的[ŋ]以及拨音ン中的多种音素都属于鼻音。

13.1.1.2.4 半元音 / 半辅音

日语里的半元音（也称为半辅音）包括[j]和[w]，两者都是接近于元音的有声音。从调音方法上来说，[j]接近于[i]，[w]接近于[ɯ]，但相对于元音/i/和/u/来说，[j]和[w]的气流通路略窄，伴随极弱的有声摩擦。另外，半元音与元音不同，无法独自成为音节，具有辅音特征。比如，在发[ja]（や）的时候，其发音是从接近/i/的音开始快速向/a/滑行，这也被称为滑音或音渡（わたり音）。

13.1.2 音节和音拍

13.1.2.1 音节

对于日本人来说，在读「山」「参加」的时候，大多数都能意识到是将「やま」[yama]和「さんか」[saŋka]这些整体大致切分成や・ま[ya.ma]、さん・か[saŋ.ka]这样几个小的部分来发音。在语音学上，这种作为一个整体被认知、其前后有切分感觉的小语音结构叫作音节（音節）。

假名属于音节文字，也就是说，大部分情况下，日语一个假名所表示的一个整体语音连续就是一个音节（特殊拍及明显的二重元音除外）。

日语的音节包括短音节（短音節）和长音节（長音節），其中单个假名构成的音节以及拗音为短音节，含有长音、拨音、促音的音节为长音节。

13.1.2.2 音节的结构

日语的音节有以下几种结构：

1）单元音音节

由单个元音あ（/a/）、い（/i/）、う（/u/）、え（/e/）、お（/o/）构成的音节。

2）辅音+元音组成的音节

如か（ka）、き（ki）、く（ku）、け（ke）、こ（ko），分别是由辅音/k/加上元音/a//i//u//e//o/组成的音节。

3）半元音+元音组成的音节

や行假名や（ya）、ゆ（yu）、よ（yo）以及わ行假名わ（wa）、を（wo）属于半元音+元音组成的音节。

4）辅音+半元音+元音组成的音节

日语中的拗音是い段辅音+半元音+元音组成的音节，如きゃ（kya）、きゅ（kyu）、きょ（kyo）。

5）特殊音节

长音、拨音、促音是日语的特殊音节。原则上，特殊拍不可作为独立音节存在。

长音（長音）在日语中通常是指长元音，即将普通的短元音拉长而形成的特殊拍。长音音节一般由长元音或辅音+长元音构成。如「王様」（おうさま/oː.sa.ma/）中的おう/oː/，便是元音/o/拉长形成的长音；「丁寧」（ていねい/teː.neː/）里面有两个长音，分别由辅音/t/+长元音/eː/和辅音/n/+长元音/eː/组成。

拨音（撥音）ん是鼻音，音位符号通常用/n/来表示。一般来说，拨音不能用于词首，往往跟在元音之后，与其前面的部分一起构成一个音节。如「関係」（かんけい/kan.keː/）中的拨音跟在元音/a/的后面，/kan/一般作为一个整体被认知。

促音（促音）写作“っ”（つ的缩小版），包括阻塞促音和摩擦促音。阻塞促音是塞音和塞擦音做促音时，促音部分声带没有振动，也没有摩擦等噪声源，此时的促音没有声音，但具有相应的时长。摩擦促音的特点是促音音节与其后紧邻音节的辅音发音不中断，相当于发成一个长辅音。比如，実際（じっさい/dʑi.sːai/）。

连续元音（过渡界限明显，且单个元音发音清晰饱满）或二重元音的音节构成情况相对比较复杂。这主要是由于在日语口语中，发音是否是二重元音，不仅仅是构词本身的问题，很大程度上取决于当时当刻的发音。因而，音节构成仅从文字表记上难以一概而论。如发音为连续元音，则几个元音应被分别视为单独的元音；如为二重元音，则二重元音本身视作一个元音来处理。

13.1.2.3 音拍

音拍（モーラ）原本是用拉丁文创作诗歌时使用的概念，是表示同等时间韵律的单位。在语音学上，音拍用于表示音声长度。在东京方言中，音拍是极为重要的概念。

日语中一个假名（拗音中的两个假名）的发音时长即为 1 拍。通常 1 拍的长度大约 1/5 秒，语速较快者可达 1/12 秒。木（き）、許可（きょか）分别为 1 个音节 1 拍和 2 个音节 2 拍，而神戸（こうべ）、いっしょに、勧進興行（かんじんこうぎょう）分别为 2 个音节 3 拍、3 个音节 4 拍和 4 个音节 8 拍。

日语中的和歌、俳句等多采用五、七、五的韵律，这跟音拍的单位大致相当，表示音拍的个数。日语中的倒语游戏（逆さ言葉）也是以假名为单位而设计的语言游戏。例如，トマト、なつまでまつな、ダンスが済んだ等。如上文所述，大多数东京话者在对语音进行大致分类时，将最小单位划分为音节，但其实也有很多母语使用者会基于音拍的等时性，将音拍感知为语音的最小单位。

13.1.3 声调与声调核

日语（东京方言）中的声调（アクセント）为高低声调，是指具有区别语义的声音高低或升降。相同的假名排列，根据声调不同具有不同的语义。如东京方言里的「橋」（はし）和「箸」（はし），前者为低-高，后者为高-低。「麻」（あさ）和「朝」（あさ）、「咲く」（さく）和「裂く」（さく）、「着る」（きる）和「切る」（きる）等也是一样。

东京方言的声调有一个显著特点，即在一个语义单位内部，音高降下来之后就不会再次升高。因此，日语单词或词组的声调类型有高→低、低→高或者低→高→低，但不会出现高→低→高或者低→高→低→高。这一特点也使声调具备了语词分界功能，即划分语义单位的界限。比如，「赤」（あか）和「鯛」（たい）原本都是高-低声调，若读作「あか.たい」即高-低、高-低，那么就可以识别为两个单词；若读作「あかだい」，即低-高-低-低，则可以判断是一个单词（复合词）。

一个单词或词组中声调由高到低的转折点称为声调核（アクセント核），声调核之后的音节均为低读。并非所有词语都有声调核，那些只有从低到高而没有从高到低变化的发音称为平板式（平板型），而有声调核的称为起伏式（起伏型）。

在东京方言的平板式声调中，从低到高的部分仅限词首。但这并非源自于“词”本身的声调属性，而是来自于13.1.4中提到的“短语”的“语调”（句頭のイントネーション：以从低到高的变化来提示一个“短语”的开始）。这种由低到高的部分，通常在短语等更大的单位中，因前后文的关系而整体趋平。因此，相较于由低到高的问题，重要的是明确词中是否有由高到低的声调核（是否为平板式），若有，声调核的位置在哪里，如是起伏式中的头高型还是中高型的某一种，还是尾高型。

13.1.4　语调、停顿、强调

13.1.4.1　语调

上面提到的声调，是单词层面的概念。与声调不同，语调（イントネーション）是指句子或段落层面的概念，指的是在口语中根据说话的内容或说话人感情变化而出现的句子、段落的声音高低起伏。上一节提到的句首语调即是表示说话内容的开始。

由于语调与说话人的表达意图有关，即使是同一个句子，根据说话人表达意图的不同会伴随有不同的语调。日语的句末语调大致包括升调（上昇調）、平调（平調）、降调（下降調）和升降调（昇降調）。升调一般用于表达疑问、反问、确认、命令等；平调一般用于普通的陈述，叙述还将持续；降调一般表示断定或者命令；升降调表示吃惊、感叹等。

13.1.4.2　停顿

停顿（ポーズ）是指语音的中断或间隔，一般通过明确句子结构之间的界限来实现，其主要作用包括：使听话人更易于理解谈话的内容，通过凸显话语的一部分引起听话人的注意力转移，等待对方的理解或反应，对听话人抱有一定的期待，表示犹豫踌躇或欲言又止等。

13.1.4.3　强调

强调（プロミネンス、卓立強調）是指为了强调句中某个部分，通过一些语音上的处理，将希望强调的内容加以凸显。最常用的手法就是将该部分语音发高、发强或者发长。强调与说话人的表达意图有关，有较强的主观性。一般来说，强调之后也可伴随停顿。比如，在「昨日知り合いと映画を見に行きました」这个句子中，可根据说话人的意图或心理呈现以下三种不同的强调。句子a强调事情发生的时间，句子b强调与谁一起，句子c则是强调去做了什么。

（1）a. **昨日**知り合いと映画を見に行きました。
　　b. 昨日**知り合いと**映画を見に行きました。
　　c. 昨日知り合いと**映画を**見に行きました。

13.2　日语的文字标记

日本列岛开启文字记录的历史约有一千四百年左右，在此之前日本没有固有的文字[①]，人

① 在江户时代，曾有学者提出日本人在借用汉字之前有过自己固有的文字，持这种观点的学者有国学家平田笃胤（1776—1843年）、鹤峰戊申（1788—1859年）等。他们认为在神代就存在日本固有的文字。不过，同为国学家的伴信友（1773—1846）等学者对神代文字的存在表示疑问，他们主张所谓的神代文字不过是后人根据朝鲜谚文等材料杜撰出来的。如今，神代文字之说已被彻底否定，日本历史上归根结底没有自己固有的文字。这在平安初期撰写的《古语拾遗》的记载中也能得到验证，即「蓋聞、上古之世未有文字、貴賤老少、口口相伝、前言往行、存而不忘。」

们只能通过“口语”进行交流以维持社会的运转。据《古事记》《日本书纪》的记载，日本大约在 3 世纪末引入中国的汉字。当时日本人面对的是来自中国的《论语》《千字文》等书籍，实际上吸收汉字约为 4 世纪左右。16 世纪后半期，葡萄牙的传教士将罗马字传入日本。至今，在日语的书写系统中汉字、假名、罗马字并行使用，是文字标记系统较为复杂的语言。

13.2.1　假名与真名

日语的假名「仮名（かな）」意为借来的文字，是以汉字为基础在日本创造出来的文字，包括平假名（平仮名）和片假名（片仮名）。假名是表音文字，一般来说，一个假名表示一个音节。与「仮名」相对，来源于中国的汉字曾被成为「真名（まな）」。

13.2.1.1　汉文训读与万叶假名

从中国传入日本的汉字是基于汉语的标记方法，为了用汉字书写本国语言，日本人首先创造了汉文训读（漢文訓読），即保持汉文原有的语序，在汉文字面上标上读音顺序、颠倒符号，适当添加助词、助动词、活用词尾等，按照合乎日语语法和语序的方式读解汉文。

由于汉语和日语分别属于孤立语和黏着语，具有不同的语法特点，利用汉字表示日语固有的助词、助动词、敬语表达以及表示地名、人名较为困难。为此，日本人开始了万叶假名（万葉仮名）的标记方法，即忽视汉字原本的语义，只借其读音来记录日语，因此万叶假名也被称为借字（借字）。如忽略汉字“阿”的语义，只利用其/a/的读音，将“阿”当成日语的「ア」来发音。日本最古老的历史书《古事记》以及最古老的和歌集《万叶集》都是利用这种标记方法来编纂的，其中《万叶集》使用较多，故称为“万叶假名”。由于并非一个音对应固定的一个汉字，而是同一个日语读音可用多个汉字来表示，如「ア」可以用「阿、安、足」、「タ」可以用「多、太、他、田、立」等汉字来表示，这就给解读古时的日本文献带来一定的困难，《万叶集》中有少量诗词至今仍未解读出来。

万叶假名包括音假名（音仮名）和训假名（訓仮名）。音假名是借用汉字的音读读音，一般来说，一字表一音。比如，「伊呂」「由岐」「夜露死苦」分别表示「いろ（色）」「ゆき（雪）」「よろしく」，其中，日语的「い」和汉字的“伊”并无语义上的关联，只是单纯借用“伊”的读音，训假名是借用汉字的训读读音，如「名津蚊為」和「夏樫」都表示「なつかし」，也就是现代日语中的「懐かしい」。显然，「懐かしい」这个词与这些汉字之间没有任何语义上的关联，仅仅是借用了汉字的读音。

万叶假名中还有一种称为戏书（戯書）的标记方式，它自由地利用汉字的形态和语义，属于文字游戏的一种。如用「三五月」表示「望月」「満月」，因为“三×五＝十五”。类似利用数字计算的还有「情八十一」「十六」等，前者读作「くく」，因为「九（く）×九（く）＝八十一」，整体表示「切なく苦しい」的意思。后者读作「しし」，因为「四（し）×四（し）＝十六」，表示「猪」。另外，《万叶集》中有一首和歌里面有这样一句诗词「馬声蜂音石花蜘蟵荒鹿（一二・二九九一）」，读作「いぶせくもあるか」，意思是「心が晴れないことだ」。这里巧妙地利用了汉字的语义，如「馬声」指马的叫声，古时日本人用「い」来形容马的叫声，因此「馬声」这部分就读「い」；「蜂音」指蜜蜂发出的声音，古时日本人用「ぶ」来表示，因此这部分读作「ぶ」；「石花」指的是一种被叫作「せ」的贝类，这部分就读做「せ」；「蜘蟵」指的是蜘蛛，发音为「くも」；「荒鹿」这部分读作「あるか」。以上可以看出，该句的语义与其中出现的各种动物都毫不相干，只是巧妙地利用了汉语的语义。

9 世纪左右，为了方便书写，万叶假名逐渐被简化，经过简化的万叶假名被称为「草仮名」。现存最古老的利用草假名书写的资料是 9 世纪中叶的『讃岐国解藤原有年申文』，其中草假名与平假名并行使用。

在现代社会中，仍然可以看到万叶假名式的用法，这种用法多出现在人名中，比如，「楽気（らっきい）」「愛心（あいす）」「光宙（ぴかちゅう）」，从中可以窥见现代日本人仍在汉字的使用上保持着最初的烂漫之情。

13.2.1.2　平假名与片假名

草假名诞生之后，汉字的简化仍在不断进行，其结果是诞生了日本独自的文字平假名。平假名是在一字表一音的万叶假名的草体基础上进一步简化而来的表音文字，大约于平安时代 9 世纪中期作为标记日语的文字确立下来。目前，发现最早使用平假名编撰的文献是醍醐天皇时代（905 年）的《古今和歌集》。

平假名的诞生并未取代万叶假名（汉字），而是与其并行使用。由于当时汉字是男性的专属，女性被禁止使用，因此，平假名的诞生首先吸引了当时宫中的女官，她们用平假名来书写日记、和歌。加之平假名形态柔和、圆润，也被称为「女文字」「女手」。与此相对，汉字则被称为「男文字」「男手」。平假名与汉字的对应如表 13-1 所示。

表 13-1　平假名与汉字对应表

あ（安）	い（以）	う（宇）	え（衣）	お（於）
か（加）	き（幾）	く（久）	け（計）	こ（己）
さ（左）	し（之）	す（寸）	せ（世）	そ（曽）
た（太）	ち（知）	つ（川）	て（天）	と（止）
な（奈）	に（仁）	ぬ（奴）	ね（祢）	の（乃）
は（波）	ひ（比）	ふ（不）	へ（部）	ほ（保）
ま（末）	み（美）	む（武）	め（女）	も（毛）
や（也）		ゆ（由）		よ（与）
ら（良）	り（利）	る（留）	れ（礼）	ろ（呂）
わ（和）	ゐ（為）		ゑ（恵）	を（遠）
ん（无）				

片假名也是以万叶假名为基础创造出来的表音文字，主要是抽出汉字的偏旁部首或者一部分来使用，其中的“片”就是不完整的意思。在平安时代，文字的世界分为“汉字的世界”和“汉字以外的世界”，平假名属于“汉字以外的世界”，而片假名属于“汉字的世界”。这是因为片假名原本就是古代日本人在学习汉文典籍、佛教经文的时候，为了方便在字里行间用汉字楷书的偏旁部首做笔记而产生的文字，使用者多为使用汉字、通晓汉文的男性。片假名与汉字的对应如表 13-2 所示。

表 13-2 片假名与汉字对应表

ア（阿）	イ（伊）	ウ（宇）	エ（江）	オ（於）
カ（加）	キ（幾）	ク（久）	ケ（介）	コ（己）
サ（散）	シ（之）	ス（須）	セ（世）	ソ（曽）
タ（多）	チ（千）	ツ（川）	テ（天）	ト（止）
ナ（奈）	ニ（二）	ヌ（奴）	ネ（祢）	ノ（乃）
ハ（八）	ヒ（比）	フ（不）	ヘ（部）	ホ（保）
マ（末）	ミ（三）	ム（牟）	メ（女）	モ（毛）
ヤ（也）		ユ（由）		ヨ（与）
ラ（良）	リ（利）	ル（流）	レ（礼）	ロ（呂）
ワ（和）	ヰ（井）		ヱ（恵）	ヲ（乎）
ン（尔）				

平假名、片假名与万叶假名一样，最初也是一个音对应多个汉字，后来经过不断地整理，逐渐趋于统一，最终在 1900 年确立了现在的一个音对应一个假名的用法。

13.2.1.3 多文字并存

虽然古代日本人在汉字的基础上创造出平假名和片假名，但它们并没有被取而代之。事实上，直到今天，日语仍然是三种文字并行使用。在明治维新期间，以志贺直哉为代表的一部分人提出日语应取消汉字、平假名和片假名的混用，改用拉丁字母，不过这一提案并未获得通过。在现代汉语中，日语使用「漢字かな交じり文」（汉字假名混合体）作为标准书写体，平假名、片假名和汉字具有明确的分工。汉字主要用于具有实际语义的名词、形容词、动词的词干，平假名主要用于书写助词、助动词以及形容词、动词的词尾等携带语法功能的部分，片假名主要用于外来语以及动植物的名称。

不过，在实际的使用过程中，三种文字的标记方法也存在一定的摇摆现象，尤其是片假名的使用，有很多非外来语的词汇也使用片假名来表示的现象。如「がんばれ！ニッポン！」「日本のチカラ」中，「日本」「力」分别用片假名来表示。这种不合规则的片假名的使用往往具有特殊的用意，有时是为了强调，如将「力」写成「チカラ」，就容易引起读者的好奇去思考这个「チカラ」到底是怎样的力量？有时片假名的使用具有淡化印象的作用，如「ローン」和「借金」相比，后者更给人一种沉重的印象，一般来说，金融机构更倾向使用前者。

13.2.2 汉字

汉字源于中国，是用于记录汉语的语言符号，被认为是世界上使用时间最长且没有出现断层的文字。汉字是表意文字，一个汉字通常表示汉语里的一个词或一个语素，具有音、形、义统一于一体的特点。

一般认为，汉字是与佛教经典一起经由朝鲜半岛传至日本的。虽然古代日本人在汉字的基础上创造了平假名和片假名，但时至今日，汉字仍然作为日语的书写符号被广泛使用，并发挥着重要的作用。日本在 1992 年成立了汉字能力检定协会（日本漢字能力検定協会），其理念是提高社会生活所需的日语・汉字能力，广泛开展以提高对日语・汉字的尊重意识为目的的普及启发活动、调查研究等。在日本国内外举行日语能力培训活动，通过振兴终身学习实现日本文化的发展。由此可以看出，日本已将汉字的存在及使用看成日本文化的一个部分。日本的中国文献学学者山口谣司在其专著『漢字はすごい！』（2013，講談社現代新書）中表示没有汉字就无法理解日语的美妙之处，汉字凝聚着日本的文化和智慧。汉字传入日本发展至今，经过诸多的演变，近代开始甚至反向输入中国，成为中日文化交流中的一个重要见证。

13.2.2.1　和制汉字

和制汉字（和製漢字）指的不是从中国传入日本的汉字，而是日本模仿汉字的构字法所创造的文字，也叫「和字」、「国字」，「辻（つじ）」「峠（とうげ）」「凩（こがらし）」「噺（はなし）」「榊（さかき）」等均是和制汉字。和制汉字大多是会意字，一般来说只有训读，没有音读。不过也有少量例外，例如，「働（どう）」「鱇（こう）」「鋲（びょう）」「腺（せん）」等只有音读，没有训读，还有「麿（まろ）」这种将「麻呂（まろ）」合在一起的汉字。和制汉字数量较多，『ビジュアル「国字」字典』中介绍了1500多个和制汉字。

13.2.2.2　常用汉字和字形

常用汉字是指在一般的社会生活中（法令、公文、报纸、杂志、广播等）用来书写现代日语的汉字，其中大多为我国历代俗字。日本内阁曾于1981年颁布了《常用汉字表》（『常用漢字表』），其中选定了1945个常用汉字。到了2010年，日本内阁对既有版本进行了修订，颁布了新的《常用汉字表》，这次共收录了2136个常用汉字。在日本2020年度实施的学习指导要领（『学習指導要領』）中规定，日本的小学从一年级到六年级共学习1026个汉字，该阶段学习的汉字也叫教育汉字（教育漢字）或学习汉字（学習漢字）。中学一年级至三年级共学习1110个汉字。如此，在中学毕业之前，即可完成2136个常用汉字的学习。

与中国一样，日本的汉字也经历了简化过程，今天日本社会普遍使用的字体称为新字体。日本的新字体与我国的简体字相比，有一部分字形完全一样，其余的则有不同程度的区别，有些属于结构字形上的差异，如「親」（亲）、「児」（儿）、「傘」（伞）等，有些属于外貌字形上的差异，如「亜」（亚）、「塩」（盐）、「鳥」（鸟）等。除此之外，与汉语的简体字相比，有很多日语汉字在细节上存在着差异，如下例所示，有些少一点，有些多一点，有些少一横，有些在是否占满空隙上存在区别。

（2）a. 圧（压）、逸（逸）、器（器）、臭（臭）、騒（骚）
　　b. 駄（驮）、蚤（蚤）、歩（步）
　　c. 徳（德）、微（微）、徴（徵）、隆（隆）、勤（勤）
　　d. 帽（帽）、画（画）、査（查）、汚（污）、帯（带）
　　e. 才（才）、派（派）、虐（虐）、印（印）、旅（旅）

13.2.2.3　日语汉字的读音与多重性

日语汉字的读音主要有音读（音読）和训读（訓読）两种，其中音读是模仿中国古代汉字的读音，训读是取汉字的意思按照日语固有读法来读。如「草」的音读为「そう」，训读为「くさ」。日语汉字有的兼具音读和训读，如前面所提到的「草」，有的只有音读而没有训读，如「才（さい）」「院（いん）」「医（い）」等，有的只有训读没有音读，如「扱（あつかい）」「峠（とうげ）」「凧（たこ）」等。

日本汉字的音读是在汉语汉字的发音基础上，结合日语的语音结构、音频体系的特点而形成的发音，具有明显的多层性（重層性）。所谓的多层性是指日语的汉字读音处于吴音、汉音、唐音这种能够区分多层的一种状态，由此可见音读的复杂程度。

吴音（呉音）是最早传入日本的汉字读音，据传经由朝鲜半岛传入日本，其来源是六朝末期长江下游流域的吴语方言也被称为和音（和音）。吴音有两个特点，一是关于辅音的清、浊区分，它很好地保留了汉语汉字原音的浊音特点，与现代吴语也保持一致。如「刀」读作「トゥ」,「陶」读作「ドゥ」，与此相对，在汉音中「刀」和「陶」都读作「タウ」; 二是鼻音/m//n/分别归入マ行和ナ行，如「馬」读作「マ」,「男」读作「ナン」, 在汉音中则分别读作「バ」和「ダン」。吴音多用于佛教相关用语，如「利益」有两个读音,「りえき」和「りやく」, 前者是汉音，指利益、盈利，后者是吴音，专指因神佛的慈悲、人之善行等而产生的宗教性的、世俗性的恩惠与幸福。

汉音是指在奈良至平安时代传入中国的汉字读音，主要基于隋唐时期我国洛阳、长安一带地区的发音，主要由遣唐使、留学僧人等带回日本。与被称为和音的吴音相比，汉音被叫做正音（正音），意思是“正式的汉字读音，多为官府以及学者使用。与吴音和唐音比较，汉音与汉语的发音对应比较具有规律性。在声母的发音上，汉音没有在吴音中保留较好的浊音的有声特征，如吴音中「大」的发音为/dai/（だい），汉音则为/tai/（たい）。另外，汉音也失去了吴音中对应较好的鼻音特征，如「米」的吴音读法为/mai/「まい」，汉音读法为/bei/「べい」。

894 年，日本废除了遣唐使，中国与日本之间的官方交流因此中断，但汉语向日本的传输仍在持续，这是由于有大量僧侣、商人在两国之间交流往来。从唐末到清代传入日本的音叫做唐音，或者宋音。由于这一过程较为漫长，汉字的来源地也较为广泛，因此与吴音、汉音相比，唐音更为错综复杂。肥爪周二（2005）指出，唐音体系的核心组成有两部分，一是镰仓时代之后用于临济宗、曹洞宗的佛经诵读音，其基础是南宋末至明初江浙一带的发音，二是江户时代用于黄檗宗、曹洞宗祇园寺派的佛经诵读音以及汉学家等人学到的发音，其基础是明末清初杭州方言以及南京官话。

13.3 日语的词汇

对单词（単語）及单词的集合、即词汇（語彙）进行的研究为词汇学，词汇与语音、文字、语法等一起构架起一种语言。在语言结构的各个领域中，词汇最典型的特征就是无论在哪个语言中，作为词汇组成部分的单词的数量多到无法数清。这一特点说明单词具有较强的创造性，也意味着不同词语的使用频率与使用范围会不同，表达同一事物会用到不同的词语，不同词语之间又会带有语义、语感上的差异。就日语来说，词汇来源丰富也是一大特点。本节将围绕词源、语感、语相、造词法等问题对日语词汇进行概述。

13.3.1 和语、汉语、外来语

在日语中，描述同一事物可能存在多种说法，比如，「宿 / 旅館 / ホテル」，这三种表达分别属于和语（和語）、汉语（漢語）和外来语（外来語）。在『新選国語辞典第八版』（小学館 2002）所收录的 73 181 个语词中，汉语词汇有 35 928 个，占比 49.1%，和语词汇有 24 708 个，占比 33.8%，外来语有 6415 个，占比 8.8%，混种语有 6130 个，占比 8.4%。

和语词汇是日本的固有词汇，如，「草（くさ）」「口（くち）」「美しい」「寝る」。虽然这些词语有对应的汉字，但是，读音上都是训读（訓読み）。另外，日语的助词、助动词、接续词、感叹词等也都是和语词。

汉语词汇是现代日语的一个重要部分，由上述汉语词汇的数量和占比可以看出其在日语中的重要性。汉语词汇来源于古代汉语，一般使用汉字书写，如，「椅子」「報告」「相談」等，与和语不同的是，这些词一般都是音读（音読み）。

外来语一般用来指自室町时代以后进入日本的欧美词汇，一般使用片假名书写，如「パン」「ネクタイ」「グランド」等。从严格意义上讲，汉语词也是外来词的一种，但一般来说汉语词不被看成外来词，因此，现今的外来词专指曾被称为洋词（洋語）的这一类词语。

由和语、汉语和外来语混合组成的词称为混合词（混合語），如小豆パン（和語＋外来語）、缶コーヒー（漢語＋外来語）、家族連れ（漢語＋和語）、三人乗りボード（漢語＋和語＋外来語）。

13.3.2　语感

词语的语义既包括理性的一面，也具有感性的一面。理性的一面指词语的核心语义，感性的一面则带有语言使用者的主观感受、感觉，也就是语感（語感）。语感是从语言表达中得到的感觉，是区别语言细微用法差别、不同含义的感觉。

日语中，在描述同一事物时根据所使用词语的类别不同，会得到不同的语感。比如，使用汉语词「建物」「下着」「恋文」，还是使用外来语「ビル」「アンダーウェア」「ラブレター」，听者的感受是不一样的。一般来说，使用和语或者汉语有较为传统、普通的感觉，使用外来语则相对新潮、洋气，多为年轻人所用。

13.3.3　语相

由于性别、年龄、职业等社会集团的不同或场合不同所使用词汇也会相应发生变化，这一现象叫作语相（位相），表现这种不同的词语称为语相词（位相語）。语相词中根据性别可分为男性用语和女性用语，根据年龄可分为老人用语、年轻人用语、幼儿用语，根据职业可分为警察用语、相扑用语、戏剧用语等，根据时间推移可分为新语、死语、流行语，根据使用场景需要注意禁忌语的使用。日语语言学中男性用语 / 女性用语、年轻人用语、流行语的研究一直都是热点。

13.3.3.1　男性用语与女性用语

男性和女性使用不同的语言表达形式是一种普遍现象。在不同的语言中，男性用语和女性用语的差异程度不一。在日语中，这一差异相对较为显著。总体来说，日语中的女性用语体现了女性希望给人以柔和、优雅、有品位的印象，男性用语则给人以相对粗鲁、强势、有威严的印象。两者的具体差异体现在以下几个方面。

首先，最明显的差异莫过于人称代词的使用。在日语的第一人称表达中，「僕」「俺」「わし」是男性专用词，「あたし」「あたくし」则是女性专用词。第二人称表达中，「君」「お前」多为男性使用，「あんた」则为女性用语。

其次，在感叹词方面，「おお」「ほう」「おい」「こら」「なあ」是男性专用词，「あら」「まあ」则为女性常用词。在句末助词里，「ぞ」「ぜ」「な」多为男性使用，而「ね」「わ」「かしら」多为女性使用。

美化语「お」的使用频率高也是日本女性用语的一大特点，如，「お財布」「おビール」「お値段」「お紅茶」等。这里需要注意的是，一般来说，汉语词汇前面加「ご」，外来语前面不加「お」「ご」。但是，如前面的例子所示，作为女性用语，即使是外来语「ビール」和汉语词「財布」「紅茶」，日本女性在使用时也喜欢加上「お」。

另外，正如古时汉字被称为「男文字」、平假名被称为「女文字」一样，日语男性用语与女性用语的一个明显差别还体现在汉语或和语的选择上。无论是选举演讲，还是书信往来，男性多使用较为生硬、严肃的汉语词汇，如，「諸君」「各位」「所存」「鞭撻」「衷心」，女性则多使用和语词以体现柔和、亲切。

除了以上较成系统的区别之外，在个别词语的使用上也能看出较明显的男女差异。比如，在以下对立表达中，前者多为男性使用，后者多为女性使用。

（3）a. 食う一食べる

b. うまい一おいしい

c. すげい一すごい

d. おやじ一お父さん

e. おふくろ一お母さん

作为语言的社会变体，日语中男性用语与女性用语的差异在第二次世界大战后逐渐缩小。这一方面是因为日本女性的社会地位和文化程度有较大提高，追求男女平等。另一方面，男性为了体现出有礼貌、有教养，越来越追求语言的文雅，多回避使用相对粗俗的说法。这是在语相研究中值得关注的一个问题。

13.3.3.2　年轻人用语

年轻人用语一般指从初中、高中、大学里的年轻人使用的俗语和俚语，是一种在形式上脱离规范、追求自由的特殊语言形式，在其他年龄层较少使用。日本年轻人用语具有鲜明的特点，也反映了日本年轻人特有的心理特征。

首先，日本年轻人比较倾向在表达中夹杂英语，比如「コンプリート（complete）」、「ハード（hard）」等动词、形容词，「なう（now）」、「わず（was）」、「うぃる（will）」等时态表达，还有与日语中的固有表达结合形成类似「ゲットする」「メモる」「コピる」这样的混合语使用。在日本年轻人用语中，有些表达虽然是日语词汇，但在书写的时候特意使用书写外来语的片假名，意在加强语气，如「マジやばい」「チョー嬉しい」等，这也体现了日本年轻人对欧美的生活方式、文化等较为向往和崇尚。

其次，日本年轻人用语中有较多的省略现象，如KY（空気読めない、Kuuki Yomenai）、MJK（まじか、Ma JiKa）、KSK（結婚してください、Kekkon Site Kudasai）等等，这些多是日语表达的首个罗马字母拼写在一起。也有「微レ存（微粒子レベルで存在する）」「とりま（とりあえずまあ）」「こちゃ（Lineで個人チャット）」等省略表达。这种省略表达一般是日本年轻人为了增强朋友间的亲密感而创造出来的，最初是在使用者所在的集团内部使用，不被外部人所知，体现了较高的内部共同体意识。从造词法方面来说，很多省略表达不遵从语法构词规则、组合自由性高，这也体现了日本年轻人追求新奇、敢于挑战传统的一面。

日语中的「ら抜き言葉」也是典型的利用了省略手法的年轻人用语，如「食べれる」「見れる」等，这些动词形式分别表示「食べることができる」、「見ることができる」。传统的语法教学规定，应该在这些动词词干后面接上助动词「られる」，即正确的表达形式为「食べられる」「見られる」。因此，「食べれる」「見れる」被认为是「食べられる」「見られる」的缩短形式，被称为「ら抜き言葉」。「ら抜き言葉」多为年轻人使用。据调查可知，有不少人对这类表达抱有反感和不适，这种反感和不适根据这类语言的使用场所会有程度上的不同。如町田健（1998）提到，若是棒球比赛的解说员在球赛解说中使用类似表达，如「このピッチャーは速い球が投げれますねえ」，那听者往往不会有什么违和感，但若是总理大臣在国会答辩中使用这种表达，如「国民の皆様が幸福に生きれる政治を目指しています」，则给人一种缺乏教养、粗俗的印象。

在造词方面，除了上面出现的省略、外来语名词+する（る）以外，日本年轻人还善于活用接头词、结尾词来创造新的表达。比如，「超やさしい」「激かわ」「げろ混み」「癒し系」「休みモード」中的接头词「超～」「激～」「げろ～」「～系」「～モード」等。

在日本年轻人用语中词语意思、语法规则发生改变的例子也不少。如例（4 a, b, c）中的形容词「寒い」「厳しい」「やばい」的语义都与原意义相差甚远，甚至完全相反；而（4 d）中的「全然」没有与否定形式一起出现，与其基本的语法规则不符。

（4）a. このジョーク、寒いな。

b. あの先生の新しいヘアスタイル、厳しいなあ。

c. わあ、この味、やばい。

d. あのレストラン、全然いいよ。

日本年轻人在网络世界进行文字交流时也有较为显著的特征，如使用较多的符号、图画等，常见的符号有＼(^o^)／（万歳）、(*^—^)ノ♪（ありがとう）、～(×_×;)～（疲れた）、（おいしい）等。所谓颜文字就来源于日语的「顔文字」。另外，使用小假名也是日本年轻人用语的一个特点，比如，将「そうだろう」输入成「そうだろぉ」，将「そうだねえ」输入成「そうだねぇ」，这使文字段落看起来有可爱、不呆板的视觉效果。可以看出，日本年轻人在进行交流、传达信息的同时，也追求娱乐性、有趣性。

日本年轻人用语还有一个特点，即流行快、消失快。不过，日本年轻人用语中也不乏存在从以前就开始使用，在各个年代的年轻人中传承使用的表达。比如：体育系的男生常常在句尾加上「っす」就属于此类。因此，年轻人用语的研究不局限于共时研究，也可以从历时研究的角度进行。

13.3.3.3　流行语、新词、死语

流行语（流行語）是在一段时间内引起众多关注，并被许多人频繁使用的词语。它们大多具有强烈的感染力，被公众周知且广泛使用，能够反映流行于当时的社会现象。日本自1984年开始每年都举办日语流行语年度大赏词汇评选，入选的词语会被收入《现代日语基础知识》，通过研究日本流行语可以间接了解日本的社会发展与变化。

流行语中有不少是新出现的词语表达，即新语（新語），但并非所有流行语都是新语。比如2013年年度大赏词汇中的「倍返し」「おもてなし」「今でしょ」都不是新语。由于流行语多与当年的社会情况相关，因此产生得快，消失得也快。每年入选的流行语很少会再次入选。随着新一年流行语的诞生，之前的流行语很快就会被公众所淡忘，甚至不再使用而成为**死语**（死語）。

13.3.4 拟声拟态词

模仿外界声音而产生、用来表达听觉印象的词叫拟声词（擬声語）。拟声词可分为表示无生物“音”的“拟音词”和表示生物“声”的“拟声词”。「雑木林が風邪でざわざわとする」中的「ざわざわ」是拟音词，「牛がモーモーと鳴っている」的「モーモー」是拟声词。

拟态词「擬態語」是把事物的状态、样子等摹拟成听觉上的声音来表达的一类词语，广义上来说属于拟声词的一种。拟态词根据描述对象不同又可细分为表示无生物状态的拟态词、表示有生物状态的拟容词、表示人心理状态的拟情词和表示人的五感的拟感词。

（5）a. 煙がゆらゆらと立ち昇る。　（拟态词）
　　b. 彼はにやにや笑っている。　（拟容词）
　　c. 心がどきんとした。　（拟情词）
　　d. 道が凍ってつるつるしている。（拟感词）

日语里有近 2000 个拟声拟态词（オノマトペ），它们大多是以一些要素为基础变化而来的，在形态上具有较为明显的特征。在日语的拟声拟态词中，音形最多的是「わくわく」「ざわざわ」这种同音重复型，约占四分之一。其次是「にこっ」「どしっ」这种以促音结尾的，之后是「ぐるり」「ずばり」这种以「り」结尾的，最后是「がちゃん」「ぽかん」这种以拨音结尾的。

索绪尔提出语言具有任意性，即词形与语义之间没有必然的联系。但拟声拟态词的语音形式与其语义之间并非完全任意，而是具有一定的关联性。比如，同音重复形的拟声拟态词多表示声音、动作等的反复、多次进行，如「とんとん」「ころころ」「はらはら」；以促音结尾的拟声拟态词给人以突然停止、结束干脆的感觉，多用来描述声音、动作、事态等的瞬间、迅速、一次性。比如，「ころりっ」「ぺたっ」「からっ」等；以り结尾的拟声拟态词多给人以柔软、顺滑、缓慢的感觉，如「つるり」「ころり」「のそり」等；以拨音结尾的拟声拟态词多与声响有关，多用来描写动作、样子具有节奏感、强调声音的强弱大小，如「かちん」「がちゃん」「どきん」等。

清音与浊音的对立在拟声拟态词语义上的体现也有规律可循。一般来说，清音给人的感觉是纤小、清丽、轻快的，多用来描述令人愉悦的样子或声音，而浊音给人粗大、笨重、迟钝的感觉，多用来描述令人不快的样子或声音。如「ころころ」与「ごろごろ」，前者可以用来描述露珠在叶子上滚动的样子，也可描述小姑娘的笑声清脆响亮，后者则多用来描述笨重物体如大石头、装啤酒的金属罐在地上滚动的样子，或表示打雷的巨响。

在用法上，拟声拟态词可作为副词、动词、形容词、名词使用。作副词时，有些可单独使用，有些需要与助词「と」或者「に」一起修饰动词，如「ぴかぴかと光る」「ぴかぴかに磨く」「ころころ（と）転がる」等。作动词使用时，后面可跟「する」成为さ便动词使用，如「はらはらする」「ゆらゆらする」，也可后续结尾词成为动词，如「ざわめく」「べたつく」「いらだつ」等。作名词时，部分拟声拟态词可表示所描述声音的发出者、事物本身，如用形容猫叫声的「にゃーにゃー」来表示猫，用汽车发出的声音「ブーブー」来表示汽车，用肉在滚水中翻滚的样子「しゃぶしゃぶ」来表示日式火锅。

拟声拟态词的研究可从形式结构、语义分析、学习策略、汉日对译等角度进行。

13.3.5 复合词

复合词（複合語）是指由两个或两个以上的词根（語根）所组成的词，在语法和语义两个方面都作为一个单词来发挥作用，是合成词（合成語）的一种。比如，单词「風」和「車」结合在一起成为新的单词「風車」,「走る」和「出す」结合在一起成为「走り出す」。

在复合词的研究中，围绕组成复合词要素之间的语义关系、句法关系以及两个以上要素的结合过程积累了大量的成果。本节重点围绕复合词的语法结构和构词能力，对动词连用形+动词原形类型的复合动词（複合動詞）和动转复合名词（動詞由来複合語）进行概述。

13.3.5.1 复合动词

日语复合动词的研究包括形态学、句法学、语义学等方面，其中对复合动词的分类，广为日语学界接受的要数影山太郎（1993）的分类。影山太郎将复合动词分为句法性复合动词（統語的複合動詞）和词汇性复合动词（語彙的複合動詞），前者是在句法层面（統語部門）形成的复合词，具有较强的构词能力（生産性），后者是在词汇层面（レキシコン）形成的复合词，构词能力相对较弱。

（6）句法性复合动词

払い終える、話し終わる、しゃべり続ける、食べすぎる、食べそこなう、助け合う、動き出す、食べかける、しゃべりまくる、走りぬく、数え直す、見なれる、登り切る、やりつける、言い忘れる

（7）词汇性复合动词

飛び上がる、押し開く、泣き叫ぶ、売り払う、受け継ぐ、解き放つ、飛び込む、(隣の人に）話しかける、こびり付く、飲み歩く、歩き回る、踏み荒らす、褒め讃える、語り明かす、聞き返す、震え上がる、呆れ返る、持ち去る、沸き立つ

从结构上来说，句法性复合动词的后项动词选择前项动词所表示的动作作为从句，后项动词局限于部分动词，如「始める」「終わる」「かける」「続ける」等与体（アスペクト）相关的动词，或「ぬく」「きる」「忘れる」「そこなう」等表示实现或未实现意义的动词。相对而言，词汇性复合动词的前项或后项动词本身没有明显的局限范围，从语法关系上来说，前项动词可以是后项动词的状态、手段、样态、原因、并列、附带状况等。

影山太郎（1993）指出句法性复合动词与词汇性动词存在以下区别。

第一，句法性复合动词的前项动词可用代词成分替代，如「書き始める」可以成为「そうし始める」，但词汇性复合动词不可以，如「立ち上がる」不能变化为「そうしあがる」。

第二，句法性复合动词的前项动词可使用「お...になる」的敬语形式，如「歌い始める」可以成为「お歌いになり始める」的形式，而词汇性复合动词不可以，如果在「受け取る」的前项动词上加上敬语成分说成「お受けになり取る」就不合语法。

第三，句法性复合动词中的前项动词可以被动形式出现，如「殺しかける」可拥有「殺されかける」的形式，但词汇性复合动词「押し開く」的前项动词却不能变成被动形式，「押され開く」的表达不合语法。

第四，句法性复合动词中的前项动词可以是さ变动词，如「投函し忘れる」，但词汇性复合动词排除さ变动词做前项动词，比如「ジャンプし越す」是不成立的。

第五，句法性复合动词的前项动词可以重复出现，如「鍛えぬく」可以变成「鍛えに鍛えぬく」，而词汇性复合动词则不允许，「注ぎ注ぎ込む」的形态是不成立的。

在语音方面，句法性复合动词与词汇性复合动词也存在明显的区别。句法性复合动词不存在伴随音韵变化的组合，而词汇性复合动词中存在「音便」的现象。比如，发生拨音便「踏

み切る→踏ん切る、踏ん張る、踏んづける」和促音便「引き込む→引っ込む、引っかかる、引っ付ける」「取り組む→取っ組む、取っ払う」等。

13.3.5.2　动转复合名词

日语语言学中一般把名词+动词连用的复合词称为「動詞由来複合語」，即动转复合名词。这类复合名词大多具有给物体或事物命名的功能，如下例所示，可以作为行为、动作施事、道具、产物、场所、时间等名词使用。

（8）a. 行為：リンゴ狩り、子育て、図書館通い
　　b. 動作主：風船売り、船乗り、人形使い
　　c. 道具：缶切り、ねじ回し、蠅たたき
　　d. 産物：卵焼き、梅干し、野菜炒め
　　e. 場所：水たまり、車寄せ、もの干し
　　f. 時間：夜明け、夜更け、夕暮れ
　　h. 特徴：物知り、大酒飲み、遅咲き
　　g. 結果状態：二つ折り、泥まみれ、直火焼き

多数的动转复合名词可以后续さ便动词「する」作为动词使用，如「水洗いする」「値上げする」「瓶詰する」「子育てする」等。从复合词内部的语义关系来说，动转复合名词内部的语义关系与句子层面的动词与补语关系相平行，如「レポート書き」就是「レポートを書く」，「子育て」就是「子を育てる」。从内部的语法关系来说，动转名词中的名词可以是动词的题元（項），也可以是附加成分（付加詞）。若名词成分为动词的题元，一般来说，名词多为后项动词的宾语，如「凧揚げ」「栓抜き」「金持ち」等。

日语动转名词中也有名词为后项动词主语的类型，且数量不少，如，山崩れ、値上がり、雨上がり、地割れ、時間切れ、タネ切れ、心変わり、水たまり、夜更け、夜明け、肩こり、休み明け、幕開き、胸焼け、水漏れ等。这类动转名词大多是表示主语状态变化的不及物动词。也有少数的表示单纯动作的动词，如雨降り、耳鳴り、胸騒ぎ、地響き等。

13.4　日 语 语 法

作为黏着语的一种，同时兼具屈折语的部分特征，动词和助词是日语语法中的关键因素。与动词相关的研究往往围绕动词的分类，以及与态、体、时等语法范畴相结合使用时的特点。本节主要从这些角度对日语的语法特点进行概要说明。

13.4.1　自动词和他动词

同一动词（词干）既可做自动词，也可做他动词使用的现象称为「自他交替」（transitivity alternation）。与其他语种（比如英语）相比，日语的自他交替现象在动词的词形上呈现出显著的特点，如，部分自他动词具有相同的词干，但词尾不同，如「焼ける—焼く」「壊れる—壊す」，它们一般也被称为对偶动词（有対動詞）。日语也存在没有自他词形差异、以同一形态既做自动词又做他动词使用的词语，不过数量较少，如「扉が開く／扉を開く」「間違いが生じる／間違いを生じる」等[①]。另外，并非所有的动词都有自他对应，如，「泣く」「走る」等

① 汉语动词中既可做自动词，又可做他动词的词语较多，如「決定する」「解決する」等。

自动词并没有相对应的他动词，而「殺す」「食べる」等他动词也没有相对应的自动词。

对偶动词中的他动词与自动词的使役形式具有语义上的相似点，如「母親が子供をふろに入れる」与「母親が子供をふろに入らせる」中的「入れる」和「入らせる」、「ちょっとそこを通してよ」与「ちょっとそこを通らせてよ」中的「通す」和「通らせる」，两者可互换使用。但并非所有的他动词与自动词的使役形式都能随意互换，如，可以说「太郎を壇の上に立たせた」，但不能说「太郎を壇の上に立てた」；可以说「ろうそくを皿の上に立てた」，但不能说「ろうそくを皿の上に立たせた」。是否能与使役形式互换还要看动词宾语的特点。

13.4.2 格助词

13.4.2.1 主格「が」的两种用法

久野暲（1973）指出主格助词「が」有两种用法，一是表示「中立叙述」，二是表示「総記」。所谓的「総記」是指相对于谓语所表示的内容凸显提示主语，使其具有“主语X，且只有X”的含义，如「僕がやります」「このクラスでは、佐藤君が一番勤勉だ」中的「が」。相对来说，中立描述不存在这种含义，仅仅描述说话者在此刻、此处所把握到的现象，如「雨が降っている」「机の上にメモ紙があるよ」等。

久野暲提出谓语的语义特征对于主格助词「が」是否具有这两种用法具有影响。如，在「大変だ、太郎が病気だ」中，谓语「病気だ」属于特定时间轴上的动作或者一时性的状态，此时的主格助词「が」既可用做「中立叙述」，也可以用做「総記」。而在「太郎が学生だ」中，谓语是「学生だ」，属于描述恒常不变的属性名词，此时，主格助词「が」只允许「総記」的用法。

13.4.2.2 「は」与「が」

「が」是格助词，「は」是系助词（係助詞），也被称为提示助词（取り立て助詞）。从句子成分的角度来说，「が」表示句子的主语，「は」表示句子的主题。从语言对比的角度而言，与英语中“subject”相对应的日语，有时用「～が」表示，有时用「～は」表示，「は」与「が」的使用超越了单纯的句子层面，需要说话者把握前后语境、思考如何向听者传达某一信息方能确定，因此，一直是日语学习者的难点之一。

一般来说，「は」表示特定的、已知的信息，「が」表示不特定的、未知的信息。比如，在例（9）中，当第一次出现「おじいさんとおばあさん」的时候，作为读者未知的新信息，使用了主格助词「が」，之后再次提到的时候，作为已知信息都使用了「は」。

（9）昔々、あるところにおじいさんとおばあさんがいました。ある日、おじいさんは山へ芝刈りに、おばあさんは川へ洗濯に行きました。

「は」具有对比的用法，如「僕は$_1$中国語は$_2$できますが、英語はできません」中，「は$_1$」提示第一人称，一般理解为已知信息，「は$_2$」属于对比用法，含有排除其提示以外的其他要素的用法，此处可理解为与“英语”相对比。

另外，判断句多用「は」，表示现象描述的句子多使用「が」。如，「これは辞書です」为判断句，意思是“这是词典”，而「文房具屋さんの隣に花屋さんがある。」为存在句，意为“文具店的旁边有一家花店。”

除了语义方面的不同，「は」与「が」在句法结构方面也存在明确的不同之处。一般来说，在作为修饰成分的从句中，动作的主体应使用「が」，而不是「は」。下面的例子均有不妥之

处，若将小句中的「は」换成「が」，句子就成立了。

（10）a. 私[は]とった写真を先生は大変褒めてくれました。

b. お父さん[は]帰って来られたら、すぐ私に電話をください。

c. 私の家族は、戦争[は]終わったとき、日本にいませんでした。

13.4.2.3　格助词的省略

日语是黏着语，名词短语通过其后续助词来表明各自承担的语法功能，如「が」「を」「から」「まで」「で」「と」等。但是，在日语较为随意的对话中，经常可以听到省略格助词的句子，如「花子　りんご　食べちゃった」。虽然有省略，不过只要是日语母语者都会明白该句指的是「花子がりんごを食べちゃった」的意思。这种格助词省略的现象除了日常对话，在报纸标题、舞台剧本等处也较为常见，如「川澄奈穂美　聖火ランナー辞退」「中村　受話器取り上げる」等，分别表示「川澄奈穂美が聖火ランナーを辞退する」「中村が受話器を取り上げる」的意思。但是，并非所有的格助词都能省略。一般来说，能够省略的格助词仅限于「が」和「を」，其他的如「に／と／から／まで／で」等无法省略，如，在「美香が北海道から郵便でお土産を送ってきた」一句中，可以省略「が」和「を」说成「美香　北海道から郵便でお土産　送ってきたよ」，但无法省略「から」和「で」，不能说成「美香が北海道郵便　お土産を送ってきたよ」。

可省略的「が」「を」与不可省略的「から」「まで」「で」「と」「に」相比有何不同呢？三原健一（2008）指出，不可省略的「から」「まで」「で」「と」「に」均具有较为固定的语义用法，如「から」表示起点、「まで」表示终点、「で」表示方法、「と」表示对方等。与之相比，可省略的「が」「を」则具有多种语义用法，如，「が」可以表示动作的施事（太郎が次郎を殴った）、引起事件的原因（大地震が町を揺さぶった）、对象（千桜子ちゃんのことが好きだ）、状态变化的主体（池が凍った）等。「を」的用法虽不及「が」丰富，但也具有动作的起点（悠太君が部屋を出た）、移动的场所（公園を散歩している）、动作的对象（先生が学生を叱った）等用法。

三原健一指出，上述不可省略的「から」「まで」「で」「と」「に」分别与英语的前置词（介词）from / to / with / in 等相对应，这些前置词均无法省略，如不能省略“John went to New York with Mary”中的“with”说成“John went to New York Mary”。日语中以「が」「を」所标识的、可以省略的主语或宾语成分在英语中不需要使用前置词。由此，三原健一认为，传统日语语法中所说的格助词应该分为两类，一类是「が」「を」，一类是「から」「まで」「で」「と」「に」等，前一类是真正的格助词，后一类则是与英语的前置词相对应的后置词。但是，并非所有的主格「が」都可以省略，如，多重主格结构中的第一个主格「が」一般来说不能省略。

（11）a. このクラスでは、佐藤君が $_1$ 一番頭が $_2$ いい。

b. 今年の卒論では、広瀬さんが $_1$ ダントツで出来が $_2$ いいよ。

上例各句中，与形容词谓语「いい」形成主谓叙述关系的分别是「頭」和「出来」，之后，「頭がいい」「出来がいい」又分别作为一个整体与「佐藤君」和「広瀬さん」形成主谓叙述关系。因此，各句中的「～が1」中包含「～について言えば」的意思。三原健一（2008）认为，日语的「が」除了具有做格助词的用法，也有与「から」「と」「で」等一样作为后置词的用法。多重主格结构中第一个「が」就属于后置词，第二个「が」则是格助词。

13.4.3 态

13.4.3.1 被动句

日语的被动句包括直接被动句（直接受動文）和间接被动句（間接受動文）。直接被动句中的动词为及物动词，这类被动句有对应的主动句（能動文）表达，如例（12-13）。与此不同，间接被动句不存在相对应的主动句，如例（14-15）。

（12）a. 次郎が先生に褒められた。

b. 先生が次郎を褒めた。

（13）a. 山田さんが部長に会議の通訳を頼まれた。

b. 部長が山田さんに会議の通訳を頼んだ。

（14）a. 田中さんが泥棒に財布を盗まれた。

b. *泥棒が田中さんを財布を盗んだ。

c. 泥棒が田中さんの財布を盗んだ。

（15）a. 村上さんが奥さんに逃げられた。

b. *奥さんが村上さんを逃げた。

c. 奥さんが逃げた。

「褒める」是只带一个宾语的及物动词，（12a）被动句中的主语是其对应主动句的宾语。与此相对，「頼む」是带一个直接宾语和一个间接宾语的及物动词，例（13a）中的主语是其相对应主动句的间接宾语，也即谓语动词的对象。与例（12a）不同的是，例（14a）的主语不是其相对应主动句中的宾语，而是宾语的修饰语，且其对应主动句中的宾语在被动句中仍然以宾语的形式得以保留。在例（15）中，「逃げる」为不及物动词，其动作的主体是「奥さん」，从题元结构上来说「村上さん」与「逃げる」没有任何关系，但在（15a）中，「村上さん」却成了整个被动句的主语。

日语的间接被动句也被称为受害被动句（迷惑の受身），这是因为除了极少数外，在绝大多数的间接被动句中，主语都是蒙受了某种损失的角色，句子整体传递出消极的、负面的信息。相对而言，直接被动句显得较为中立，其中的主语既可以是蒙受消极负面的损失，也可以获得积极的、有益的影响。一般认为直接被动句的受损和不快之意来自动词本身的语义。

上述四种被动句中，汉语中常见的是（12a）型的被动句，（13a）（14a）（15a）型的被动句均较难成立。不过，汉语中偶有包含不及物动词的被动表达，如“我被孩子闹腾了一整夜”“我被她哭得心烦意乱”等。需要注意的是，汉语中的这类被动句要求不及物动词后面出现类似“一整夜”“心烦意乱”这样的修饰成分，如果仅仅是“我被孩子闹腾了”“我被她哭了”，这样的句子则不成立。

13.4.3.2 使役句

13.4.3.2.1 「に」使役句和「を」使役句

日语使役形式的变化是动词词干加上「せる」或者「させる」，使役对象用「に」或者「を」来标示。不同格助词的使用会带来语义的差异。使用「を」的使役句有使役者无视使役对象的主观意志、直接促成某行为发生的倾向，而使用「に」的使役句多具有使役者尊重使役对象的主观意志、使役对象有意参与某个行为的意思。

「に」和「を」的选择与动词、使役对象也有关联。若动词是不及物动词，使役的对象用

「に」或者「を」都可以，如，「弟を／に行かせた」；若动词是及物动词，由于动作的对象已经用「を」来标记，所以使役的对象一般用「に」来标记，如，「母は弟に／*をパンを食べさせた」。不过，如「子供を泣かせた」「母を怒らせた」所示，「泣く」「笑う」「怒る」「悲しむ」等表达感情流露的不及物动词，其使役对象一般用「を」而不用「に」。另外，如「梅雨がカビを／*に生えさせた」所示，当使役对象为不具有主观意志的无生物时，不能使用「に」，只能使用「を」。

13.4.3.2.2　有意使役和非有意使役

日语的使役形式根据语义关系可表示强制、说服、指示、容许、放任、原因、责任等，其中，强制、说服、指示、容许、放任都体现了使役者对相关事件的积极参与，属于有意使役（意図的使役）。在表示原因时，句子的主语多为无生物，该无生物主语是致使某个事件发生的原因；在表示责任时，虽然形式上使用了「せる」「させる」的形式，但实际上句子的主语并没有主动促使行为或事件的发生，一般都是围绕某个对于主语或者说话人来说不好的事情，表示句子的主语对没能阻止事件的发生感到内疚或负有责任。因此，无论是原因还是责任都属于非有意使役（非意図的使役）。

（16）a. 上司が新入社員に無理やりお酒を飲ませた。【强制】

b. 妻は、お酒が体に悪いからと、夫に酒をやめさせた。【说服】

c. 社長は秘書にタイプを打たせた。【指示】

d. 子供が留学したいというから、一年間だけ留学させることにした。【容许】

e. 疲れているようだったので、そのまま眠らせておいた。【放任】

f. フロンガスが地球を温暖化させている。【原因】

g. 太郎が子供を交通事故で死なせてしまった。【责任】

13.4.3.2.3　句法使役和词汇使役

若把狭义上借助「せる」「させる」而形成的使役动词叫做句法使役，那么，日语里还存在词汇使役，即广义上具有使役解释的及物动词，如「寝かす」「泣かす」「負かす」等。这两种使役在用法上存在明显的不同。

（17）a. 救助隊員は、意識のない負傷者をベッドに寝かした／寝かせた。

b. 救助隊員は、意識のない負傷者をベッドに寝させた。

（17a）使用了具有使役语义的及物动词是非常自然的日语表达，（17b）使用的是借助使役助动词「せる」的句法使役，虽然合乎语法但极不自然。具体而言，由于伤者是处于没有意识的状态，无法靠自己的意志和力量躺到床上。因此，伤者躺在床上这一行为是依靠救援人员的力量（比如，将伤者抱起、移至床上）完成的。这种情况下使用及物动词「寝かす」，而不是「寝させる」。

与此不同，如例（18）所示，如果使役对象有自主意识、能够自主完成相关动作，则既可以使用具有使役意义的及物动词，也可以使用「させる」使役动词。

（18）a. 先生は、頭が痛いと言って保健室にやってきた生徒をベッドに寝かした。

b. 先生は、頭が痛いと言って保健室にやってきた生徒をベッドに寝させた。

当使用具有使役语义的及物动词「寝かす」时，可以读出学生受到医生的搀扶等帮助而躺到床上的语义，若使用使役动词「寝かせる」则意味着医生只是口头做出指示，学生完全依靠自身力量躺到床上。

以上可以看出，句法使役中使役对象根据使役者发出的指示、依靠自主的意识和力量引起某个事态的发生，而词汇使役句中的事态发生往往都是依靠使役者的意志和力量而引起的。

13.4.4 体与时

13.4.4.1 体

当提到一个动作的时候，会考虑到该动作是处于开始前、正在进行中，还是刚结束，或者是结束之后的状态。日语里使用不同的语法形式表示一个动作处在哪个阶段，这些语法形式称为「体」或者「相」「アスペクト」。

日语的体有狭义和广义之分。狭义的体指「する」和「している」所代表的完成体与持续体的对立，广义的体还包括「し始める / 終わる / 続ける」「～ようとする」「～つつある」「～ところだ」等形式。完成体的基本形态为「する」，如「食べる」表示即将完成或将要完成，持续体的基本形态为「ている」，如「食べている」表示“吃”这一动作已经开始、此刻正处在吃的过程中。

日语持续体「ている」有两个核心用法，一个是表示动作正在进行，一个是表示结果状态。根据前接动词的不同，「ている」具有不同的用法。金田一春彦（1976）将日语的动词分为状态动词、继续动词、瞬间动词和第四种动词[①]，其中除状态动词如「ある、いる、要する、できる（可能）、値する」等无法与「ている」一起使用外，其余动词与「ている」一起时的用法如下。

13.4.4.1.1 继续动词+ている

继续动词包括表示人的动作的动词和表示自然现象的动词，前者有「読む、書く、食べる、笑う」等，后者有「散る、咲く、降る」等，这些动词加上「ている」表示动作正在进行或者自然现象正在发生。

13.4.4.1.2 瞬间动词+ている

瞬间动词有「死ぬ、消える、触る、届く、決まる、見つかる、始まる、終わる」等，这些动词加上「ている」表示动词所表示的动作或作用结束后留下的结果，如「死んでいる」不是表示“正在死亡”，而是处于死亡这一状态；「始まっている」不是表示“正在开始”，而是表示某一动作、事件开始后的状态。

13.4.4.1.3 第四种动词+ている

第四种动词是指不包含时间概念，像形容词一样表示事物的样态、性质、形状、印象等的词语，如「すぐれる、そびえる、ありふれる、似る、（水が）澄む、（角が）とがる」等。这些动词一般都要伴随「ている」使用，如要表达“太郎长得像父亲”，要使用「太郎がお父さんに似ている」，而不是「太郎がお父さんに似る」。第四种动词的持续体表示现在的状态，但不是某个动作的结果状态，这与瞬间动词不同。

需要注意的是，同一个动词的持续体可能会表示不同的语义，这是由于它们兼有不同种类动词的特点。如「着る」「かける」等动词兼有瞬间动词和继续动词两种特点，这些动词的持续体「ている」既可以表示动作正在进行，也可以表示动作完成后的状态。如（19a）中的「ている」是表示穿衣这个动作正在进行，而（19b）中的表示穿着白色T恤衫的状态。

（19）a. 今、着物を着ていますが、上手に着られないので、手伝ってくれませんか。

---

① 目前关于金田一春彦（1976）的动词分类存在各种不同的说法，但就「ている」的用法而言，该动词分类是有效的。

b. あの白いTシャツを着ている人は山田さんです。

有些动词兼具瞬间动词和第四种动词两种特点，如「太る」「痩せる」等。（20a）中的「太っている」表示“和三个月前相比胖了三公斤”，描述的是一种变化后的状态；（20b）中的「太っている」则是一种形容词性的用法，表示主语现在的状态“很胖”。

（20）a. この三か月で3キロも太っている。

b. あの人は太っているが、スポーツが得意なんだよ。

此外，动词持续体还具有以下其他用法，这些用法单纯根据上述的动词分类无法得到较好的解释，需结合动词所在语境或动词的特性进行综合判断。

（21）a. あの子はもうおたふく風邪には一回かかっている。

b. 犯人はその日のうちに三度もここに立ち寄っている。

c. 彼は頭が痛いと言っている。

d. 最近毎日コーヒーを飲んでいる。

（21a）表示对过去经历过的事情的一种确认，（21b）是回忆过去发生的事情并联想该事情在现在的意义，（21c）是转述第三人称主语的话，（21d）由于「毎日」的使用，使原本表示动作正在进行的「飲んでいる」变成了表示一种经常性动作、反复发生的用法。

13.4.4.2　时

日语的谓语根据“时”（テンス）的不同会发生一定的形态变化，即「ル」形和「タ」形。一般来说，「ル」形表示现在和将来，「タ」形表示过去。但是，在实际的使用中，日语时态标记的用法较为复杂。

如例（22）所示，「ル」形可以表示与过去相对立的现在或者将来。一般来说，当谓语为静态谓语（名词、形容词、表示存在或状态的动词）时，「ル」形表示现在，当谓语为表示动作的动态动词时，「ル」形表示将来。

（22）a. 今日は寒い。

b. あの岩の下に蟹がいる。

c. 明日、映画を見に行く。

不过「ル」形的用法不限于此。如例（23）所示，当表示同指（A=B）、命名、分类、规律、准则，或者描述游戏、烹饪的步骤等情况时，所表达的动作或事件一般与过去或者现在等时间要素无关，此时句子的谓语多为静态谓语。当句子谓语为动态动词时，除了上述这种用法还可以表示一种惯常性、习惯性的行为或动作。

（23）a. 地球は丸い。

b. クジラは動物だ。

c. 教室ではタバコを吸ってはいけない。

d. まず、油を一さじ入れます。次に、野菜を加え、よく炒めます。

e. 蟹はたいていああいう岩の下にいる。

f. 私は毎朝八時に起きます。

「タ」形的用法也一样复杂。首先，无论是何种谓语，作为过去时的「タ」形都可以表示与现在相对的过去，如例（24）中的「タ」。不过，除了这种基本用法之外，「タ」形还具有表示完了、发现、命令、确认、心理或生理状态等用法，其中，表示完了的用法多出现在修饰成分中，如（25a）的「書き終わった人」。

（24）a. 昨日、ずっと家で本を読んだ。
　　b. 昔、ここは海だった。
　　c. 昨日は寒かった。

（25）a. 書き終わった人は帰ってもいい。
　　b. ［何かを探して］あった！ あった！
　　c. ちょっと待った！
　　d. あすのミーティングは何時に始まるんだった？
　　e. お腹空いた。
　　f. うまく合格できて、本当に良かった！

思考题

1. 元音的无声化指什么？举例说明。
2. 东京方言的声调具有什么特点、有什么功能？
3. 什么叫万叶假名？举例说明万叶假名在现代社会中的使用。
4. 请举例说明日语文字标记方法上的不规则现象，并说明其使用意图。
5. 请说明吴音、汉音、唐音的概念及特点。
6. 请举例说明和语、汉语和外来语在语感上的差异。
7. 请举例说明年轻人用语与流行语的概念及其关联。
8. 请举例说明句法性复合动词与词汇性复合动词的语法特点。
9. 请举例说明主格助词「が」的用法。
10. 请列举可省略的助词与不可省略的助词，并说明其特点。
11. 请列举日语受害被动句的例子，思考汉语的翻译方法。
12. 请列举日语句法使役与词汇使役的例子，说明两者的区别。
13. 请举例说明「ている」的用法以及与动词的搭配。
14. 请举例说明时态词「た」的用法。

第十四章　法语语言学

法国有着悠久的语言学研究传统，许多法语语言学家以独特的视角，为语言学发展做出了巨大的贡献。语言学在法国社会科学中占有重要的地位。自20世纪初，法语语言学在索绪尔所奠定的现代语言学基础上得到了充分发展。一方面，语言学研究离不开法国理论的成就；另一方面，法语语言学也不断吸收世界经验，继承并发扬自身传统。本章将首先简要回顾法语的发展史，谈及法语语言学研究中的传统特征，之后根据不同流派，介绍当代具有代表性的与法语相关的语言学理论。

14.1　法语与法语语言学研究

14.1.1　法语和法语研究的起源

法语语言学研究自然离不开法语语言发展的历史脉络。自公元前52年，高卢成为罗马帝国的行省之后，拉丁语成为通行语言。但在远离罗马的地区，拉丁语逐渐发生变化，吸收了高卢语与法兰克语，演变成一种新的语言—俗拉丁语（latin populaire）。以法国的卢瓦河为界，民间拉丁语大致划分出南北方言区。北方地区使用的方言（又称奥依语 langue d'oil）在公元842年有了第一部书面文本—《斯特拉斯堡誓言（les Serments de Strasbourg）》①。这份历史文件被视为法语的出生证明。到了中世纪前期，奥依语的分支，即在法兰西岛广泛使用的方言又成为现代法语的先祖—古法语（le proto-français）②。

地区性的古法语在11—12世纪，使用范围渐渐超出了方言区，但当时的教士与行政人员依旧说着拉丁语。教士只有对民众布道时，为了方便交流才使用地方语言。虽然在1250年，圣路易（Saint Louis）将《圣经》翻译成了法语，但比起宗教，最后法语是在法国王室主权的扩张中，奠定了自己的官方语言地位。1539年，弗朗索瓦一世（François Ier）建立起王权统一的国家，颁布了一道强制通行法语③的敕令 （l'ordonnance de Villiers-Cotterêts），明确宣布“母语即法语”，从此所有的官方文件都必须使用法语撰写而不是拉丁语。

17世纪，法国建立了法兰西学术院（Académie française）④，采取多种方式对法语立法。为维护法语的权威性，保卫法兰西王国所使用的统一而纯正的语言，人们对法语展开了长期的规范化改造。研究法语的学者往往带有纯洁主义的倾向。他们投入大量精力编撰字典，致力于以规范确立语言的纯正。法语同整个民族与文化的存亡密切相关，获得了前所未有的崇高地位。此后，法语从法国开始逐渐推广至整个欧洲。

---

① 查理曼大帝的几个子孙争夺王位，最后订下盟约，为了让士兵们听懂盟约的内容，于是用当时流行的口语撰写了这部盟约。

② 当时人们又称这种语言为“franceis”或“François”。

③ 此处法语指法兰西岛方言。

④ 1634—1635年间，由红衣主教黎塞留（Richelieu）奉命主持建立。

14.1.2 《波尔-罗雅尔语法》(Port-Royal) 与理性主义传统

法语语言学研究有着突出的理性主义传统特征。17 世纪，法国出现了一部经典的语言学著作—《波尔-罗雅尔语法》[①]（又称《普遍唯理语法》）。这部著作的分析对象并非针对法语这门具体的语言，而是试图找寻人类语言的共性，探索普遍的语法结构。

波尔-罗雅尔学派认为人类的理性和思维是一致的，语言结构由理性决定。普遍语法的基础就是逻辑论题，每个句子表述一个论题。所有语言在这点上都是相同的。因此无论语言的具体表现形式如何，背后都有普遍的深层组织原理。

波尔-罗雅尔的学者与法国理性主义哲学的代表人物笛卡尔（René Descartes，1596—1650）在语言哲学观上基本相同。根据笛卡尔的观点，人类的心理和概念是一致的，人根据天赋原则推理知识，人的语言知识也是如此产生的。抽象思维是知识的最高源泉和知识真理的标准，普遍真理必然是唯理的。

法国波尔-罗雅尔学派的思想对于当代语言学的重要意义在于它被普遍认为与 20 世纪中期，西方主流语言学中以乔姆斯基为代表的新理性主义语言学派有着紧密的承继关系。《波尔-罗雅尔语法》可视为是乔姆斯基转换生成语言学理论（transformational generative grammar）的理论先驱。

14.2 当代法国的代表性语言学流派

法语语言学可以进一步扩展至法国本土的各类语言学理论研究。语言学研究既是法国学者观照法语这门具体语言所取得的成果，同时也是世界语言学理论的重要组成部分。许多法国研究者独辟蹊径，以其细腻并富有哲思的人文分析与表述，影响了世界各国的语言学研究。这一节将选择几个具有代表性的当代法语语言学流派做简要概述。

14.2.1 马丁内：功能语言学的法国代表人物

功能语言学是一个世界性的主要流派。法语语言学家马丁内（André Martinet，1908—1999）称得上是功能语言学的奠基人物。马丁内继承了索绪尔的语言学遗产，同时又受到布拉格学派的影响。他的理论核心思想是语言的交际功能，语言被视作有着“双重联接（la double articulation）”和声音表现的交际工具。

语言结构的一切特征从交际功能予以解释，马丁内的理论可谓处于乔姆斯基理论的对立。后者认为语言是先决形式规则的输出结果，这些规则已在人脑，适宜用作思想编码，语言结构有其独立且自足的存在理由。马丁内所代表的功能学派则认为语言所具有的其他功能，例如，思考都是次要的。他分析语言的内在结构，为的是指出为什么人类语言是一种有效的交际工具。

所有语言陈述被认为都具有双重联接的组织结构。第一个联接层次由一些既有形式（对应索绪尔提出的能指）又有意义（对应索绪尔提出的所指）的单位构成，例如：bateau、rateau、

---

① 《波尔 · 罗瓦雅尔语法》（*Grammaire générale et raissonnée*）出版于 1660 年，全书 4 万字，由 17 世纪中期法国隐士安多阿纳 · 阿尔诺（Antoine Arnauld，1612—1694）和克劳德 · 朗斯洛（Claude Lancelot，1615—1695）联合写著，P. Le Petit, Paris。

gâteau。这些单位可以是多种长度（句子、句段等）。意义与形式的最小单位被称为“符素（monèmes）”。第二个联接层次中，这些单位能再次按照对意义的区分，划分成自身不表义的语音单位，例如，/bato/、/rato/、/gato/中，音素/b/、/r/、/g/就用作区分三个意义单位，这类音素对应最小的区分单位。

又例如，法文的一项陈述句“Le chat mangera.猫咪会来吃。”可描写出两层联接。首先是五个符素的联接：le（定冠词）、chat（猫）、mang-（动词 manger）、-r-（将来时标记）、-a（人称标记）。其次在第二个层次上，又可以划出八个区分意义的语音单位，对应八个音素：/l/、/ə/、/ʃ/、/a/、/m/、/ã/、/ž/、/r/。

双重联接提出了一项重要的语言陈述的经济性原则。事实上，音素一般数量有限，平均算下来每个语言大概有三十多个。人们却可以在第一个层面构建出无限单元，并由无限的组合再构建陈述。说话者能做出一系列选择以实现自己的交际目的。

马丁内本人曾专研音位学，他的理论成果也具有显著的音位学特色。功能语言学派关注语言学研究中的经验性，注重对具体语言材料的收集，在当代发展中一直深受马丁内基本观点的影响。

14.2.2　纪尧姆、波蒂耶：法语界独创理论的开拓者

14.2.2.1　纪尧姆：认知语言学早期代表人物

纪尧姆（Gustave Guillaume，1883—1960）师从法国著名语言学家梅耶（Antoine Meillet，1866—1936）。他的语言学思想继承了索绪尔的结构主义理论框架，试图把比较语法的方法应用于共时所指的研究，利用心理机制来解释语言规律。

纪尧姆将自己的独创性理论称之为“心理动力学（psychomécanique du langage）”，他的语言观点有显著的认知主义与机械主义的特征。纪尧姆主要的研究兴趣在于揭示语言的意义与形式间的关系。他认为人的思想是一个不断变化的过程，这个流动性导致思想无法表达，但语言可以为变动的思想提供一个用以表达的固定剖面，好比相机的拍摄。他的理论更加重视对一个动态活动的考察，而非静态的结构。

根据这种观点，共时上言语与语言的区分将转变为话语与有效性语言之间的对立，由此分离出一个从语言到话语的短暂的操作性时间，即几千分之一秒的过渡过程。在对法语的冠词体系和动词时态进行分析时，纪尧姆也借用了从潜在意义到现实意义的时差解释，定义思维是两种意义间的过渡程序。动词对应语言现实化成为话语的过程，而法语的冠词还明确体现出一种从具体性到普遍性的张力，定冠词与不定冠词指示出思想在这个张力中指向不同的运动方向。在具体话语中，说话者能够使用两个冠词在思想运动的关节点固定出一个剖面，由此实现两种冠词在实际用途中的不同意义。

认知语言学的前提是承认语言是意义与形式结合的符号体系，一种方式是离开语言本体，从语言外部现象去观察和探索，也可以从语言现象本身去推论认知规律。只是后一种方式已超出语言学范畴，可作为其他学科的认识论工具。从这个角度，纪尧姆独特的理论表现出认知语言学的萌芽阶段，注重意义产生的心智结构而非语法规则，解释的亦是心理抓取的机制、如何构建认知关联等问题，他实际分析的是动态的认知流动或人的思维流动本身。

由于纪尧姆使用了许多生僻的语汇，他的理论洞见因为深奥晦涩而传播不广，但在法国和加拿大法语区仍然有一大批继承了纪尧姆理论的语言学家。下面介绍的波蒂耶就是其中最著名的学者之一。

14.2.2.2 波蒂耶：认知语义学的杰出代表

波蒂耶（Bernard Pottier，1883—1960）接受了纪尧姆的心理动力学说，同时还吸收了其他语言学派的思想，由此发展出自己颇具创意的语言学理论。与纪尧姆相同，他也关注语言中意义与形式的关系这个中心问题，并试图建立一种新的意义理论。得益于细致独特的分析方法，波蒂耶被视作法语语言学在语义研究方面的杰出代表。

从 20 世纪 50 年代起，波蒂耶开始研究语法词，提出了一系列崭新的定义，主张工具性的语法词亦是有内容的。他致力于对词的语义进行分析，对词在词典中的定义进行元语言式的形式化。

在纪尧姆的剖面划分上，波蒂耶进行了更加细致的探讨，定义词或词汇单位（lexème）为最小的所指单位，一般由四种相关的意义特征构成：义素（sémème）、类义素（classéme）、功能义素（fonctème）、潜在义素（virtuème），其中，义素指总体上与别的词相互区分的实体性特征，类义素指整体上（话语）的行动特征，功能义素指一类词的语法功能特征，潜在义素指能够消除歧义的搭配特征。这个“四联体”只有义素处于语言层面，独立于话语，其他三种特征都是在话语的组合层面上确定的。

波蒂耶所构建的普通语义体系，把语言产生和运用划分为三个主要层次—概念层次、语言层次和话语层次，每个层次还对应不同的发生过程。意义的显现则被分为两个层次，其中形式辨认在前，意义辨认在后。任何时候，语言意义的运作都跟指称世界的方向有直接的关系。意义表征最初阶段被定义为视觉摄取和概念化阶段，例如，向他人指示北京故宫，脑中就应该浮现凸显形式，成为定位故宫的首要意义参照点。

意义辨认则可举例法语中的一句谚语，“Tel père tel fils. 有其父必有其子”，其中涉及的关系不限于人类父子，可以是动物界的。例如西班牙谚语，“Cual el cuervo, talsu heuvo. 什么乌鸦下什么蛋”，也可以是植物界的。例如，“什么树结什么果”。意义辨认要摆脱词汇本身与论辩结构，从表征上获得独立意义。因此，谚语的意义表征还需提炼为一种所属关系：“如果 A 有 x 特性，则 a 也有这种特性。”（源自“Je vois un A, un a, un A et Je dis que c’est un A / a / A. 我看见 A / a / A，我说我看见了 A / a / A”）

14.3 法语领域与语言学密切相关的学科发展：以话语分析为例

14.3.1 语言学研究与“话语（parole）”问题

20 世纪初，索绪尔的语言学研究改变了传统语言学的历时研究，转向共时研究。语言与话语的对立中，索绪尔更侧重于语言作为符号系统的研究，而没有证实话语的概念，他主要运用否定方法，旨在区分出语言学和其他科学之间的清楚界限。其他科学包括与语言学有直接关系的科学（哲学、社会学），或有间接关系的科学（地理、历史）。然而这些其他科学与言语活动的问题仍是相对立的。

《普通语言学教程》的概念系统中，存在一个平行的研究空间，引导着新生的语言学走向对于系统事实的研究，即语言的构成性问题，同时与之相应的还存在被定义为个体变化的言语活动的有效表达空间，即话语，这部分则被排除在研究对象之外。区分语言与言语的同时，一同得到区分的还有“社会-个人”“普遍-偶然”等。一个亟待恢复言语地位的研究领域其实一直在酝酿着出生。

20 世纪 60 年代末，在语言学发展的过程中，话语分析作为一类专门的学科研究对象终于出现了。但这个特殊领域的形成与其法语背景密不可分，各种历史文化条件在漫长的岁月已充分具备：自文艺复兴以来，书本文化伴随经院文本的阐释；这些实践活动又与历史语法一起在 19 世纪兴起语文学运动；法国学校教育特别重视人文课程的规范性，形成了一整套阅读理解的方法论，确立了文本批评的不同技巧；到了 20 世纪 60 年代末，法国还涌现出大量关于书写的经典思想（德里达、福柯、克里斯蒂娃、巴尔特……），加上精神分析的丰硕成果（特别是拉康），一切都积累起来，构建出话语分析的整体认识论的语境。

14.3.2 语言学与话语分析（l'analyse du discours）领域的构建

语言学在结构主义中扮演了引领作用，正是由于语言学的应用才将话语分析与其他的文本分析活动区分开。这同时也意味话语分析完全不符合《普通语言学教程》中关于话语传统命题的特征，实际上为语言学领域树立起一个新的形象，有助于语言学的空间性构建：作为形式规范的整体以及言语背后和话语下的系统，“语言”成为言语行为科学的一个极点；整个话语表达，无论个体的或集体的，具有多样性的话语又处于边缘地位，而定位在另一极上。

语言从索绪尔认为的意义角度，指总体完整形式的原则，是言语活动的一个层面，但从语言形成的模式上来看，话语是一个中间事物，既不是纯形式，也不是纯语言学的。联系上一节中所提到的法国语言学家纪尧姆，他就曾在自己的理论中提及“话语”，并且构建了涉及言语活动两个方面的动态联系理论。但问题是纪尧姆的话语行为概念没有更近一步脱离索绪尔的理论中关于社会-个人、语言-言语等对立，因此也没有彻底归纳出有关话语分析方向的相关结论。从语言学领域来看，通过研究言语行为的形式层面与话语层面的张力，话语分析的学科界限依旧比较模糊。

14.3.3 法国陈述语言学的发展（la linguistique énonciative）

只有当话语分析将言语活动理解为对话策略、历史情境中主体产生意义的场所，它才成为围绕陈述产生条件而在语言学上开展的研究。本节将在最后介绍近半个世纪以来，在法国得到持续蓬勃发展的陈述语言学。

自 20 世纪 70 年代，法语语言学的研究明显进入一个新的阶段，在陈述语言学之父本维尼斯特（Émile Benveniste，1902—1976）的引领下，专注于话语语言学，集中精力研究动态的陈述行为。经过一代代学者的努力，陈述语言学的后继者已遍布世界范围。

陈述语言学重视文本生产中的陈述主体的作用，并不把语言作为一个静态的客体对象。根据本维尼斯特的经典定义[①]，陈述行为就是个人使用语言的运作行为。本维尼斯特把“语言”划分到符号学范畴，而把“话语”范畴归为语义学，但必须又在两者的对立之中认识陈述行为—离开符号体系的语言范畴，句子就进入交际层面，以活跃的话语来进行表达。

陈述语言学视域下，说话人的一句话、一个语段、一个文本或一个语篇皆可成为一个陈述文本（énoncé）。陈述文本中说话人的陈述行为（énonciation）伴有一套形式装置，带有讲话者生产过程的主观性，在陈述文本中体现为一些标示词（deixis）。标示词涵盖陈述情境中运作的各项交际参数（时间、地点等）。例如，陈述“下周日我请你看电影”中，“我”是说“我”的人，“你”是“我”叫“你”的人，人称标示词完全停留在话语形式上，被认为没有语义内容。

---

① 本维尼斯特. 普通语言学问题[M]. 王东亮等，译. 北京：生活 • 读书 • 新知三联书店，1974 年。

在结构主义语言学中，文本被当作封闭的客体，讨论其内在结构，然而陈述语言学则通过陈述文本试图重新讨论意义与形式的关系，在文本中寻找说话人的标示与痕迹，揭示文本的生产过程，以此恢复说话者的主体地位。近20年来，主体间性的研究、对话理论与交际理论等已成为西方后现代主义思潮的重要研究趋势，同时这也是在冲破了结构主义束缚的陈述语言学正在建功立业的契机。法国陈述语言学已在当下，更将在未来的语言学及应用领域持续产生重大的影响。

思考题

1．法语语言学是如何起源的？法语语言学的主要理论传统是什么？

2．如何理解法语语言学与世界各国语言学研究之间的关系？

3．功能主义语言学在法国的代表人物马丁内的主要语言学观点是什么？

4．法国认知语义学的两位代表人物纪尧姆与波蒂耶各自独创的理论观点是什么？

5．如何理解法语领域，语言学研究与话语分析的领域界限问题？

6．作为与语言学密切相关并从语言学中出现的特殊学科，话语分析如何相对于语言学构建自身的研究领域？

参考资料

[1] 阿布都克力木·阿布力孜，江铭虎，姚登峰，薛小迪. 语言产生和加工的脑神经成像研究综述[J]. 现代语言学，2015（3）：88-99.

[2] 白学军，高晓雷，高蕾，王永胜. 藏语阅读知觉广度的眼动研究[J]. 心理学报，2017，49（5）：569-576.

[3] 鲍玲玲. 21世纪语言学研究前瞻——计算机语言学的基础及应用[M]. 北京：中国纺织出版社，2018.

[4] 程琪龙. 述评认知——层次语言学理论及其模式[J]. 当代语言学，1991（4）：33-42.

[5] 陈昌来. 应用语言学导论[M]. 北京：商务印书馆，2019.

[6] 褚孝泉. 语言科学探源[M]. 上海：上海外语教育出版社，2006.

[7] 褚孝泉. 法语语言学导论[M]. 上海：上海外语教育出版社，2010.

[8] 楚军. 句法学[M]. 2版. 成都：电子科技大学出版社，2014.

[9] 德·索绪尔. 普通语言学教程[M]. 高明凯，译. 北京：商务印书馆，1980.

[10] 段以晗. 基于经颅磁刺激技术的不同语言关键脑功能区研究[D]. 深圳：深圳大学，2018.

[11] 方立. 乔姆斯基的早期句法理论与当前语言学界的争鸣[A]. 李凤琴主编《中国现代语法学研究论文精选》[M]. 上海：上海外语教育出版社，2005：125.

[12] 肥爪周二. 朝倉日本語講座②文字·書記（第8章　漢字音と日本語 c.唐音系字音）[M]. 東京：朝倉書店，2005.

[13] 冯志伟，龚千炎. 应用语言学研究刍议[J]. 语文建设，1991（6）：25-27.

[14] 冯志伟. 应用语言学的三大支柱[J]. 暨南大学华文学院学报，2003（1）：27-32.

[15] 冯志伟. 机器翻译研究[M]. 北京：中国对外翻译出版公司，2004.

[16] 冯志伟. 计算语言学基础[M]. 北京：商务印书馆，2001.

[17] 冯志伟. 语料库语言学与计算语言学研究丛书[M]. 北京：世界图书出版社，2009.

[18] 服部四郎. 音声学[M]. 東京：岩波書店，2016.

[19] 高晖. 认知语言学和心理语言学异同分析[J]. 现代商贸工业，2010（20）：247.

[20] 耿左军，张云亭. 语言的功能性磁共振成像研究进展[J]. 国外医学（临床放射学分册），2005（5）：282-285+289.

[21] 舘野由香理. 現代日本漢語の漢字音[D]. 千叶：聖德大学，2016.

[22] 桂诗春. 新编心理语言学[M]. 上海：上海外语教育出版社，2000.

[23] 桂诗春. 心理语言学[M]. 上海：上海外语教育出版社，1985.

[24] 桂诗春. 二十世纪应用语言学评述[J]. 外语教学与研究，2000（1）：2-8.

[25] 郭贵春. 哈贝马斯的规范语用学[J]. 哲学研究，2001（5）：36-43.

[26] 侯敏. 计算语言学与汉语自动分析[J]. 北京：北京广播学院出版社，1999.

[27] 胡佳，冯寿农. 陈述语言学在法国的研究与进展[J]. 东南学术， 2010（3）：111-118.

[28] 胡壮麟. 语言规划[J]. 语言文字应用，1993（2）：13-22.

[29] 胡壮麟. 从语言视角看智能多元化及其融合[J]. 外国语言文学，2019（2）：115-127.

[30] 胡壮麟. 语言学教程（修订版）[M]. 北京：北京大学出版社，2001.

[31] 胡壮麟. 语言学教程（第四版中文本）[M]. 北京：北京大学出版社，2013.

[32] 胡壮麟，姜望琪. 语言学高级教程[M]. 北京：北京大学出版社，2015.

[33] 贾冠杰. 应用语言学研究的几个问题[J]. 河南师范大学学报（哲学社会科学版），2000（3）：103-108.

[34] 金田一春彦. 日本語動詞のアスペクト[M]. 東京：麦書房，1976.

[35] 久野暲. 日本文法研究[M]. 東京：大修館書店，1973.

[36] 梁茂成，李文中，等. 语料库应用教程[M]. 北京：外语教学与研究出版社，2010.

[37] 刘海涛. 语言规划和语言政策——从定义变迁看学科发展[A]. 陈章太，等. 语言规划的理论和实践[M]. 北京：语文出版社，2006：55-60.

[38] 刘宓庆. 当代翻译理论[M]. 北京：中国对外翻译出版公司，1999.

[39] 刘世生，朱瑞青. 文体学概论[M]. 北京：北京大学出版社，2006.

[40] 刘世生. 文学文体学：文学与语言学的交叉与融会[J]. 清华大学学报（哲学社会科学版），2003（6）：13-16.

[41] 刘涛，刘星辰. fNIRS 在自闭症脑功能研究中的应用与展望[J]. 心理科学，2017，40（4）：1005-1010.

[42] 刘颖. 计算语言学[M]. 北京：清华大学出版社，2002.

[43] 刘涌泉，乔毅. 应用语言学[M]. 上海：上海外语教育出版社，1991.

[44] 陆月华. 神经认知语言学与神经语言学之差异述评[J]. 盐城师范学院学报（人文社会科学版），2005，25（4）：64-67.

[45] 吕奇，杨元刚. 计算机辅助翻译入门[M]. 武汉：武汉大学出版社，2015.

[46] 马庆株. 语法研究入门[M]. 北京：商务印书馆，1999.

[47] 钱多秀. 计算机辅助翻译[M]. 北京：外语教学与研究出版社，2011.

[48] 维索尔伦. 语用学诠释[M]. 钱冠连，霍永寿，译. 北京：清华大学出版社，2003.

[49] 钱冠连. 语用学的大格局[J]. 外国语言文学，2003（1）：1-2+32.

[50] 秦秀白. 文体学概论[M]. 长沙：湖南教育出版社，1991.

[51] 翟东娜，潘钧. 日语概论[M]. 北京：高等教育出版社，2008.

[52] 山口謡司. 漢字はすごい！[M]. 東京：講談社，2013.

[53] 山口仲美. 日本語の歴史[M]. 東京：岩波書店，2007.

[54] 石锋. 语音格局——语音学与音系学的交汇点[M]. 北京：商务印书馆，2008.

[55] 石毓智. 认知语言学的功与过[J]. 外国语，2003（1）：21-33.

[56] 寺村秀夫. 日本語の文法（上）[M]. 国立国語研究所，1980.

[57] 寺村秀夫. 日本語の文法（下）[M]. 国立国語研究所，1980.

[58] 三原健一. 構造から見る日本語文法[M]. 東京：開拓社，2008.

[59] 孙迎. 导读. Nary McGroarty（主编）. 应用语言学概述[M]. 北京：商务印书馆，2016.

[60] 唐慧君，文旭. 英语阅读中代词歧义消解机制研究——来自眼动追踪的证据[J]. 外语教学与研究，2020，52（1）：77-89+159.

[61] 童之侠. 当代应用语言学[M]. 北京：中国传媒大学出版社，2016.

[62] 窪園晴夫・本間猛. 音節とモーラ[M]. 東京：研究社，2002.

[63] 王德春，吴本虎，王德林. 神经语言学[M]. 上海：上海外语教育出版社，1997.

[64] 王华树. 翻译技术教程（上、下册）[M]. 北京：商务印书馆，上海：上海外语音像出版社，2017.

[65] 王克非. 中国英汉平行语料库的设计与研制[J]. 中国外语，2012，9（6）：23.

[66] 王潇，吴国榕，吴欣然，邱江，陈红. 语言功能偏侧化及其与利手、功能连接的关系[J]. 心理科学进展，2020，28（5）：778-789.

[67] 王秀丽. 当法国语言学研究动态[M]. 北京：北京语言大学出版社，2010.

[68] 王佐良，丁往道. 英语文体学引论[M]. 北京：外语教学与研究出版社，1987.

[69] 文部科学省. 学習指導要領. https://www.mext.go.jp/a_menu/shotou/new-cs/1384661. htm，2020.

[70] 伍谦光. 语义学导论[M]. 长沙：湖南教育出版社，1988.

[71] 吴一安. 导读. In Brown，H. D. *Principles of Language Learning and Teaching*[M]. Beijing：Foreign Language Teaching and Research Press，2007.

[72] 杨信彰. 语言学概论[M]. 北京：高等教育出版社，2005.

[73] 杨亦鸣，刘涛. 中国神经语言学研究回顾与展望[J]. 语言文字应用，2010（2）：12-25.

[74] 伊藤たかね・杉岡洋子. 語の仕組みと語形成[M]. 東京：研究社，2002.

[75] 影山太郎. 文法と語形成[M]. 東京：ひつじ書房，1993.

[76] 影山太郎. 動詞の意味と構文[M]. 東京：大修館書店，2001.

[77] 于根元. 应用语言学的基本理论[J]. 语言文字应用，2002（1）：13-18.

[78] 于根元. 应用语言学概论[M]. 北京：商务印书馆，2019.

[79] 俞如珍，金顺德. 当代西方语法理论[M]. 上海：上海外语教育出版社，1994，

[80] 早津恵美子. 現代日本語の使役文[M]. 東京：ひつじ書房，2016.

[81] 斎藤純男. 日本語音声入門[M]. 東京：三省堂，2006.

[82] 张德禄，贾晓庆等.英语文体学重点问题研究[M]. 北京：外语教学与研究出版社，2005.

[83] 张韵斐. 现代英语词汇学概论[M]. 北京：北京师范大学出版社，2004.

[84] 张政. 计算机翻译研究[M]. 北京：清华大学出版社，2006.

[85] 张政. 计算语言学与机器翻译导论[M]. 北京：外语教学与研究出版社，2010.

[86] 赵立波，李亚军，张小东，谢鹏. 人脑语言区定位研究的进展[J]. 中国临床康复，2006，10（6）：111-113.

[87] 赵艳芳. 认知语言学概论[M]. 上海：上海外语教育出版社，2001.

[88] 赵元任. 语言问题[M]. 北京：商务印书馆，2003.

[89] 周频. 认知神经语言学方法论模型的建构[J]. 外国语，2016，32（2）：39-47.

[90] 周频. 语言科学研究方法学探索——以认知神经科学为基础[J]. 外语学刊，2013（1）：37-45.

[91] Abercrombie, D. Paralanguage[J]. *British Journal of Disorders of Communication*, Taylor & Francis Online, 1968, 3 (1): 55-59.

[92] Abutalebi, J., Guidi, L., Borsa, V., Canini, M., Della R., et al. Bilingualism provides a neural reserve for aging populations[J]. *Neuropsychologia*, 2015 (69): 201-210.

[93] Ahlsén, E. *Introduction to neurolinguistics*[M]. Amsterdam: John Benjamins Publishing, 2006.

[94] Anderson, S. R. *A-Morphous Morphology*[M]. Cambridge: Cambridge University Press, 1992.

[95] Archangeli, D. and D. T. Langendoen. *Optimality Theory: An Overview*[M]. Malden: Blackwell Publishers Inc, 1997.

[96] Austin, J. L. *How to Do Things with Words*[M]. Oxford: Oxford University Press, 1962.

[97] Bally, C. *Linguistique Generale et Liguistique Francaise*[M]. Berne: Francke, 1905 / 1932.

[98] Beavers, J. A scalar approach to aspectual classes [A/OL]. http://comp. ling. utexas. edu/~jbeavers/belgium-handout-working.pdf, 2009.

[99] Bialystok, E.; Craik, F. I. M.; Freedman, M. Bilingualism as a protection against the onset of symptoms of dementia[J]. *Neuropsychologia*, 2007, 45 (2): 459-464.

[100] Social Meaning in Linguistic Structure: Code-switching in Norway[A]. In: Gumperz, J. J. & Hymes, D. (eds.) *Directions in Sociolinguistics*[C]. New York: Holt Rinehart and Winston, 1972.

[101] Bloomfield, L. *Language*[M]. New York: HRienry Holt, 1933.

[102] Bloomfield, L. *Language*[M]. London: George Allen & Unwin Ltd, 1933 / 1955.

[103] Boatman, D., Freeman, J., Vining, E., Pulsifer, M., Miglioretti, D., et al. Language recovery after left hemispherectomy in children with late-onset seizures[J]. *Annals of Neurology: Official Journal of the American Neurological Association and the Child Neurology Society*, 1999, 46 (4): 579-586.

[104] Brown, H. D. *Principles of Language Learning and Teaching*[M]. Upper Saddle River: Prentice Hall, 1980.

[105] Brown, H. D. *Principles of Language Learning and Teaching*[M]. Beijing: Foreign Language Teaching and Research Press, 2007.

[106] *Wilhelm von Humboldt's Conception of Linguistic Relativity*[M]. The Hague Mouton, 1967.

[107] Calvo, A. & Bialystok, E. Independent effects of bilingualism and socioeconomic status on language ability and executive functioning[J]. *Cognition*, 2014, 130 (3): 278-288.

[108] Carlson, S. M. & Choi, H. P. Bilingual and bicultural: Executive function in Korean and American children. In biennial meeting of the Society for Research in Child Development. Denver, Colorado, 2009.

[109] Chee, M. W. L., Tan, E. W. L., & Thiel, T. Mandarin and English single word processing studied with functional Magnetic Resonance Imaging[J]. *Journal of Neuroscience*, 1999 (19): 3050-3056.

[110] Chomsky, N. *Aspects of the Theory of Syntax*[M]. Cambridge, Mass.: MIT Press, 1965.

[111] Chomsky, N. & Halle M. *The Sound Pattern of English*[M]. New York: Harper & Row, 1968.

[112] Cook, G. & Seidlhofer, B. *Principles & Practice in Applied Linguistics* [C]. Oxford: OUP, 1995.

[113] Costa, A., Foucart, A., Arnon, I., Aparici, M., & Apesteguia, J. "Piensa" twice: On the foreign language effect in decision making[J]. *Cognition*, 2014, 130 (2): 236-254.

[114] Costa, A., Foucart, Hayakawa, A., S., Aparici, Apesteguia, M. J., et al. Moral judgment depends on language[J]. *PLoS ONE*, 2014 (9): 94842.

[115] Crystal, D. *Prosodic Systems and Intonation in English*[M]. Cambridge: Cambridge University Press, 1976.

[116] Crystal, D. *A First Dictionary of Linguistics and Phonetics*[M]. London: Andre Deutsh, 1980.

[117] De Bruin, A., Treccani, B., & Sala S. E. Cognitive advantage in bilingualism: an example of publication bias?[J]. *Psychological Science*, 2014, 26 (1): 99-107.

[118] Dehaene, S., Spelke, E., Pinel, P., Stanescu, R., & Tsivkin, S. Sources of mathematical thinking: Behavioral and brain-imaging evidence[J]. *Science*, 1999, 284 (5416): 970-974.

[119] Díaz-Lago, M., & Matute, H. Thinking in a Foreign language reduces the causality bias[J]. *Quarterly Journal of Experimental Psychology*, 2019, 72 (1): 41-51.

[120] Feigenson, L., Dehaene, S., & Spelke, E. Core systems of number[J]. *Trends in Cognitive Sciences*, 2004, 8 (7): 307-314.

[121] Fedorenko, E., Duncan, J., & Kanwisher, N. Language-selective and domain-general regions lie side by side within Broca's area[J]. *Current Biology*, 2012, 22 (21): 2059-2062.

[122] Fillmore, C. J. The case for case [A]. In E. Bach and R. T. Harms (eds.), *Universals in linguistic theory* [C]. New York: Holt, Rinehart and Winston, 1968: 1-88.

[123] Fillmore, C. J. The grammar of hitting and breaking [A]. In R. A. Jacobs and P. S. Rosenbaum (eds.),

Readings in English Transformational Grammar [C]. Washington, D. C.: Georgetown University Press, 1970: 120-133.

[124] Fitzgerald, F. *The Great Gatsby*[M]. New York: Wordsworth Editions Ltd, 1992.

[125] Fowler, R. *Understanding Language*[M]. London: Routledge & Kegan Paul, 1974.

[126] Friederici, A. D. Towards a neural basis of auditory sentence processing[J]. *Trends in cognitive sciences*, 2002, 6 (2): 78-84.

[127] Gao, S., Zika, O., Rogers, R. D., & Thierry, G. Second language feedback abolishes the"hot hand"effect during even-probability gambling[J]. *Journal of Neuroscience*, 2015, 35 (15): 5983-5989.

[128] García-Palacios, A., Costa, A., Castilla, D., del Río, E., Casaponsa, A., & Duñabeitia, J. A. The effect of foreign language in fear acquisition[J]. *Scientific reports*, 2018, 8 (1): 1-8.

[129] Glasser, M. F., Coalson, T. S., Robinson, E. C., Hacker, C. D., Harwell, J., et al. A multi-modal parcellation of human cerebral cortex[J]. *Nature*, 2016, 536 (7615): 171-178.

[130] Goffman, E. On face-work: an analysis of ritual elements in social interaction[J]. *Psychiatry*, 1955 (18): 213-231.

[131] Goldberg, A. *Constructions*[M]. University of Chicago Press, Chicago, IL, 1995.

[132] Goldberg, A. A semantic account of resultatives[J]. *Linguistic Analysis*, 1991a (21): 66-96.

[133] Goldberg, A. It can't go up the chimney down: paths and the English resultative[J]. *BLS*, 1991b (17): 368-378.

[134] Goldberg, A. The inherent semantics of argument structure: The case of the English Ditransitive construction[J]. *Cognitive Linguistics*, 1992a, 3 (1): 37-74.

[135] Goldberg, A. Argument structure constructions. Ph. D. dissertation, University of California, Berkeley, 1992b.

[136] Goldberg, A. Patient arguments of causative verbs can be omitted: the role of information structure in argument distribution[J]. *Language Sciences*, 2001 (23): 503-24.

[137] Goldberg, A. and R. Jackendoff. The English resultatives as a family of constructions[J]. *Language*, 2004 (80): 532-568.

[138] Goldberg, A. Verbs, Constructions and Semantic Frames [A]. In M. Rappaport Hovav, E. Doron, and I. Sichel (eds.), *Syntax, Lexical Semantics, and Event Structure* [C]. Oxford: Oxford University Press, 2010: 39-58.

[139] Goodenough, W. H. Cultural anthropology and linguistics. In P. L. Garvin, ed. Report of the 7th Annual Round Table Meeting on Linguistics and Language Study. Washington: Georgetown University Press, 1957: 167-173.

[140] Green, G. Some Observation on the Syntax and Semantics of Instrumental Verbs [A]. *Chicago Linguistic Society* 8 [C]: 1972: 83-97.

[141] Green, G. *Semantics and Syntactic Regularity*[M]. Bloomington: Indiana University Press, 1974.

[142] Grice, H. P. Logic and Conversation. In Cole & Morgan (eds.) *Syntax and Semantics 3*: *Speech Acts*. New York: Academic Press, 1975: 41-58.

[143] Grimshaw, J. Psych-Verbs and the Structure of Argument Structure[D]. Boston: Brandeis University, 1987.

[144] Grimshaw, J. Semantic structure and semantic content in lexical representation [A]. In J. Grimshaw (ed.), *Words and Structure* [C]. Stanford, CA: CSLI Publications, 1993 / 2005: 75-89.

[145] Grimshaw, J. and S. Vikner. Obligatory adjuncts and the structure of events [A]. In E. J. Reuland and W.

Abraham (eds.), *Knowledge and language: lexical and conceptual structure* [C]. Dordrecht/Boston/ London: Kluwer Academic Publishers, 1993: 143-55.

[146] Gumperz, J. J. The speech community. In *International Encyclopedia of the Social Sciences*[M]. London: Mcmillan, 1968: 381-386.

[147] Habermas, J. Toward a theory of communicative competence. in Hans Peter Dreitzel（ed.）Recent Sociology, No. 2: Patterns of Communicative Behavior[M]. New York: Macmillan, 1970: 114 -148.

[148] Habermas, J. *The Theory of Communication Action*[M]. Boston: Beacon Press, 1987.

[149] Habermas, J. *On the Pragmatics of Communication*[M]. Cambridge, Mass: MIT Press, 1998.

[150] Hakuta, K. *Mirror of language. The debate on bilingualism*[M]. New York: Basic Books, Inc., 1986.

[151] Halliday, M. A. K. *Explorations in the Functions of Language*[M]. London: Edward Armold, 1973.

[152] Halliday, M. A. K. *Language as Social Semiotic*[M]. London: Arnold, 1978.

[153] Halliday, M. A. K. *Introduction to Functional Grammar*[M]. London: Arnold, 2008.

[154] Hancher, M. The classification of cooperative illocutionary acts[J]. *Language in Society*, 1979: (8).

[155] Hauk, O., Johnsrude, I., & Pulvermüller, F. Somatotopic representation of action words in human motor and premotor cortex[J]. *Neuron*, 2004, 41 (2): 301-307.

[156] Hayakawa, S. & Keysar, B. Using a foreign language reduces mental imagery[J]. *Cognition*, 2018 (173): 8-15.

[157] Heider, E. R. Probabilities, sampling, and ethnographic method: The case of Dani colour names[J]. *Man*, 1972: 448-466.

[158] Hertz-Pannier, L., Chiron, C., Jambaqué, I., Renaux-Kieffer, V., Moortele, P. F. V. D., et al. Late plasticity for language in a child's non-dominant hemisphere: A pre- and post-surgery fMRI study[J]. *Brain*, 2002, 125 (2): 361-372.

[159] Hilchey, M. & Klein, R. M. Are there bilingual advantages on nonlinguistic interference tasks? Implications for the plasticity of executive control processes[J]. *Psychonomic Bulletin & Review*, 2011, 18 (4): 625-658.

[160] Hockett, C. F. *A Course in Modern Linguistics*[M]. New York: Mcmillan, 1958.

[161] Hu, W., Lee, H. L., Zhang, Q., Liu, T., Geng, L. B., et al. Developmental dyslexia in Chinese and English populations: dissociating the effect of dyslexia from language differences[J]. *Brain*, 2010, 133 (6): 1694-1706.

[162] Hudson, R. A. *Sociolinguistics*[M]. Cambridge: Cambridge University Press, 1980.

[163] Hutchins, W. J. & Somers, H. L. *An Introduction to Machine Translation*[M]. London: Academic Press, 1992.

[164] Huth, A. G. , De Heer, W. A. , Griffiths, T. L. , Theunissen, F. E. , & Gallant, J. L. Natural speech reveals the semantic maps that tile human cerebral cortex[J]. *Nature*, 2016, 532 (7600): 453-458.

[165] Hymes, D. *Foreword to Communication Rules: Theory and Research*. London: Sage Publications, 1980.

[166] Ivaz, L., Costa, A., & Duñabeitia, J. A. The emotional impact of being myself: Emotions and foreign language processing[J]. *Journal of Experimental Psychology: Learning, Memory and Cognition*, 2016, 42 (3): 489-496.

[167] Jackendoff, R. S. *Semantic interpretation in generative grammar*[M]. Cambridge, MA: MIT Press, 1972.

[168] Jackendoff, R. S. Toward an Explanatory Semantic Representation[J]. *Linguistic Inquiry*, 1976 (7): 89-150.

[169] Jakobson, R. 1960. Linguistics and Poetics. *Poetry of Grammar and Grammar of Poetry*[M]. Vol. 3 of *Selected Writings*. 7 Vols. The Hague: Mouton. 1981: 18-51.

[170] Kemmerer, D. *Cognitive Neuroscience of Language*[M]. New York: Psychology Press, 2015.

[171] Keysar, B., Hayakawa, S. L., & An, S. G. The foreign-language effect: Thinking in a foreign tongue reduces decision biases[J]. *Psychological Science*, 2012, 23 (6): 661-668.

[172] Kim, K. H. S., Relkin, N. R., Lee, K. M., & Hirsch, J. Distinct cortical areas associated with native and second languages[J]. *Nature*, 1997 (388): 171-174.

[173] Klein, D., Milner, B., Zatorre, R., Meyer, E., & Evans, A. The neural substrates underlying word generation: A bilingual functional-imaging study[J]. *Proceedings of the National Academy of Science*, 1995 (92): 2899-2903.

[174] Kroll, J. F., & Bialystok, E. Understanding the consequences of bilingualism for language processing and cognition[J]. *Journal of cognitive psychology*, 2013, 25 (5): 497-514.

[175] Kroll, J. F., Dussias, P. E., Bice, K., & Perrotti, L. Bilingualism, mind, and brain[J]. *Annual Review of Linguistics*, 2015, 1 (1): 377-394.

[176] Labov, W. *Sociolinguistic Patterns*[M]. Philadelphia: University of Pennsylvania Press, 1972.

[177] Leech, G. N. *Semantics: The Study of Meaning*[M]. Harmondsworth: Penguin, 1981.

[178] Leech, G. N. *Principles of Pragmatics*[M]. London: Longman, 1983.

[179] Leech, G. N. & Short, M. H. *Style in Fiction*[M]. London & New York: Longman, 1981.

[180] Levinson, S. C. *Pragmatics*[M]. Cambridge: Cambridge University Press, 1983.

[181] Levinson, S. C. *Presumptive Meanings*[M]. Cambridge, Mass.: MIT Press, 2000.

[182] Le Page, R. B. Problems of description in multilingual communities[J]. *Transactions of the Philological Society*, 1968: 189-212.

[183] Levin, B. and M. Rappaport Hovav. Lexical semantics and syntactic structure [A]. In S. Lappin (ed.), *The handbook of contemporary semantic theory* [C]. Oxford: Blackwell, 1996: 487-507.

[184] Lucy, J. A. *Language diversity and thought: A reformulation of the linguistic relativity hypothesis*[M]. Cambridge: Cambridge University Press, 1992.

[185] Lyons, J. *New Horizons in Linguistics*[M]. Harmondsworth, Middx: Penguin, 1970.

[186] Lyons, J. *Language and Linguistics*[M]. Cambridge: Cambridge University Press, 1981.

[187] Malinowski, B. The problem of meaning in primitive languages. In C. K. Ogden & I. A. Richards *The Meaning of Meaning*[M]. London: Routledge & Kegan Paul, 1923.

[188] Marian, V., Spivey, M., & Hirsch, J. Shared and separate systems in bilingual language processing: Converging evidence from eyetracking and brain imaging[J]. *Brain and language*, 2003, 86 (1): 70-82.

[189] McEnery, T. & Wilson, A. *Corpus Linguistics*[M]. Edinburgh: Edinburgh University Press, 1996.

[190] McNeill, D. (ed.). *Language and Gesture*[M]. Cambridge: Cambridge UP, 2000.

[191] Morales, J., Calvo, A., & Bialystok, E. Working memory development in monolingual and bilingual children[J]. *Journal of Experimental Child Psychology*, 2013, 114 (2): 187-202.

[192] Moreno, S., Bialystok, E., Wodniecka, Z., Alain, C. Conflict resolution in sentence processing by bilinguals[J]. *Journal of Neurolinguistics*, 2010 (23): 564-579.

[193] Morris, C. W. *Signs, Language and Behavior*[M]. New York: Braziller, 1946.

[194] Nida, E. A. Linguistics and ethnology in translation problems. In *Language in Culture and Society: A Reader in Linguistics and Anthropology*[M]. New York: Harper & Row, 1964.

[195] Nida, E. A. *Understanding English* [M]. 胡壮麟，黄倩，译. 北京：外语教学与研究出版社，1998.

[196] Nilipour, R., & Ashayeri, H. Alternating antagonism between two languages with recovery of a third in a trilingual aphasic patient[J]. *Brain and Language*, 1989 (36): 23-48.

[197] Nunan, D. *Research Methods in Language Learning*[M]. Cambridge: CUP, 1992.

[198] Ojemann, G. A., Whitaker, H. A. The bilingual brain[J]. *Archives of Neurology*, 1978 (35): 409-412.

[199] Paap, K. R. & Greenberg, Z. I. There is no coherent evidence for a bilingual advantage in executive processing[J]. *Cognitive Psychology*, 2013, 66 (2): 232-258.

[200] Paap, K. R., Johnson, H. A., & Sawi, O. Bilingual advantages in executive functioning either do not exist or are restricted to very specific and undetermined circumstances[J]. *Cortex*, 2015 (69): 265-278.

[201] Paap, K. R. & Liu, Y. Conflict resolution in sentence processing is the same for bilinguals and monolinguals: the role of confirmation bias in testing for bilingual advantages[J]. *Journal of Neurolinguistics*, 2014, 27(1): 50-74.

[202] Pataraia, E., Simos, P. G., Castillo, E. M., Billingsley-Marshall, R. L., McGregor, A. L., et al. Reorganization of language-specific cortex in patients with lesions or mesial temporal epilepsy[J]. *Neurology*, 2004, 63 (10): 1825-1832.

[203] Peal, E., & Lambert, W. E. The relation of bilingualism to intelligence[J]. *Psychological Monographs: general and applied*, 1962, 76 (27): 1.

[204] Pelham, S. D., & Abrams, L. Cognitive advantages and disadvantages in early and late bilinguals[J]. *Journal of Experimental Psychology Learning Memory & Cognition*, 2014, 40 (2): 313-325.

[205] Price, C. J. A review and synthesis of the first 20 years of PET and fMRI studies of heard speech, spoken language and reading[J]. *Neuroimage*, 2012, 62 (2): 816-847.

[206] Prior, A. & Gollan, T. H. Good language-switchers are good task-switchers: evidence from Spanish–English and Mandarin–English bilinguals[J]. *Journal of the International Neuropsychological Society*, 2011, 17 (4): 682-691.

[207] Pulvermüller, F. Brain mechanisms linking language and action[J]. *Nature reviews neuroscience*, 2005, 6 (7): 576-582.

[208] Pulvermüller, F. & Fadiga, L. Active perception: sensorimotor circuits as a cortical basis for language[J]. *Nature Reviews Neuroscience*, 2010, 11 (5): 351-360.

[209] Quirk, R. *et al*. *A Grammar of Contemporary English*[M]. London: Longman, 1972.

[210] Rappaport Hovav, M. and Levin, B. Building verb meanings [A]. In M. Butt and W. Geuder (eds.), *The projection of arguments: lexical and compositional factors* [C]. Stanford, CA: CSLI, 1998: 97-134.

[211] Rappaport Hovav, M. and Levin, B. Reflections on manner/result complementarity [A]. In E. Doron, M. Rappaport Hovav, and I. Sichel (eds.), *Syntax, Lexical Semantics, and Event Structure* [C]. Oxford University Press, 2010: 21-38.

[212] Rueckl, J. G., Paz-Alonso, P. M., Molfese, P. J., Kuo, W. J., Bick, A., et al. Universal brain signature of proficient reading: Evidence from four contrasting languages[J]. *Proceedings of the National Academy of Sciences*,

2015, 112 (50): 15510-15515.

[213] Sapir, E. The Status of Linguistics as a Science[J]. *Language*, 1929, 5 (4): 207-214.

[214] Sarfarazi, M., & Sedgwick, E. M. Event related potentials (ERP) as a function of processing in bilinguals[J]. *Electroencephalography and Clinical Neurophysiology*, 1996, 99 (4): 347.

[215] Sarfrati, G-E. *Élements d'analyse du discours*[M]. Paris: Nathan, 1997.

[216] Saussure, F. de. *Course in General Linguistics*[M]. London: Peter Owen, 1916 / 1960.

[217] Saussure, F. de. *Course in General Linguistics*[M]. New York: McGraw-Hill, 1916 / 1959.

[218] Schmitt, N. 应用语言学入门[M]. 北京：世界图书出版公司，2008.

[219] Short, M. *Exploring the Language of Poems, Plays and Prose*[M]. London: Longman, 1996.

[220] Siok, W., Perfetti, C., Jin, Z., & Tan L. H. Biological abnormality of impaired reading is constrained by culture[J]. *Nature*, 2004 (431): 71-76.

[221] Slocum, J. A survey of machine translation: Its history, current status, and future prospect[J]. *Computation Linguistics*, 1985 (11).

[222] Stern, H. *Fundamental Concepts of Language Teaching*[M]. Oxford: Oxford University Press, 1983.

[223] Stowell, T. Origins of Phrase Structure. Ph.D. dissertation, MIT, 1981.

[224] Sugiura, L., Ojima, S., Matsuba-Kurita, H., Dan, I., Tsuzuki, D., Katura, T., & Hagiwara, H. Sound to language: different cortical processing for first and second languages in elementary school children as revealed by a large-scale study using fNIRS[J]. *Cerebal Cortex*, 2011, 21 (10): 2374-2393.

[225] Szaflarski, J. P., Rajagopal, A., Altaye, M., Byars, A. W., Jacola, L., et al. Left-handedness and language lateralization in children[J]. *Brain Research*, 2012 (1433): 85-97.

[226] Tan, L. H., Chen, L., Yip, V., Chan, A. H., Yang, J., et al. Activity levels in the left hemisphere caudate–fusiform circuit predict how well a second language will be learned[J]. *Proceedings of the National Academy of Sciences*, 2011, 108 (6): 2540-2544.

[227] Tan, L. H., Laird, A. R., Li, K., & Fox, P. T. Neuroanatomical correlates of phonological processing of Chinese characters and alphabetic words: A meta-analysis[J]. *Human brain mapping*, 2005, 25 (1): 83-91.

[228] Tan, L. H., Liu, H. L., Perfetti, C. A., Spinks, J. A., Fox, P. T., & Gao, J. H. The neural system underlying Chinese logograph reading[J]. *Neuroimage*, 2001, 13 (5): 836-846.

[229] Tenny, C. *Aspectual roles and the syntax-semantics interface*[M]. Dordrecht: Foris, 1994.

[230] Thierry, G. Neurolinguistic relativity: how language flexes human perception and cognition[J]. *Language Learning*, 2016, 66 (3): 690-713.

[231] Thierry, G., Athanasopoulos, P., Wiggett, A., Dering, B., & Kuipers, J. R. Unconscious effects of language-specific terminology on preattentive color perception[J]. *Proceedings of the National Academy of Sciences*, 2009, 106 (11): 4567-4570.

[232] Thomas, M. Roger Bacon and Martin Joos: Generative linguistics' reading of the past[J]. *Historiographia Linguistica*, 2002, 29 (3): 339-378.

[233] Ullman, M. T. The Declarative / Procedural Model: A Neurobiological Model of Language Learning, Knowledge, and Use. In G. Hickok & S. L. Small (Eds.), *Neurobiology of Language*[M]. San Diego: Academic Press, 2016: 953-968.

[234] Vendler, Z. Verbs and times[J]. *The Philosophical Review*, 1957 (46): 143-60.

[235] Verschueren, J. *Understanding Pragmatics*[M]. London: Arnold, 1999.

[236] Vivian, C. & Newson, M. *Chomsky's Universal Grammar: An Introduction*[M]. 北京：外语教学与研究出版社，2000.

[237] Wang, X. L. *Cours élémentaires de linguistique française*[M]. 北京：外语教学与研究出版社，2006.

[238] Whorf, B. L. Language, thought, and reality[D]. Cambridge, MA: Technology Press of Massachusetts Institute of Technology, 1956.

[239] Willems, R. M., van der Haegen, L., Fisher, S. E., & Francks, C. On the other hand: Including left-handers in cognitive neuroscience and neurogenetics[J]. *Nature Reviews Neuroscience*, 2014, 15 (3): 193-201.

[240] Wolff, P., & Holmes, K. J. Linguistic relativity[J]. *Wiley Interdisciplinary Reviews: Cognitive Science*, 2011, 2 (3): 253-265.

[241] Yang, X., Li, H., Lin, N., Zhang, X., Wang, Y., et al. Uncovering cortical activations of discourse comprehension and their overlaps with common large-scale neural networks[J]. *NeuroImage*, 2019 (203): 116200.

[242] Zheng, L., Mobbs, D., & Yu, R. The behavioral and neural basis of foreign language effect on risk-taking[J]. *Neuropsychologia*, 2020 (136): 107290.